中国经济增长与经济周期
（2016）

刘树成　张连城　张　平　主编

·北京·

图书在版编目(CIP)数据

中国经济增长与经济周期.2016 / 刘树成,张连城,张平主编.
北京:中国经济出版社,2017.5
ISBN 978-7-5136-4642-0

Ⅰ.①中… Ⅱ.①刘… ②张… ③张… Ⅲ.①中国经济—经济增长—研究—2016
②中国经济—经济周期分析—研究—2016 Ⅳ.①F124

中国版本图书馆 CIP 数据核字(2017)第 055615 号

责任编辑 严 莉
责任印制 马小宾
封面设计 任燕飞

出版发行 中国经济出版社
印 刷 者 北京艾普海德印刷有限公司
经 销 者 各地新华书店
开　　本 710mm×1000mm 1/16
印　　张 19.75
字　　数 358 千字
版　　次 2017 年 5 月第 1 版
印　　次 2017 年 5 月第 1 次
定　　价 78.00 元
广告经营许可证 京西工商广字第 8179 号

中国经济出版社 **网址** www.economyph.com **社址** 北京市西城区百万庄北街 3 号 **邮编** 100037
本版图书如存在印装质量问题,请与本社发行中心联系调换(联系电话:010-68330607)

《中国经济增长与经济周期(2016)》的出版得到了以下资助:

1. 国家社会科学基金重大项目“正确处理经济平稳较快发展、调整经济结构、管理通胀预期的关系研究”,项目批准号:12&ZD038。

2. 北京市哲学社会科学规划项目“CBD 高端总部集聚效应研究”,项目批准号:11GB078。

中国经济增长与经济周期
(2016)

目　录

CONTENTS

第一部分　会议综述

第二部分　供给侧结构性改革

第三部分　经济增长与经济波动

第四部分　区域发展与收入分配

第五部分　国际比较与启示

第一部分

会议综述

中国经济增长与经济周期（2016）

中国经济二次转型与防范外部冲击

——中国经济增长与周期(2016)高峰论坛综述

论坛秘书处

2016年是“十三五”规划的开局之年,中国经济进入转型的关键期。随着原有规模效率模式赖以发挥作用的各种比较优势的转变,中国开始步入以城市化和经济结构服务化为主要特征的二次经济转型。如何在增速持续放缓的背景下减少外部冲击,顺利实现二次转型,并再次进入稳定发展的轨道,是政府决策部门以及学界普遍关注的问题。在此背景下,由中国经济增长与周期研究中心、中国社会科学院经济研究所、首都经济贸易大学、经济研究杂志社、经济学动态杂志社、中国经济实验研究院、香港经济导报社等单位联合主办的第十届“中国经济增长与周期”高峰论坛暨中国城市生活质量指数发布会于2016年7月2—3日在北京召开,来自国内外各高校、研究机构、政府部门的百余名专家学者、40多家媒体参加了本届论坛。大会发言的学者(按发言顺序)包括:中国社会科学院经济研究所所长、全国政协委员、经济研究主编裴长洪研究员,国家统计局许宪春副局长,中国社会科学院学部委员、财经战略研究院杨圣明研究员,中国社会科学院经济研究所张曙光研究员,上海财经大学经济学院院长田国强教授,国家发展改革委员会学术委员会秘书长张燕生研究员,首都经济贸易大学中国经济实验研究院院长张连城教授,中国人民大学学术期刊社社长杨瑞龙教授,西南财经大学经济与管理研究院院长甘犁教授,北京师范大学沈越教授,南京大学商学院院长沈坤荣教授,云南财经大学金融研究院院长龚刚教授,北京大学国民经济核算与经济增长研究中心副主任蔡志洲教授,浙江工业大学经贸管理学院高级研究中心主任陈昆亭教授,国务院发展研究中心社会发展研究部副部长李建伟研究员,北京师范大学经济与工商管理学院院长赖德胜教授,中国社科院经济研究所张自然副研究员,湖南大学经贸学院陈乐一教授等。全国人大常委会委员、财政经济委员会副主任委员、中国经济实验研究院名誉院长郝如玉教授、首都经贸大学校长王稼琼教授、香港经济导报社副会长颜安生总编辑到会致辞。

与会专家围绕“中国经济二次转型与防范外部冲击”这一主题,针对宏观经济形势、供给侧结构性改革、二次转型升级、宏观政策选择、防范外部冲击、国际环境、债务问题、收入分配等问题展开了热烈的讨论,并发布了2016年中国35个城市生活质量指数。

一、当前宏观经济形势及潜在增长率

2015年,中国GDP同比增长6.9%,创1990年以来的新低。2016年第一、第二季度GDP同比增长率为6.7%。宏观经济增速放缓已是不争的事实,中国经济新常态的特征日益显著。当前,我国经济稳中有进,符合预期,但稳定运行的基础仍不牢固。

(一)宏观经济面临下行压力

杨圣明研究员分析了中国过去30年经济高增长的原因,指出,受国内外因素的影响,目前中国已经进入经济减速期。为适应我国经济发展新阶段,适应经济转型和结构调整,我国应探索正确反映经济各方面的科学指标体系,以期更真实地反映生产情况。

田国强教授对新常态下中国经济潜在增长率大幅下滑的观点提出了自己的看法。他认为:即使要素边际收益递减规律发生作用,其潜在增长率也一定是一个缓慢下降的过程,绝不会在短短的几年内就下滑到偏离了改革开放以来的经济增速均值3个百分点的程度;由于国企垄断、政府部门官员不作为等,经济效率可能更为低下,使得实际增长率和潜在增长率偏离;不要低估改革开放和民营经济大发展的威力。如能进行市场化深层次制度性改革,提高市场效率和激发人们的积极性,会产生意外的效果。因此,他认为,从理论、历史、统计三要素角度进行分析,都得不到潜在生产率大幅下降和逼近实际增长率的结论。如果供给侧结构改革真正到位,现代市场制度建设不断完善,全要素生产率不断提高,资源配置效率不断改进,中国未来5年的潜在增长率至少应该是7%以上,不会显著下降。

沈越教授认为,宏观经济面临逐步下滑态势。金融危机后随着强刺激效应释放,中国经济逐步进入一个长期下行通道,2016年可能是继续下行的新节点。除GDP、工业、外贸已经进入个位增速外,2016年消费、投资增速甚至M2也可能进入个位数。基于此,他认为,中国经济要实现二次转型,要过几年苦日子。

张自然副研究员认为全要素生产率(TFP)对中国城市经济增长与波动有着重要影响,必须给予重视。他通过使用全国264个城市GDP、资本存量、劳动投入的数据,运用基于DEA的Malmquist指数方法,测算城市的TFP增长情况,结论是,1990—2011年,全国东、中和西部地区城市TFP增长均呈现下降趋势,资本对经济增长促进作用逐步减小,已经不能走以往那种依赖投资来推动经济增长的发展道路。建议采取各种措施提高全要素生产率,提高全要素生产率增长对经济增长的贡献率。

(二)宏观经济下滑的原因

对于经济下滑,沈越教授认为主要源自以下几个方面:是中国经济增长进入新常态的标志;是长期实施以扩张需求为主的宏观政策的反弹;是由于十八届三中全会厘定的改革措施说得多,做得少,落实远不到位;2016 年是由于短期的“三去”(去产能、去库存、去泡沫)措施也对增速下降有贡献。因此,要适当调低“十三五”期间的经济增速,把十八届三中全会提出的改革措施落到实处,加快供给侧结构改革的顶层设计和具体化措施出台;在降低成本和产业结构升级缓慢背景下适时适度放松人民币汇率,以提升出口增速,同时可以减少外汇储备下降。

田国强教授认为,经济增长下滑难止是执行力和具体措施出了问题。其根本原因在于贯彻落实中央决议精神的执行力和应对经济下滑的具体措施方面都有很大的问题。十八届三中、四中、五中全会所提出的决议精神和发展理念未能真正得到有效执行和落地,不作为甚至反向作为的现象严重,导致了决议和现实反差巨大的严重激励不相容,改革和发展及稳增长在打架,在稳增长短期方面的具体对策和举措上也出现了严重的偏差,发展的逻辑和治理的逻辑都出现了很大问题,没有解决好两者间的相辅相容的辩证关系。

二、以供给侧结构性改革为主线推动中国经济二次转型升级

“十三五”期间是中国经济转型的关键期,此次转型被定义为经济二次转型,即经济从工业化转型为城市化为载体的现代服务业发展。建立在经济全球化基础上的工业化是规模收益递增的,在此阶段中国经济取得了高速增长,而经济结构服务化以后,规模收益开始下降。2015 年我国城市化率已经超过 55%,进入了二次转型阶段,面临诸多的挑战。深化改革将成为转型成功的关键。

(一)新常态下中国宏观经济面临挑战

沈坤荣教授认为,进入新常态后的中国经济,增长速度由高速转为中高速,经济结构由制造业为主转向服务业为主,增长动力由要素投入为主转为创新驱动,中国经济已进入重要的转型期,但也面临着新的问题和挑战。问题和挑战主要表现为以下几个方面:固定资产投资增速放缓,主要表现是中央与地方的作用分化以及民间投资正在快速下滑;非金融部门债务增幅过快,对金融稳定产生冲击;企业部门债务水平持续攀升,不仅制约了企业发展,也加大了金融风

险;在企业利润下降和债务高企的双重夹击下,企业债市场已经开始出现违约现象。

龚刚教授认为中国的债务问题不容忽视,是未来中国宏观稳定政策面临的新挑战。中国的债务问题主要来自地方政府以及非金融企业。中国非金融企业部门债务增长的重要原因在于贷款利率太高。新常态意味着中国将进入中高速增长,因此,如果不对商业银行进行体制改革(引入竞争、消除垄断以使利率下降),中国的债务问题只会越来越严重。面对债务危机时,常规的宏观稳定政策往往难以熨平经济的下行波动,惩罚性救助是政府应对债务危机的根本之道。

杨瑞龙教授认为,过去之所以在稳增长与调结构中左右摇摆,原因在于结构仅仅反映了表象,背后反映的是利益结构,这种利益结构与体制模式和发展模式有关。在实际中我们导向保速度,因为速度一旦下行,会出现一系列问题。因此,对速度有很强的依赖,当速度与结构产生矛盾时,短期内往往导向速度。

(二)以供给侧结构性改革推进经济创新发展

中国经济要走出目前的困境,田国强教授认为要进一步解放思想,坚持改革开放,进行提高市场效率的供给侧结构性改革,提振民间信心,平衡好供给侧结构性改革和刺激需求;建立有效市场,让政府在维护和服务方面发挥好的作用,提供各种所有制公平自由竞争的环境,让民营经济大发展。只有这样才能同时处理好发展的逻辑和治理的逻辑,否则会造成各种问题和危机,其关键是政府的定位必须恰当。供给侧结构性改革要取得成功,必须正视改革的艰巨性和复杂性,灵活运用“明道、树势(顺势)、优术、抓时(择时)”四位一体的方法论;对于改革方案的制定方式也需要重新设计,以确保独立性、科学性和可操作性。

要解决目前中国经济面临的问题,沈坤荣教授认为,必须积极推进供给侧结构性改革,供给侧结构性改革的主要方向是:第一,化解过剩产能,优化产业结构,具体措施包括完善退出机制,出清僵尸企业;深化国企改革,盘活国企存量资产;引导产业结构向中高端发展。第二,降低企业经营成本,具体措施包括通过结构性减税降低企业负担;确立有效的政府干预边界,放松政府管制,降低交易成本;深化金融体制改革,降低企业融资成本。第三,化解房地产库存,具体措施包括:深化户籍制度改革,加快农民工市民化,释放购房需求;增加公共品供给,提高居民购买力。第四,防范金融风险,稳步推进金融市场化和法制化,降低金融杠杆。同时加快信用体系建设,防范互联网金融风险。

(三)通过供给侧结构性改革增加有效供给

杨瑞龙教授认为,供给侧结构性改革实际上是要通过供给侧要素(资本、劳动、效率）的改革，提高增长质量。从微观角度，通过去产能、去杠杆、去库存、消灭僵尸企业来降成本，进而实现目标。从宏观角度，当前中国经济增长下行主要因素是结构性因素，而结构性因素是源于传统增长要素发生了变异，人口红利减了，通过结构性改革让传统增长要素继续发挥作用，进而培育新的增长要素。要解决这些问题，关键点在改革，这是调结构的根本出路。同时在改革过程中要处理好政府和市场的关系，市场机制起决定作用，但也要更好地发挥政府作用。供给侧改革过程中既要发挥国有企业的主导作用，更要发挥非公有制企业、民营企业在市场中的作用。

沈坤荣教授也指出，在当前外需下降难以扭转的情况下，培育新一轮经济增长动力的钥匙就是增加有效供给，增加有效供给的关键在于推进结构性改革，以提升经济增长的潜在空间。同时推进结构性改革还要和需求管理有效对接，以拓展国内和国际发展新空间。从外部看，可以通过"一带一路"的"走出去"形成全新的对外开放格局，为经济转型创造更好的外部条件。从内部看，通过供给侧结构性改革，提高科技创新能力以及人力资本水平、转变经济结构、改善投资效率，从"中国制造"向"为中国而造"转变，实现中国经济由总量追赶型向质量和效益追赶型转变，提升经济增长的潜在空间。

三、新常态下中国宏观政策选择与防范外部冲击

2016 年下半年经济仍面临着较大的下行压力，经济增长速度有可能进一步回落。宏观经济政策应该坚持稳中有进的总基调，在适度扩大总需求的同时，推进供给侧结构性改革，把握好稳增长、调结构的关系，同时注重防范外部冲击。

（一）二次转型与劳动力市场应对

赖德胜教授认为，改革开放后的第一次转型，劳动力市场做了比较好的调整，支撑了转型。二次转型对劳动力市场来说意味着三个问题：一是供给侧结构性改革；二是二次转型必须有足够多的高质量劳动资本；三是创新驱动，提高增长质量。他认为，灵活、稳定的劳动力市场，对于经济转型非常重要。同时，还要进一步加强就业安全性和收入安全性问题。劳动力市场应该是城乡一体化的，而目前尽管城乡之间分割开始减少，但是城市内部却复制了以前的城乡分割，劳动力再生产空间是分割的。为此，要努力保证在城市的农村劳动力能够享受城市均等的公共服务。要实现转型，劳动力市场必须提供高素质的劳动力，因此，要进一步扩大教育规模，同时要优化结构。对于创新，一定要使已经积累起来的人力资本得到更好的配置，鼓励大学生去民营部门、私营部门求职，人力资本配置对创新的影响非常重要，应该引起更多的重视。总之，他认为，中

国经济第二次转型应该比第一次更加深刻、更加复杂,劳动力市场作为重要的组成部分,必须作出相应调整,为第二次转型提供有力支撑。

(二)努力缩小收入差距,实现经济持续增长

李建伟研究员从理论角度分析了收入分配不平等与经济增长的关系。结合中国经济二次转型,他认为,从人力资本积累角度来说,要解决经济发展问题,必须努力缩小收入差距,收入差距越小越有利于个人的人力资本积累,整个社会才能达到收益最大化。从需求角度来说,我国已经进入了工业化后期,投资率进入周期性下降阶段,消费率进入周期性上升阶段,未来基础需求将是影响经济发展的一个重要方面。要想扩大基础需求,必须扩大消费需求。扩大消费需求的最有效措施就是降低收入差距,通过提升中等收入阶层的收入水平来促进消费。针对如何缩小我国收入分配差距,他提出,要促进教育机会的均等化、公平就业和劳动力自由流动、金融服务均等化,抑制资本要素过度集中,完善社会保障制度,逐步消除社会保障逆向转移支付问题。

蔡志洲教授根据国民资金流量表分析了我国收入分配的变化。他认为,从结构上看,初次收入分配基本决定了我国宏观收入的格局。2008 年以后,居民部门收入有明显改善,但高储蓄倾向影响了居民消费和投资的增长。近些年来,非金融企业部门通过高杠杆高投资实现发展,但在劳动成本和融资成本不断扩大的情况下,已经开始面临一系列问题,尤其是金融风险值得关注。政府要通过税收政策、社会保障政策的调整,改变经济增长拉动方式,在进一步改善居民生活的基础上实现可持续增长。

(三)防范外部冲击,避免经济较大波动

陈昆亭教授认为,金融与房地产因素已成为影响经济波动的更加重要的因素。他认为,商品(或住房)相对需求倾向增加,推动均衡劳动参与率提升;资本充足率越低,劳动参与率越高,但超过约束风险性极大;杠杆率越高,均衡劳动参与率越低;资本产出弹性越高,均衡劳动参与率越高;实际长期储蓄利率水平越高,均衡的劳动参与率越高。在非完全竞争土地市场的经济中,执行土地出让金等比例与房地产产值的政策难以获得等价于完全竞争均衡的稳态均衡解。"土地财政"倾向的政策持续长期的执行结果有推高房价的内在机理。

陈乐一教授回顾了改革后历次物价波动的情况,分析了外部冲击对物价波动的影响。他认为,改革开放以前的物价波动大致分为两个阶段:1953—1965 年的这一阶段经历了剧烈的上升和下降;1966—1976 年的第二阶段,物价水平变动极小。改革开放以来的物价波动分为八个阶段:1978—1983 年以调为主的探索性价格改革,这一阶段由于国家进行了价格体系调整,改变了不合理的

价格体系,价格经历了又一次较大的波动; 1984—1986 年调放结合、以放为主的阶段,将以国家定价为主的僵化价格体制转变为比较灵活的多种定价机制并存的价格体制;1987—1990 年由于物价波动,居民产生通货膨胀预期,对推动通货膨胀的进一步发展起了很大作用;1991—1999 年为第四阶段,这个阶段是改革开放以来持续时间最长、波幅最大的一次物价周期; 2000—2002 年为第五阶段,2003—2006 年为第六阶段,2007—2009 年为第七阶段,2010 年至今为第八阶段,后四个阶段受政策频繁变动的影响较大,其中心理预期加剧了 2007—2009 年这一阶段的物价波动。陈乐一认为,外部冲击对物价波动的影响力也不可小觑,粮食危机助推食品价格显著领涨 CPI,物价波动中不可避免地夹杂着资产价格波动因素。

(四)进一步规范农村土地流转,提高城市管理水平

“三农”问题是影响中国经济二次转型的重要问题之一。“三农”问题的核心是土地问题。而土地问题的核心是流转问题。如果不解决土地的流转问题,中国的农业就不可能进入现代化,也不可能为城镇化的发展、为中国经济的二次转型提供动力。甘梨教授介绍了其课题组关于农村土地流转的调研结果,通过对大量调研数据的分析,结果显示:中国 32.7% 的农村家庭参与流转,27% 的耕地参与流转;农村耕地流转租金平均价格为农地年纯收入的 12.4%,租金定价水平偏低;村委会的作用显著,村委会介入有助于土地流转交易的规范化;农地流转变化较大,超过 40% 的流转家庭退出土地流转;单身男性多、有党员及契约精神的家庭退出土地流转市场的概率更小;有在读大学生及家庭年收入高的家庭退出土地流转的概率更大;缺乏契约精神的农村家庭在土地流转交易中发生纠纷的比例明显较高;最穷的 25% 家庭转出的比例远远超过转入的比例;非劳动力比例高的家庭转出土地;受教育年限高的家庭土地流转比例较高;优质土地容易转出。该调查数据极大地丰富了现有农村流转数据库,对于了解和把握农村土地流转现状,制定合理政策,规范土地流转,切实保障农民权益具有重要意义。

张曙光研究员探讨了“路权平等与城市秩序”问题。他以电动自行车为例,认为电动自行车经过草根式的发展,目前在我国的规模已经非常庞大,已成为城市务工人员、留守人员、城乡快递物流、接送小孩上学入托、刚毕业的学生、个体创业者不可或缺的交通工具。与公共交通、私家车相比,电动自行车在成本、占道、污染等方面都存在着一定的优势。但现行的城市管理对电动自行车大都采取限行和查扣的政策。政府倾向于发展汽车,限制电动自行车的原因主要有以下三个方面:为了 GDP 和财政收入;为了“面子”,搞城市现代化;容易被国有汽车公司等强势集团俘获,而电动自行车大都是中小企业,政府更偏向于

大企业。限行查扣侵犯了个人的自由权利,限行电动自行车也违反了路权平等、路权共享的基本原则。张曙光研究员建议取消限行查扣,因为这种管理方法赋予了管理者过大的自由裁量权力,只有取消限行查扣,才能真正使管理走向人性化、精细化的管理。

四、中国经济二次转型的国际环境与外贸转型升级

IMF 预测 2016 年全球经济增长率为 3.2%,并指出全球经济面临“广泛的停滞风险”。尽管全球金融危机已经过去了 8 年时间,全球仍然缺少有效需求,潜在增长依然乏力,中国经济转型面临的国际环境依然错综复杂。与此同时,随着跨境电商的快速发展,外贸转型升级迎来了新的机遇。

(一)国际贸易作为经济增长的引擎可能熄火

张燕生研究员认为,如果中国的问题出在供给端,那么主要应解决三个问题:一是技术进步、技术创新;二是结构转换;三是制度改革与变迁。中国经济主要问题是结构性的,而不是周期性的。因此,改革是解决供给侧、结构性问题的重要途径。国际贸易作为经济增长的引擎可能熄火,主要原因可能在于“去全球化”、欧美的“内向化倾向”、贸易摩擦、缺少有效的全球治理、缺少有效的宏观经济政策协调。在这种外需不振背景下,中国需要深度融入世界经济,推动“一带一路”和自贸区战略,推进高水平双向开放,包括实现内外需平衡、进出口平衡、FDI 和 OFDI 平衡、国际收支基本平衡,同时要积极构建开放型经济新体制,高水平的开放实质是高标准改革,目的是实现高质量发展。同时,国际资本流动格局正在发生变化。2015 年,流向发达国家的资本在增加,而流向发展中国家的资本在减少。这种全球资本流动的拐点性变化,带来了全球汇率、利率、价格的剧烈波动。这种情况下,中国应该积极推进双向投资协定(BIT)谈判,扩大服务业开放,推动双向投资和投资便利化。世界新科技革命给中国既带来了机遇也带来了挑战。从供给侧来说,中国产业正在从代工走向自主生产,从低端结构转向高端结构,从简单模仿转向创造性模仿和创新的结构性变化。从需求端看,中国中产阶级、新型城镇化、老龄化社会,都将推动消费和需求结构变化。同时,他还提醒,全球过剩产能加大了经济硬着陆的风险。供给侧结构性改革还面临着诸多挑战。

(二)跨境电商:外贸转型升级的新机遇

裴长洪研究员认为,商业模式对于对外贸易的转型升级具有重要意义。1999 年阿里巴巴实现用互联网连接中国供应商与海外买家后,中国对外出口贸易就实现了互联网化。在此之后,经历了从信息服务,到在线交易、全产业链

服务的跨境电商产业转型。跨境电商占进出口总额的比重进入上升通道，预计到2016年该比重将达20%。伴随着跨境电子商务的快速增长，与之配套的为中小企业提供通关、结汇、退税等服务也得到快速发展，传统商业形态在新技术和网络作用下产生了新的运行模式。互联网在高速发展过程中形成新的平台经济，平台经济将是继跨国公司之后又一个新经济现象，大平台将带来大市场。平台经济孕育全新业态，同时也要求交易规则的创新和环境的改善。这意味着我们将要进入下一个十年的国际贸易时代，进出口贸易转型升级的曙光已经出现，它标志着全球普惠贸易时代的到来，这种普惠贸易体系会成为一个新课题。因此，发展跨境电商意义重大，它不仅会改变传统贸易，促进外贸增长方式转变，还能使大数据应用成为可能。同时，其他为贸易服务的各个环节都将发生改变，包括商品检验检疫、通关、融资服务、结算支付等，有助于补上我国流通能力的短板，有助于消费拉动经济增长迈上新的台阶，有助于突破贸易保护主义并掌握国际贸易话语权。

（三）新经济形式促进政府统计改革

跨境电商等新经济形式给政府统计带来了一定的挑战。许宪春研究员认为，新经济对世界经济发展发挥了重要的推动作用，推动了战略性新兴产业、高技术制造业、新产品、新兴服务行业、网上零售额快速成长，并广泛而深刻地影响着人类的生产和生活方式，同时给政府统计带来了严峻挑战。首先是基本概念的挑战。到目前为止，与新经济相关的新名词，如知识经济、数字化经济、分享经济等相继出现，但还没有形成一个国际社会普遍接受的、通用的、统一的基本概念。其次是统计调查方法面临着挑战，传统的生产统计以法人单位和个人经营为主要调查对象，但分享经济的参与者往往是个人，传统的调查方法很难统计到完整的生产数据。最后，数字化经济催生了新的商业模式，产生了大量的非货币交易，对GDP核算带来了严峻的挑战。尽管如此，国际上正在对新经济统计进行积极的研究和探索，有些国家开始系统研究新经济对国民经济核算主要指标的影响。我国为了全面、准确、及时地反映新产业、新业态、新商业模式为核心的新经济的发展情况，开始制定"三新"经济专项统计制度，研究制定"三新"经济增长值测算方法、建立健全与新经济相关的统计分类标准、研究建立新经济统计指标体系，以逐步深化对新经济的认识，应对新经济带来的挑战。

五、城市生活质量：预期稳定，压力犹存

中国经济实验研究院城市生活质量研究中心2016年继续对35个城市的生活质量进行跟踪调查，通过测算得出年城市生活质量的主观满意度指数和客观社会经济数据指数。主观满意度指数是通过对35个城市居民的生活质量主

观感受进行随机电话调查得到。本次调查仍然采用随机尾号调查方法,保证样本空间分布的合理性和随机性,产生有效随机样本14193个。整体主观满意度指数的标准误差为0.179。在房价预期调查和居民最关注因素调查的基础上,今年新增了对就业预期的调查。这对于了解新形势下房价、就业及其他因素对城市居民生活质量的影响具有重要意义。张连城教授做了2016年生活质量指数发布报告。

(一)预期稳定,生活质量主观满意度指数微升

调查显示,2016年,全国35个城市生活质量主观满意度指数平均值为55.82,比2015年略有提高,处于满意区间。35个城市的主观满意度指数全部超过了满意和不满意的临界点50分。城市生活质量主观满意度指数的5个分指数平均值分别为:生活水平(60.44)、生活成本(39.74)、人力资本(62.20)、社会保障(60.66)、生活感受(56.05),与2015年相比,五个细分指数均有所提高。但其中的生活成本满意度分指数仍处于不满意区间。此外,生活感受分指数中的生活节奏细分指数,35个城市的平均值为44.07,仍处于不满意区间。生活质量主观满意度指数排名前10位的城市依次是:宁波、杭州、昆明、南宁、重庆、成都、大连、济南、西宁、呼和浩特。排名后10位的城市依次是:贵阳、南京、郑州、福州、上海、深圳、长春、西安、兰州、厦门。从动态的角度看,2012—2016年,35个城市的主观满意度指数呈现稳中有升的态势。

(二)压力犹存,客观生活质量指数下降

城市生活质量的客观指数即社会经济数据指数,是根据国家权威机构发布的35个城市的社会经济数据计算得出,从而保证了该指数的客观性和权威性。2016年生活质量客观指数即社会经济数据指数显示,东部城市仍旧高于中西部城市,但部分城市存在主客观指数的反差。2016年35个城市客观社会经济数据指数平均值为54.75,比2015年的55.84有所降低。得分50分以上的城市有32个,比2015年多1个。从动态变化来看,受经济下行影响,城市生活质量客观指数连续下降。5个客观分指数的平均值分别是:生活成本(58.74)、生活感受(57.54)、人力资本(56.98)、社会保障(50.43)、生活水平(50.07)。与2015年相比,生活水平、人力资本、社会保障客观分指数有所下降,生活成本、生活感受客观分指数有所上升。客观总指数排名前10位的城市依次是:北京、深圳、南京、广州、杭州、上海、昆明、武汉、西安、贵阳。排名后10位的城市依次是:合肥、哈尔滨、南昌、海口、兰州、南宁、福州、重庆、西宁、郑州。

(三)专项调查

本年度进行了三项专项调查:就业前景调查、房价预期调查以及影响居民

生活质量最重要因素调查。

2016 年新增的就业前景预期调查显示:35 个城市对就业前景预期的均值为 57.41,所有城市得分均超过了 50,尽管分值不高,但仍处于对就业前景的基本乐观区间。得分最高的是太原市,得分最低的是西宁市。不同性别、不同学历、不同工作状态以及不同年龄段对就业前景的预期都有一定的差异。

房价预期的专项调查显示:35 个城市预期房价指数平均值为 40.16,比 2015 年的平均值 43.86 还要低。所有城市的分值都没有超过 50 分,即没有一个城市居民对未来一两年内的房价继续看涨,普遍看跌,表明居民预期未来一两年内房价将呈现下跌趋势。

影响居民生活质量最重要因素的调查结果显示:在给定的四个选项中,全部 35 个城市的居民均认为空气质量是影响生活质量的最大因素(46.33%),其次是物价(23.94%),排在第三位和第四位的分别是食品安全(20.87%)和交通状况(8.86%)。与 2015 年的调查结果有所不同,2016 年城市居民对物价的关注超过了对食品安全的关注,表明滞胀可能是未来中国经济中最令人担忧的问题之一。

当前,中国经济仍旧处于转型与改革的攻坚阶段,经济与社会发展面临的挑战与风险犹存。在客观生活质量指数与上年相比有所下降的情况下,主观满意度指数保持了基本稳定。但是,当前我们仍面临着巨大的挑战:居高不下的生活成本、过快的生活节奏、不确定的房地产价格以及令人担忧的就业前景。在未来的经济与社会发展转型过程中,中央以及地方各级政府要继续致力于推进民生体系建设,稳定经济增长,实现居民生活质量的进一步提升。

7 月 3 日,与会专家还参加了“宏观论坛”和“青年论坛”两个分会场的专题研讨会,对中国经济二次转型与防范外部冲击展开了进一步的研讨。

预期稳定　挑战犹存[①]

——2016年中国35城市生活质量报告

中国经济实验研究院城市生活质量研究中心

中国经济实验研究院城市生活质量研究中心2016年3—5月对中国35个城市生活质量进行了调查,本次调查是继2011年后的第六次年度调查。我们通过统计分析和计算得出了评价2016年中国城市生活质量的主观满意度指数和客观经济指数(QLICC),该指数在2016年第十届中国经济增长与周期论坛发布。本次主观满意度调查历时两个多月,共产生有效随机样本14193个,整体主观指数的标准误差为0.179。此外,在主观满意度的电话调查中,除了继续对城市住房价格预期和居民最关注因素进行调查外,还增加了居民对就业问题预期的调查。

一、生活质量主观满意度微升,上升速率下降

2016年35个城市生活质量主观满意度指数的调查结果及排序情况如表1所示。表1显示,2016年,全国35个城市生活质量主观满意度指数加权平均值为55.82,自2011年开展调查以来,呈现持续上升的态势,保持在满意区间。但由于满意区间的答案赋值在50~75分,因此仍属于基本满意的范畴。2012—2016年,全国生活质量满意度指数加权平均值分别为49.71、50.88、50.87、51.57、55.38、55.82。最低分值也逐渐上升,2012年分值最低的城市为47.33,2013年为48.57,2014年为49.51,2015年为53.3,本次调查为53.98,连续两年保持在满意区间。

① 本文是中国社会科学院经济研究所和首都经济贸易大学组建的中国经济实验研究院城市生活质量研究中心的一项跟踪调查报告之一。本报告执笔人赵家章、张连城、郝宇彪、张自然、王银。最终定稿:张连城、张平、杨春学。组织和策划本次调研的人员包括:张平、张连城、杨春学、纪宏、郎丽华、徐雪、刘霞辉、王诚、张晓晶、田新民、张自然、赵家章、王银。本项目得到了国家社会科学基金重大项目"正确处理经济平稳较快发展、调整经济结构、管理通胀预期的关系研究"(12&ZD038)的支持。

表 1 中国 35 个城市生活质量主观满意度指数

城市	2016 年 得分	2016 年 排序	2016 年 上升位次	2015 年 得分	2015 年 排序	2014 年 得分	2014 年 排序	2013 年 得分	2013 年 排序	2012 年 得分	2012 年 排序
宁波市	57.36	1	2	57.24	3	52.63	8	52.17	7	52.51	7
杭州市	56.75	2	-1	57.58	1	52.83	4	52.05	10	54.04	2
昆明市	56.63	3	2	57.03	5	49.63	34	48.73	33	48.72	32
南宁市	56.59	4	14	55.24	18	50.00	32	49.81	28	49.6	27
重庆市	56.56	5	12	55.26	17	52.69	7	51.01	19	52.28	11
成都市	56.51	6	7	55.46	13	52.14	10	51.4	13	52.13	12
大连市	56.42	7	5	55.49	12	50.61	26	50.1	26	50.37	18
济南市	56.41	8	3	55.73	11	52.57	9	53.68	1	53.78	4
西宁市	56.40	9	16	54.72	25	51.94	13	52.21	6	51.57	14
呼和浩特市	56.38	10	17	54.64	27	50.62	25	50.37	22	50.14	22
太原市	56.30	11	23	53.32	34	50.90	23	49.9	27	49.38	29
武汉市	56.23	12	4	55.34	16	50.45	28	49.07	32	49.95	24
合肥市	56.19	13	-7	56.85	6	51.94	12	52.34	5	53.2	5
海口市	56.09	14	-10	57.09	4	51.83	16	51.8	11	50.05	23
南昌市	56.00	15	-1	55.41	14	51.31	21	50.35	23	48.41	33
银川市	55.99	16	16	53.81	32	51.90	15	51.07	18	52.29	10
哈尔滨市	55.95	17	-8	56.59	9	51.05	22	49.79	29	48.78	31
广州市	55.91	18	3	55.00	21	50.05	31	49.21	31	49.74	25
乌鲁木齐市	55.89	19	10	54.48	29	50.76	24	50.38	21	50.23	21
沈阳市	55.80	20	-5	55.40	15	52.85	3	51.25	16	49.73	26
石家庄市	55.74	21	1	54.95	22	51.75	18	52.17	8	53.86	3
青岛市	55.73	22	-3	55.18	19	53.06	1	53.05	2	52.31	8
北京市	55.64	23	5	54.49	28	51.78	17	50.16	24	49.47	28
长沙市	55.63	24	0	54.89	24	50.37	29	50.15	25	50.29	19
天津市	55.61	25	5	54.22	30	52.81	6	51.35	14	52.07	13
贵阳市	55.61	26	7	53.77	33	49.94	33	49.58	30	47.33	35
南京市	55.39	27	-20	56.70	7	51.43	20	51.7	12	50.75	16
郑州市	55.25	28	-8	55.03	20	50.25	30	51.28	15	50.76	15
福州市	55.20	29	-6	54.92	23	51.90	14	52.06	9	52.6	6
上海市	55.20	30	-20	55.74	10	51.94	11	50.53	20	50.24	20
深圳市	54.67	31	0	54.06	31	49.51	35	48.68	34	49.16	30

续表

城市	2016 年			2015 年		2014 年		2013 年		2012 年	
	得分	排序	上升位次	得分	排序	得分	排序	得分	排序	得分	排序
长春市	54.48	32	-24	56.60	8	52.88	2	52.34	4	54.51	1
西安市	54.47	33	-7	54.65	26	50.58	27	51.16	17	50.4	17
兰州市	54.07	34	1	53.30	35	51.50	19	48.57	35	47.95	34
厦门市	53.98	35	-33	57.57	2	52.82	5	53	3	52.3	9
平均值	55.82			55.38		51.57		50.87		50.88	

表1显示,35个城市生活质量满意度指数得分全部超过50。其中,2012年以来连续5年排名前10位的城市只有杭州和宁波;连续5年位于后10名城市为贵阳和深圳。五年以来,首次进入前10位城市分别为南宁、大连和呼和浩特。与2015年相比,排名上升最快的三个城市为太原、呼和浩特、西宁,分别上升23位、17位和16位,下滑最快的两个城市为厦门、长春,分别下滑33位、24位,上海和南京均下滑20位。北京的生活质量满意度排名从2012年到2016年的位次分别为:28、24、17、28、23,一直位于中下区间。

2016年城市生活质量主观满意度指数的五个分指数加权平均值分别为:人力资本(62.20)、社会保障(60.66)、生活水平(60.44)、生活感受(56.05)、生活成本(39.74),与2015年相比,35个城市5个分指数加权平均值均有微升。

二、经济承压,客观生活质量指数下降①

与往年一样,2016年城市生活质量客观指数是通过统计和计算35个城市官方公布的20个客观经济指标得出的,计算结果如表2所示。

表2　　中国35个城市生活质量客观指数

城市	2016 年			2015 年		2014 年		2013 年		2012 年	
	得分	排序	上升位次	得分	排序	得分	排序	得分	排序	得分	排序
北京市	64.42	1	0	67.41	1	68.78	1	69.8	1	68.72	1
深圳市	64.00	2	5	59.87	7	63.25	4	63.93	5	64.24	3

① 城市生活质量客观指数具体测算方法,请参考张连城等:"生活质量指数趋升,空气质量食品安全堪忧——2014中国35个城市生活质量报告",《经济学动态》2014年第8期。

续表

城市	2016 年			2015 年		2014 年		2013 年		2012 年	
	得分	排序	上升位次	得分	排序	得分	排序	得分	排序	得分	排序
南京市	62.79	3	-1	63.37	2	65.52	3	66.65	3	62.38	5
广州市	60.76	4	1	61.08	5	66.39	2	66.85	2	64.87	2
杭州市	59.60	5	-1	61.70	4	59.49	13	59.54	12	59.09	8
上海市	58.93	6	0	59.95	6	61.30	7	61.78	8	62.72	4
昆明市	58.23	7	1	59.69	8	60.61	10	58.05	15	54.08	14
武汉市	57.95	8	1	58.87	9	60.33	12	58.93	13	56.61	10
西安市	57.93	9	-6	62.39	3	61.61	5	64.65	4	61.59	6
贵阳市	57.20	10	4	56.92	14	56.46	18	52.45	29	50.98	25
呼和浩特市	57.17	11	0	58.16	11	60.99	9	62.22	6	59.55	7
沈阳市	57.04	12	0	57.22	12	60.41	11	59.99	10	56.59	11
银川市	55.72	13	0	57.19	13	56.77	17	57.68	16	52.45	18
宁波市	54.88	14	1	55.70	15	61.11	8	61.47	9	55.21	12
长春市	54.49	15	1	55.22	16	57.63	15	59.64	11	52.29	19
石家庄市	54.03	16	4	54.00	20	54.44	25	54.78	24	50.49	28
厦门市	53.91	17	2	54.32	19	61.58	6	61.89	7	58.86	9
乌鲁木齐市	53.74	18	3	53.53	21	54.42	26	54.59	26	49.73	32
长沙市	53.56	19	-9	58.48	10	59.15	14	58.36	14	53.53	16
太原市	53.53	20	6	52.15	26	51.62	31	55.45	21	52.15	20
青岛市	53.16	21	-4	55.03	17	55.87	21	54.76	25	54.05	15
大连市	52.69	22	-4	54.38	18	56.15	19	55.64	20	52	21
济南市	52.50	23	1	52.72	24	56.10	20	56.84	17	53.22	17
成都市	52.48	24	-2	53.35	22	54.89	23	55.96	19	51.15	24
天津市	52.35	25	5	51.25	30	55.48	22	55.42	22	54.3	13
合肥市	52.23	26	-1	52.69	25	56.83	16	56.73	18	50.92	26
哈尔滨市	52.03	27	1	51.45	28	53.80	28	51.86	30	50.44	29
南昌市	51.99	28	-5	52.88	23	51.29	32	53.03	27	49.03	34
海口市	51.64	29	0	51.28	29	53.72	29	51.5	31	51.17	23
兰州市	50.73	30	1	51.22	31	54.79	24	55.22	23	50.08	31
南宁市	50.25	31	1	49.79	32	52.93	30	50	33	50.69	27
福州市	50.12	32	-5	51.55	27	53.96	27	52.66	28	51.37	22
重庆市	49.17	33	2	47.93	35	51.04	33	47.83	35	49.4	33

续表

城市	2016 年			2015 年		2014 年		2013 年		2012 年	
	得分	排序	上升位次	得分	排序	得分	排序	得分	排序	得分	排序
西宁市	48.19	34	-1	49.08	33	50.15	34	49.29	34	45.21	35
郑州市	46.93	35	-1	48.68	34	48.39	35	50.54	32	50.26	30
平均值	54.75			55.84		57.87		57.75		54.56	

表2显示,从2012年到2016年,全国35个城市生活质量客观指数均值分别为54.56、57.75、57.87、55.84、54.75。从动态角度观察,虽然生活质量客观指数在2016年仍位于满意度区间,但继2015年由升转降后,2016年继续回落。

横向比较而言,北京连续5年位列榜首。连续5年排名前10位的城市还有深圳、南京、广州、上海、西安;连续5年排名后10位的城市有哈尔滨、南宁、西宁、郑州、重庆。5年来贵阳市首次进入前10名,下降幅度最大的是长沙,2015年首次进入前10名后,2016年快速滑落至第19名。另外,中国35个城市居民生活质量客观指数2015年低于50的城市有郑州、南宁、西宁和重庆,但2016年南宁的城市生活质量客观指数回升至50.25,最低的是郑州(46.93)。根据QLICC体系的答案赋值标准,生活质量客观指数低于临界点50意味着进入了不满意区间,即从客观指标的计算来看,西宁、重庆和郑州等3个城市的生活质量是令人不满意的。

分城市看,在35个城市中,生活质量客观指数连续4年持续小幅下降的城市有北京、南京、广州、上海;此外还有呼和浩特、宁波、长春、厦门、成都、济南、兰州,占比近1/3,而贵阳市的生活质量客观指数连续5年呈现上升态势,从2012年的50.98增至2016年的57.20。

三、城市生活质量细分指数的调查和统计结果

中国35个城市生活质量主观满意度指数和客观指数的状况及变化均可以从生活水平、生活成本、人力资本、社会保障、生活感受等5个分指数得到说明。

(一)生活水平指数

1. 生活水平主观满意度指数

根据QLICC体系,生活水平满意度指数是由收入现状满意度指数和收入预期满意度指数加权平均构成的。表3是2016年35个城市生活水平满意度的调查结果。从表3可以看到,35个城市生活水平满意度均超过了满意与不满意区间的临界点50,且有23个城市的得分超过60。2012—2016年,全国35

个城市生活水平满意度指数加权平均值分别为 51.28、52.51、54.32、60.07、60.44，连续 5 年都在满意区间内，且满意度总体上呈上升趋势。

从地区分布来看，生活水平满意度指数排名前 10 位的城市中，有 5 个东部城市、1 个中部城市、4 个西部城市；排名后 10 位的城市中，有 4 个东部城市、2 个中部城市、4 个西部城市。

表 3　　2016 年中国 35 个城市生活水平满意度指数

城市	得分	排序	上升位次	城市	得分	排序	上升位次
宁波市	62.06	1	0	太原市	60.31	19	6
北京市	61.99	2	10	天津市	60.26	20	14
南宁市	61.62	3	27	郑州市	60.14	21	5
昆明市	61.55	4	-1	长沙市	60.1	22	-8
大连市	61.33	5	19	乌鲁木齐市	60.01	23	-8
重庆市	61.26	6	21	深圳市	59.98	24	-11
海口市	61.21	7	-5	福州市	59.94	25	-2
杭州市	61.11	8	-2	武汉市	59.75	26	-7
成都市	61.11	9	13	上海市	59.75	27	-9
合肥市	60.88	10	-6	石家庄市	59.63	28	3
济南市	60.84	11	6	长春市	59.38	29	-22
呼和浩特市	60.81	12	20	贵阳市	59.14	30	5
哈尔滨市	60.81	13	-5	沈阳市	58.85	31	-2
西宁市	60.75	14	6	兰州市	58.74	32	1
南京市	60.6	15	-4	银川市	58.22	33	-17
广州市	60.59	16	-7	厦门市	57.66	34	-29
青岛市	60.5	17	-7	西安市	57.58	35	-7
南昌市	60.49	18	3	平均值	60.44		

生活水平满意度指数由收入现状满意度指数和收入预期满意度指数加权平均获得。从收入现状满意度调查结果来看，2012—2016 年，全国 35 个城市收入现状满意度指数加权平均值分别为 51.52、52.54、52.98、69.65、60.66，连续 5 年都处在满意区间内，且满意度总体上呈上升趋势。分城市看，连续 4 年得分均上升的城市有北京、大连、长沙、南昌、乌鲁木齐、上海、天津等 7 个城市，占全部调查城市的 20%。

从收入预期满意度调查结果来看，2012—2016 年，全国 35 个城市收入预期满意度指数加权平均值分别为 51.36、52.48、55.5、60.5、60.23，2016 年的收入预期满意度指数低于 2015 年。分城市看，连续 4 年得分均上升的城市有南京、北京、太原、哈尔滨、天津、呼和浩特、南昌、重庆、沈阳等9个城市,占全部调查城市的25.7%。

2. 生活水平客观指数

根据QLICC体系,生活水平客观指数就是通过计算35个城市的收入水平、生活改善指数两个一级指标所属的消费率、人均财富、人均可支配收入以及人均消费增长、人均财富增长、人均可支配收入增长等6个二级指标得出的。2016年35个城市生活水平客观指数的计算结果如表4所示。由于该指标的大小与经济增长情况具有密切的联系,伴随经济发展进入中高速阶段,2016年全国35个城市的城市生活水平客观指数加权平均值为50.07,勉强高于临界点50,为2012年来的最低值,2014年最高时曾达到68.06。

表4　　2016年中国35个城市生活水平客观指数

城市	得分	排序	上升位次	城市	得分	排序	上升位次
深圳市	80.00	1	13	海口市	47.41	19	5
上海市	70.73	2	0	呼和浩特市	47.27	20	9
北京市	61.55	3	-2	青岛市	47.21	21	-12
杭州市	60.55	4	-1	石家庄市	46.97	22	4
南京市	59.44	5	0	合肥市	46.72	23	-1
广州市	56.76	6	4	福州市	46.2	24	-7
宁波市	53.77	7	1	重庆市	45.96	25	9
天津市	52.58	8	15	郑州市	45.14	26	-5
成都市	52.22	9	-3	长沙市	44.69	27	-23
厦门市	52.12	10	2	兰州市	43.67	28	4
贵阳市	51.37	11	0	银川市	43.62	29	-10
济南市	51.14	12	13	昆明市	43.45	30	-2
乌鲁木齐市	50.72	13	2	大连市	42.95	31	-11
武汉市	49.53	14	-1	西安市	42.78	32	-25
南昌市	49.07	15	1	西宁市	41.95	33	-6
哈尔滨市	48.15	16	15	南宁市	41.55	34	-1
沈阳市	47.68	17	13	太原市	40.00	35	0
长春市	47.64	18	0	平均值	50.07		

35个城市中,只有13个城市的分值超过50,而2015年为32个城市。从地区来看,城市生活水平客观指数排名前10位的城市中,有9个东部城市,1个西部城市;排名后10位的城市中,有1个东部城市,3个中部城市,6个西部

城市。由此看出,生活水平客观指数存在显著的地区差异。从描述客观生活水平的六个二级指标看,与2014年相比,2015年人均消费增长、人均财富增长下降显著,是导致生活水平客观指数下降的直接原因。

(二)生活成本指数

1. 生活成本主观满意度指数

生活成本主观满意度指数以及排序情况如表5所示。2016年全国35个城市生活成本满意度指数加权平均值为39.74,没有一个城市的分值超过50,说明所有城市的居民对生活成本均不满意。

表5 2016年中国35个城市生活成本满意度指数

城市	得分	排序	上升位次	城市	得分	排序	上升位次
银川市	45.30	1	28	长沙市	39.9	19	-2
济南市	43.45	2	8	沈阳市	39.89	20	-9
呼和浩特市	43.4	3	27	福州市	39.78	21	-3
南昌市	41.97	4	11	太原市	39.69	22	12
昆明市	41.93	5	-1	郑州市	39.41	23	-7
宁波市	41.83	6	3	武汉市	39.22	24	-1
石家庄市	41.63	7	5	青岛市	39.13	25	2
哈尔滨市	41.26	8	-1	广州市	38.98	26	6
成都市	41.26	9	13	南京市	38.8	27	-22
海口市	41.23	10	-4	西宁市	38.44	28	5
贵阳市	41.17	11	20	上海市	37.81	29	-8
南宁市	41.15	12	1	厦门市	37.7	30	-27
合肥市	40.9	13	-11	深圳市	37.58	31	-5
大连市	40.84	14	0	天津市	37.28	32	-8
重庆市	40.66	15	4	长春市	37.24	33	-32
西安市	40.48	16	4	兰州市	35.97	34	-6
杭州市	40.41	17	-9	北京市	35.50	35	0
乌鲁木齐市	40.05	18	7	平均值	39.74		

尽管生活成本满意度指数处于不满意区间,但从动态变化看,2012—2016年,35个城市生活成本满意度指数加权平均值连续5年上升,从2012年的28.91上升至2016年的39.74,表明人们对城市生活成本不满意的程度在不断降低。

2. 生活成本客观指数

根据 QLICC 体系,城市生活成本客观指数是通过计算每个城市的房屋销售价格指数、通货膨胀率、房价收入比三个二级指标得出的。2016 年 35 个城市生活成本客观指数及其排序情况如表 6 所示。

表 6 2016 年中国 35 个城市生活成本客观指数

城市	得分	排序	上升位次	城市	得分	排序	上升位次
昆明市	80.00	1	0	郑州市	59.16	19	-3
长沙市	71.45	2	0	大连市	59.05	20	-3
呼和浩特市	70.39	3	1	南宁市	58.38	21	-1
西安市	66.37	4	-1	哈尔滨市	58.05	22	0
银川市	65.4	5	0	合肥市	56.91	23	0
西宁市	65.19	6	2	厦门市	53.93	24	2
南昌市	63.26	7	0	南京市	53.8	25	-1
石家庄市	62.99	8	-2	福州市	53.62	26	-1
青岛市	62.54	9	0	天津市	53.26	27	1
沈阳市	62.07	10	1	宁波市	52.77	28	2
重庆市	61.46	11	2	太原市	52.7	29	2
武汉市	60.94	12	-2	海口市	52.57	30	2
成都市	60.71	13	1	杭州市	51.12	31	-4
乌鲁木齐市	60.67	14	5	广州市	51.1	32	-3
济南市	60.4	15	-3	上海市	48.3	33	0
贵阳市	60.38	16	-1	北京市	47.49	34	0
兰州市	60.35	17	1	深圳市	40.00	35	0
长春市	59.24	18	3	平均值	58.74		

2012—2016 年,全国生活成本客观指数加权平均值分别为 56.10、58.67、53.84、54.58、58.74,平均值连续两年提高,表明生活成本客观上继续下降,与生活成本满意度指数连续上升形成呼应。

35 个城市生活成本主观满意度指数平均值得分上升说明城市居民的生活成本有所降低,人们的满意度有所提高,这与生活成本客观指数的提高是一致的。近一年来,全国居民消费价格总水平(CPI)总体低于 2% 的低通胀区间,在一定程度上降低了生活成本。尽管如此,由于生活成本主观满意度指数没有超过 50,表明居民对生活成本的满意度仍处于不满意区间。

（三）人力资本指数

1. 人力资本主观满意度指数

人力资本主观满意度指数是通过询问受访者本人及其子女受教育的满意程度并通过答案赋值得出的。2016 年 35 个城市人力资本主观满意度指数的调查结果如表 7 所示。2015 年全国 35 个城市的人力资本满意度指数加权平均值为 62.2，连续 4 年上升。35 个城市中有 33 个城市得分超过 60。总体上看，大多数城市居民人力资本满意度指数在稳步上升。

表 7　　2016 年中国 35 个城市居民人力资本满意度指数

城市	得分	排序	上升位次	城市	得分	排序	上升位次
武汉市	64.22	1	8	上海市	62	19	-11
西宁市	63.98	2	5	郑州市	61.82	20	1
杭州市	63.89	3	0	贵阳市	61.69	21	11
北京市	63.6	4	6	济南市	61.67	22	-2
宁波市	63.4	5	-3	福州市	61.64	23	2
重庆市	63.25	6	10	深圳市	61.56	24	6
天津市	63.16	7	17	昆明市	61.46	25	-2
沈阳市	63.15	8	3	南京市	61.33	26	-14
广州市	62.95	9	-4	兰州市	61.1	27	6
合肥市	62.84	10	-4	青岛市	61.07	28	-14
太原市	62.76	11	24	呼和浩特市	60.96	29	0
长沙市	62.72	12	19	长春市	60.86	30	-13
南宁市	62.7	13	5	石家庄市	60.73	31	-5
成都市	62.57	14	1	南昌市	60.57	32	-4
海口市	62.28	15	-11	银川市	60.08	33	1
哈尔滨市	62.12	16	-3	西安市	59.65	34	-15
乌鲁木齐市	62.1	17	10	厦门市	58.38	35	-34
大连市	62.07	18	4	平均值	62.20		

从地区分布来看，城市居民人力资本满意度指数排名前十的城市中，东、中、西部城市的比例为 6∶2∶2。城市居民人力资本满意度指数排名后 10 位的城市中，东、中、西部城市的比例为 3∶3∶4。纵向比较表明，尽管我国教育资源配置的地区差异仍然较大，但地区差异正在缩小。

2. 人力资本客观指数

根据 QLICC 体系，城市人力资本客观指数是通过计算每个城市的教育提供指数、教育文化娱乐支出比两个二级指标得出的。2016 年 35 个城市的人力资本客观指数的计算结果如表 8 所示。

表 8　　2016 年中国 35 个城市人力资本客观指数

城市	得分	排序	上升位次	城市	得分	排序	上升位次
南京市	80.00	1	0	济南市	55.46	19	0
贵阳市	74.65	2	0	沈阳市	55.02	20	1
武汉市	70.87	3	3	福州市	54.84	21	-1
广州市	69.28	4	-1	宁波市	52.92	22	0
西安市	69.27	5	-1	深圳市	52.73	23	2
北京市	67.66	6	-1	天津市	52.47	24	0
太原市	64.01	7	0	哈尔滨市	52.23	25	-2
昆明市	63.53	8	1	南昌市	52.00	26	0
上海市	62.59	9	-1	成都市	50.08	27	1
石家庄市	61.62	10	1	兰州市	49.63	28	-1
长春市	61.51	11	-1	乌鲁木齐市	49.4	29	0
杭州市	59.95	12	2	青岛市	48.6	30	0
银川市	58.67	13	0	郑州市	48.17	31	0
呼和浩特市	58.51	14	-2	海口市	47.33	32	0
大连市	56.95	15	3	重庆市	44.59	33	0
长沙市	56.38	16	-1	厦门市	41.30	34	0
南宁市	56.01	17	0	西宁市	40.00	35	0
合肥市	55.97	18	-2	平均值	56.98		

2012—2015 年,35 个城市人力资本客观指数加权平均值分别为 57.66、57.78、57.33、57.34,不同年份间差异较小,处于基本持平的状态。相比往年,2016 年该指数有所下降,为 56.98。但总体而言,人力资本客观指数是一个相对稳定的指标。

(四)社会保障指数

1. 主观满意度指数

2016 年全国 35 个城市居民社会保障满意度指数的加权平均值为 60.66,保持稳中有升的态势。35 个城市社会保障主观满意度指数和排序情况如表 9 所示。

表 9 2016 年中国 35 个城市社会保障满意度指数

城市	得分	排序	上升位次	城市	得分	排序	上升位次
西宁市	63.04	1	4	银川市	60.50	19	16
北京市	62.32	2	1	青岛市	60.46	20	-11
宁波市	62.31	3	1	沈阳市	60.45	21	4
乌鲁木齐市	62.10	4	23	合肥市	60.29	22	10
武汉市	62.02	5	2	海口市	60.25	23	-12
大连市	61.57	6	12	郑州市	60.24	24	2
重庆市	61.37	7	9	厦门市	60.01	25	-15
上海市	61.33	8	-6	长春市	59.74	26	-3
呼和浩特市	61.31	9	12	石家庄市	59.68	27	1
太原市	61.15	10	21	长沙市	59.65	28	-14
天津市	61.05	11	18	哈尔滨市	59.51	29	-9
杭州市	60.88	12	-11	深圳市	59.47	30	3
南宁市	60.88	13	9	南昌市	59.43	31	-19
成都市	60.79	14	-1	南京市	59.3	32	-13
昆明市	60.76	15	-7	福州市	59.3	33	-9
贵阳市	60.76	16	-1	兰州市	59.25	34	0
济南市	60.57	17	-11	西安市	58.68	35	-5
广州市	60.52	18	-1	平均值	60.66		

35 个城市中有 20 个城市居民社会保障满意度得分超过 60，与 2015 年基本持平，但远高于 2014 年的 5 个城市。在排名前 10 位的城市中，东、中、西部城市的比例为 4:2:4；排名后 10 位的城市中，东、中、西部城市的比例为 4:4:2。相比以往，社会保障主观感受的地区差距在缩小。

根据 QLICC 体系，社会保障主观满意度指数是医疗和养老保障满意度指数、城市安全满意度指数的加权平均值，和往年一样，也是通过问卷调查并对调查结果进行答案赋值得到的。

2012 年到 2015 年，35 个城市医疗保障和养老保障状况满意度指数加权平均值分别为 53.61、54.34、54.80、58.04，2016 年为 58.68，总体上呈现不断上升的趋势。从地区分布看，城市医疗保障和养老保障状况满意度指数排名前 10 位的城市中，有 4 个东部城市、1 个中部城市、5 个西部城市；排名后 10 位的城市中，有 4 个东部城市，4 个中部城市，2 个西部城市。相比 2015 年，排名后 10 位的城市地区分布没有改变，但前 10 位的城市中，东部城市由 8 个减至 4 个，西部城市由 2 个增至 5 个，地区差异显著减小。

2012—2015 年,全国 35 个城市安全(社会治安)状况满意度指数加权平均值分别为 64.58、58.93、60.45、62.90,2016 年为 62.63,处在满意区间内,但相比 2015 年略有下降。从地区分布来看,排名前 10 位的城市中,有 4 个东部城市,2 个中部城市,4 个西部城市。排名后 10 位的城市中,有 4 个东部城市、2 个中部城市、4 个西部城市。

2. 社会保障客观指数

根据 QLICC 体系,社会保障客观指数的分值是根据每个城市的社保覆盖率、基本医疗保险覆盖率、失业保险覆盖率三个二级指标得出的。35 个城市社会保障客观指数如表 10 所示。

表 10 2016 年中国 35 个城市社会保障客观指数

城市	得分	排序	上升位次	城市	得分	排序	上升位次
深圳市	80.00	1	0	武汉市	47.44	19	2
杭州市	65.76	2	1	长春市	46.93	20	-1
北京市	65.41	3	-1	贵阳市	46.52	21	1
厦门市	63.87	4	0	呼和浩特市	46.5	22	-4
宁波市	60.3	5	0	长沙市	45.33	23	0
广州市	58.25	6	0	重庆市	44.63	24	0
上海市	58.05	7	0	南宁市	44.56	25	0
沈阳市	56.12	8	0	合肥市	44.13	26	2
南京市	55.78	9	0	福州市	43.9	27	-1
天津市	53.41	10	1	海口市	43.27	28	4
大连市	53.17	11	-1	兰州市	43.17	29	-2
银川市	51.86	12	0	昆明市	42.92	30	1
太原市	51.31	13	0	石家庄市	42.76	31	-1
西安市	50.44	14	0	郑州市	42.17	32	-3
成都市	49.58	15	0	南昌市	41.63	33	0
乌鲁木齐市	49.13	16	0	哈尔滨市	41.37	34	0
青岛市	47.62	17	0	西宁市	40.00	35	0
济南市	47.61	18	2	平均值	50.43		

2016 年全国 35 个城市社会保障客观指数加权平均值为 50.43,从动态变化的角度看,在 2015 年大幅降低的基础上继续下降。35 个城市社会保障客观指数的分值有 21 个城市低于 50,与 2015 年大致持平,但 2014 年只有 16 个城市社会保障客观指数得分低于 50。我们认为,社会保障客观指数下降的主要

原因在于，受经济下行的影响，失业率上升，但我国失业保险参保人数和比例相对较低，失业保险覆盖面低下。此外，值得注意的是，社会保障客观指数存在较大的地区差异。

（五）生活感受指数

1. 生活感受主观满意度指数

根据 QLICC 体系，生活感受满意度指数是通过问卷调查由生活节奏满意度指数和生活便利满意度指数加权平均得到的。2016 年 35 个城市生活感受主观满意度指数的调查结果如表 11 所示。

表 11　　2016 年中国 35 个城市居民生活感受满意度指数

城市	得分	排序	上升位次	城市	得分	排序	上升位次
太原市	57.60	1	29	西安市	55.95	19	1
南昌市	57.54	2	16	武汉市	55.94	20	4
青岛市	57.47	3	20	银川市	55.87	21	8
昆明市	57.47	4	-1	西宁市	55.78	22	11
杭州市	57.44	5	-3	长沙市	55.75	23	4
宁波市	57.17	6	8	济南市	55.52	24	8
石家庄市	57.03	7	10	海口市	55.48	25	-13
南京市	56.9	8	-4	呼和浩特市	55.41	26	-25
成都市	56.81	9	-3	福州市	55.36	27	-6
沈阳市	56.65	10	6	兰州市	55.29	28	6
南宁市	56.59	11	-1	贵阳市	55.29	29	-7
广州市	56.52	12	14	长春市	55.2	30	-23
天津市	56.32	13	12	乌鲁木齐市	55.17	31	-3
大连市	56.3	14	-1	上海市	55.09	32	-24
重庆市	56.26	15	-4	北京市	54.8	33	-2
厦门市	56.15	16	-1	深圳市	54.76	34	1
合肥市	56.04	17	-8	郑州市	54.65	35	-16
哈尔滨市	56.03	18	-13	平均值	56.05		

2012 年至 2016 年，35 个城市生活感受满意度指数平均值分别为 55.63、55.07、54.88、55.66、56.05，连续三年呈现上升态势，总体变化很小，均处于满意区间，并且城市间的差距相对较小。生活感受满意度指数是由生活节奏满意度指数和生活便利满意度指数两个细分指数构成的。

2012—2016 年，35 个城市生活节奏满意度指数平均值分别为 42.87、

42.97、41.90、43.12、44.07,总体变化较小。从得分情况来看,35个城市对生活节奏的满意度从未越过满意与不满意的临界点(50),说明过快的生活节奏给人们带来了不小的生活压力。与生活节奏满意度不同,2012—2016年,35个城市生活便利满意度指数平均值较高,分别为68.39、67.18、67.66、68.20、68.03,综合来看,中国35个城市的居民对生活便利普遍感到满意。

2. 生活感受客观指数

根据QLICC体系,生活感受客观指数是通过计算每个城市的三个一级指标即生活便利指数、生态环境指数、收入差距感受指数及其所属的6个二级指标的数值得到的。2016年35个城市生活感受客观指数的计算结果如表12所示。

表12 2016年中国35个城市生活感受客观指数

城市	得分	排序	上升位次	城市	得分	排序	上升位次
北京市	80.00	1	0	长春市	57.16	19	0
广州市	68.40	2	1	兰州市	56.85	20	-4
海口市	67.63	3	1	石家庄市	55.81	21	2
深圳市	67.30	4	-2	上海市	54.99	22	-2
南京市	64.92	5	2	宁波市	54.65	23	-1
沈阳市	64.32	6	-1	南昌市	53.99	24	1
呼和浩特市	63.16	7	-1	西宁市	53.80	25	-1
昆明市	61.27	8	1	贵阳市	53.08	26	1
武汉市	60.95	9	1	福州市	52.02	27	-1
西安市	60.78	10	3	大连市	51.33	28	0
杭州市	60.62	11	-3	南宁市	50.76	29	1
哈尔滨市	60.34	12	-1	天津市	50.04	30	1
青岛市	59.85	13	1	长沙市	49.94	31	1
太原市	59.64	14	-2	成都市	49.79	32	-3
银川市	59.08	15	0	重庆市	49.19	33	1
乌鲁木齐市	58.76	16	2	济南市	47.87	34	-1
厦门市	58.33	17	0	郑州市	40.00	35	0
合肥市	57.40	18	3	平均值	57.54		

2016年35个城市生活感受客观指数的均值为57.54,处于满意区间。整体来看,35个城市间最高分值和最低分值相差悬殊,从二级指标来看,城市间交通提供能力、万人影剧院数、医疗提供能力、人均绿地面积、空气质量、基尼系

数等方面存在较大差距。

从以上调查结果可以看出，近两年来，尽管城市居民对生活质量的主观满意度指数稳中有升，但生活质量客观指数却在2015年由升转降之后继续下跌。究其原因，在经济增速下滑的背景下，我国政府以“调整经济发展方式、共享经济与社会发展成果”为基本政策理念，出台了一系列调整政策，使城市居民生活质量满意度有所提高，说明这些政策得到了广大群众的支持。但生活质量客观指数连续两年下降，说明经济增速下滑对城市居民生活造成的实际影响不容小觑。

四、城市生活质量存在主客观反差，并具有明显的区域特征

表13给出了描述2012—2016年35个城市生活质量主观满意度指数和生活质量客观指数的5个细分指数，从中可以看出各项细分指数的变化情况。

表13　2012—2016年主客观细分指数

		2016年	2015年	2014年	2013年	2012年
主观满意度指数	生活水平满意度指数	60.44	60.07	54.32	52.51	51.28
	生活成本满意度指数	39.74	38.94	31.81	31.22	28.91
	人力资本满意度指数	62.20	61.73	58.98	58.89	59.42
	社会保障满意度指数	60.66	60.47	57.87	56.64	59.19
	生活感受满意度指数	56.05	55.66	54.88	55.07	55.63
客观指数	生活水平客观指数	50.07	59.83	68.06	63.39	56.28
	生活成本客观指数	58.74	54.58	53.84	58.67	56.10
	人力资本客观指数	56.98	57.34	57.33	57.78	57.66
	社会保障客观指数	50.43	51.26	54.66	55.26	50.85
	生活感受客观指数	57.54	56.17	55.57	53.67	51.89

从表13可以看出，城市生活质量主客观指数存在明显反差。2012年特别是2013年以来，除个别年份外，主观满意度指数基本上处于稳中有升的态势。而在客观指数中，生活水平客观指数经过3年的持续上升后，近两年连续下跌，且下跌的幅度较大。人力资本客观指数和社会保障指数2016年也有所下降，生活成本客观指数和生活感受客观指数则有所上升。这与近两年经济增速持续下降基本上是一致的。尽管出现上述情况，但生活水平主观满意度指数继2015年首次高于生活水平客观指数后，今年更是高出了10.37。

2012—2016年，主客观指数及其细分指数呈现了一定的区域特征。具体到主观满意度指数，区域差异不是特别明显，西部地区主观满意度指数有了上

升，以往东高西低的格局有所改变，呈现西高东低的局面。反观客观指数，东中西三个地区均有不同程度的下降，东部城市要高于中部城市，中西部城市差异不是特别明显。

表 14 按区域分主观满意度指数及客观指数

指数	地区	2016 年	2015 年	2014 年	2013 年	2012 年
主观满意度指数	东部	55.74	55.71	51.90	51.44	51.44
	中部	55.75	55.50	51.14	50.65	50.66
	西部	55.92	54.76	51.06	50.39	50.24
客观指数	东部	56.43	56.93	59.60	59.59	57.46
	中部	52.84	53.80	54.88	55.57	51.90
	西部	53.71	54.48	55.88	55.27	52.26

继续观察 5 个主观满意度细分指数。如表 15 所示，与 2015 年相比，东、中部城市生活水平满意度指数略有下降，西部城市略有上升，东中西三个区域基本持平，没有太大差别。与 2015 年相比，东、中部城市生活成本满意度指数变化不大，西部地区有了一定的上升，并且超过了其他两个地区。人力资本满意度指数三个地区均略有上升，中部最高，东部其次。社会保障满意度指数与 2015 年相比基本没有发生太大的变化。三个地区的生活感受满意度指数均有所上升，其中东部城市最高，其次为中部城市。

表 15 按区域分 5 个主观满意度细分指数

指数	地区	2016 年	2015 年	2014 年	2013 年	2012 年
生活水平满意度指数	东部	60.39	60.56	54.55	53.28	51.91
	中部	60.23	60.49	53.21	51.44	51.00
	西部	60.07	59.37	53.38	52.87	50.57
生活成本满意度指数	东部	39.49	39.48	31.62	30.98	28.54
	中部	39.95	40.16	32.98	33.49	30.96
	西部	40.89	37.80	31.28	30.43	27.95
人力资本满意度指数	东部	62.05	62.33	59.60	59.58	60.42
	中部	62.24	61.15	58.08	58.28	58.51
	西部	61.78	60.81	58.51	58.53	58.62
社会保障满意度指数	东部	60.59	60.65	58.83	57.86	60.12
	中部	60.25	60.09	56.87	55.54	57.80
	西部	60.86	60.13	56.70	55.60	58.84

续表

指数	地区	2016 年	2015 年	2014 年	2013 年	2012 年
生活感受满意度指数	东部	56.18	55.54	54.90	55.48	56.19
	中部	56.09	55.63	54.59	54.51	55.04
	西部	55.99	55.68	55.44	54.51	55.23

5 个客观细分指数也呈现了明显的区域特征。表 16 表明，生活水平客观指数呈现了东、中、西部依次递减的局面。与 2015 年相比，三个地区的生活水平客观指数下降明显。其中，中部城市下降最为明显，其次是西部地区。生活成本客观指数三个地区均有不同程度的提高，仍旧呈现了西高东低的布局。人力资本客观指数三个地区差异不显著，与 2015 年相比略有变化。社会保障客观指数区域特征明显，东部最高，西部其次，中部排名最后。与 2015 年相比，社会保障客观指数均略有提升，但幅度不大。三个地区生活感受客观指数变化的态势比较平稳，东部最高，其次为西部，中部得分最低。

表 16　　按区域分 5 个客观细分指数

指数	地区	2016 年	2015 年	2014 年	2013 年	2012 年
生活水平客观指数	东部	54.82	62.31	71.53	69.00	62.99
	中部	46.37	56.12	62.77	59.39	52.03
	西部	45.87	54.74	61.96	58.54	49.60
生活成本客观指数	东部	54.06	50.85	50.37	54.96	52.12
	中部	60.21	56.98	56.42	61.47	57.41
	西部	64.48	61.72	61.18	65.46	60.94
人力资本客观指数	东部	57.42	57.25	57.32	57.18	58.72
	中部	57.64	57.57	57.02	58.39	56.18
	西部	55.85	55.62	55.30	55.19	57.22
社会保障客观指数	东部	55.95	55.47	60.16	60.89	57.08
	中部	45.04	44.80	45.67	46.86	45.72
	西部	46.30	45.92	47.37	46.95	45.50
生活感受客观指数	东部	59.88	58.77	58.61	55.95	56.37
	中部	54.93	53.55	52.52	51.74	48.16
	西部	56.05	54.38	53.58	50.20	48.07

五、房价预期与走势显著分化，住房调控体系亟待完善

2016 年，课题组继续对房价预期进行专项调查。35 个城市房价预期指数

如表17所示。根据调查结果,2016年房价预期指数的加权平均值为40.16,低于2015年的43.86,连续两年处于下跌区间,说明居民普遍认为当前城市房价过高,预期未来房价会回调。

表17　　2016年中国35个城市房价预期指数

城市	得分	排序	上升位次	城市	得分	排序	上升位次
银川市	43.65	1	6	南宁市	40.20	19	-4
呼和浩特市	43.12	2	20	青岛市	39.95	20	-7
济南市	42.90	3	28	南昌市	39.84	21	3
沈阳市	42.71	4	16	武汉市	39.84	22	10
昆明市	42.62	5	14	南京市	39.75	23	-20
大连市	42.51	6	2	广州市	39.57	24	3
贵阳市	42.41	7	10	福州市	39.53	25	-14
宁波市	42.27	8	-4	太原市	39.30	26	8
重庆市	42.24	9	3	长春市	39.14	27	-22
成都市	42.21	10	6	天津市	38.95	28	-2
西宁市	41.40	11	3	郑州市	38.37	29	0
石家庄市	41.27	12	-2	深圳市	38.34	30	5
哈尔滨市	41.26	13	-7	上海市	37.97	31	-10
西安市	41.23	14	9	杭州市	37.90	32	-30
海口市	41.12	15	15	兰州市	37.12	33	-8
乌鲁木齐市	40.73	16	12	厦门市	37.04	34	-16
长沙市	40.28	17	-8	北京市	35.98	35	-2
合肥市	40.22	18	-17	平均值	40.16		

根据调查结果,一线城市总体排名靠后,北京和深圳连续两年处于后10位,上海和广州则连续两年处于第20位之后,说明城市居民认为一线城市房价过高,预期下跌较强烈;二线城市中,宁波和大连连续两年处于前10位,郑州连续两年处于后10位;三线城市中,银川连续两年位居前10位,太原连续两年位居后10位。根据经济学理论,价格预期是影响价格的重要因素。一旦消费者和投资者形成强烈的通胀预期,就会改变其消费和投资行为,从而加剧通胀,并可能造成通胀的螺旋式上升;反之亦然。然而,需要指出的是,中国房地产市场以及资本市场具有强烈的政策属性。由于人们无法对政策作出正确的预期,政策冲击可能会导致人们的预期出现系统性偏差,从而导致房价预期与实际房价变动出现偏离。

例如,2015年初课题组进行的调查研究表明,35个城市居民普遍认为房价会下跌。然而,根据易居研究院监测的35个城市房地产数据,2015年下半年开始,全国35个城市房地产成交量持续上升,量价齐升的局面持续数月,库存规模出现连续7个月环比下跌、连续9个月同比下跌的态势。根据国家统计局2016年5月发布的70个大中城市住宅销售价格指数,70个大中城市平均销售价格连续12个月环比上涨。从区域的角度来看,过去一年房价分化趋势明显,一、二线城市房价走势强劲,三、四线城市房地产库存压力仍然很大,房价走势疲软。

关于房价重拾强劲涨势的原因,我们认为有以下几点:第一,房地产投资是中国经济发展的重要支柱之一,为应对房地产投资持续下滑、房产库存高企的局面,中央政府出台了一系列的金融信贷优惠政策,刺激房产需求。与此同时,各地方配套实施一系列宽松政策,以公积金政策调整为主,包括财政补贴和税费减免等政策,刺激了居民住房需求特别是改善性需求的释放。第二,为应对经济下滑,央行过去18个月实施宽松的货币政策,在实体经济低迷的背景下,大量的资金流入资本市场。然而,2015年6月以来,中国股市大幅下挫,从而导致大量的信贷资金流出股市,流入房地产市场。第三,我国区域间发展差异总体较为显著,相比二、三线城市,一线城市的就业和发展机会、公共服务水平(尤其是教育和医疗)、基础设施便利程度都是吸引外来务工人员定居的关键因素。另外,二、三线城市乃至四线城市,由于总体库存较大,前期房价上涨幅度过大,因此本轮上涨中一线城市的房价涨幅高于二、三线城市。

然而,尽管房价连续数月上涨,但本次调查的结果表明,35个主要城市的居民仍然认为未来一两年内房价应该下调。这说明在经济增速下滑、居民收入增长放缓的背景下,在广大群众看来,政策红利推动的房价上涨已经超出了人们可接受的范围,当前的房价涨势难以为继。对此,我们认为,房产的本质属性是满足人们居住的需求,在我国继续推进城市化的背景下,政府应该优化房地产调控体系,稳定房地产政策,防止房价在短期内大幅震荡,促进房地产健康发展。

六、最关注因素调查:空气质量位居首位,物价跃居第二

(一)调查结果

2016年我们继续对城市居民最关注因素进行调查。表18的调查结果显示,与往年不同,2016年35个城市居民均把空气质量视为影响生活质量的最重要因素,而2014年为17个城市,2015年为32个城市。由此说明,我国主要城市居民越来越重视空气质量对生活质量的影响。就各项指标而言,35个城市居民认为对生活质量产生重要影响的因素依次为空气质量(46.33%)、物价

(23.94%)、食品安全(20.87%)、交通状况(8.86%),而2015年为空气质量(39.12%)、食品安全(28.77%)、物价(21.17%)、交通状况(10.94%)。比较而言,空气质量仍然位居第一,而且居民对空气质量的关注度明显提升;居民对物价的关注度提升,对食品安全的关注度下降,物价取代食品安全成为影响城市居民生活质量的第二因素。我们认为,这主要是因为经济增速下行,居民收入增长趋缓,而且在本次调查所进行的那段时间,农产品价格处于相对高位运行,因此城市居民对物价的关注度提高,表明了城市居民对通胀的担忧。

表18　2016年生活质量影响因素调查结果

城市	食品安全	空气质量	物价	交通状况
北京市	17.91%	52.82%	21.96%	7.32%
南宁市	20.54%	52.16%	20.54%	6.76%
合肥市	18.37%	52.04%	21.77%	7.82%
银川市	19.89%	51.38%	22.10%	6.63%
郑州市	20.93%	51.16%	20.93%	6.98%
宁波市	20.70%	50.12%	20.70%	8.48%
济南市	19.24%	49.53%	22.40%	8.83%
西安市	22.56%	49.37%	18.55%	9.52%
长沙市	18.16%	48.59%	26.85%	6.39%
乌鲁木齐市	17.74%	48.39%	22.04%	11.83%
石家庄市	20.53%	47.02%	23.82%	8.62%
天津市	19.82%	47.02%	23.68%	9.47%
上海市	19.76%	46.94%	23.74%	9.56%
长春市	24.74%	46.84%	20.79%	7.63%
青岛市	22.55%	46.74%	21.20%	9.51%
成都市	22.04%	46.63%	20.95%	10.38%
福州市	16.50%	46.55%	29.31%	7.64%
大连市	22.14%	46.37%	23.47%	8.02%
南京市	21.01%	45.57%	24.56%	8.86%
海口市	18.86%	45.18%	25.88%	10.09%
广州市	21.22%	45.14%	25.90%	7.73%
昆明市	20.83%	45.14%	24.65%	9.38%
重庆市	21.89%	44.25%	24.72%	9.15%
深圳市	22.00%	44.20%	25.66%	8.15%
呼和浩特市	17.98%	43.82%	28.09%	10.11%

续表

城市	食品安全	空气质量	物价	交通状况
哈尔滨市	18.81%	43.15%	27.40%	10.63%
武汉市	24.18%	43.13%	23.63%	9.07%
西宁市	27.96%	43.01%	19.35%	9.68%
沈阳市	27.05%	42.55%	22.80%	7.60%
南昌市	22.30%	42.30%	25.25%	10.16%
贵阳市	18.41%	41.79%	27.86%	11.94%
兰州市	21.43%	41.33%	28.06%	9.18%
厦门市	23.04%	38.74%	26.70%	11.52%
太原市	21.13%	38.14%	28.35%	12.37%
杭州市	24.87%	37.57%	28.31%	9.26%
平均值①	20.87%	46.33%	23.94%	8.86%

进一步分析表明,受访者对空气质量、食品安全、物价和交通状况的关注程度因性别、学历、工作状态、年龄的不同而有所不同。

表 19　　不同性别、学历、工作状态对四项因素的关注度

	性别		学历		工作状态	
影响因素	男	女	大专及以上	大专以下	有工作	没有工作
食品安全	20.42%	21.29%	20.92%	20.68%	21.65%	19.67%
空气质量	46.03%	46.62%	47.65%	41.39%	46.47%	46.12%
物价	24.14%	23.75%	22.48%	29.44%	23.31%	24.91%
交通状况	9.41%	8.34%	8.95%	8.49%	8.57%	9.30%
总计	100.00%	100.00%	100.00%	100.00%	100.00%	100.00%

根据表 19,无论男性和女性、受教育程度以及工作状态如何,最关注的都是空气质量和物价。相比较而言,男性对物价和交通状况的关注度高于女性,而女性对食品安全和空气质量的关注度高于男性;学历高的人更为关注空气质量,学历低的人更关注物价水平,学历高低对食品安全和交通状况的评价没有影响;有工作的人似乎更为关注空气质量和食品安全,没有工作的人似乎更为关注物价和交通状况。

① 该平均值是根据所有受访者中选择每个最关注影响因素的人数除以受访者总人数获得的。

表 20 不同年龄段对四项因素的关注度

年龄	20~30 岁	31~40 岁	41~50 岁	51~60 岁	60 岁以上
食品安全	21.54%	19.80%	19.49%	24.39%	24.42%
空气质量	44.53%	50.29%	47.17%	39.51%	36.82%
物价	23.12%	23.14%	26.14%	29.11%	27.91%
交通状况	10.81%	6.78%	7.19%	6.99%	10.85%
总计	100.00%	100.00%	100.00%	100.00%	100.00%

表 20 给出了不同年龄段对四项因素的关注度,无论年龄大小,最关注的前两个因素同样是空气质量和物价。所不同的是,在食品安全方面,50 岁以上的人群对食品安全的关注程度较高,20~30 岁人群次之,31~50 岁的人对食品安全的关注程度较低;在空气质量方面,31~40 岁的人群对空气质量的关注程度较高,41~50 岁的人群次之,20~30 岁的人群位列第三,50 岁以上的人群对空气质量的关注程度较低;在物价方面,51~60 岁的人群对物价的关注度较高,60 岁以上的人群次之,41~50 岁的人位列第三,20~40 岁的人群对物价的关注区别不大;在交通状况方面, 60 岁以上的人和 20~30 岁的人群关注程度最高,41~50 岁的人群次之,51~60 岁的人群排第三位,31~40 岁年龄段的人群对交通状况的关注度最低。

(二)加大环境环保投入,保障居民生活的环境质量

表 21 给出的调查数据是 2016 年我们对中国 35 个城市居民对空气质量满意度的调查结果。

表 21 35 个城市空气质量情况①

	空气质量关注度	PM2.5 浓度	关注度排名	PM2.5 浓度排名	排名差
南宁市	52.16%	49.00	2	26	-24
宁波市	50.12%	46.00	6	29	-23
银川市	51.38%	53.00	4	22	-18
福州市	46.55%	34.00	17	33	-16
海口市	45.18%	23.00	20	35	-15
上海市	46.94%	52.00	13	24	-11
深圳市	44.20%	34.00	24	34	-10

① 排名按照由高至低的顺序,PM2.5 的平均浓度越高,表示空气质量越差。数据来源于《中国统计年鉴》。

续表

	空气质量关注度	PM2.5浓度	关注度排名	PM2.5浓度排名	排名差
昆明市	45.14%	35.00	22	32	-10
乌鲁木齐市	48.39%	61.00	10	19	-9
广州市	45.14%	49.00	21	27	-6
青岛市	46.74%	58.00	15	21	-6
呼和浩特市	43.82%	46.00	25	30	-5
大连市	46.37%	53.00	18	23	-5
北京市	52.82%	86.00	1	4	-3
合肥市	52.04%	83.00	3	5	-2
长春市	46.84%	68.00	14	15	-1
长沙市	48.59%	74.00	9	10	-1
西安市	49.37%	77.00	8	8	0
厦门市	38.74%	37.00	33	31	2
贵阳市	41.79%	48.00	31	28	3
郑州市	51.16%	88.00	5	2	3
济南市	49.53%	87.00	7	3	4
南昌市	42.30%	52.00	30	25	5
天津市	47.02%	83.00	12	6	6
重庆市	44.25%	65.00	23	16	7
成都市	46.63%	77.00	16	9	7
南京市	45.57%	74.00	19	11	8
西宁市	43.01%	63.00	28	18	10
石家庄市	47.02%	124.00	11	1	10
兰州市	41.33%	61.00	32	20	12
哈尔滨市	43.15%	72.00	26	13	13
沈阳市	42.55%	74.00	29	12	17
杭州市	37.57%	65.00	35	17	18
太原市	38.14%	72.00	34	14	20
武汉市	43.13%	82.00	27	7	20

比较本次调查的城市居民对空气质量的关注程度和这些城市的空气质量，可以发现，PM2.5的浓度与城市居民对空气质量的关注度并不成正比，也就是说空气质量的优劣与城市居民对空气质量的关注并没有一致的相关关系。按

照空气质量与居民关注度之间的关系,城市可以大致划分为三类。

第一类为城市的空气质量为优或接近优的水平,但当地居民却十分关注空气质量,即城市居民对空气质量的关注度排名小于 PM2.5 浓度排名 5 位以上。这些城市包括以南宁、宁波、银川为代表的 11 个城市,其中东、中、西部城市的比例为 8∶0∶3。这说明随着收入的增加,人们对环境质量的关注在不断提高,在解决了温饱问题后,环境安全成为人们关注的焦点。

第二类城市的空气质量相对较差甚至达到污染的程度,但相对来说当地居民对空气质量的关注度较低,即城市居民对空气质量的关注度排名大于 PM2.5 浓度排名 5 位以上。这些城市包括以太原、沈阳、石家庄为典型代表的 12 个城市,东、中、西部城市的比例为 4∶4∶4。之所以出现这种结果,我们认为主要是由于这些地区的产业结构以传统工业为主,除杭州等少数城市外,一直以来环境质量都不太好。因此,从当地居民的角度看,人们对环境质量的诉求本身并不高。

第三类城市空气质量排名与居民环境关注度排名成反比,即空气质量好的城市居民对环境质量关注程度较低,空气质量差的城市居民对环境质量关注程度较高,城市居民对空气质量的关注度排名与 PM2.5 浓度排名差异在 5 名以内(含 5 名)。这些城市包括以呼和浩特、南昌为代表的 13 个城市,东、中、西部城市比例为 4∶6∶2。这类城市中既有环境质量较高、环境关注度较低的地区,如呼和浩特、大连、厦门、贵阳等城市;也有环境质量较差、环境关注度较高的地区,如北京、合肥、济南、郑州等。因此,并不是环境质量关注度越高越好,一些城市环境质量关注度较高,是因为其糟糕的空气质量,而一些城市环境质量关注度较低,则源于其良好的环境本底。①

综上所述,改革开放以来,我国经济发展取得了举世瞩目的成就,但随之而来的环境污染问题严重制约了我国国民经济发展。城市环境污染对人民群众的生活造成了较大影响,对此中央政府进行了一系列立法建设,彰显了党和国家治理污染的坚定决心。但居民对空气质量关注度的不断提高以及环境治理尚存的问题表明,我国在环境治理方面还存在很大的改善空间。国际经验表明,经济发展过程中环保投入占 GDP 的比重达到 1.5% 才能阻止环境恶化,达到2% ~3% 才能真正改善环境。"十二五"期间,我国环保投资额在 GDP 占比约1.5% ,而早在 20 世纪 80 年代,德国、英国的环保投资占比就超过了 2% ,日本更是达到 3.4% 。因此在未来的环境治理中,在强化各项政策法规的同时,要加大对环保治理的投入,不仅能够改善环境质量,而且能够获得新的经济增长点。

① 环境本底是指自然环境在未受污染的情况下,各种环境要素中化学元素或化学物质的基线含量。

（三）健全统一权威的监管体制，继续提升食品安全满意度

根据2014—2015年连续两年的调查结果，空气质量和食品安全两个因素是排在前两位的影响居民生活质量的最重要因素。然而，2016年的调查结果表明，在35个调查城市中，只有10个城市认为食品安全是影响生活质量的第二因素。该调查结果也得到了其他社会调查的佐证。在小康杂志与清华大学媒介调查实验室联合进行的“2015中国综合小康指数”调查中，食品安全问题连续第四年位居“最受关注的十大焦点问题”首位，关注度达到44.8%，公众对于食品安全状况的满意度比往年提升了“一个档次”。①

纵观世界各国食品安全的发展历程，中国食品安全发展总体上处于第二、第三阶段过渡期，即针对食品工业化和农业工业化粗放发展，监管措施在不断提升，但尚未达到食品产业发展规范化、法治化发展阶段。在规范化与法治化阶段，应严格限制各种食品添加剂、色素等化学原料在食品生产中的使用量，相关质量体系标准、法律法规制度日渐完善。2015年4月24日，十二届全国人大常委会第十四次会议通过了新修订的食品安全法，并于2015年10月1日起开始实施。针对原《食品安全法》存在的缺陷与漏洞，新修订的《食品安全法》在总则中规定了食品安全工作要遵循预防为主、风险管理、全程控制、社会共治的基本原则，建立科学、严格的监管制度。

虽然食品安全工作取得了一定成效，但当前我国食品安全监管体系还存在对于占食品生产企业总数80%的小微企业缺乏监管的问题。因此，在监管方面还存在很大的改善和上升空间。

（四）基础设施与区域布局并重，进一步缓解城市交通拥堵

本次对城市居民最关注的影响生活质量的四个相关因素调查结果表明，交通状况虽然位列第四位，但从35个调查城市样本的平均值来看，有8.86%的受访者认为交通状况是影响生活质量的最重要因素，低于2015年的10.69%，说明我国城市交通状况在逐渐改善。

从居民出行满意程度来说，堵车已经成为目前中国大中城市居民出行的最大困扰。2016年4月，高德地图联合清华大学戴姆勒可持续交通研究中心正式发布了《2016年第一季度中国主要城市交通分析报告》。报告指出，同比2015年第一季度，在高德地图交通大数据监测的60个城市中，总体拥堵有所缓解，其中，近1/3的城市较2015年拥堵有所缓解，这部分城市以东部沿海地区较为明显，而另外1/3的城市拥堵呈上升趋势，这些城市多集中在珠三角区

① 腾讯财经：“2015最受关注十大焦点问题：食品安全仍热”，http://finance.qq.com/a/20151215/028601.htm。

域,另有部分城市拥堵状况与2015年相当。第一季度城市拥堵缓解榜中,天津、上海、福州、石家庄等城市位列其中,分别下降9.2%、7.8%、4.0%、3.8%;与此同时,第一季度城市拥堵加剧榜中,济南、长沙、合肥、长春、深圳、哈尔滨等城市位列其中,高峰拥堵延时指数分别上升9.6%、8.4%、7.8%、7.1%、4.9%、3.4%。由此说明,我国交通拥堵治理有所成效。

从国内外经验来看,为进一步治理城市交通拥堵,我们认为应做好以下几点:第一,提升城市基础建设水平。作为经济发达城市的代表,中国香港的自由流车速之所以远远高于同级别的大陆城市,是因为其高水平的基础建设。相关数据显示,香港的高速路(香港没有快速路,全是高速路)占比达到5.6%以上,而拥堵较为突出的城市——北京、济南高速+快速路占比都小于2.5%,连香港的一半都不到。另外,大陆多数城市排水系统较为落后,雨季很容易发生城市内涝,恶化城市交通拥堵状况。第二,进一步推行混合用地模式,摒弃“雅典宪章”的功能分区观念,避免城市布局功能单一化,改变职住失衡的现象。第三,推进由中心城市与卫星城市相结合的城市圈建设,以遏制城市中心区人口密度,引导人口、产业和城市功能分散至周边卫星城市。①

七、居民就业预期基本乐观,产业结构转型须稳步推进

就业是民生之本,就业是民众生活收入来源的基本保障。目前我国经济增长已由高速转向中高速阶段,我国就业市场压力有所加大,对就业前景的预期将是决定城市居民生活质量的最重要因素。因此,本次调查我们新增加了城市居民对就业问题的满意度调查。我们对该问题的设计是:您对未来两三年内的(您所居住的这个城市)就业前景乐观吗?答案分别是:①很乐观;②乐观;③一般;④不乐观;⑤很不乐观。调查结果见表22。

表22 2016年中国35个城市居民就业满意度指数

城市	就业满意度	排名	城市	就业满意度	排名
太原市	61.47	1	上海市	57.28	19
大连市	59.49	2	石家庄市	57.24	20
济南市	58.75	3	沈阳市	57.22	21
南宁市	58.65	4	海口市	57.07	22
重庆市	58.54	5	长春市	56.91	23
杭州市	58.33	6	郑州市	56.72	24

① 钱七虎:“城市交通拥堵和空气污染的治本之策”,《科技日报》,2014年4月21日。

续表

城市	就业满意度	排名	城市	就业满意度	排名
合肥市	58.16	7	广州市	56.65	25
银川市	58.15	8	乌鲁木齐市	56.59	26
天津市	57.89	9	厦门市	56.28	27
呼和浩特市	57.87	10	武汉市	56.25	28
宁波市	57.86	11	长沙市	56.20	29
哈尔滨市	57.77	12	南昌市	55.98	30
成都市	57.65	13	福州市	55.97	31
深圳市	57.64	14	贵阳市	55.85	32
南京市	57.59	15	西安市	55.08	33
昆明市	57.55	16	兰州市	54.97	34
北京市	57.35	17	西宁市	54.30	35
青岛市	57.34	18	平均值	57.41	

根据调查结果可以看出，尽管近两年来中国经济增速下滑，然而35个城市居民就业满意度指数平均为57.41，处于满意与不满意的分界线之上，即广大居民对未来2～3年内的就业前景较为乐观。

实际的经济数据或许能说明为何居民对就业前景保持较为乐观的态度。根据《2015年国民经济和社会发展统计公报》，2015年末全国就业人员77451万人，其中城镇就业人员40410万人。全年城镇新增就业1312万人。年末城镇登记失业率为4.05%。全国农民工总量27747万人，比上年增长1.3%。其中，外出农民工16884万人，增长0.4%；本地农民工10863万人，增长2.7%。对于统计局公布的失业率，国内外社会各界有所质疑，认为城镇登记失业率无法表示真实的失业状况。对此，覆盖全国所有地市级城市的劳动力调查于2015年7月开始试运营，并于2016年1月开始正式实施。2016年2月，李克强总理在春节后首次国务院常务会议上指出，2016年1月全国的调查失业率为4.99%，相比经济增长而言，就业形势较为稳定。

从进一步的调查分析来看，不同的性别、年龄、学历以及在职状态对于未来就业前景的态度还有所不同。

表 23　不同性别、年龄、学历、工作状态对未来就业的态度

指标		很不乐观	不乐观	一般	乐观	很乐观
性别	男	1.43%	22.58%	23.61%	45.94%	6.43%
	女	1.06%	25.61%	24.12%	44.55%	4.66%
年龄	20～30 岁	1.24%	28.10%	19.18%	45.18%	6.31%
	31～40 岁	1.07%	17.34%	26.39%	49.71%	5.50%
	41～50 岁	1.22%	24.11%	30.80%	40.57%	3.30%
	51～60 岁	1.79%	30.24%	29.59%	33.98%	4.39%
	60 岁以上	3.10%	18.99%	32.56%	38.37%	6.98%
学历	大专及以上	1.04%	24.08%	21.62%	47.29%	5.97%
	大专以下	1.98%	24.37%	32.33%	37.46%	3.86%
是否在职	是	1.17%	20.88%	24.25%	47.95%	5.75%
	否	1.35%	29.12%	23.29%	41.05%	5.19%

根据上述表格可以看出,就不同性别而言,相对于女性,男性对未来就业形势更为乐观,其具体表现为:男性中乐观和很乐观的比例占 52.37%,女性的这一比例为 49.21%;男性中很不乐观和不乐观的比例为 24.01%,女性的这一比例为 26.67%。由于在现实职场中,男性比女性更具有竞争力,因此这个调查结果基本符合社会现状。

就不同年龄段而言,31～40 岁年龄段的人最为乐观,乐观和很乐观的比例为 55.21%,很不乐观和不乐观的比例为 18.41%;20～30 岁年龄段的人次之,乐观和很乐观的比例为 51.49%,很不乐观和不乐观的比例为 29.34%;60 岁以上位列第三,乐观和很乐观的比例为 45.35%,很不乐观和不乐观的比例为 22.09%;41～50 岁年龄段的人位列第四,乐观和很乐观的比例为 43.97%,很不乐观和不乐观的比例为 25.33%;51～60 岁年龄段的人最悲观,乐观和很乐观的比例仅为 38.37%,很不乐观和不乐观的比例高达 32.03%。值得一提的是,相比 60 岁以上的人,20～30 岁的人持乐观态度的人占比较高,但持悲观态度的人占比也高,两极分化较为突出。

就不同学历而言,相对于大专以下学历,大专及以上的人在人力资本积累方面具有优势,因此对未来就业的形势更为乐观。具体表现为:在大专及以上的学历人群中,乐观和很乐观的比例为 63.26%,不乐观和很不乐观的比例为 25.12%;在大专以下学历人群中,乐观和很乐观的比例仅为 41.32%,不乐观和很不乐观的比例为 26.35%。

就在职与否而言,由于失业本身就是经济增长低迷以及产业结构调整的结果,而目前在职的人本身就说明其具有较强的市场竞争力,因此在职的人比目

前没有工作的人对未来就业形势更为乐观。具体表现为:在职人群中,乐观和很乐观的比例为53.7%,不乐观和很不乐观的比例为22.05%;在目前没有工作的人群中,乐观和很乐观的比例为46.24%,不乐观和很不乐观的比例高达30.47%。

结合本次调查结果以及国家统计局的相关数据来看,与2015年底及2016年第一季度不同,当前居民的就业预期正在好转,处于相对乐观的区间。然而,反观现实,根据中国人民大学就业研究所等相关机构的研究,自2015年第一季度以来,中国就业市场景气指数(CIER指数)处于持续下行的状态。分行业来看,由于当前国内经济结构性问题较为突出,在就业方面体现在不同行业的CIER指数差异比较明显,互联网/电子商务、基金/证券、交通/运输以及中介服务等行业的就业景气指数相对较高;会计、航空/航天、能源/矿产、跨领域经营和电气/电力/水利等传统服务业、重工业以及矿产业的就业形势相对较差。总的说来,由于中国经济处于发展的转型期,就业市场在很大程度上将面临转型期的阵痛。在调结构、去产能的大背景下,煤炭、钢铁、石油等传统行业用工明显减少,"互联网+"等新业态发展速度较快,但其带动就业的能力相对有限,不及传统行业,因此当前我国就业压力较大。对此我们认为,中央政府一方面应积极出台加强再就业培训等扶持政策,另一方面要稳步推进产业结构转型。未来产业结构调整发展的重点在于制造业的转型升级与生产性服务业、金融、信息等现代服务业的协调发展。

2016年城市生活质量调查表明,在中国经济发展持续放缓的新常态背景下,经济与社会发展面临一系列的挑战与风险。在客观生活质量指数与2015年相比有所下降的情况下,主观满意度指数保持了基本稳定。但是,当前我们仍面临着巨大的挑战:居高不下的生活成本、过快的生活节奏、不确定的房地产价格以及令人担忧的就业前景。在未来的经济与社会发展转型过程中,中央以及地方各级政府要继续致力于推进民生体系建设,稳定经济增长,实现居民生活质量的进一步提升。

第二部分

供给侧结构性改革

中国经济增长与经济周期（2016）

中国经济增长与经济周期（2016）

中国经济效率提升与供给侧改革

——2017 年经济展望

张　平

2016 年中国经济保持了 6.5% 以上的中高速发展，未来中国经济将迈入中高速发展阶段。迈向中速端发展的关键就是经济增长必须伴随“两个效率”提升。第一个效率提升就是劳动生产率的提高，只有劳动生产率不断提高，人民的收入水平才能稳步提升，劳动生产率的增长速度直接决定了工资水平的提升速度，没有劳动生产率的提升就难以进行人力资本的深化。因此劳动生产率增长决定了一国福利水平提高与人力资本深化的能力。

第二个效率提升就是全要素生产率增长及全要素生产率贡献不断提高。全要素生产率是综合反映企业技术进步与配置效率的指标，只有全要素增长率超过要素投入带来的增长时，才能提高全要素生产率的贡献率，而且全要素生产率的贡献率视为对内生增长比重的测量。放大到一国看，全要素生产率的贡献比重提高意味着一个国家经济增长逐步摆脱要素投入带来的增长，进入内生增长的道路上，而全要素生产率增长本身才能克服资本深化带来的资本报酬递减问题。中国当前两个效率提升都难以达到预期，甚至出现了下滑趋势，面临的挑战依然严重。

中国未来的经济增长目标是在保持经济平稳的基础上，深化供给侧结构性改革，加快效率提升模式的重塑，推动中国经济进入中高端发展。

一、2016 年经验事实与 2017 年展望

（一）经验事实回顾

2015 年和 2016 年有几个突出的经验事实：一是服务业成为带动经济增长最为强劲的引擎。服务业比重提升较快，2016 年前三个季度服务业占 GDP 的比例高达 52.8%，而且增长速度最高，对经济 GDP 拉动强。从表 1 可以看出，2015 年体现在金融业上，拉动 GDP 近 1.3 个点，比正常年景（0.6 的水平）多贡献了 0.6 个百分点。2016 年体现在房地产上，房地产增长 9%，对经济增长贡献 0.6 个百分点，比正常年景（0.1）额外增加了 0.5 个百分点，房地产是个长链条的产业，对建筑、金融、钢铁、水泥等均有很大的拉动作用，对于 2016 年稳定

经济增长起到了积极作用。

表 1　2015—2016 年各个行业对 GDP 累计同比的拉动中金融和房地产行业变化较大

	2015 年				2016 年		
	2015 年 3 月	2015 年 6 月	2015 年 9 月	2015 年 12 月	2016 年 3 月	2016 年 6 月	2016 年 9 月
农林牧渔业	0.20	0.20	0.30	0.40	0.20	0.20	0.30
工业	2.30	2.30	2.20	2.10	2.00	2.10	2.10
建筑业	0.40	0.40	0.40	0.50	0.40	0.40	0.40
交通运输、仓储和邮政业	0.20	0.20	0.20	0.20	0.10	0.20	0.20
批发和零售业	0.60	0.60	0.60	0.58	0.60	0.60	0.60
住宿和餐饮业	0.10	0.10	0.10	0.10	0.10	0.10	0.10
金融业	1.30	1.30	1.30	1.13	0.80	0.60	0.50
房地产业	0.10	0.20	0.20	0.22	0.60	0.50	0.50
其他服务业	1.80	1.70	1.70	1.68	1.90	1.80	1.80

资料来源:Wind。

二是投资意愿下降,M2 与 M1 差大,资金加快外流。在稳经济增长的政策激励下,投资意愿下降,活期存款(M1)上升过快,近几个月来在 23% 以上,M2 增长不快,稳定在 11.4% 左右,二者相差一倍。资金外流加速,外汇储备持续下降,汇率下跌接近 6.9,成为当前微观宏观不调的一个重要现象。

2016 年第三季度,M1 和 M2 相差巨大。一方面,M1 增长快,这一现象源于房地产企业旺销、企业发债加快等多个原因。另一方面,M2 增速慢于预期,原因是居民储蓄下降和投资意愿不强;贷款中也主要是居民中长期贷款,占 90%,10 月严厉的房地产管控政策出台后,中期贷款中居民贷款仍占 70% 多,企业贷款乏力,对未来投资热情下降。特别是民营企业投资增长,降到了近零的水平。

投资增长下降是由于国内投资收益率持续下降,根据上市公司的计算(张平,2016),2015 年上市公司股本收益率(扣除非政策损益)低于融资成本,这是 2002 年后再次出现的现象,企业难以靠经营来获得利润,理性的企业有着明显降低杠杆、减低投资的趋向。净资本回报率低于融资成本导致企业更倾向于成为自由放款人,包括上市公司增加了大量银行理财、房地产持有参与了更多的并购基金,内生增长乏力。民营企业已经主动降低杠杆,而国有企业仍在加杠杆。

一国资本回报率低于融资成本,也会引起资金的跨国流动寻找机会,如加上贬值预期就会进一步刺激资金加快外流了。资金的跨国流动归根结底是资本收益的比拼，如果一国资产价格过高，资产收益率必然下降，如果覆盖不了融资成本，则资金就会向资本回报率高、融资成本低的国家流动。

三是 PPI 转正，2016 年 9 月 PPI 转正结束了 54 个月的负增长，10 月 PPI 涨幅达到 1.2%，预计 2017 年 PPI 会继续为正。PPI 为正是国内房地产和基建需求引致的，也是货币贬值对 PPI 的直接支撑。中国需求预期导致补库，使全球商品价格上涨，进而使我国进口价格上涨，最终推动 PPI 回升。人民币贬值，令采购价格上涨，也是 PPI 上涨的重要原因。

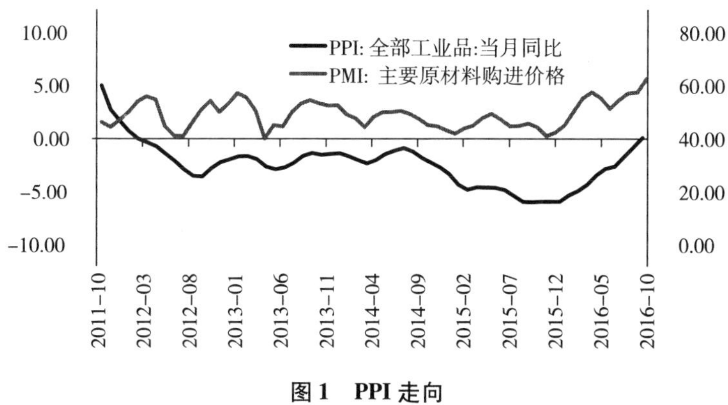

图 1　PPI 走向

（二）2017 年中国经济展望

2016 年前三季度经济增长保持高度稳定，季度增长呈现出三个季度保持 6.7% 的水平。但从环比看波动很大，2016 年第一季度中国经济环比增长 1.3%，创近几年的最低 1.3%（见图 2），而第二季度环比大幅度反弹到 1.9%，第三季度保持高位 1.8%。第二季度环比大幅反弹和第三季度保持环比高位，都与房地产取消限购，实行鼓励性房贷，推动了房地产投资大幅回升高度相关。预计 2016 年第四季度回到 1.5% 正常值，经济增长第四季度仍保持 6.6% 的增长，2016 年增长经济平稳。

根据现有的 GDP 环比统计规律看，环比增长率逐年走低依然是一个趋势（见图 3），假设 2017 年没有类似于 2015 年的股票刺激带动金融产业高速增长，2016 年由于房地产刺激因素，环比保持相对平稳，2017 年经济增长仍然保持在 6.5% 的水平，而且上半年增长会大致稳定在 6.6% 的水平。第四季度很可能跌破 6.5%，全年平稳。

从 GDP 增长可以看出中国经济仍然处于平稳增长区间，经济稳定仍可预期。但当前存在着三个不确定冲击：①国际经济依然低迷，特别是不确定事件较多，如英国脱欧、美国特朗普当选总统、意大利议会选举和 2017 年的法国、德

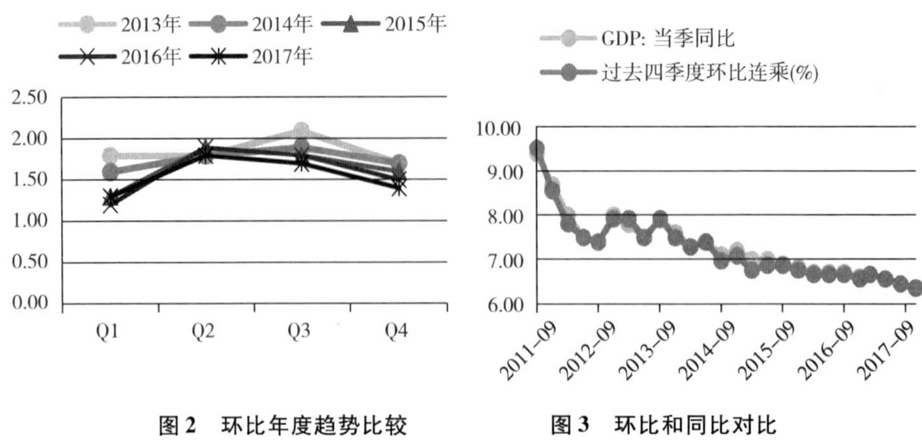

图2　环比年度趋势比较

图3　环比和同比对比

国大选等,都对世界经济政策连续性有着重大影响,但毋庸置疑的是全球化进程越来越停滞,全球经济增长仍处于低迷状态,对我国出口影响较大,净出口贡献保持正贡献已经很不容易;②汇率价格波动冲击,中国加入 SDR 后,不断对汇率目标及其市场决定机制进行改革,但也引起了比较大的波动,特别是单边贬值预期不断加强,大量外汇流出,导致央行货币政策的运行空间受到挤压;③国内债务杠杆依然较快上升,当前债务杠杆上升主要表现在居民和政府部门的杠杆上升过快,居民住房贷款 2016 年增长接近 30%,占 GDP 的比重从 2015 年的 40% 预计上升到 50% 的水平,地方政府发债加快,中央政府的广义赤字上升,这三大不确定因素在 2017 年会直接影响经济的稳定性。

我们对 2017 年预测,可以从表 2 中看到:①经济增长仍较平稳,2017 年增长仍保持在 6.5% 的水平,通货膨胀维持在 2.1% 的水平,PPI 达到 3% 的水平;②服务业增长仍然领先于第二产业,其仍然是增长的主要引擎;③消费增长对 GDP 的带动依然强劲,但消费支出增长预计与可支配收入增长基本同步,而且会进一步降低,近年来可支配收入增长速度下降明显,2016 年可支配收入低于 GDP 增长,消费支出略高于可支配收入增长,预计 2017 年的情形与此类似,但如果可支配收入持续下降,会导致居民消费支出增长进一步减速,从而对经济的带动将进一步弱化;④全球经济低迷,导致出口增长保持低位,而汇率仍然会在 2016 年非对称贬值的基础上继续贬值,2016 年人民币兑换美元贬值接近 5%,但对一揽子货币(CFETS)仍有 4% 的升值,因此仍有汇率非对称贬值的空间,但也要警惕持续贬值预期形成带来的负面影响。

表2　中国2017年经济展望

指标名称	2015年	2016年前三季度	2017年预测值
1.总量GDP增长率(%)	6.9	6.7	6.5
2.生活物价指数(CPI)	1.4	1.9	2.1
工业品出厂价格指数(PPI)	-5.2	-2	3
3.产业			
第一产业增加值增长率(%)	3.9	3.5	3.3
第二产业增加值增长率(%)	6	6.1	5.9
第三产业增加值增长率(%)	8.3	7.6	7.5
4.投资	10	8.2	7.9
5.消费	6.9	6.4	6.2
居民收入	7.4	6.3	6.1
6.货物和服务净出口		344	346
出口	-6.4	-6.3	-6.2
进口	-9	-8.3	-7.9
7.汇率		6.85	7.2

资料来源:国家统计局官方网站。

二、迈向中高端发展需要持续的效率改进

经济增长的理论逻辑和国际经验表明,一国经济迈向中高端发展需要持续的效率改进,即劳动效率改进和全要素生产率贡献比重的提升。在工业化时期,高速增长基本上同步伴随着效率改善,但经济结构服务化后,这两个伴随出现了非同步,甚至增长与效率改善无关的现象。

从索洛的增长范式看,只有TFP增长才能拓展增长的可能性边界,而劳动和资本投入要素是规模收益递减的,最终达到均衡,没有TFP的持续增长和贡献,经济要想保持稳态,劳动和资本的深化都会遇到困难。

当前国内外有关中高速增长的研究包括以下三大领域:

(1)增长转折与“均值回归”理论,最有代表性的研究是艾肯格林等(Eichengreen等,2011)对增长加速(growth acceleration)和增长减缓(growth slow-down)的阶段界定等做了一套统计分析,即在原有增速超过3.5%的条件下,一国经济增长七年前后平均增速相差2个点,被称为减速阶段,认为其赶超结束。①

① Eichengreen, B., Park, D. and K. Shin, “Growth Slowdowns Redux: New Evidence on the Middle-Income Trap”, NBER Working Paper, No. 18673, 2013.

另一类研究是从赶超国与前沿国家劳动生产率差距与收敛时间计算收敛的情况，即从赶超国与前沿国家劳动效率的差距收敛速度，看后发国家向均衡路径的收敛时间。普里切特、萨默斯专门研究了“亚洲欣快症和回归均值”，以中印大国作为“机械”，即忽略大国特性，按一般国际统计规律进行比较，得出了纯粹收敛时间。[①] 按大国间“互动”准则进行动态分析，得出了世界大国互动下的收敛时间，为研究提供了更深入的分析方法。这些研究也包括了世界银行的中等收入陷阱研究，基本上是基于实证分析体系的。

(2)基于生产函数展开的研究，第一个讨论的焦点是技术进步贡献，这来自于20世纪90年代的东亚高速增长的质疑，就是TFP在高增长中贡献不足。国际上讨论了很多，认为减速的原因85%归结为技术进步贡献下降(艾肯伯格,2013)。中国也经常讨论“干中学”技术创新和自主创新问题。第二个是中国人均资本存量很低，应该实施大规模的投资，但资本收益率过低，资本深化难以进行。第三个讨论的焦点是中国人力资本存量低，应该大规模实施教育投入计划，可大学毕业就业难、收入低，配置扭曲，人力资本深化也很难。这三个问题对应了柯布道格拉斯生产函数的三项，即技术进步(TFP)、投入的资本(K)和劳动力(L)。尽管有学者不断问相同的问题，但现实情况是，2008年以来资本投入增长速度下降，劳动力增长速度下降，技术进步贡献下降。

(3)要素配置对增长影响的“缺口”(wedge)模型(Anton Cheremukhin et al, 2015)，一组理论模型和现实数据计算了“缺口”，分解了新中国成立到改革开放前的经济增长率，并且还进行了事实分析，文章假定改革开放以后如果中国还保持改革以前(1978年)的各项经济缺口，将在这一假定条件下得到的经济增长率与真实的中国经济增长率进行对比，得出结论改革开放使中国的GDP增长率提高了4.2%(蔡昉,2013;陆旸、蔡昉,2016)，也做了人口红利和改革红利缺口模型。

中国经济减速后，当前仍然处于中高速增长阶段，但高速增长与效率背离问题是当前最为突出的问题，需要从理论和实证角度加以讨论。

(一)TFP增长与资本深化

用简单的柯布—道格拉斯生产函数进行中国TFP计算得出:①1985—2007年中国高峰增长期间，TFP对经济增长的贡献达29%(经济增长前沿课题组，2014)，1993年到2007年TFP对经济增长的贡献超过了35%(陆明涛等，2015)，但到了2008—2015年，经济增长速度下滑的同时，各种计算表明TFP贡

① Pritchett, L. and L. H. Summers, “Asiaphoria Meets Regression to the Mean”, NBER Working Paper No. 20573, 2014.

献降低到21%以下,用前沿生产函数法计算甚至出现了负贡献,同期主要是靠大规模刺激资本积累的方式来进行。

1985—2007年经济增长超过10%,资本增长速度达11.13%,而2008—2015年经济增长8.5%,而且逐年下降,资本增长速度却高达11.7%,同期劳动力供给增长从1985—2007年的1.5%减缓到2008年后的0.36,同期资本回报率也大幅度下降。资本深化无法持续。

资本深化一直是一个最为重要的理论命题,发达国家的人均资本存量数倍于后发国家,资本深化就是指人均资本存量不断上升,但是资本存量提高必然导致资本回报率下降,大量资本不愿意投资,出现资本外流寻找新的投资收益区域的现象,而国内如果不计成本地靠国家动员增加资本投入,会导致资本回报率进一步下降,对民间资本有更大的挤出效应,而政府的负值持续提高,可持续性将面临严重挑战。

从生产函数可以推出,在满足哈罗德中性条件下,生产函数为:

$Y = K^{\alpha}(AL)^{1-\alpha}$,其中$Y$为产出,$A$为技术进步,$\alpha$为资本产出弹性。推导出资本边际产出弹性公式如下:

$$\frac{\dot{MPK}}{MPK} = (1-\alpha)\left[\frac{\dot{A}}{A} + \frac{\dot{L}}{L} - \frac{\dot{K}}{K}\right] \text{或}$$

$$\Delta MPK = (1-\alpha)[\Delta A + \Delta L - \Delta K]$$

即资本边际报酬的变化=技术进步变化+劳动力变化-资本积累变化(同时受到劳动产出弹性的影响)。由此可见,没有技术进步,资本积累回报率随着资本积累的规模增大则降低。发达国家一方面靠技术进步推动国内资本深化,另一方面通过资本输出获得高资本回报进行积累。

中国近年来资本回报率不断下降,民间投资下降,主要靠政府投资在基建和居民在房地产上投资支撑,房地产租金回报率一直低于融资成本,主要靠房价上涨预期来弥补;而政府基建投资主要是按外部性投资的,商业价值越来越低,长期回报堪忧,而大量的投资维持资产价格高位,资本回报率下降,资金外流成为理性选择,这很不利于中国维持高资本积累。可以看出,没有经济的内生增长,短期宏观的激励维持将受到挑战。

(二)劳动生产率与结构变动

一国经济健康更为简单清晰的事实就是劳动生产率必须持续提高,增长伴随劳动生产率的提高保证居民收入增长,从而提升一国福利水平。对于后发国家,劳动生产率提升与产业结构变革高度相关。工业化时期,工业部门的劳动生产率数十倍于农业,因此农村劳动力转移到工业部门后,劳动生产率大幅度提高。因此工业部门比重不断提高,则全国劳动生产率就会不断提高,人们的可支配收入不断提高,如果工业效率提升与教育回报率同步,人力资本也会同步深化。但经济结构服务化后,这一伴随就不是必然的了,因为如果服务业的效率持续低于第二产业,则第三产业比重提高就会出现严重的效率下降;如果在第二产业中过分发展建筑业,而建筑业劳动生产率较低,则建筑业比重上升越快则第二产业效率越低。因此经济结构服务化并不必然伴随着劳动生产率提高。

我们计算中国的第二产业和第三产业劳动生产率就可以看出:①服务业就业人数从1994年就超过了第二产业,2015年占全部就业人数的42.4%;②服务业增加值在2012年超过第二产业,2015年超过50%,中国服务化的速度大幅度提高;③服务业劳动生产率也是逐步提高,第三产业占第二产业劳动生产率的比重从1995年不到70%提升到了2015年的85%的水平,近年来服务业劳动生产率上升较快,但值得注意的是依然难以赶上第二产业,特别是与制造业的效率相比差距仍在扩大,2014年服务业劳动生产率只有工业劳动生产率效率的69%,因此制造业比重不断下降,服务业比重不断上升也直接会导致整体劳动生产率下降;④服务业劳动生产率上升较快,2012年前服务业劳动生产率年增长达到两位数,但之后也就降低到了个位数了,比工业劳动生产率增长仍然慢很多。

表3　第二、第三产业劳动生产率

年份	产出增加值(亿元)		就业人数(万人)		第二产业劳动生产率	第三产业劳动生产率
	[1]第二产业	[2]第三产业	[3]第二产业	[4]第三产业	[1]/[3]	[2]/[4]
1995—2007	60434	52736	16850	20659	3.59	2.55
2008	149957	136806	20553	25087	7.30	5.45
2009	160171	154748	21080	25857	7.60	5.98
2010	191630	182038	21842	26332	8.77	6.91
2011	227039	216099	22544	27282	10.07	7.92
2012	244643	244822	23241	27690	10.53	8.84
2013	261956	277959	23170	29636	11.31	9.38
2014	277572	308059	23099	31364	12.02	9.82
2015	280560	344075	22693	32839	12.36	10.48

我们再通过第二产业劳动生产率内部比重变化进行分析,可以看出:①中国第二产业中工业部门不断下降,建筑业部门不断上升,2015年建筑业占比已

经从21世纪前的10%左右提升到16%，而且2016年就业人口和工业就业人数基本持平，成为中国最大的就业蓄水池；②建筑业劳动生产率非常低；③建筑业劳动生产率增长几乎是停滞的，而工业劳动生产率增长迅速，2015年工业劳动生产率比2003年提升了3.6倍，制造业一直是中国劳动生产率增长的引擎。

表4　第二产业中的工业和建筑业劳动生产率

年份	产出增加值（亿元）		就业人数（万人）		工业劳动生产率	建筑业劳动生产率
	[1]工业	[2]建筑业	[3]工业	[4]建筑业	[1]/[3]	[2]/[4]
2003	55656	7558	13040	2887	4.27	2.62
2004	66031	8739	13715	2994	4.81	2.92
2005	78299	10490	14438	3328	5.42	3.15
2006	92603	12508	15283	3611	6.06	3.46
2007	112417	15673	16225	3961	6.93	3.96
2008	132599	19171	16436	4118	8.07	4.66
2009	138585	23039	16592	4488	8.35	5.13
2010	165212	27260	17050	4792	9.69	5.69
2011	194742	33272	16791	5752	11.6	5.78
2012	207501	36745	16795	6446	12.35	5.70
2013	220240	41072	15828	7342	13.91	5.59
2014	231187	45078	15736	7363	14.69	6.12
2015	235184	46546	15488	7205	15.18	6.46

我们分析2015年和2016年的数据，发现2015年服务业快速发展和服务业劳动生产率上升来自金融业占比提升的贡献。按中国经济的发展阶段来看，金融业占比已经非常高了，高于发达经济体，因此再靠提升金融业占比来提高劳动生产率比较难了。而近年来的第二产业增长速度低则是由于房地产和基建托底的稳定经济的政策激励所致，建筑业的比重不断提高对于稳定就业人口增加非常有效，但会降低劳动生产率，而且建筑业是劳动密集行业，拉低了社会就业人口的人力资本需求，不利于人力资本深化。

随着经济结构服务化的进一步拓展，制造业比重进一步下降，而服务业效率提升速度降低，如2016年服务业增长最主要的贡献者是房地产，服务业劳动效率提高速度会进一步放慢，中国整体劳动生产率都要下降。2016年前9个月的可支配收入增长过慢，已经低于GDP增长，实际上已经是劳动生产率提高乏力的反应了。因此提升服务业劳动效率和进一步提升工业效率才能有效遏制劳动生产率的降低,提升我国的整体福利水平,促进人力资本的深化。

三、经济结构服务化中的不确定和效率模式重塑

经济结构转型升级、制度机制匹配与效率路径重塑是中国跨越发展的根本所在。因为工业化赶超的效率路径、发展机制和结构转型到了中等收入阶段似乎处于一个非常不确定的状态,如果没有好的制度机制推动转型升级,未能明确新的效率路径,经济增长的跨越是很难完成的,或经过漫长的探索才能实现。

工业化时期,发展经济学的"结构主义"进行了很多政策的总结,各国也进行了很多实践,归纳起来最重要的就是政府的干预。在后发国家市场体系尚未建立的,政府可以作为市场参与的超级主体以弥补市场的不完善性,提出了:①工业化"补贴",利用产业政策,选择性金融政策、税收优惠政策等鼓励制造业发展;②资本积累激励,国内通过利率管制等各类方法筹集资金,压低国内劳动报酬,提升资本报酬,从而进行招商引资,并展开区域性竞争,达到国内国外筹集资金用于制造业的快速发展;③开放政策,扩大市场规模,汇率政策上通过贬值提高国际竞争力等;④通过引进设备完成技术进步的"干中学",推动国内制造业的技术进步和产业升级;⑤将 GDP 作为广泛的激励相容性指标,推动地方 GDP 的竞争。工业化的快速推进离不开政府的积极干预,工业化具有典型的"规模经济"特征,经济效率同步提升,经济结构具有加速增长和提升效率的双重作用,并足以弥补干预带来的成本。

经济结构进入服务化后隐含了很多不确定性因素,特别是增长、结构与效率出现了重大的不一致性,而国际经验更表明经济结构化后国家增长路径会出现严重的分化,需要认真理解才能清晰得出效率路径转换的不确定性和转换的可行路径。从结构与效率的经验事实归纳来看:

(1)结构与效率路径不同步。我们前面已经计算了,当经济结构服务化后,服务业比重上升很快,但其效率低于工业部门,因此服务业比重增加则一定会出现整体经济劳动生产率下降的特征。这一过程不同于工业化,服务化推动的增长不是一个"规模收益与效率递增"的同步过程,服务业的发展规模效率低于工业化,因此各国经济结构服务化后,随着服务业比重的提高,增长普遍减速,但增长的效率和质量却出现了分化,发达国家靠服务提升了经济增长的效率、稳定性,而后发国家效率改进下降,经济结构更为扭曲,易受外部冲击。一个典型的经验事实是:经济结构服务化后效率路径非连续,出现了分化。

(2) 经济结构服务化的"成本病"。服务化普遍导致所谓的"鲍莫尔病",或称为"成本病",即由于服务业效率低,但服务需求旺,相对价格上涨,导致服务价格相对于制造业价格上升,即低效率改进导致价格上涨,形成了服务成本

上升。从广义上看成本病更表现为“城市化成本病”，即城市化高成本推进，但城市化过程中没有提升聚集和创新效率，导致整体社会普遍成本提高。城市成本问题不仅危险制造业，也同样危险服务业的升级。

（3）产业升级不确定。城市化是经济发展的必然产物，从国际比较看，城市化率突破50%后，服务业比重快速上升，制造业比重下降，都面临着产业升级的内在要求，即依靠低成本生存发展的产业要被城市化后带来的高成本所冲击淘汰，但也包含了城市聚集和创新外溢带来的效率提升的机遇，成本与效率赛跑。中国城市化成本增长过快，效率改进下降，这是中国现在已经出现的事实（课题组，2009），高成本的住房、公共服务等导致中国城市化过程中出现快速“去工业化”的趋势，使得服务业从生产性服务业进行效率提升的台阶逐步失去，产业结构转型升级失去了战略支点，产业升级变得不确定。

（4）“干中学”转向“自主创新”的技术进步路径不确定。“干中学”的技术进步往往是同质性的技术进步，首先它受到本地与国际技术水平差距的限制，越接近前沿国家的技术水平，其效率越低；其次它受到需求规模的限制，由于技术同质性特征，很容易导致“规模收益递减”。进入中等收入阶段，与先进技术差距缩小，再加上需求多样性，干中学技术进步效率迅速下降，但这并不直接导致自主创新比重的提高。自主创新核心就是自主知识产权能得到“垄断租金”的激励，更要获得资本市场的激励才能完成自主创新活动。自主创新是异质性的，其创新风险不断提高，需要更多的人力资本投入和分布式创新活动，需要市场化的“高定价”激励才能完成。但由于自主创新不确定，公司和政府都愿意通过引进的方式走“干中学”的技术演进道路，消除不确定性，这无可厚非。但是如果仅仅限于“干中学”技术进步的增长，其持续性受到了限制，而且“干中学”路径将导致“过度投资”引进技术和锁定技术演进路线，压制本土创新性。自主创新和“干中学”不是一个技术路径的简单好坏的争论和自动转换，其机制建设是根本，衡量的最重要因素仍是TFP，如果TFP贡献持续下降，则认为技术进步演进出现了挑战。从国际经验比较看，从低收入阶段跃进到中等收入阶段的大多数国家开始TFP上升得很快，贡献率也明显提高，但进入中等收入阶段后TFP明显下降，说明这一阶段的技术路径已经不是连续性的了，需要路径的转换。

（5）消费升级的不确定性。经济结构服务化过程中，要素服务化质量提高是关键，即以人的要素提升为核心，消费中不断提高广义人力资本的消费比重，提升人力质量，完成人力资本与结构升级的互动，形成所谓消费的动态效率补偿，但这一过程也是不确定的。如果采取过多的服务业管制，消费服务不能提高人们的广义人力资本，消费效率不提升，则转型困难。

经济结构服务化意味着更复杂的经济系统协同、分布创新、高质量人力资本良性激励与循环等的出现,经济增长中"非竞争性"的新要素需要不断被挖掘出来,包括制度规则、创意、国民知识参与分享水平、教育、信息网络等,这些新增长要素质量的不断提升决定了这一阶段服务化能否带动升级的根本。

经济结构服务化使中国进入中等收入阶段直接面临着宏观稳定的挑战,一是减速,二是减少外部的冲击。从宏观上看,经济减速特征明显,中国从高速增长阶段进入中高速增长阶段,这一趋势已经出现;中国发展成为世界第二大经济体后,开放必然加快,特别是资本项目开放也是不可避免的,而后发国家在资本项目开放过程中易受到外部冲击,这也是中国的稳定的一个关键。中国的结构调整必须在宏观稳定和持续微观机制改革双重推动下才能够完成。中央提出的宏观稳定和供给侧结构改革推进无疑是中国现阶段的根本性任务。

四、推进供给侧改革,提升经济效率

宏观稳定与供给侧结构改革是中国迈向中高端发展不可或缺的两大战略指标和任务,但其最终目标都是要持续提升中国的经济效率。宏观稳定政策近年来熨平了经济波动,实现了经济稳定发展的目标,保持了中国经济在6.5%以上的增长。宏观稳定政策2015年靠金融,2016年主要靠刺激房地产和基建发展,对中国经济效率的提升作用有限。宏观稳定政策增加了社会总杠杆水平:一是导致了资产价格上涨和建筑业发展过快,引致资金回报水平持续走低;二是导致劳动生产率低的建筑部门发展很快,在一定程度上降低了经济效率。在中国当前的杠杆率高、汇率波动大、经济效率低的三大挑战下,宏观政策要更为注重守住底线,而不是继续加大杠杆,以降低效率的方式进行干预。在守住风险底线的同时积极推进供给侧结构性改革,放松管制,给创新更多的空间,激活微观主体才能完成配置资源的体制转型,推动中国经济迈向中高端发展。

当前的宏观管理应该集中在以下几大风险目标的控制上守住底线:①稳定杠杆,进行适当的结构性调整,让债务问题平缓化,基本上是要依靠政府来承担最终债务滚动的主体。一是安排地方政府债务重组与稳定化,并增加约束;二是金融政策提供流动性安排防止债务危机,并在国家层面上进行更大的财政金融联动方式的改革,以保证债务增长速度下降,并配合僵尸企业清理工作,积极推动企业降杠杆。②2017年,人民币加入SDR一年后,市场化进程更为加快,但美国加息和国内经济减速的夹击,对人民币汇率极其不利,我们非对称贬值(即对美元贬值,对一揽子货币升值)的双目标策略在2017年的余地不大了,特别是对美元贬值预期,现在就在7.3%的水平上,如果不能控制在7.3%的基础上,人民币贬值过大,国内的任何资产回报率都难以抵抗贬值的损失了,资本外流会进一步加大，汇率冲击会引起连锁性反应，如输入型通货膨胀等问题。③财税改革的方向一定是结构调整，通过提高消费税、个人综合申报所得税等，将个人纳税与城市福利权利相匹配，并积极降低增值税税率，有效地降低企业的税赋成本，提高企业的存活水平，激励企业进行创新。

在供给侧改革上：

（1）进行事业单位改革，推进事业单位的社保制度改革，逐步取消事业编制，特别是对现代服务业的科教文卫体等的事业单位改革是“十三五”改革的重点。事业单位改革事关中国现代服务业，人们对提高人力素质的教育、健康的依赖、精神消费的文化都是急迫需要解决的，而这些方面的满足都依赖于科教文卫体的服务业体制改革，这是未来中国最需要发展的行业。当然中国这些公共服务业改革也不是能够一蹴而就的。中国传统公共服务品是由国家统包起来供给的，这里涉及公平问题的普遍化服务问题，涉及民生事务的监管体制建立问题，公共服务品定价问题，这些都是改革的新挑战。

公共部门改革涉及四大方面：一是事业单位社保改革；二是公平原则，提供普遍化服务作为基础投入，仍需加大投入；三是放松管制，包括准入、价格和相应的服务监管；四是建立新的定价机制和监管体制，作为公共服务部门其定价机制和监管体制是改革的另一个重要方面。但总体来讲必须通过改革为现代服务业打开创新的空间，满足大众差异化的需求，让企业能积极运用市场方式增加有效供给，提升中国公共服务部门的竞争力。

（2）国企改革当前是在按照做强的方向努力，但其破得少，合并得多，特别是国企的公司治理与清理低效率企业方面都在退步。上市公司都存在着直接合并性倾向，如宝钢武钢合并、中航地产划归保利地产，其模式仍然是计划经济的思维，企业主体的独立性、创新性都会被进一步遏制。国企效率低，却占用着太多的金融资源，而近来债务违约多为国企，近来的债转股热潮也是为国企解困，这种微观的软预算约束导致了企业的盲目扩张和不负责任的逆向选择。

（3）城市化模式的改革。新一轮的房地产热潮直接涉及地方政府的土地资金和城市化发展的模式讨论。如果政府始终是保持着庞大支出的超级政府，管生产，管服务，而不能向以公共服务为目标的小政府转变，那么城市化模式是无法改变的，而且土地政策也难以转型。关键在于城市化率中国到 2019 年前后达到 60%，2025 年达到 65%，城市化的建设周期结束后，城市进入折旧和维持运营的周期中来，不积极改变这种城市化模式则会负担巨大。因此城市化改革主要从地方政府体制进行改革，包括政府转型、区划的分割和资源等级制都是当前城市化模式困境的来源，打破分割与资源等级配置模式才能有效推动城市化模式转型,从物的聚集生产中心地的城市转向以人力资本聚集,进行服务和创新的城市。

参考文献

[1]Cheremukhin, Anton, et al. The economy of People's Republic of China from 1953. No. w21397. National Bureau of Economic Research, 2015.

[2]蔡昉.中国经济增长如何转向全要素生产率驱动型[J].中国社会科学,2013(1).

[3]陆旸,蔡昉.从人口红利到改革红利:基于中国潜在增长率模拟[J].世界经济,2016(1).

[4]陆明涛,袁富华,张平.经济增长的结构性冲击与增长效率:国际比较的启示[J].世界经济,2016(1).

[5]张平.中国上市公司发展报告[M].北京:社会科学文献出版社,2016.

[6]中国经济增长前沿课题组.中国经济增长的低效率冲击与减速治理[J].经济研究,2014(12).

(中国社科院经济所)

以供给侧结构性改革推进经济创新发展①

沈坤荣 赵 倩

我国作为新兴市场的重要组成部分,已成为拉动世界经济增长的引擎之一。从经济总量看,1978—2015 年我国实际 GDP 年均增速为 9.7%,远超世界 2.9% 的平均水平;GDP 总量占全世界的百分比已从 1950 年的 4.5% 上升至 2014 年的 13.3%,[1]仅次于美国。从对外贸易看,2015 年我国进出口总额达 4 万亿美元,是世界进出口贸易第二大国。从人均产出看,2015 年我国人均 GDP 超 7500 美元,按世界银行的标准已接近上中等收入水平标准。从产业结构看,联合国工业发展组织资料显示,目前我国工业竞争力指数在 136 个国家中排在第七位,且 220 多种工业品产量为世界第一位。由于我国经济增长主要依靠劳动力、资本等生产要素投入,当发展到一定阶段时,资本积累速度下降、人口红利日渐消失以及"干中学"效应逐步衰减,[2]经济开始出现结构性减速。2012 年以来我国经济步入新常态,2016 年第一季度 GDP 实际增速下滑至 6.7%。同时,在发达国家和新兴经济体的双重挤压下,近年来我国传统制造业在国际市场上正逐步丧失竞争优势,环境承载力约束也使粗放型生产模式难以为继。面对经济下行风险,旨在熨平经济周期波动的需求管理的政策效应持续收缩,只有通过供给侧结构性改革,提高科技创新能力以及人力资本水平、转变经济结构、改善投资效率,从"中国制造"向"为中国而造"转变,实现中国经济由总量追赶型向质量和效益追赶型转变,提升经济增长的潜在空间。

一、我国经济面临结构性减速风险

(一)当前我国经济存在结构性失衡

当前,我国 GDP 增速、工业增加值增速、进出口增速等主要经济指标均存在一定程度的回落(见图 1、图 2),经济存在下行风险。本轮经济波动具有结构性减速特征,具体表现为:传统产业产能过剩严重,高端领域有效供给不足;

---

① 本文是国家社科基金重大项目"我国经济增长潜力和动力研究"(编号:14ZDA023)的成果。

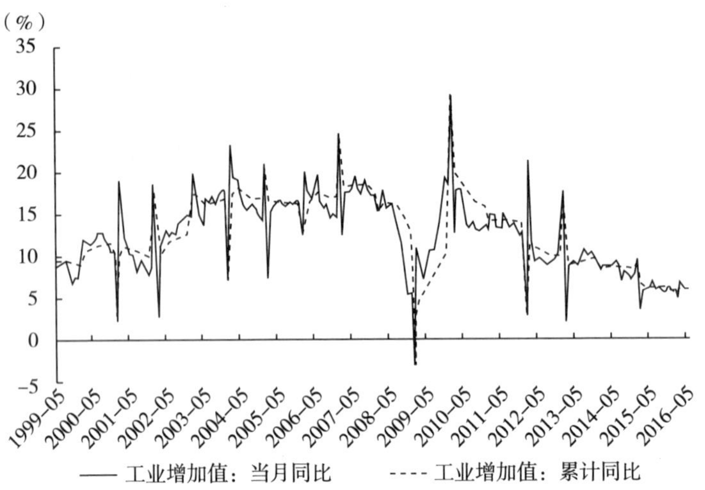

图1　我国工业增加值增速下行情况

资料来源：国家统计局。

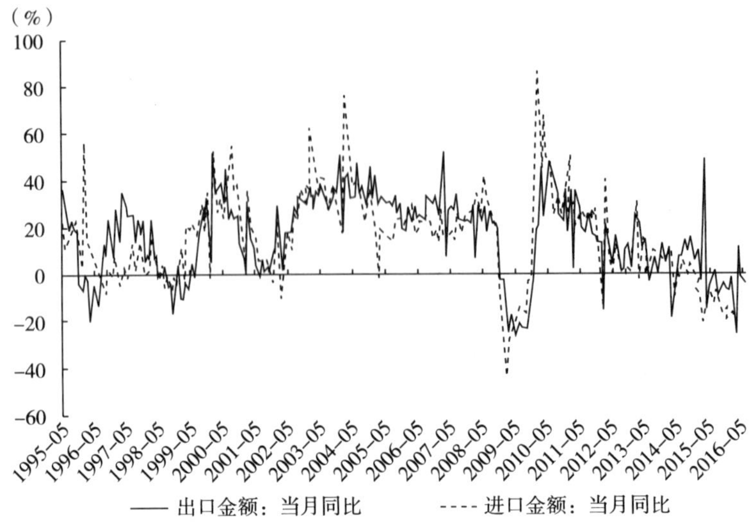

图2　我国进出口增速下滑情况

资料来源：海关总署。

企业盈利能力下降，生存更加艰难；实体经济杠杆率高企，经济风险上行。可见，结构性减速对经济持续稳定增长构成重大挑战。

(1)传统产业产能过剩严重，高端需求存在抑制。一方面，房地产、钢铁、有色、化工等传统领域的过剩投资引起严重的产能过剩(见图3)，投资效率下降引发投资增速放缓；缺乏退出机制导致僵尸企业得不到清理，市场长期处于不出清状态。另一方面，中高端消费潜力难以释放，大量有效需求得不到满足

（见图4）。如，从民航客运国际航线周转量增速显著高于国内航线可看出，我国居民海外消费需求强劲，高端需求存在供给错配。

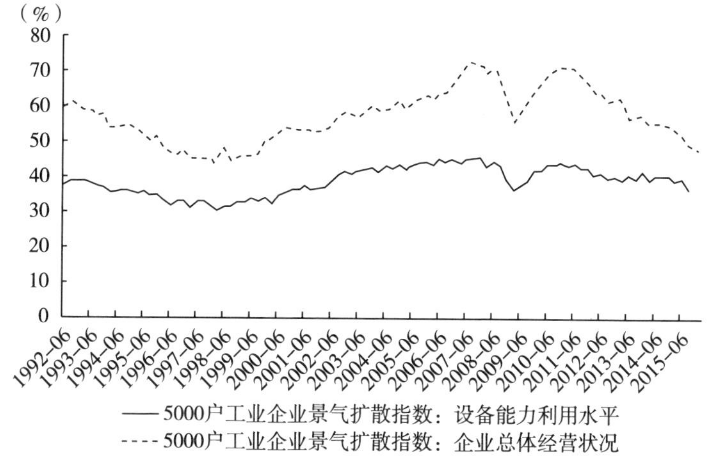

图3　我国产能过剩情况

资料来源：中国人民银行。

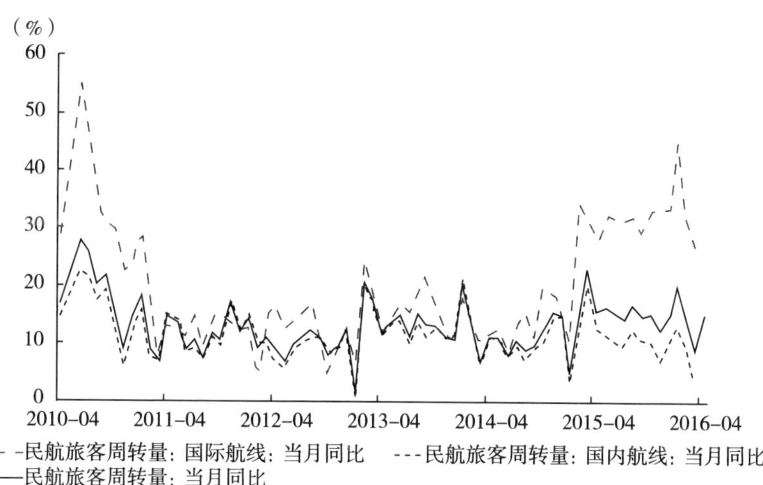

图4　我国高端需求情况

资料来源：中国民用航空局。

（2）企业盈利能力下降，生存更加艰难。目前，我国经济处于深度调整期，国内外需求持续疲软。同时，成本控制和投资收益对企业盈利的贡献度下降，企业经营环境比2015年更加艰难。预计非金融上市公司净利润将持续下滑，银行受到利息差下降和不良贷款率上升的影响，净利润也将同比下降（见图5、图6）。

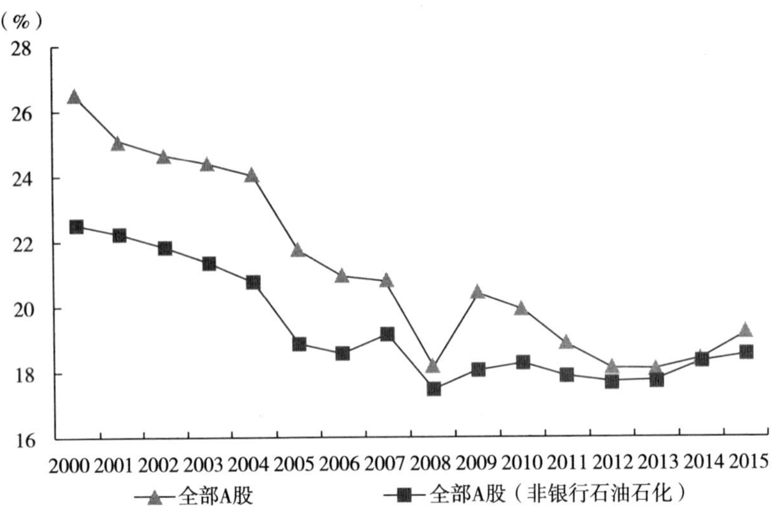

图5　我国企业销售毛利率下滑情况

资料来源：Wind数据库。

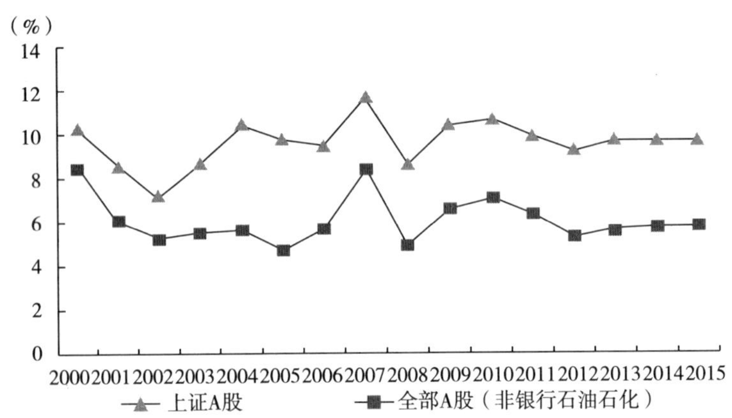

图6　我国企业销售净利率下滑情况

资料来源：Wind数据库。

(3)实体经济杠杆率高企，经济风险上行。由于企业盈利能力下降，利润留存资金无法满足企业的发展需求，叠加我国金融市场发展的滞后性，缺乏有效的股权融资渠道，商业银行仍是我国企业最重要的贷款来源，导致非金融企业部门杠杆率快速上升。而实体经济杠杆率高企增加了企业的违约风险（见图7），商业银行不良贷款余额继续攀升（见图8），进而带动整体经济风险上行。

（二）结构性减速根源在于供给侧

2012年以来，我国经济出现结构性减速，其根源在于资本形成减少、劳动投入不足以及全要素生产率（TFP）贡献率低下引发的供给侧失衡。

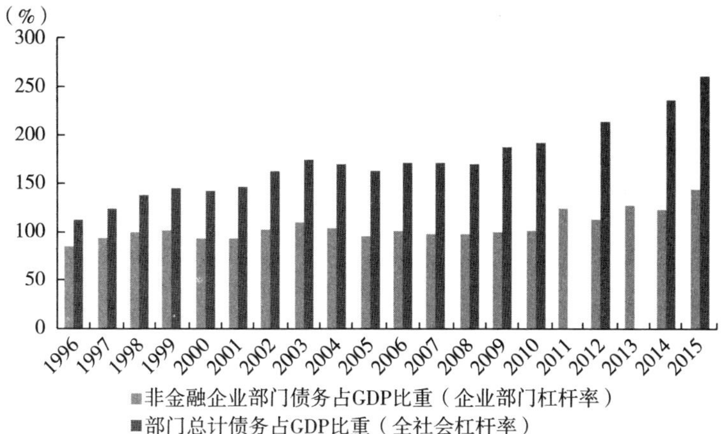

图7 我国实体经济杠杆率变化情况

资料来源：中国社会科学院。

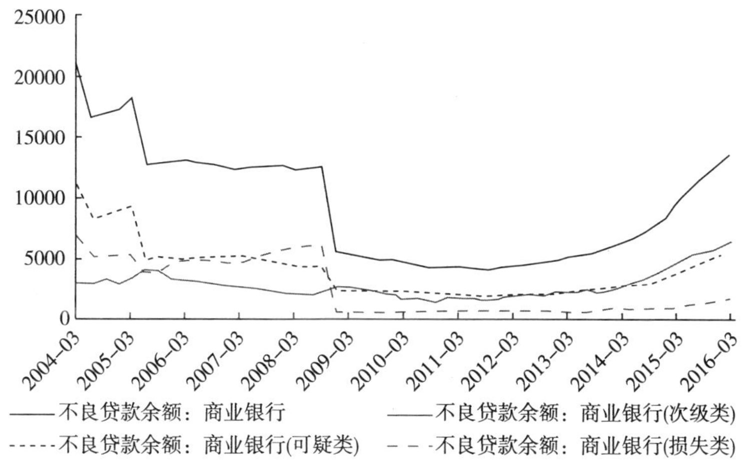

图8 我国不良贷款余额变化情况

资料来源：中国银监会。

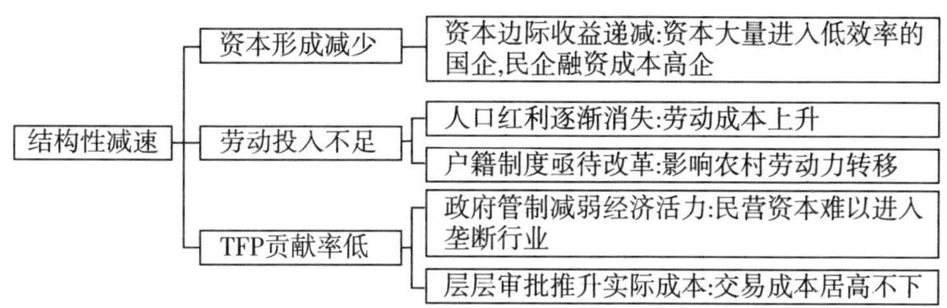

图9 我国经济结构性减速的供给侧根源解析

首先,从资本形成看,一方面,国际金融危机后四万亿刺激造成资本大量进入低效率的国有企业,导致资源的浪费以及资本边际收益递减。另一方面,效率较高的民营企业融资成本高企,尽管能更快地捕捉市场需求,但资本形成不足导致民营企业难以迅速向高回报率的细分领域投入更多的资本进行多样化、定制化生产。

其次,从劳动投入看,一方面,我国15~64岁劳动年龄人口占比自2012年开始下降,劳动参与率在2005年达到76%的峰值水平后逐年下滑,人口红利逐渐消失,劳动力供求关系发生改变(见图10)。另一方面,我国二元化的户籍制度极大地影响了农村剩余劳动力的流动性,企业面临“招工难、招工贵”的困境,劳动力成本攀升降低了产品的价格竞争力,这一点在国际市场尤为明显(见图11)。

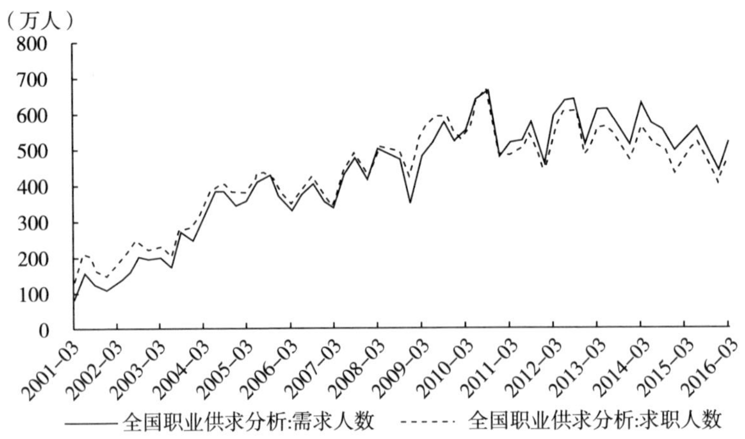

图10 我国劳动力市场供求情况

资料来源:中国人力资源市场信息监测中心。

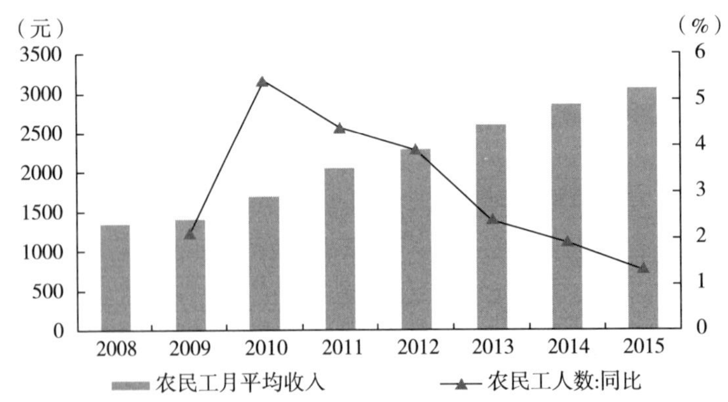

图11 企业面临“招工难、招工贵”的困境

资料来源:国家统计局。

最后，从 TFP 贡献率看，一方面，政府管制形成行业垄断，社会资本根本无法进入，而行业内国有企业因缺乏非国有企业的竞争，经营效率低下（见图 12），大量人力、技术、资本等资源掌握在国有企业手中却得不到有效利用，严重阻碍了 TFP 的提升。另一方面，尽管非国有企业（集体企业、外资、私营企业）具有较高的经营绩效与创新能力，但各种繁杂的审批程序和壁垒拉高了经营的实际成本，高技术产业缺乏足够的利润留存进行新产品、新工艺的开发，研发投入增速放缓（见图 13）。

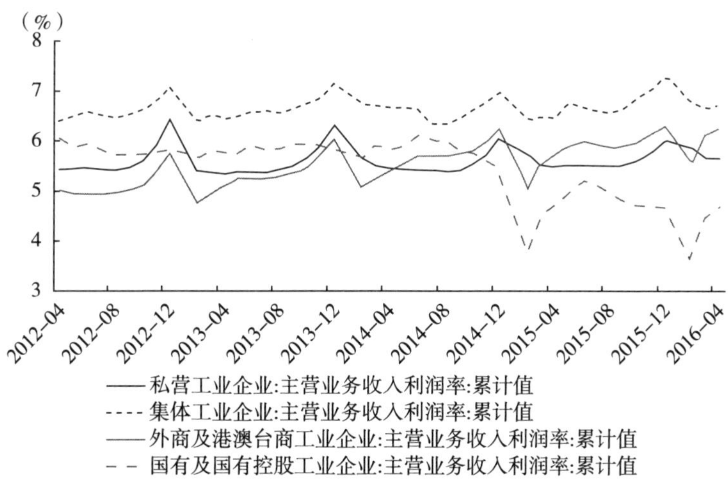

图 12　我国国有企业经营效率变化情况

资料来源：国家统计局。

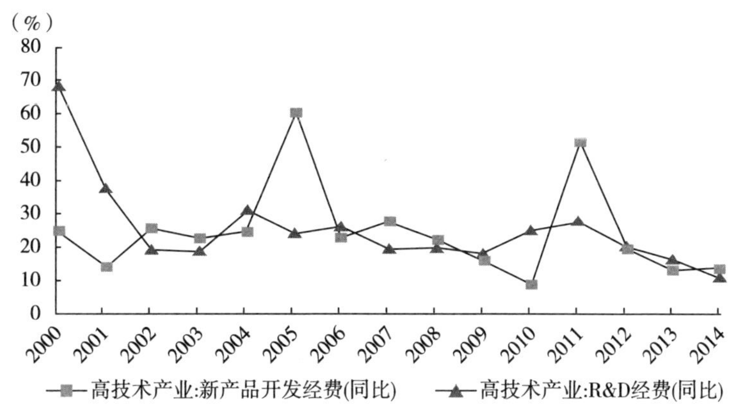

图 13　我国高技术产业研发投入增速变化情况

资料来源：国家统计局。

二、我国供给侧结构性改革的主要方向与国际借鉴

(一)供给侧结构性改革的主要方向

面对我国经济下行风险,考虑需求侧管理旨在熨平经济周期波动,财政政策和货币政策的效应减弱,只有通过供给侧结构性改革,实现产业结构的调整、自主创新能力与人力资本水平的提升,才能拓展经济增长的潜在空间。供给侧结构性改革,就是用改革的办法推进结构调整,减少无效和低端供给,扩大有效和中高端供给,增强供给结构对需求结构的适应性和灵活性。[3]供给侧改革是一个涉及我国现实经济问题本质的改革,是一个长期而艰难的过程,不可能一蹴而就。[4]供给侧结构性改革的主要方向有以下四点:

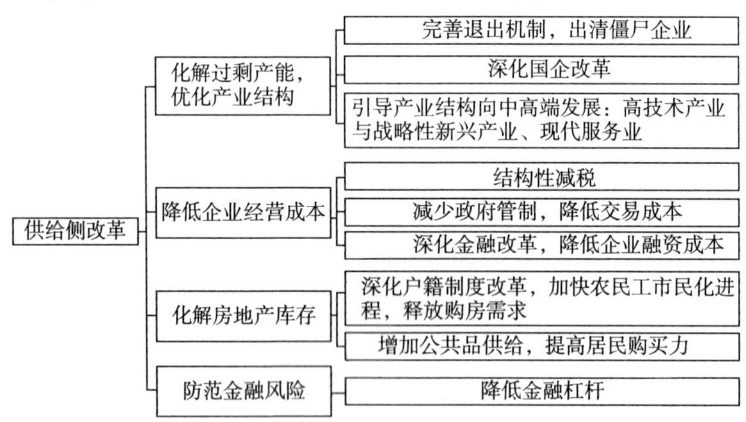

图14　我国供给侧结构性改革的主要方向

第一,化解过剩产能,优化产业结构。通过完善市场退出机制,出清僵尸企业,释放闲置要素资源,化解银行不良资产,减少社会管理成本。深化国企改革,通过整合重组、引入非国有资本等方式发展混合所有制经济,盘活国企存量资产。坚持制定并实施国家战略以及产业、科技、教育政策,引导产业结构向以高技术产业与战略性新兴产业、现代服务业为代表的中高端领域发展,同时集中资源攻关前沿核心技术领域,优化人才结构,适应市场需求。

第二,降低企业经营成本。通过结构性减税降低企业税费负担,间接推动企业加大自主创新的投入力度。确立有效的政府干预边界,放松政府管制,优化政府服务,创造公平有序的市场竞争格局,达到降低企业交易成本的目的。深化金融体制改革,引导市场利率平稳回落,提高直接融资比重,优化融资结构,降低融资成本,改善企业盈利状况。

第三,化解房地产库存。深化户籍制度改革,加快城镇化进程,有序推进农

业转移人口市民化,释放对三、四线城市的购房需求,消化房地产库存,稳定房地产市场。增加公共品供给,加强对水利、城市改造、环保等公共品的投入,扩大对养老、医疗、教育等公共服务的供给,进一步提高居民的实际购买力。

第四,防范金融风险。稳步推进金融市场化和法制化,加强对金融机构监管的系统性建设,重点防范产能过剩行业的企业、地方债务、房地产市场,降低金融杠杆率。加快信用体系建设,防范互联网金融风险。

(二)供给侧改革的国际借鉴

纵观经济学史,供给侧改革实践的先行者为美国里根政府与英国撒切尔政府,两者侧重点有所不同,美国以减税为主、英国以国企改革为主(见表1)。尽管我国与欧美主要发达国家的基本国情、发展阶段和发展战略存在明显差异,国际实践仍具有一定借鉴意义,即通过供给侧改革释放经济活力,拓展经济增长的潜在空间。

表1　美国里根政府与英国撒切尔政府改革对比

	美国里根政府	英国撒切尔政府
改革背景	陷入通胀高企、增长停滞的滞胀危机	
主要政策	降低税率、减少政府干预、缩减政府开支	推进国企私有化、精简政府机构、废除物价管制、放松金融管制
改革重点	最高个人所得税率从70%降至33%,提高居民可支配收入,推动消费需求上行;增加劳动供给意愿,降低企业雇佣成本	以国企私有化提高企业经营效率、释放企业活力。政府通过向境内外私人资本或管理层及职工协议出售国企股权,实现英国石油公司等大型国企的私有化
	企业所得税率从46%降至33%,提升企业盈利能力,增加产品供给;提高企业投资需求	英国电信公司、英国天然气公司、苏格兰电力公司等大型国企通过公开上市在资本市场实现私有化
取得成就	经历短期阵痛后,经济恢复增长,通胀率和失业率保持在5%以下	接近40家严重亏损的大型国企扭亏为盈,恶性通胀得到控制,经济波动性减弱,经济恢复增长
不足之处	从世界上最大的债权国转变为最大的债务国,赤字问题严重	制造业衰落、短期内出现大规模失业

资料来源:根据公开资料整理得出。

三、我国供给侧结构性改革的重点推进领域

面对传统行业普遍产能过剩,高端产品与服务供给不足的困境,迫切需要通过供给侧改革优化投资结构,提高投资效率,提升经济增长的潜在空间。为

此，一方面，通过供给侧结构性改革化解传统行业的产能过剩，优化产业结构。另一方面，大力发展高技术产业、战略性新兴产业与现代服务业，从“中国制造”向“为中国而造”转变，实现中国经济由总量追赶型向质量和效益追赶型转变。

(一)遵循市场供求规律，压缩存量产能

目前，我国钢铁、有色、化工等周期性行业已进入产能加速出清阶段，国企是淘汰落后产能的主要承担者。产能压缩表示企业部门杠杆率将持续下行，有利于实体经济的稳定。根据美国20世纪70年代末至80年代、日本20世纪70年代至90年代钢铁行业去产能的实践，从淘汰落后产能到供需平衡需要数年的时间。在渐进式去产能的过程中，必然涉及企业的裁员增效，为此需要完善政府的公共职能，保持社会整体稳定。从长期看，去产能、去杠杆会提高企业的经营效率，释放经济活力。

表2 我国九大去产能行业减产进度及目标

品种	减产进度及目标
煤炭	2016年力争关闭落后煤矿1000处，合计产能6000万吨，未来三年内暂停新建煤矿项目审批
钢铁	根据《关于钢铁行业化解过剩产能实现脱困发展的意见》，未来五年内再压减粗钢产能1亿~1.5亿吨，占2015年国内粗钢总产量的12%~18%
铜	2015年12月，江西铜业、铜陵有色、云南铜业等10家企业发布倡议书，计划2016年减少精铜产量35万吨，占2015年国内铜总产量的8.75%，并表示不再增加新产能
铝	2015年12月，14家骨干电解铝企业达成协议，承诺已关停产能计划不再重启，已建成产能至少在一年内暂不投运
锌	2015年11月，中国10家主要锌冶炼商发布倡议书，计划2016年减少精锌产量50万吨，约占2015年国内产量的10%
锡	2016年1月，中国九大锡企发布联合倡议书，表示2016年减产1.7万吨，占2015年国内总产量的12%
镍	2015年11月，包括亚洲最大的镍生产商金川集团在内的中国8家镍企发布联合倡议书，一致同意不参与低价竞销，同时计划2016年削减镍金属产量不少于20%，约10万吨
稀土	2015年10月，六大稀土生产集团宣布整体减产10%~15%，工信部开展了新一轮稀土“打黑”活动
钨	2015年7月，钨商业收储专项基金成立，预计收储总量不超过4.6万吨，约占2014年国内钨总产量的1/3

资料来源：根据公开资料整理得出。

(二)出清“僵尸企业”，释放占用资源

去产能只是我国结构调整的第一步，对“僵尸企业”的坚决出清是扭转资

源错配的又一重要举措。但处理"僵尸企业"不能一刀切,对于不符合产业扶持政策、节能环保标准、存在安全隐患和质量问题的企业需要坚决关停重组,有利于释放占用资源;对于符合产业结构升级方向、具备潜在成长空间、规范运行的"僵尸企业",政府需要充分发挥引导作用去僵尸化。从短期看,"僵尸企业"的破产会加大经济下行压力、提高经济运行风险。为了降低处理"僵尸企业"带来的负面影响,政府有必要对"僵尸企业"进行分批次、渐进型处理,并为下岗员工提供充分的再就业培训和指导。

(三)推进国企改革,盘活国有资本存量

我国深化国企改革,一方面,应降低社会资本进入门槛,以市场机制调节和改善社会投资和供给结构,[5]引导民间资本和社会资本进入石油、电力、天然气、电信、民航、铁路等垄断性行业,通过推动非国有资本参与国企重组等方式发展混合所有制经济,盘活国企存量资产。另一方面,鼓励国有资本作为资本运作平台,用市场化方式推进企业的兼并重组,处理国企不良债务和不良资产,并对具备核心资产、高成长性的非国有企业进行股权投资。

(四)深化财税体制改革,促进企业创新

为使地方政府摆脱对土地财政、盲目招商引资的依赖,使地方利益与中央政策保持一致,需要深化财税体制改革,合理分配地方收入税种,形成正向激励机制。同时,考虑减税对财政收入的影响是一个先降后升的过程,采取结构性减税政策,有利于提高企业盈利能力,有利于促进大众创业、万众创新,引导资本向高新技术、新兴需求领域流动。

(五)转变政府职能,大力发展现代服务业

为解决当前投资结构不优、投资效率低下问题,需大力推动政府职能转变。通过改革考核体系,从片面追求辖区内经济增长规模向更加关注经济增长质量转变,推动政府投入方向从传统基础设施行业向信息网络基础设施、农村交通水利、城乡教育卫生养老等公共品转变。同时,逐步放开垄断和管制,鼓励民营资本进入高技术产业、战略性新兴产业以及信息、卫生、教育、旅游、养老等现代服务业,推动"互联网+"与"中国制造2025"战略的融合,优化产品与服务结构,提升产品与服务质量,适应消费结构的演进与生活质量的提升,从"中国制造"向"为中国而造"转变,实现中国经济由总量追赶型向质量和效益追赶型转变,提升经济增长的潜在空间。

参考文献

[1]安格斯·麦迪森. 世界经济千年统计[M]. 北京:北京大学出版社,2009.

[2]中国经济增长前沿课题组. 中国经济增长的低效率冲击与减速治理[J]. 经济研究,2014(12):4-17.

[3]刘小玄. 中国工业企业的所有制结构对效率差异的影响——1995年全国工业企业普查数据的实证分析[J]. 经济研究,2000(2):17-25.

[4]沈坤荣. 供给侧结构性改革改什么怎么改?[J]. 求是,2016(7):31-33.

[5]徐朝阳. 供给抑制政策下的中国经济[J]. 经济研究,2014(7):81-93.

(沈坤荣,南京大学商学院;赵倩,南京大学经济学院)

供给侧结构性改革与政府行为调整[①]

——基于国际经济长周期的新旧常态转换背景

沈 越

自2014年习近平用"新常态"来概括中国经济增长的新阶段以来,引发了关于如何认识和应对新常态的思考和讨论,这些讨论对准确把握中国经济发展新阶段有很大意义。但是笔者认为,讨论中存在两点不足:第一点是不少人是就中国来认识中国经济增长进入新阶段的问题,即使涉及世界经济,通常也只谈及美国金融危机与欧洲主权债务危机对中国经济增速下滑的影响。这又关系到第二点不足,即讨论偏于短期化。其实,中国经济从旧常态转向新常态有深刻的国际经济背景,中国经济增长从旧常态转向新常态与世界经济的这一转换是相适应的。不仅如此,从旧常态转向新常态是经济长期发展过程中各种矛盾积累的结果,危机不过是这些矛盾的总爆发,当然也是市场机制化解这些矛盾的必要方式。基于这种认识,要深刻把握新常态,就不仅需要分析国际经济大环境的变化,而且要把现今中国经济增长的态势放在改革开放以来的历史大背景下来认识。基于上述两点认识,本文将在国际经济大背景下,用历史的眼光考察在新旧常态转换的基础上,研究政府干预经济的行为应该如何适应这种转换。

一、新旧常态转换的国际大背景

新常态(new normal)是相对旧常态(old normal)而言的。要认识新常态,需要了解旧常态的形成和发展的历史。世界经济的旧常态形成于20世纪80年代初,它的形成与以美国为代表的发达经济体的经济自由化浪潮直接相关。2008年美国金融危机爆发,暴露出近30年来经济自由化的缺陷。这场危机影响很大,随即波及全球,从而使整个世界经济从经济稳定增长的旧常态步入经济低迷的新常态。

众所周知,第二次世界大战后,西方各国普遍采取凯恩斯主义的经济政策,

① 本文系中央高校基本科研业务费专项资金项目(SKZZY2015024)"新常态:基于长周期理论对中国经济增长的研究"的阶段性成果。

政府出手大幅度干预经济。这些政策虽然在推动西方战后经济恢复方面发挥了积极作用,并在很大程度上维持了战后相当一段时期内西方经济较长期的稳定增长。但是随着时间推移,这些政策的负面效应也日益凸显。到了20世纪70年代初,政策的负效应彻底暴露出来,集中表现为经济的"滞胀"。面对这种局面,凯恩斯主义既不能从理论上解释滞胀产生的原因,在对策上也无法开出消除滞胀的药方。这是因为凯恩斯主义经济政策为政府提供两种政策取向:一是扩张性的财政政策和货币政策,用于经济衰退时刺激经济,防止经济陷入萧条、危机;二是紧缩性的财政政策和货币政策,用于经济繁荣时收缩经济,防止经济过热。但是面对滞胀,这两种相反的经济政策取向,却使政府陷入两难选择的困境。这就好像人患了肝炎和糖尿病的并发症,前者鼓励吃糖,后者则禁止吃糖。政府在政策取向上忽左忽右,走走停停,停停又走走,经济在滞胀泥沼中越陷越深。

在这种背景下,自20世纪30年代大危机以来被凯恩斯主义压制了几十年的经济自由主义得以抬头。这首先表现为被称为经济思潮风向标的诺贝尔经济学奖发放指向的变化,它改变了这个奖项设立以来最初几年授予凯恩斯主义者的做法,在1974年,将其授予了有经济自由主义精神领袖称号的冯·哈耶克,1975年又把这个奖项授予货币主义的代表人物密尔顿·弗里德曼。紧接着,在1979年英国大选和1980年美国大选中,信奉市场自由主义的撒切尔夫人和里根分别当选,将经济自由主义理论和政策主张转化为政府实施的政策,由此在西方世界开启以英美引领的经济自由化浪潮。伴随经济自由化措施的推行和逐步到位,西方发达经济体渐渐又走入一个经济稳定增长的时期,即所谓的旧常态。这个经济自由化进程的主要措施和后果是。

(一)自由化使西方国家逐步走出20世纪70年代滞胀,经济再度步入基本稳定增长轨道

面对当时西方世界的"滞胀"困境,与凯恩斯主义无法解释滞胀现象不同,以弗里德曼为代表的货币主义作出明确回答:造成经济停滞的根本原因是通货膨胀,长期的通货膨胀扭曲了市场价格信号,导致资源误配,从而造成经济停滞。而通货膨胀又是长期实行凯恩斯主义经济政策的后果,其根源又在于政府的庞大化。因此,要治理滞胀,首先要大幅度减少政府对经济的干预,消除通货膨胀。随着通货的稳定,市场机制作用回归正常,经济停滞问题也就会逐步缓解。为此,弗里德曼提出了其最主要的应对措施——简单规则的货币政策,即由中央货币当局根据长期的经济增长率和劳动力增长率,公开宣布和严格执行一个长期不变的货币增值率,以消除公众的通货膨胀预期,为市场发挥作用创造一个良好环境,市场的自发功能就会使经济逐步走出停滞,最终走出既膨胀

又停滞的泥潭。撒切尔夫人和里根上台后，基本上是按照这一规则行事，并辅以其他一些自由主义的经济政策，到了 20 世纪 80 年代的中后期，英美及其他发达国家渐渐走出了滞胀困境。

现在有些人以美国经济表现在 20 世纪 80 年代不如 20 世纪 90 年代为例，试图证明里根和老布什执政时期经济自由主义政策的失败。这种看法似是而非，其误解的关键在于忽视了经济结构性调整与政策效应显现之间的“时滞”因素，尤其是通过市场自发作用的结构调整，通常需要更长的时间。其实，美国 1990 年代被称为“新经济”的形成与激励创新的市场环境形成有密切关系，很难想象在一个病态的市场状况下，能够出现大规模的创新活动。

（二）自由化放松政府对经济的管制，为技术创新与市场创新创造了条件，诱发了以 IT 新技术为核心的产业革命，以及以金融衍生品、风险投资市场形成为标志的金融市场革命

在治理滞胀的同时，里根政府还大面积地清理和废除政府各种法规，尤其是 20 世纪 30 年代以来为防范经济危机而出台的各种限制性规定。在经济自由主义看来，这些限制性的政府规制抑制了个人和企业的创新精神，压缩了制度创新和技术创新的空间，这也是美国经济步入停滞的另一个重要原因。只有大幅度减少政府的限制性规制，才有可能焕发个人和企业的创新精神，并为技术创新和市场创新创造出新的空间，进而推动经济发展。正是在美国政府大力裁减限制性规定背景下，1980—1990 年代美国出现了创新浪潮，其中最重要的莫过于以 IT 技术为核心的新技术革命。这一轮技术创新使第二次世界大战后美国与西欧、日本日益缩小的差距再次拉大，美国再度成为引领世界技术进步的国家。同时，在金融市场上也出现了众多的制度创新，其中最为显眼的是金融衍生品发展以及风险投资市场的形成，这不仅为新技术的发展提供了有利的融资环境，而且巩固和扩大了美国在国际金融领域中的霸主地位。需要指出的是，金融创新是一把双刃剑，它在创造天使的同时，也可能呼唤出魔鬼。2008 年金融危机就是由房地产金融市场上衍生品的泛滥引发的，不过这是后话。

还需要指出的是，人们在讨论“里根经济学”时，更关注他的减税和削减社会福利的政策，而往往低估削减甚至取消限制性规制的政策效应。前两项政策固然是经济自由主义政策库中的重要工具，但也不应低估削减甚至取消某些限制性规制的措施在旧常态形成、发展过程中的作用。如果说，减税和削减社会福利重新激发起人们投资和工作的积极性，而削减甚至取消限制性规制，则直接为企业和个人创新开辟了新的空间。套用现今中国的热词来说，前者和后者共同构成供给侧结构性改革的一套组合拳，对于经济自由主义政策来说，二者一个都不能少。从一定意义上讲，对于创新活动来说，减少限制性规制措施比

减税和削减社会福利更为重要。尽管二者都属于供给侧结构性改革措施,但前者属于改变和完善市场功能的市场制度性政策措施,后者则属于供给侧的经济过程政策措施。关于政府干预经济的制度性政策措施与过程政策措施的不同功效,下文还将论及。

(三)自由化引发新一轮全球化浪潮,发达国家改变为稳定就业保护落后产业的做法,出现产业转移浪潮,再造了新的国际产业链

第二次世界大战后,伴随一批后发展国家的经济起飞,发达国家的传统产业渐渐丧失了竞争力。为保住就业岗位,凯恩斯主义经济政策的通常做法是给予落后企业财政补贴,久而久之,在发达经济体中形成一批需要政府支持才能生存的落后产业。英美新自由主义主导的政府反对这种做法,采取了减少以至切断补贴的措施。这导致没有竞争力的企业破产,甚至整个行业消失。发达国家淘汰落后企业与产业,资源通过市场配置到有竞争力的企业和行业,不仅推动了其经济的稳定增长,而且为新兴产业的形成创造了条件。

当年最为引人注目的案例是,撒切尔夫人切断了对英国煤炭产业的财政补贴,遭到长达近1年半的大罢工,这位铁娘子顶住了巨大的社会压力,最终使煤炭产业在英国几近消失。不仅如此,她还借助公众对大罢工干扰社会秩序的厌恶情绪,趁势推出了限制集团性罢工的法令,规定集团性罢工须得到集团85%的成员同意才具有合法性。这使大规模罢工在英国几乎没有可能,在一定程度上使英国回归到19世纪自由市场经济轨道上,也缓解了自19世纪后期以来大英帝国在经济上不断下滑的步伐。

英美等发达经济体淘汰落后产业,也为后发展国家承接这些淘汰产业提供了机遇。借助产业在国际范围内的重新布局,越来越多的后发展国家步入新兴工业国的行列,再造了新的国际产业链,掀起了新一波的经济全球化进程。新兴经济体廉价的产成品和中间产品回流发达国家,又降低了发达经济体的经济成本,缓和了经济长期增长带来的通货膨胀压力,反过来稳定了发达经济体的旧常态。

(四)自由化开启了发达经济体对"二战"后形成的福利进行改革的大门

第二次世界大战后,发达国家既为了刺激消费,也为了与社会主义国家竞争,大搞社会福利,形成了所谓的福利国家制度。经济自由主义认为,过多过滥的福利不仅加大政府和社会的负担,也是造成政府庞大化的一个重要原因,同时还造成了人们对政府和社会的过度依赖,失去寻找工作和通过自身努力来改善自己生存状态的积极性。所以他们主张削减过多过滥的社会福利,激发个人

的积极性和创造性。不过这一经济自由化进程，在英美与欧洲大陆国家之间，其推进进度有较大差别。

自由化在自由主义传统浓厚的盎格鲁—撒克逊国家进展较早，也较快，而在有社会主义传统的欧洲大陆国家，这些自由化措施却遭到抵制。例如，1982年德国基民盟—基社盟党魁科尔在“多一些市场，少一些政府”的自由主义口号下上台执政，但其推出的削减社会福利的法案在议会遭到了以社会民主党为首的左翼势力的狙击，以致这些自由主义政策出现“说得多、做得少”，“雷声大、雨点小，甚至不下雨”的境况。直到20世纪90年代后期，社会民主党上台执政才出现转机。当家才知油盐柴米贵，由于其不得不改革的措施与在野的联盟党趋于一致，二者联手在2002年推出了所谓的“2010年议程”，对过多过滥的福利政策进行了实质性改革，削弱了社会福利政策对经济增长的拖累。在后来的金融危机和欧债危机中，德国经济在欧洲获得了“一枝独秀”的美誉。至于像希腊这样的南欧国家，直到在主权债务危机冲击下，才启动对福利国家制度弊病的实质性改革。

以美国为代表的发达经济体所采取的上述自由化措施，为经济形成较为稳定增长态势创造了条件。其间最为抢眼的是，美国经济在20世纪90年代形成了以“两高一低”（高增长、高就业与低通胀）为标志的长达近10年的“新经济”。当然，在经济自由化进程中也会逐渐积累起一系列矛盾，这集中表现为杠杆作用下的金融泡沫。在世界经济的旧常态下，出现过20世纪90年代中期的墨西哥金融危机、1997年的亚洲金融危机。不过这些危机都发生在新兴经济体，对发达经济体没有实质性的影响，因而也未改变世界经济基本态势。后来触动美国经济的，是世纪之交出现的网络泡沫和科技泡沫的破灭，由于美联储采取了大幅减息的宽松措施，在短短几年时间内将美联储的基准利率从6.5%下调为1%，避免了经济的衰退。但是，这种向市场大规模注资的行为，则为房地产金融衍生品的泛滥创造了条件，这种凯恩斯主义政策的负面效应与经济自由主义的负面效应（金融衍生品泛滥）的叠加，直接酿成了2008年金融危机。在危机的冲击下，美国及发达国家的经济终结了基本稳定增长的旧常态，步入了增长缓慢的新常态。

由于美国经济在国际经济中的龙头地位，其经济步入新常态，也或迟或早会将整个国际经济引入经济增速下滑的轨道。对于经济高速增长的新兴经济体来说，在危机冲击下发达经济体的资本外流，再加上其有较大的经济扩张的潜在空间，可以在危机冲击后通过采取抵御危机的措施，暂时阻止经济增速大幅下滑，却不可能从根本上改变国际经济步入新常态的基本趋势。

二、国际经济旧常态对中国经济发展的影响

中国是后发展国家中的新兴工业国。与发达经济体的经济发展阶段不同,在过去和今后相当一段时期内,中国经济仍然属于赶超型经济,其经济增长特征在诸多方面都与发达国家有重大差别。但是,在经济全球化和中国经济日益融入世界经济的背景下,中国经济增长与世界经济尤其是发达国家经济又有着密切联系。“旧常态”在时间上正好同中国的改革开放和经济步入高速增长轨道一致,二者之间有无关联?其答案是肯定的。我们可以将二者之间的联系概括为以下几个方面。

(一)西方经济自由化与中国改革开放在时间上重合,使中国有可能抓住机遇,积极推进改革,避免了像东欧、苏联那样的后果

中国经济改革的实质是经济的市场化,将原来的高度集权的计划经济体制转变为社会主义市场经济体制;中国对外开放的实质是将原来闭关锁国的、封闭的经济体系转变为与世界经济接轨的、开放的经济体系。这一改革开放的基本走向与20世纪80年代西方国家的经济自由化是一致的,这使中国的改革开放有一个良好的国际环境。

当然,这样的判断并不等于说,中国的改革开放源于西方国家的经济自由化,也不意味着中国只是简单地模仿西方的市场经济体制。中国的改革开放主要源于对高度集权计划体制低效率的反思,尤其是对10年“文化大革命”的反思。在这10年中,不仅国民经济面临崩溃,而且高层决策者和人民群众自觉或不自觉地意识到,高度集权的计划体制是政治上、文化上动乱的经济基础,因而在对传统经济体制进行改革的问题上,达成了一致。中国经济的市场化改革既不是对发达国家市场经济的简单模仿,也不是照搬西方转型经济学的市场化建议,而是根据中国的国情,采取了一条渐进式转型的改革道路。这与苏俄采取的转型方式有很大不同:解体前苏联虽然也讲改革,却没有对斯大林模式进行什么实质性的改革;解体后又走向另一个极端,俄罗斯简单地接受西方经济自由主义者的建议,照搬西方模式。

(二)通过改革中国内生的增长机制形成,资源的市场化重置使中国经济迅速实现赶超

中国从1978年启动市场取向的经济体制改革,1992年确立了建立社会主义市场经济体制的改革目标,到2003年基本确立起社会主义市场体制(以中国共产党十六届三中全会通过关于完善社会主义市场经济体制的决议为标志),市场已经能够在资源配置中发挥基础性作用。经济体制改革的推进

逐步改变了原来计划体制下,经济增长须依赖政府和计划才能推动的状况,源于企业、个人策动的经济动力机制逐步形成,并日臻完善。这使中国经济步入了高速增长的轨道。因此可以理解,1978—2008 年,中国经济以年均近 10% 的增速发展。这是中国在过去几十年经济超高速增长的两大根本性原因之一。

(三)抓住发达国家产业转移机遇,中国主动融入经济全球化进程,实现资源在全球范围内重组,迅速成长为世界工厂

伴随发达国家淘汰落后产业,传统产业在世界范围内重新布局的经济全球化,中国的对外开放恰逢其时。从建立经济特区,后来实施“两头在外”的发展战略,经过 16 年的艰辛努力,到 2001 年中国终于正式加入世界贸易组织。尤其是“入世”,破解了许多国家针对中国设置的大部分贸易壁垒,使中国在过去 20 多年市场化改革中积累起来的竞争力得以在全球范围内释放,中国制造的廉价产品像潮水般地涌向国际市场,中国几乎是在一夜间成为世界工厂。因此可以理解,中国在 21 世纪的最初近 10 年间,对外贸易以 20% 以上的年均速度增长。外贸高速增长所形成的外需,反过来拉动了国内经济,使中国经济增速在这段时期内年均超过 10%。一言蔽之,中国主动融入全球化进程,其实质是用自己具有竞争优势的生产要素劳动力,与中国不具有优势的其他资源,如资金、技术、管理、市场等进行交换。这种资源在国际市场上的重新配置,是中国在过去几十年经济超高速增长的另一根本性原因。

(四)发达国家经济的稳定增长在很大程度上拉动了中国经济的高速增长

旧常态下发达经济体和世界经济的稳定增长,无疑对已经日益融入世界经济的中国经济有助推作用。在这里值得一提的是,美国 20 世纪 90 年代长达近 10 年的以“两高一低”(高增长、高就业、低通胀)为标志的“新经济”,对中国经济在同一时期的高速增长有相当大的拉动作用。当世纪之交美国经济中的科技泡沫、网络泡沫破灭后,美联储大幅度减息的刺激措施,虽然很快使美国经济再次步入增长的轨道,但这种增长在很大程度上却由房地产金融泡沫推动。与之相应,曾被誉为“黄金十年”的中国经济在世纪之初的超高速增长中,也含有泡沫。这是因为发达经济体的金融泡沫导致进口需求大增,强劲的外需拉动了中国经济超常规的增长。由于中国金融监管限制了金融衍生品发展,中国经济的泡沫不是金融泡沫,而是实体经济的泡沫,即由出口贸易拉动起来的泡沫以及与之相应的产能过剩。

在美国金融危机爆发后,发达经济体进入去杠杆、去泡沫的进程,中国经济本应顺市场调整走势,去实体经济的产能过剩。但是中国当时却没有顺应市场走势,而逆市场走势采取了以4万亿投资为代表的强刺激措施,致使经济中的泡沫进一步增加,突出表现为产能过剩和房地产泡沫。近年来又在"保增长"、"稳增长"的口号下,试图通过扩大投资杠杆和向市场注资来提升经济增速,以致问题愈加突出,成为阻碍中国经济健康发展的大障碍。据此我们认为,中国经济中的产能过剩和房地产的结构性库存是三个时期问题的积累:一是金融危机以前的泡沫,二是应对危机时的逆市场调控的后遗症,三是近年来稳增长措施的结果,而这主要又是由政府的不当行为所致。

三、新旧常态转换背景下政府作用变换

毋庸讳言,旧常态下中国经济的超高速增长与政府发挥积极作用有密切关系,其功不可没。但政府在经济生活中的作用是一把双刃剑,中国经济长期高速增长所积累起来的深层次问题,大多与政府过度干预相关。可谓成也萧何,败也萧何!正是由于政府不当地、过多地干预市场,致使中国经济一直是在一种病态下保持增长。中国经济进入新常态之后,这是一个更值得深思的问题。这首先又与如何估算和确定新常态下中国经济的潜在增长速度的问题相关。

(一)关于新常态下中国经济的潜在增长率问题

所谓经济的潜在增长率是指,经济在没有外生力量如政府干预的情况下,经济体依靠内生动力所能达到的增长速度,即主要依靠企业生产投资和居民消费所形成的增长率,或者说由市场在资源配置中真正起决定性作用下的经济增速。中国经济进入新常态后,潜在增速下行已成定局。更重要的还是,这种增速下滑还具有趋势性。现今已从过去的八九不离十跌入7%之内,未来将还会进一步下行。这不仅符合先期发展国家的经验,也是落后经济体走向发达经济体的趋势性规律,当然中国也不会例外。当前我们面临的课题是,如何判定中国在"十三五"期间的潜在增速。目前一些判断中国经济在未来五年潜在增长率的结论大都存在高估的问题。大体说来,可以将其概括为两种预估方法:

许多人根据世纪之初提出的全面建设小康社会的要求,即到2020年GDP和国民收入要翻两番的要求,在扣除了以往增长业绩后,倒算出"十三五"期间要达到年均6.5%的增速,才能实现预期目标。这种根据10多年前提出的政治承诺,而不是依据中国经济增长现实,来规划未来经济增速的做法,其实缺乏科学依据,在经济上实不可取。

另一些人则是根据历史数据推导出的未来增速,这种似乎有科学依据的预

测，其实也存在问题。新古典宏观经济学中的“卢卡斯批评”①早已经从学术上证明，依据历史数据进行简单回归而得出的参数是不可信的，因为其忽略了历史同现实以及同未来在经济结构上的差别。这样根据历史数据和参数计算出来的结论可以用来解释过去，却难以准确地外推出现在和将来。就我们讨论的问题而言，这种估算没有考虑新旧常态下经济结构的转换因素，简单地依据历史上的经济增速来外推未来的增速，也存在高估未来潜在增长率的问题。

“十三五”期间，如果世界经济增长没有较大利好变化，中国经济能稳定在5%～6%，可能更有利于去杠杆、去产能过剩、去房地产库存，有利于中国经济结构的升级换代，尤其是有利于制造业从低中端向中高端演进，有利于提升经济增长质量。对此人们需要有充分的认识，尤其是要对政府在经济生活中的职能以及政府干预经济的方式和力度要有清醒的认识。其要旨是，要真正让市场发挥决定性作用，而不仅仅是说说而已，并真心诚意地按照这一规则来规范政府行为。因此那种引领新常态的说法值得商榷，至少应把认识和顺应新常态放在首要位置。

（二）处理好政府干预经济的两类政策的关系

笔者曾撰文指出，政府干预经济有两类政策：一类是体制性或制度性政策，即政府通过改革或再造经济体制，从而改变人的经济行为方式的制度框架的政策。另一类是经济过程政策，即政府通过干预经济活动过程，直接参与经济活动或者通过改变经济参数而影响经济活动结果的政策。后一类政策又可以分为两个分类：一是供给管理政策，即政府通过经济计划、产业政策、地区政策改变经济供给能力的政策。其特点是干预对象是经济的供给方。如政府通过直接投资或给予企业、个人优惠刺激投资，来提升某些产业或地区的生产能力。二是需求管理政策，即政府通过干预经济参数，如利率、税率、汇率等市场参数，影响企业和个人的经济行为，从而达到干预经济结果的政策。例如，凯恩斯主义的经济政策就是典型的需求管理政策。② 再如，前文提到的20世纪80年代美国里根执政时期的经济自由主义政策中，削减甚至取消某些政府的限制性规定的措施属于供给侧的制度性政策，而减税和削减社会福利则属于供给侧的经济过程政策。

---

① Lucas, R. E. “ Econometric Policy : Critique”, in K. Brunner and A. Meltzer (eds.), The Phillips Curve and Labor Markets , Amsterdam: North Holland, Carnegie - Rochester Series on Public Policy, 1976. 参见方福前：《当代西方经济学主要流派》，中国人民大学出版社2004年，第143－145页；并见吴汉洪：“新古典宏观经济学”，载吴易风主编：《当代西方经济学流派与思潮》，首都经济贸易大学出版社2005年版，第229页。

② 沈越：“中国经济学建设与中国实践”，《学术月刊》2006年第3期；并见《新华文摘》2006年第13期封面文章。

在经济旧常态中,中国政府既频繁使用体制政策,又大力度地运用经济过程政策。在过程政策中,供给管理政策与需求管理政策并用。无可否认,这是过去30多年中,中国迅速实现赶超的一个重要原因。随着中国经济进入新常态,政府的政策着力点和干预力度也应作出相应调整。其基本思路是:首先,应校准体制政策的市场经济方向,加大制度性政策的改革力度,进一步完善社会主义市场经济,创造出一个能让市场在资源配置发挥决定性作用的制度框架,激发民间创造力和积极性来推动经济增长。其次,政府应逐步改变频繁使用过程政策的传统,减少政府对经济活动和经济过程的干预,无论是供给管理,还是需求管理都应收缩政府干预的范围,降低干预的力度。只有这样,才能让市场在资源配置中发挥决定性作用。

(三)处理好供给侧改革与供给侧管理的关系

自2015年底习近平总书记提出"供给侧结构性改革"概念以来,引起了热烈讨论,可谓众说纷纭,莫衷一是。其中一个重要问题是,没有区分作为制度性政策的供给侧改革与作为经济过程政策的供给管理,将二者混为一谈。按照区分体制政策与过程政策的分析框架,我们可以把总书记所说"供给侧结构性改革",分为供给侧改革和供给侧管理两方面内容来做分析。

关于供给侧改革,其中政府的作用属于体制性或制度性政策的范畴,其基本特征是政府并不直接参与经济活动,而仅仅是为市场主体提供更好的外部制度空间。据此我们可以说,改革开放以来中国所有市场化改革都可以归结为供给侧改革,无论是农村承包制的实施和后来跟进的土地制度变迁,还是允许和鼓励非公经济的发展,以及国有经济的改革,都与政府实施制度性改革政策有关,在供给侧为中国经济发展提供了一个日益宽松的制度框架,正是其释放出巨大供给能力成就了30多年来中国经济增长的奇迹的最主要原因。

关于供给侧管理,则属于政府实施的过程政策范畴,它是通过政府直接参与经济活动来改变供给能力,或通过改变市场参数来间接地影响市场供给能力。如政府通过计划、通过带倾向性的产业政策和技术政策以及区域政策来提升生产能力的政策。无可否认,在过去30多年中国经济的高速增长中,以产业政策为核心的供给管理政策曾发挥过积极作用。尤其是亚洲金融危机和2008年金融危机以后,政府以基础设施建设为主要任务的供给管理政策,既为中国经济长期增长奠定了良好的物质技术条件,也为拉动需求弱化危机对经济增长的负面影响发挥过重要作用。但是,随着中国经济进入新常态,经济增速从原来的高速增长过渡到较高速增长,伴随中国经济与发达经济体的差距缩小,基础设施日益完善,投资在经济增长中的贡献率将逐步让位于消费。政府通过经济过程政策来干预供给的作用将减小，其推动经济增长的效应也将随之下降。如果仍然按照旧常态下的思路，供给管理政策的负面效应也将越来越大。

（四）产业政策与技术政策调整

产业政策是政府供给管理中最主要的一项政策，它是日本在“二战”后经济恢复中首先创造出来的。其基本做法是比照先期发展国家的产业结构，在市场发挥作用的同时，通过政府制定产业目标并辅以刺激性的经济措施，以尽快实现对发达国家的赶超。产业政策制定与实施的前提条件是产业结构在高度上存在落差，落后经济体在产业结构上有一个可比照并赶超的先发展经济体。

在旧常态下，中国经济是典型的赶超型经济，政府通过制定赶超性的产业政策，并辅以相应的财政政策支持和货币政策支持，就能推动经济快速增长。这也是所谓的后发优势之一。中国经济进入新常态后，尽管经济仍具有赶超型经济的特征，但随着中国经济在结构上与发达国家的差距日益缩小，可供赶超的空间将会越来越小，政府通过产业政策来推动经济增长的作用也会随之下降，政策的力度和方式也应随之调整。这是因为在旧常态下产业结构的可模仿度很高，政府干预经济有明确的方向和目标。在新常态背景下，产业结构可模仿度下降，中国经济结构向何处去？中国是选择美国式的产业结构，还是德国式的产业结构，或是二者兼而有之？政府和经济学家说了都不算，它最终得由市场选择来决定。同时，利用产业政策来推动经济发展的空间也会越来越小。

在这种背景下，产业政策的负面效应会越来越大，其主要有：第一，由于政府观念落后于市场选择，产业政策最能发挥作用的是传统产业，其后果往往是复制和扩大传统产业，导致这些产业产能过剩。当前中国严重的产能过剩主要集中在传统产业，就是一个明证。第二，即使产业政策的目标和方向是正确的，但政府却难以把握政策的力度，往往刺激过度。中国光伏产业的问题，就来源于此。第三，相反，采用产业政策来淘汰过剩产能也存在很大问题，尽管这时政府会制定一些有利于产业升级换代的技术性指标，以指导淘汰落后产能，但这只是行政性手段的华丽外衣。在这种场合下，指导性技术指标往往发挥逆向调节的作用，落后企业为了避免被淘汰，通常会扩大投资，并通过技术改造和技术升级来应对，以免被产业政策所淘汰，致使产能过剩越演越烈，最终不得不采用纯粹的行政手段来关、停、并、转才能抑制。这是中国几十年来产业结构调整中一再反复出现的循环，可谓应了那句“上有政策，下有对策”的名言。相反，如果通过市场方式来调整产业结构，对策便会失去了活动空间。可以设想，2008年金融危机后，如果不是逆市场调整而出台振兴十大产业的措施，或者逆市场调整的力度不那么大，传统产业借机扩张，产能过剩也许不至于非得采取现今大力度的行政手段才能去除。

后发国家的另一个优势是,可以通过学习性的技术政策,主要通过模仿较快掌握先发国家的成熟技术来推动经济实现赶超。后发国家与先发国家技术差距越大,可学习和模仿的技术就越多,只要模仿型的技术政策得当,后发国家就可以在较短时间内迅速赶超先发国家。随着后发国家与先发国家在技术水平上的差距缩小,就要求后发国家在技术政策上将以学习为主逐步向以创新为主的技术进步转变。创新性的技术最终要依靠市场作出选择,通过模仿型、赶超型的技术政策推动经济增长的空间也将越来越小。

因此随着中国经济进入新常态,政府过去依据产业政策目标以给资金、给廉价土地、给税收优惠、给政策的特惠性支持也应逐步转向营造良好的市场环境,给予民营经济与国有经济同等地位普惠性政策,让市场选择发挥决定性作用。

(五)需求管理政策的调整

在旧常态下因中国潜在的经济增长空间很大,政府长期采取扩张性的需求管理政策,虽然会付出通胀、资产泡沫、产能过剩等代价,但稍经调整,主要靠数量扩张形成的供给能力可以较快地吸纳过度的需求,使总供求在新的台阶上维持大体均衡。

但是在新常态下,这种政策取向可能利大于弊。这是因为中国依靠粗放型投入来拉动经济扩张的空间将越来越小,增长对产业结构升级和技术创新的依存度则越来越高,长期维持扩张性需求政策的效果将越来越小。以扩张为基调的需求管理政策的利弊将发生逆转,其对经济增长的拉动作用将越来越小,而负面作用则会越来越大。我们可以从需求管理的三驾马车角度来做更具体的分析。

在三驾马车中,消费历来是政府作用最小的领域。这是因为消费的决策者是有充分理性的消费者,他们不会在有损自身利益条件下去主动配合政府的GDP目标。尽管政府也有可能通过诸如像对耐用消费品减税的政策来刺激消费,但这种刺激消费的政策往往只有短期的效应,刺激起来的消费具有暂时性消费特点。当这种政策取消后,消费又会回到原来的水平,并且还有挤出未来消费的效应,因为消费者不会无休止地购买某种耐用消费品。

在旧常态下,进出口贸易尤其是净出口的增长曾经是拉动中国经济以超高速增长的一驾马车,这是因为政府可以用低估人民币汇率的汇率政策,采用高税率的出口退税的财政政策来推动出口进而拉动国内GDP增速。但是随着中国经济进入新常态,这类政策的效应日趋下降,低估人民币汇率的政策会引发国际贸易争端,所以可以理解,从2005年开始的人民币汇率形成机制的调整,随着汇率越来越由市场决定,汇率政策增加净出口并拉动经济增长的效应也相应下降。高额的出口退税政策的实质是牺牲国内产业和居民的利益来补贴外贸产业，这种政策不仅会引发国外对中国出口产品的贸易保护，而且会引发国内消费转变为境外消费等负面效应。所以当中国经济进入新常态后，通过增加净出口来拉动GDP增长的政策效应也会逐步从利大于弊转向弊大于利。需要指出的是，2001年中国加入WTO后曾经经历了数年对外贸易的超高速增长，这是中国过去市场化改革积累起来的国际竞争力在短期内释放出来的结果。伴随竞争潜力释放完毕，近年来对外贸易增速逐步回归常态，所以不能指望净出口高速增长再发挥拉动中国经济超高速增长的效应。

通过刺激投资来拉动中国经济超高速增长，是政府在旧常态下屡试不爽的政策。我们将投资分为基础设施投资、企业投资和房地产投资三部分来分别分析刺激投资不再可能拉动新常态下经济的超高速增长。①基础设施投资是政府政策最能发挥积极作用的领域，它可以为长期经济增长提供良好的物质技术基础。尽管目前中国在这个领域中的潜在空间还很大，但是这种投资形成的供给能力是在未来，其消耗的资源却是当期的，过量的基础设施投资会导致货币增发，引发通货膨胀。此外，面对中国日益增大的经济体量，基础设施投资对经济增速的贡献也会日益收窄。②企业投资可以分为基于创新的投资和单纯扩大产能的投资。前一种投资是中国经济持续稳定增长最可靠的保证，但是政府支持在这一领域很难发挥积极作用，因为政府很难事先作出科学的判断，并难以把握支持力度，例如前些年政府对光伏产业的过度支持，就使这个阳光产业一下子进入寒冬。至于政府对传统产业扩大产能的支持更是弊大于利，在换得GDP增速的同时带来的是产能的过剩，得不偿失。目前中国的产能过剩大都源于政府在这个领域中的失误，其经验教训可谓深矣！③房地产投资在过去10多年中不仅是支持中国经济超高速增长的一个重要动因，而且迅速改变了中国城镇中住宅短缺的状况，使中国成为世界上住房自有率最高的国家。但目前即使考虑未来农民的市民化对房地产业的需求，其存量也可能存在过剩。况且，房地产供给还存在严重的结构性矛盾，有需求的一线城市受到政府不当的限制，已经严重过剩的三、四线城市却没有足够的需求。在结构严重失衡状况下，政府刺激性措施势必形成房地产市场泡沫。总之，随着中国经济进入新常态，投资对中国经济拉动作用较旧常态下已经大大弱化。尽管这一判断并不否认投资在未来中国经济增长中的重要作用，毕竟中国还未进入高收入国家的行列。

四、结语

基于上述分析，新常态下政府职能转换应该关注以下几点：

首先，政府要调整好适应新常态的心态，改变旧常态下任性地驾驭市场经济，调控经济增速的做法。引领新常态之类的说法有违市场规律之嫌，而应把认识和顺应新常态作为制定和实施经济政策的出发点。

其次，避免将增长目标定得过高，并采用规模过大、力度过强刺激性政策来强行拉动经济增速。虽然政府有可能通过强行干预达到自己预期的目标，但它却不一定是最优的结果。

最后，从原来既重视经济过程政策又重视制度政策的做法，逐步收缩使用过程政策来干预经济活动的范围，并缩小干预的力度。与此同时，应强化制度政策，通过供给侧改革来完善社会主义市场经济体制，让市场真正能够在资源配置过程中发挥决定性作用。

（北京师范大学经济与工商管理学院）

供给侧结构性改革助推中国经济增长[①]

刘霞辉

2016年1月19日国家统计局公布了2015年宏观经济数据，与大多数人预测的结果相同，经济增速下行趋势未改，但经济的下行速度降低，有些经济指标还在向好。整体看，2016年的宏观经济形势不可能有大的变化，经济下行的压力仍然比较大，但我们认为，经济整体增速不会低于6.5%。如果供给侧结构性改革能获得成功，那么中国经济将会在一个较长的时期内保持较高水平的经济增长。

一、2015年宏观经济分析

初步核算，2015年全年GDP 67.67万元，比上年增长6.9%。分季度看，四个季度同比分别增长7.0%、7.0%、6.9%、6.8%。分产业看，第一产业增加值6.08万亿元，增长3.9%；第二产业增加值27.43万亿元，增长6.0%；第三产业增加值34.16万亿元，增长8.3%。

中国GDP年度增速在1990年之后再度破7，季度GDP增速则从2015年第三季度开始低于7%，中国GDP增速已入“6时代”。从趋势上看，经济增速下台阶过程仍未结束。

CPI在经历了前几年比较明显的下降以后，逐步稳定在1%～2%。从变动的趋势看，如果没有其他外部因素的干扰，CPI在这个区间的波动可能会持续一段时间。

相关宏观经济指标的变动如表1所示，在这里我们要特别注意几个指标的变动：

一是汇率。一改2000年以后人民币对美元汇率一直上升的态势，2015年人民币对美元的汇率贬值超过了5%，这表明，汇率市场上的交易者对中国未来经济增长的前景并不是非常看好。对于汇率，要引起我们注意的是，许多新兴市场国家，因汇率的过度波动会传递到实体经济，一旦形成贬值预期，对未来宏观经济可能会形成很大的冲击，严重者会出现经济萧条或者经济危机。如

① 本文受中国社会科学院创新工程项目资助。

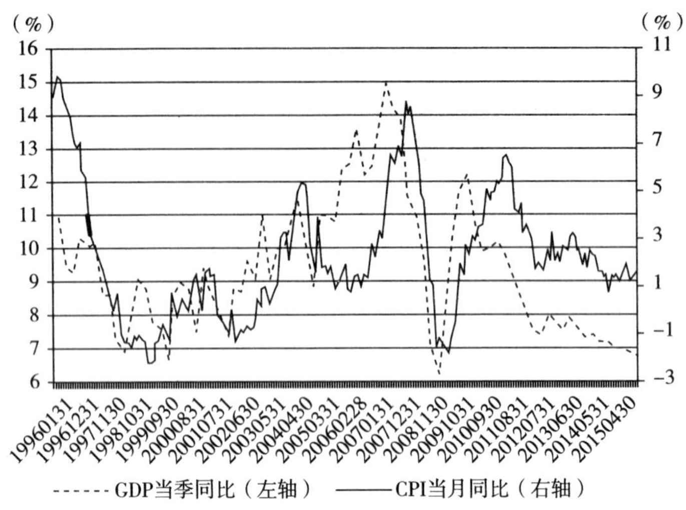

图1　中国的 GDP 与 CPI 变动趋势

资料来源：Wind。

1997 年的亚洲金融危机，拉美国家自 20 个世纪 70 年代以来不断循环出现的金融或经济危机，大部分都是因为汇率问题引起的。也许有人会认为，近几年国内经济的增长速度不断下降，出口困难，贬值会有利于促进出口。但是，汇率的变动并不仅仅会影响外贸，可能更多的是会影响对一国经济的信心，尤其是新兴经济体，其经济的稳定度本来就比市场化的国家低，汇率波动是一种外部冲击，会影响一系列的宏观经济政策及投资者和消费者的信心，一旦预期变化了其对经济的负面作用就会不断放大，最终会冲击宏观经济的稳定。所以，稳定汇率预期，对中国的经济稳定很重要。事实上，2015 年、2016 年，人民币对美元汇率的两次比较大的贬值，都引起了国内证券市场和其他相关市场的大幅波动。所以，汇率已成为影响中国宏观经济稳定的重要因素之一。

表1　　2015 年主要宏观经济指标

指标	201512F	12 月	11 月	10 月	9 月	8 月	6 月	3 月
GDP：累计（%）	6.9	6.9			6.9		7	7
GDP：当季（%）	6.9	6.8			6.9		7	7
CPI（%）	1.5	1.6	1.5	1.3	1.6	2	1.4	1.4
PPI（%）	−5.7	−5.9	−5.9	−5.9	−5.9	−5.9	−4.8	−4.6
社会消费品零售（%）	11.2	11.1	11.2	11	10.9	10.8	10.6	10.2
工业增加值（%）	6.1	5.9	6.2	5.6	5.7	6.1	6.8	5.6
出口（%）	−7.3	−1.4	−6.8	−6.9	−3.7	−5.5	2.8	−15

续表

指标	201512F	12月	11月	10月	9月	8月	6月	3月
进口(%)	-12.2	-7.6	-8.7	-18.8	-20.4	-13.8	-6.1	-12.7
贸易顺差(亿美元)	555.5	600.9	541	616.4	603.4	602.4	465.4	30.8
固定资产投资:累计(%)	10.1	10	10.2	10.2	10.3	10.9	11.4	13.5
M2(%)	13.4	13.3	13.7	13.5	13.1	13.3	11.8	11.6
人民币贷款(%)	14.5	14.3	14.9	15.4	15.4	15.4	13.4	14
人民币贷款:新增(亿元)	6779.2	5978	7089	5136	10504	8096	12806	11800
美元/人民币	6.43	6.49	6.4	6.35	6.36	6.39	6.11	6.14
1年期存款利率(%)	1.51	1.5	1.5	1.5	1.75	1.75	2	2.5
1年期贷款利率(%)	4.33	4.35	4.35	4.35	4.35	4.6	4.85	5.35

资料来源:Wind。

二是外贸。出口的月度之间变化很大,但总的趋势是在下降;进口的月度变化小于出口,但下降幅度更大。因为中国进口产品的特殊性,大部分是以初级产品为主的原材料,进口量不一定下降有那么大,但国际市场上的大宗商品价格近几年下降幅度很大,所以进口的价值下降幅度很大。对以加工产品出口为主的经济体而言,大宗商品价格下跌应该有利于出口,也有利于促进国内经济增长,但这一因素在中国近几年的经济增长中没有起太大的作用,原因是国际市场总体在萎缩,出口总量上不来。从趋势看,延续了几十年的全球经济增长黄金期可能已经结束,尤其是发达经济体,普遍进入了一个低增长时期,经济内部扩张的动力已经严重不足,需要一段时间来积蓄动力。未来几十年,全球的经济增长速度可能不一定太高。中国作为世界上第二大经济体,其对外部经济的依赖度还非常高,所以受到的外部冲击也相对比较大,在扩大出口这一点上,未来上升空间不一定很大。所以外贸总体趋势应该是在向着平衡的方向走,贸易顺差会逐渐缩小,对经济增长的拉动力也会变得很小。

三是货币。总体宽松,存贷款利率都在下降,并且幅度还不小;货币投放的速度也不慢,2015年人民币新增贷款增速达到了14.5%。从经济学逻辑讲,放松货币相当于刺激投资,因为货币投放速度达到了14%以上,如果没有其他因素影响货币流通速度,投资增速也应该在这个水平。但实际情况不是这样,2015年国内投资增速总体下降,全年是10.1%,从趋势看是逐月下降,这说明放出去的货币没有变成实际投资,这应该引起注意。从图2我们可以看到,因为M2年增速都保持在10%以上的水平,每年累积的货币存量都在增加,2015年底已经超过了130万亿元。如果这些货币能对应实体经济的资产,那么货币

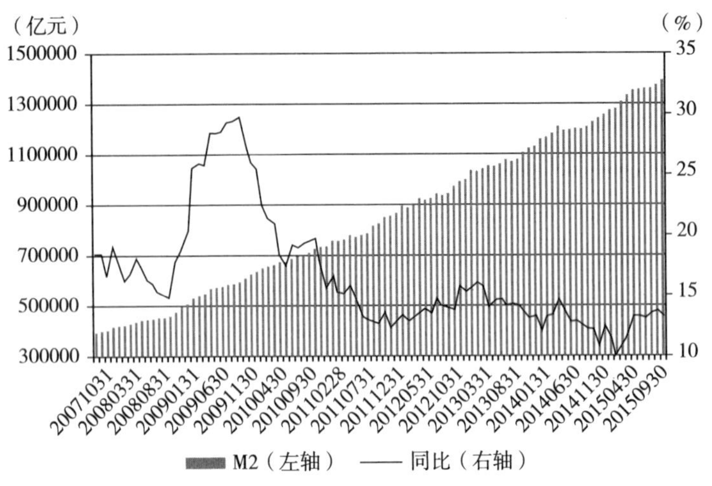

图2 货币存量与M2增速

资料来源:Wind。

数量肯定应该是合理的,但如果投放的货币没有变成实体经济的资产,它会变成热钱,在各类资产领域中循环,最终是对宏观经济稳定的威胁。从纯粹的经济学逻辑上讲,如果一个经济体没有未货币化的资源,货币增速与GDP的增速应该是同步的,因为货币是财富的一种表现方式。这就是货币学派一直坚持的,如果一个国家的经济增速保持稳定,那么货币的增速也应该稳定。货币学派的观点在美国的实践中遇到了很大麻烦,但并不是说这个原理是错误的,而是因为美国的金融创新增加了货币供给渠道和数量,导致经济中的货币供应过剩引发了通货膨胀。目前中国的现实是,货币增速达14%以上,但GDP的增速连其一半都不到,其间有巨大的货币量并不一定是实体经济所需要的,如果这种情况长期下去,就会形成经济中流通的货币量过剩,引发通货膨胀。前十几年货币的高速投放,有很大一部分是对应中国土地资源的市场化,所以未造成通货膨胀。从各方面所显现的情况看,未来中国经济的增长速度可能已经很难再超过8%,而且基本上已经没有未货币化的资源,货币增速应控制在一个什么样的水平值得认真对待。

四是工业增加值增速及工业生产者价格指数下降。2015年全国规模以上工业增加值同比增长6.1%,其中12月单月增长5.9%。分门类看,采矿业增长2.7%,制造业增长7.0%,电力、热力、燃气及水的生产和供应业增长1.4%。高技术产业增加值增长10.2%,比工业增加值快4.1个百分点,占工业增加值的比重为11.8%,比上年提高1.2个百分点。其中,航空、航天器及设备制造业增长26.2%,电子及通信设备制造业增长12.7%,信息化学品制造业增长

10.6%,医药制造业增长9.9%。整体看,2015年全年有7个月工业增加值增速在6%以下,产能过剩现象严重,工业增长明显疲弱,量价齐跌。结构上新产业增长快于传统产业。

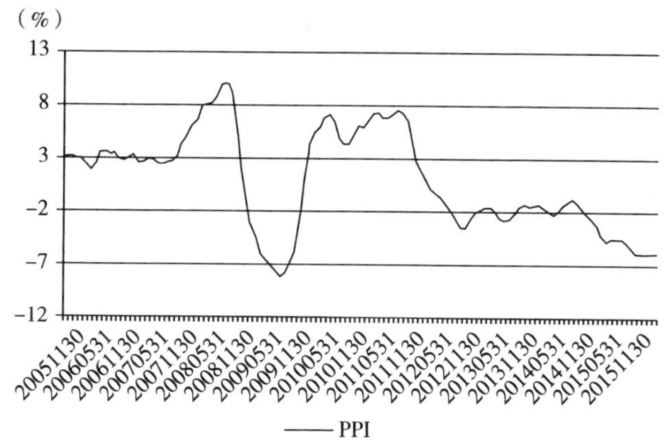

图3 工业生产者价格指数同比增速

资料来源:Wind。

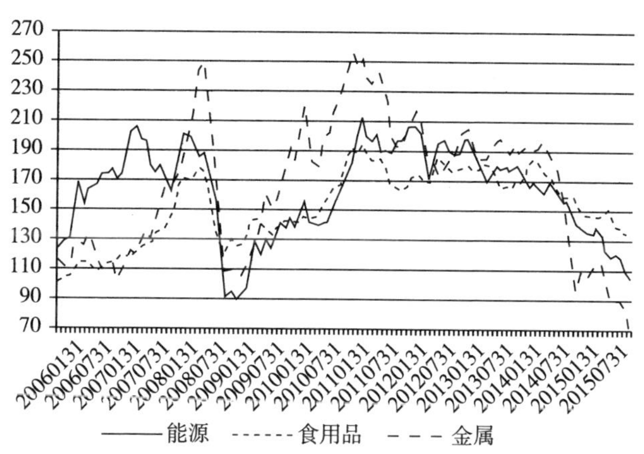

图4 IMF全球初级产品价格指数

资料来源:Wind。

有一个现象值得注意,就是工业生产者价格指数(PPI)不断走低(见图3),该指数自2012年7月开始进入负增长以来已持续3年半,不仅没有向好的迹象,而是越来越严重。PPI的不断走低与全球初级产品价格指数下降是相关的(见图4),但PPI下降的幅度及持续长度都远比全球初级产品价格指数要大要长。所以,PPI的下降应该主要是由内在原因造成。事实上,我们可以认为工业部门已经进入了比较明显的通货紧缩阶段,这也是为什么我们的决策部门2016年将去库存、降产能提到议事日程的重要原因。但是,产能的形成并非朝一夕的事,降产能的过程也不会简单。

五是企业景气指数与企业家信心指数持续走低。图5显示,自2011年中以后,企业的景气指数就不断下降,这表明实体经济的承压程度在不断加剧。从趋势看,该指数还有走低的可能,即使不继续走低,企业的景气指数也已经处在一个非常低的位置,对未来的投资和消费都会有很大影响。企业景气指数只是一个客观数值,表明的是现状。更应该引起我们注意的是企业家信心指数,因为这是一个预期值,它表明企业家对前景的一个看法,企业家的投资行为及就业市场的变化,与该指数有很大关系。图6显示,企业家信心指数与企业景气指数走势基本一致,并且下降幅度更大一些。所以恢复企业家信心指数,是未来宏观政策的一个重要部分。

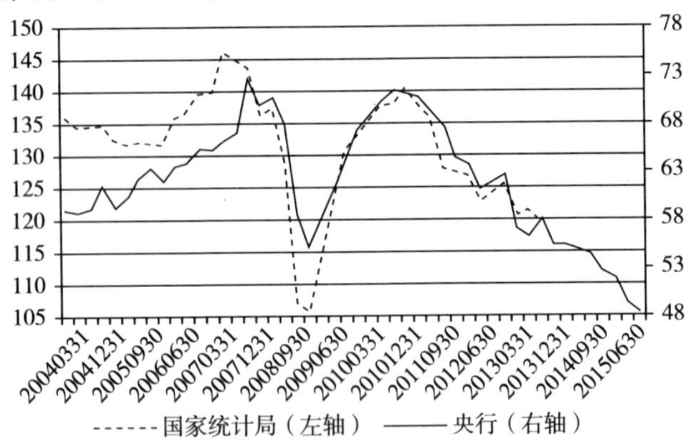

图5 企业景气指数(国家统计局与央行分别公布)

资料来源:Wind。

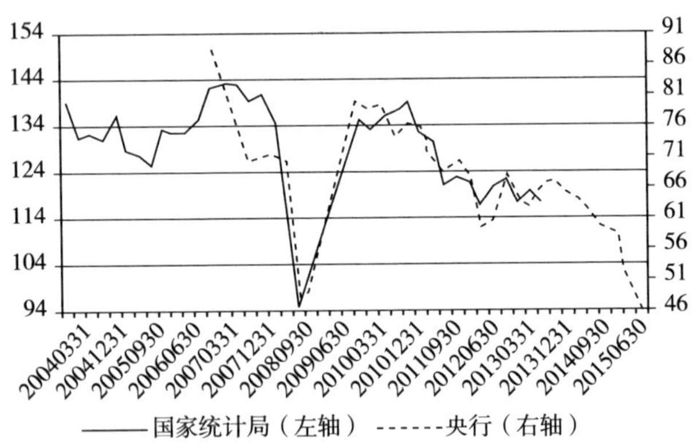

图6 企业家信心指数(国家统计局与央行分别公布)

资料来源:Wind。

六是投资与消费对经济增长的作用强度发生变化。从图7可以看到,中国三大需求累计同比对 GDP 增长的贡献率出现了趋势性的变化。首先是货物和服务净出口对经济增长起副作用,其值大约占 GDP 的 8%,并且从趋势看还会继续;其次是资本形成总额对 GDP 的拉动作用下降,目前大概在 47% 左右,从趋势看也是不断下降的,未来如果投资增长的速度在 10% 左右的话,资本对 GDP 的拉动作用大概也就在 40% 左右;最终消费支出对 GDP 的拉动作用已接近 70%,其作用力接近资本形成的一倍,从趋势看可能还会继续增加。与很多人想象的不同,其实中国现在事实上是一个内需拉动增长的经济。从图 8、图 9 可进一步看到,资本形成总额对 GDP 的拉动大约是 3.2 个点,最终消费支出对 GDP 的拉动大约是 4.8 个点。2015 年固定资产投资 55.16 万亿元,同比增长 10.0%,较 2014 年下滑 5.7%。其中:房地产开发投资 9.6 万亿元,增长1.0%;房屋新开工面积 15.45 亿平方米,下降14.0%,其中住宅新开工面积下降14.6%。基建投资 13.13 万亿元,同比增长

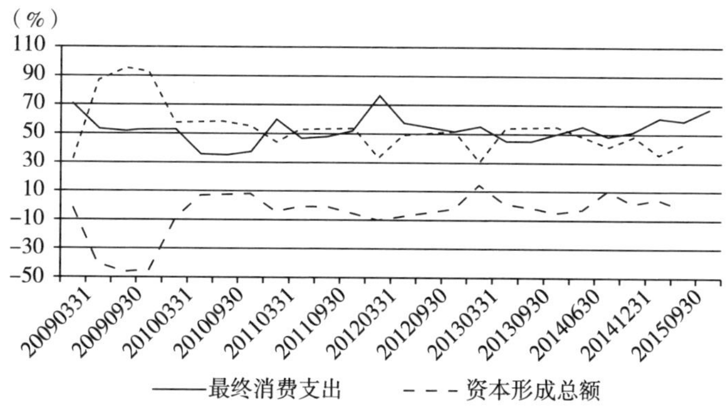

图 7 中国三大需求累计同比对 GDP 增长的贡献率

资料来源:Wind。

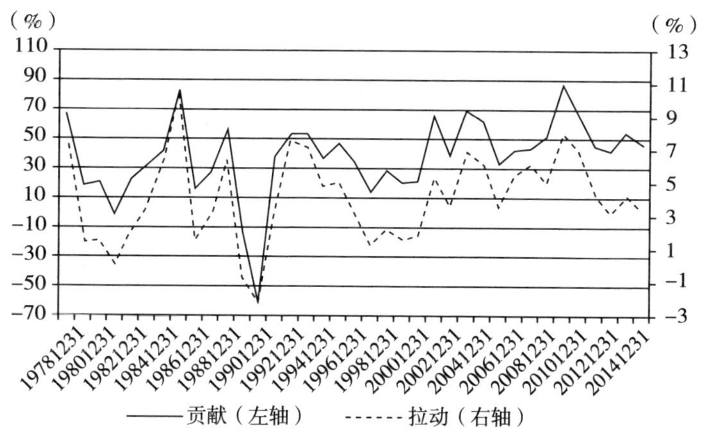

图 8 资本形成总额对 GDP 的贡献和拉动

资料来源:Wind。

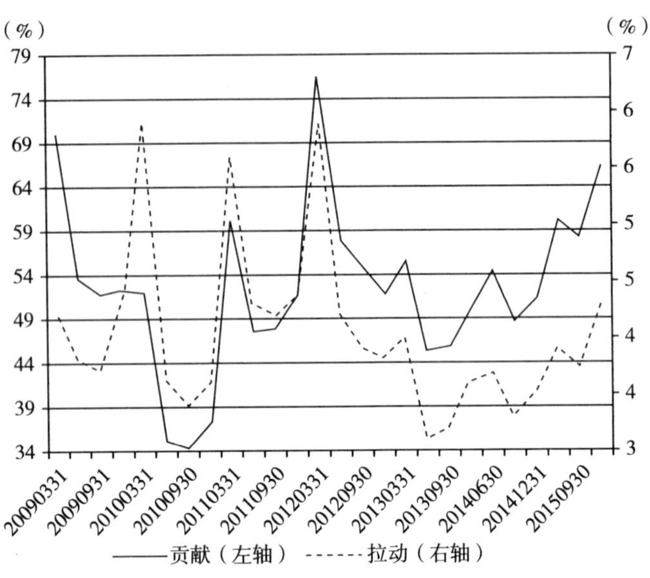

图9 最终消费支出对GDP的贡献和拉动

资料来源:Wind。

17.29%,比上年下滑3个百分点。

制造业投资18.04万亿元,同比增长8.06%,比上年下滑5.2个百分点。制造业由于产能过剩严重,投资增速一路下滑。在这种GDP构成的格局下,宏观经济政策着力的方向应该很明确,那就是只有强劲的国内需求才能保证经济增长。2015年社会消费品零售总额30.1万亿元,同比增长10.7%。其中,城镇消费品零售额25.9万亿元,增长10.5%,乡村消费品零售额4.2万亿元,增长11.8%。按消费形态分,餐饮收入3.23万亿元,增长11.7%,商品零售26.86万亿元,增长10.6%。12月单月社会消费品零售总额同比增长11.1%。另外,2015年全国网上零售额3.87万亿元,增长33.3%。其中,实物商品网上零售额3.24万亿元,增长31.6%,占社会消费品零售总额的比重为10.8%;非实物商品网上零售额6349亿元,增长42.4%。

放眼未来,如果能保证投资有10%左右的增速,将最终消费增长速度由现在的11%提高到13%,我们的经济增速保持在7%左右很有希望。但我们从图10可以看到,消费者信心指数不是太高(104),但比前几年有所改善;商品零售的销售增长率刚从低点开始回升,未来上升的空间应该很大,但如果没有相应的收入增长预期及政策,该指数也很难得到上涨。

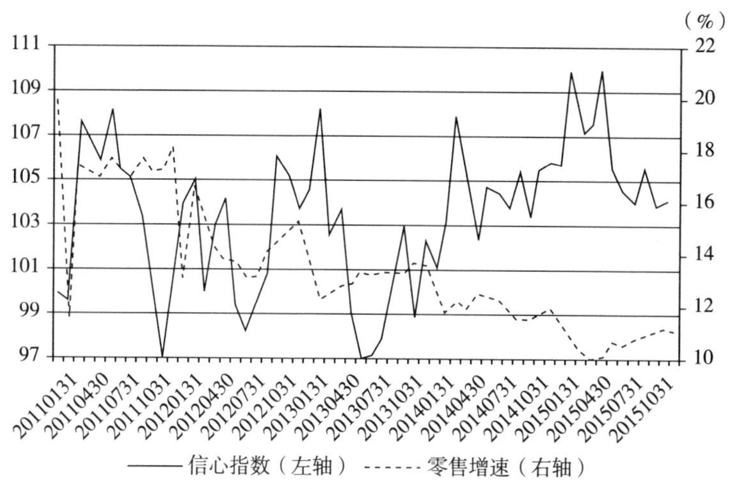

图 10　消费者信心与零售销售

资料来源：Wind。

二、2016 年政策与经济展望

2016 年是"十三五"规划的开局之年，也是中央确定的供给侧结构性改革正式实施的一年，从宏观经济的运行看，大的要素变化基本上没有，唯有政策的变化可能对经济增长有较大影响。

（一）要素的可能变化

首先是国际市场大宗商品价格走势。我们认为，国际市场大宗商品价格相对处于低位，如果没有外部因素的干扰，2016 年应该是相对平稳的价格波动，当然要大幅回升可能性不是很大，对中国经济增长而言这应该是一个相对利好的因素，因为我们是一个资源净进口国，低价资源有利于企业。其次看外贸。我们认为虽然可能有较大幅度的波动，顺差可能会继续收窄，出口还可能是负增长状态，但不会大幅度下滑。与 2015 年比，进口量很难进一步扩大，出口有可能会有小幅回升。所以外贸因素不会进一步变坏，可能偏向乐观。再次是投资。2015 年房地产开发投资增速已经降至 1%，住宅投资增速接近零增长。房地产新开工增速下降 14%，住宅新开工增速下降 14.6%。考虑到全国房地产行业的巨大库存，2016 年新开工增速可能继续下滑。再考虑到房地产行业对于上下游经济的影响，建筑、建材、家电等相关行业的需求都不会很好。2016 年是供给侧结构性改革的第一年，去库存是重要工作之一，这对投资也是一种抑制。我们认为，2016 年的投资增长不会快于 2015 年，也不可能出现大幅下降，好的结果是持平。投资因素应该是中性或略差。最后是消费。前面已经提到,消费还有很大的上升空间,但现在受制于工资增长速度减缓、就业压力较大,以及适销对路产品的缺乏,消费潜力并没有得到完全发挥。下面我们还会提到,中国的消费市场处在一个比较明显的转型期,老百姓的消费需求正在不断与国际市场接轨,过去的那种满足消费者基本需求的消费品不会再有大的上升空间,未来更多的是与人力资本提升相关的消费,而国内目前这方面的供给完全不足,未来开拓这一消费空间,有利于中国经济的长期增长。就2016年而言,要达到消费者的要求还不现实,如果在这方面有所改进,消费空间的拓展不是问题。所以2016年的消费总体偏向乐观。

从上面的分析我们可以看到,真实的经济要素在2016年相对比较稳定,如果不出现大的政策偏差或外部冲击,经济增长速度应该在6.5%以上运行。

(二)政策的可能变化

2016年政策变化就在于供给侧结构性改革,对当年经济增长是正还是负的作用现在还不能判定。供给侧结构性改革按照《人民日报》权威人士的解读,是"供给侧+结构性+改革",即从提高供给质量出发,用改革的办法推进结构调整,矫正要素配置扭曲,扩大有效供给,提高供给结构对需求变化的适应性和灵活性,提高全要素生产率,更好地满足人民群众的需要,促进经济社会持续健康发展。它可能包含两个方面任务,即结构调整和体制改革。

在结构调整方面包括两个具体目标,一是对现有经济结构中的不合理部分进行处置,为经济的可持续增长铺路。它可能包含以下几方面的工作:一方面是附加值不足以承受成本上升的低附加值产业,主要是一些劳动密集的消费品工业向要素成本更低的国家转移;另一方面是由于产能过剩、过度竞争导致行业性困难的企业,主要是重化工企业,如钢铁、煤炭、造船等,需通过淘汰一部分产能使行业的供需趋于平衡。二是培育一批高端的制造业和服务业,使我们的经济结构定位在一个更合理的平台上,保持经济增长的可持续性。总体看是去产能、去库存、去杠杆、降成本、补短板五大重点任务,使过剩产能和房地产库存减少,企业成本上涨和工业品价格下跌势头得到遏制,有效供给能力有所提高,财政金融风险有所释放。从长期看,上述工作都有利于增强发展动力;从短期看,不同工作对经济增长有"加"有"减"。如,化解房地产库存对增长是明显的"加法",去产能会带来"减法";调整产业结构也有"加"有"减",不适合需求的产业可能会不断地萎缩,新兴产业可能不断涌现。就2016年而言,"加减"相抵以后,可能会出现"减法"大于"加法"的结果,因为去产能是当务之急,也可以利用行政手段马上实施;做"加法"不易,它需要通过市场来实现,难度较大,效果可能也来得更慢些。

无论是处置“僵尸企业”、降低企业成本、化解房地产库存、提升有效供给还是防范和化解金融风险，病根都是体制问题，解决的根本办法都是改革。体制改革的目标，是要激发各类经济主体尤其是企业的活力和市场竞争力，提高效率。如，降低企业制度性交易成本、减轻税费负担、降低资金成本，减少行政审批环节，改革财税、金融体制。中国的经济腾飞是从体制改革开始的，它使中国摆脱了贫困落后的面貌，进入了中等收入国家的行列；现在的改革，目标是使中国从中等收入向高收入国家跨越，其要求和难度都提高了，但基础和条件应该是更好了。

要达到上述两个目标，需要政府去创造条件：首先，去产能、去库存在短期内可以通过行政手段来实施，但还应有适当的激励措施，也需要市场发挥作用。要地方政府有积极性去做去产能和去库存的工作，就应该保证失业人员的安置渠道畅通，地方的财政收入不至于大幅度下降；同时，经济结构（特别是地方的产业结构）不是一日形成的，要在短期内彻底扭转不合理的经济结构，就需要动大手术，有可能伤筋动骨，在新的产业不能替代旧产业之前也不宜推倒重来。所以去产能、去库存只是短期的措施，其目的是腾出新的资源来发展新产业，也就是补短板。但什么是适合于各个地方应该发展的新产业，应该由市场和企业来做选择。经济结构的破和立并不是对称的，破和立的难度不一样，时间周期也不同，采取的手段也应该不一样，政府在破这方面可以是直接的，但立应该是间接的，不然又会形成投资的一窝蜂，产业结构的再度扭曲。再者，应该利用这次改革机会，消除企业退出障碍，疏通退出渠道，真正使经济有一个内部的清洁机制。虽然我们的“破产法”等有关法律已经实施了许多年，但在地方和部门利益的驱使下，不单是国有企业退出困难，连民营企业退出都面临种种障碍，退出渠道窄、成本高、退出对社会的冲击力大，企业想退也退不出去。所以降低企业退出的经济和社会成本，也应该是供给侧结构性改革的重要内容。

就2016年而言，改革释放的制度红利令人期待，我们认为，如果财税金融等体制改革能到位，将是经济增长的促进因素，会使经济增长水平维持在6.7%左右。

三、几点思考

（一）中国经济的增长潜力还有没有

受制于中国人口结构转型带来的人口老龄化加速及人口红利的消失、生产率的产业再分布导致的服务业比重上升、收入分配政策调整促使资本和劳动份额系数逆转、资本效率递减等因素，近年来中国经济增长率的放缓更多地带有结构性减速的特征而非周期性效应。微观实体正在深度调整中,宏观经济出现结构性减速在所难免。但这并不表明中国经济增长已经失去动力,我们潜在的动力有:超过10亿人口正在走向小康水平的巨大需求平台,尚未完成的城市化进程,受过更好教育的大量人口还有待于发挥作用,约束劳动者和企业发挥积极性的体制机制还没有达到理想水平,大规模的传统和落后产业有待提升,新兴产业平台尚未建立。问题是,这些潜在的动力源能不能真的发挥动力作用,我们有没有办法使它发挥作用,什么时候才能发挥作用,其作用力到底有多大?

众所周知,潜在增长率决定了一国经济增长水平的高低,而潜在增长率水平又决定于各种生产要素水平的高低及生产要素组合的效率。现代宏观经济学表明,一国实际经济增长率的趋向变动主要由供给方要素驱动,也就是说,长期增长依赖于要素供给(既可以增加数量,也可以提高效率)上升和技术状态的提高。近几年中国经济增速的减慢,从生产要素及组合的角度看,除了人口因素导致的工资上涨以外,其他方面并没有大的变化。理论上讲潜在增长率下降幅度不应该这么大,问题出在哪?亚当·斯密早就断言,劳动分工取决于市场的大小。在一个开放的环境下,过去几十年中国劳动分工是按照国际市场的要求来定,从而形成了一套全球定位的产业和服务体系,中国市场只是其中之一。2008年的金融危机打乱了全球产业和服务平台,需求萎缩,使中国的对外消费品产能迅速形成过剩。为应对这种局面,政府的措施是扩大内需,尤其是通过投资需求的扩大来抵消外需的萎缩。投资需求的快速扩大导致对投资品的需求大幅增加,在中国特定的经济条件下,由政府主导的投资品供给快速扩大。但是,短期的投资需求扩大不可能长期持续,投资品的产能过剩由此形成。近几年,投资品和消费品的产能均进入过剩状态,经济增长失去动力。在这一进程中,影响潜在增长率的要素都没有什么变化,变化的只是需求。以现在中国的人均收入水平而言,总体产能过大,原来的那一套产业体系也适应不了中国老百姓的需求,因为它根本就不是按照中国老百姓的实际需求而形成的。市场大小决定了中国的劳动分工,而这个市场不单单是中国市场。所以,去产能及调整产业方向,都应该是世界眼光,是对原有产业结构的升级和换代。我们认为,中国的经济动力还非常强劲,如果通过供给侧结构性改革能释放这些动力,那么中国未来经济增长还有相当大的潜力。

(二)供给侧结构性改革的性质和内涵是什么,应该达到什么目的,如何达到目的

如果我们将供给侧结构性改革理解为释放中国的发展潜力,那么,它应该是一次全面的经济清洁过程,是一次创造性毁灭,旧的要让它过去,新的要让它

到来;同时,它也是中国深化改革的标志,是经济二次腾飞的前提。如果要达到以上目的,以下几件事情非做不可:

一是要创造个人、企业、政府三者利益一致的经济环境,调动社会各方面的积极性。在一个大的市场环境中,参与者的数量和性质都有较大差距,我们可以将其抽象为个人、企业和政府,他们各自的利益诉求不一样,当然其行为也有差别。但现代经济理论证明,在一个合适的信息环境下,有不同利益诉求的参与者可以达到相对比较统一的利益目标,也就是通过某一种特定的机制设计,可以使各方追求利益一致化。中国自 1978 年开始的经济体制改革,事实上就是这一机制设计理论的典型代表,它统一了个人、企业、政府三者的利益,使个人收入、企业利润及政府财政收入都能从经济增长中获得足够的收益,从而促使他们不断地为经济增长而努力,这种努力促成了中国超过 30 年的超高速经济增长。但这种共同利益的基础在前几年已经遭到了破坏,因为城市土地价值的不断上升,地方政府财政已经不需要依靠高速经济增长来获得,卖地是最好的选择;随着城市化进程的加快,政府和个人都在追求社会保障的完善。因为三者间利益诉求的差异,使得过去追求经济增长的动力已失去,特别是企业被放置在一个孤立的地位上,经济减速在所难免。我们认为,只有三者的力量得到统一,中国经济发展才会有真正的动力,其前提是三者的利益必须一致化。供给侧结构性改革要真正取得成效,就必须兼顾三者利益,不能搞政府突进,割裂三方利益。

如何兼顾三者利益:首先是为企业发展创造一个好的环境,最重要的是创造一个企业可以盈利的预期,如较低的资金和原材料成本、较为合理的税收、投资的便利性、公平合理的竞争环境等,使企业的生产经营回到一个风险较低、收益前景较好的轨道上来。其次是政府的财政收入必须与经济增长的水平有关、与企业经营的好坏有关、与人们的收入水平高低有关、与人们的消费水平高低有关,它不能扭曲人们的行为,更不能投机取巧脱离经济环境。应该使政府利益与整体经济的利益相一致,而不能凌驾于经济之上。最后是要鼓励个人从劳动中获得收益,按照其对社会贡献的大小来获取收益,而不是从社会保障中获得收益。中国是一个人口众多的国家,即使是我们经济发展到了较高水平,整个社保水平也不应该是高的,应该是普惠,消除个人养老和医疗的过度风险。我们认为,重塑和协调三者的利益关系,是供给侧结构性改革能否取得成功的关键,也应该是首要任务。

二是重点领域的经济体制改革必须切实实行。

第一,动员型经济的转型。中国的第一次经济腾飞,运用的是动员型经济模式,政府运用行政力量,通过市场动员了大量资本、土地、矿产、劳动力等资源,先是通过工业化以国际市场为增长平台,走出了一条有效的高增长路径;继而又通过动员式城市化,快速扩张城市建设,激活房地产需求,推动了中国城市化大发展。这种动员式的经济增长,好处是政府激活了全社会的积极性,但带来的副作用是价格体系的扭曲、内外失衡、过度投资及经济结构的不合理。供给侧结构性改革也就是为解决上述问题而出现的,但须注意的是,目前所采取的很多措施也是行政化的,如果使用不当就会形成动员型经济的翻版,用行政手段来解决行政干预遗留下来的问题,留下的还是行政干预的结果。这就需要我们认真思考和重新定位政府的角色和行为。以目前中国的经济发展水平(尤其是东部沿海地区)而言,全社会对市场经济已经适应,企业也有了国际市场竞争的经验,政府已经不再需要在经济生活中的一切领域扮演具有控制力的角色,可以放手让市场和企业发挥更大的作用。如果让微观主体获得了更大的活力,政府只需要在宏观经济上保持稳定就可以了,而无须事无巨细。当然,供给侧结构性改革需要政府来启动,但并不是说政府包办一切,更不是政府一家唱独角戏。这就需要政府审时度势,合理确定自己的位置,从规则入手,运用合理的激励手段,引导市场参与者向着政府希望达成的目标去努力。也就是政府应该运筹帷幄之中,决胜千里之外。

动员型经济转型的关键是合理确定政府的定位,使其从经济增长的带领者转化为发动者,从前台走向幕后。其核心是弱化干预、强化协调。政府干预是中国工业化大推进的手段,使我们摆脱了贫困陷阱,并建立了完善的工业体系。现阶段中国经济面临的问题,是如何跨越中等收入阶段、有效推进城市化的问题。与以往依靠物质资本积累和廉价劳动力的工业化模式不同,中等收入跨越不仅需要考虑生产供给面的效率,而且需要考虑消费模式的升级及其与生活模式的变化,人力资本和知识部门的发展成为新增长动力。这就必须给知识生产过程和知识部门成长创造环境,发挥每个人的积极性和创造力。这时,就需要弱化政府干预,强化政府在支持经济可持续增长中的功能,在完善法制以保护产权、形成有效的市场竞争环境及新要素培育方面发挥作用。

第二,明晰市场的资源配置作用,推进市场化改革。首先,推进国有企业改革,打破垄断,推行政企分开;推动国内统一市场的建设,打破各种资源流动尤其是高层次人力资本流动的制度障碍,解决资本市场、要素流动、基础设施、信息等领域的割裂问题;打破行政干预所导致的横向、纵向经济分割,切实发挥经济网络的集聚、关联效应,增强城市化的空间配置效率,疏通知识部门和知识过程的分工深化、创新外溢渠道。其次,推进科教文卫等各类事业单位的转型和改革,形成高端服务业市场,提高服务业质量。过去三十余年,对工业部门增长的强调,导致对服务业发展的忽视,把服务业置于工业化的辅助部门发展,不注重质量和效率，使服务业处在一个低水平状态，不仅不能满足人们的实际需要，而且拖累了工业部门的继续发展，给经济转型增加了困难。因为认识的偏差，中国现代服务业一部分存在于管制较大的科教文卫等事业单位；另一部分存在于电信、金融、铁路、航运以及水电气等垄断部门。这些部门缺少市场激励，竞争不充分，效率低下，劳动生产率水平很难得到提高。为此，需要把上述部门的改革与放松管制相结合，尽快形成一个高质量的服务业体系，提升服务业的效率及其正外部性，推动中国的经济转型。

第三，深化财税制度改革。目标是使税制由工业化阶段的间接税制逐步过渡到城市化阶段所要求的直接税制。中国目前的税制形成于新中国成立初期，完善于20世纪90年代，既有计划经济的痕迹，又有明显的工业化时期特征，是以间接税为主体的税制，征税重点是工业部门。目前，中国的经济结构已发生重大变化，工业化已进入中后期，城市化日趋成熟，城市服务业已成为经济主体。再沿用以间接税为主的税制不仅加重了工业部门的税负，使该部门转型升级难度加大；也弱化了地方政府的税基，加大了地方财政收入难度。发达经济体的经验表明，当人均GDP水平超过7000美元时，可以由原来的间接税为主调整为直接税为主的体制。所以，适应中国经济发展的新阶段，“十三五”时期应着手从间接税制逐步过渡到直接税制的改革，降低间接税占比，提高消费等直接税比例，以促进经济转型。

三是要创造明确的预期，让人们看到希望。预期和激励是现代经济学的核心词汇，激励是市场经济的核心，而预期是政府宏观管理的核心。供给侧结构性改革能否实现，关键点在于人们能不能形成一个好的预期，预期是信心的前提，只要人们对中国的经济预期向好，努力会得到好的回报，市场参与者才会去努力。政府行为是市场预期形成的重要来源，所以创造好的预期，应该是政府宏观政策的出发点。要在目前的经济环境下使市场形成一个向好的预期：首先是政府要有一个人们可以信任的承诺，如我们的改革从什么时候开始，要达到什么目的，要采取什么措施，短期、中期、长期我们会做什么；同时需要社会有什么样的配合，需要市场有怎样的发展。再者，政府会采取什么样的激励措施，有什么样的改革举措，可能会面临什么样的困难，有没有办法克服困难。还有，政府的每一项改革措施的实行，社会会得到什么样的收益，谁会得到最大的收益，这些收益将通过什么方式来分享。只有全社会都充分认识了政府改革的决心、力度、安排及前景，人们才会真的努力去按照政府的要求去做，这就是预期的力量。

参考文献

[1]蔡昉.理解中国经济发展的过去、现在和将来——基于一个贯通的增长理论框架[J].经济研究,2013(11).

[2]刘霞辉.中国经济转型的路径分析[J].北京工商大学学报(社会科学版),2016(1).

[3](美)W.W.罗斯托.经济增长的阶段[M].郭熙保,王松茂.译.北京:中国社会科学出版社,2010.

[4](美)迈克尔·波特.国家竞争优势[M].李明轩,邱如美,译.北京:中信出版社,2007.

[5]中国经济增长前沿课题组.中国经济转型的结构性特征、风险与效率提升路径[J].经济研究,2013(10).

[6]中国经济增长前沿课题组.中国经济长期增长路径、效率与潜在增长水平[J].经济研究,2012(11).

(中国社会科学院经济研究所)

面向市场化改革和创新驱动的供给侧管理[①]

付敏杰

推进供给侧结构性改革，是保证“十三五”时期平均经济增长速度不低于6.5%，实现全面建设小康社会的重要依托，更是新常态下“稳增长、调结构和转动力”的主要抓手。本届政府以来，需求侧扩张管理已经持续了4年，财政赤字从2012年的8000亿元增加到2015年的16200亿元，赤字率也从2012年的1.5%逐步提高到2.3%。但不断加码的财政政策并没有能够有效阻止中国经济的下滑趋势，宏观经济还没有明确触底的迹象。单纯以需求管理为核心的“稳增长”政策效果迅速递减，新技术的出现和新业态的融合发展，未能阻止企业利润不断滑坡，市场自生能力下降。稳增长政策只有短期效果，没有长期效果。需要从有效供给的角度去考虑问题，推进供给侧改革。

一、从市场的决定性作用到创新驱动：未来十年的增长主线

2013年党的十八届三中全会坚定了中国的市场化改革方向。《中共中央关于全面深化改革若干重大问题的决定》（以下简称《决定》）提出“经济体制改革是全面深化改革的重点，核心问题是处理好政府和市场的关系，使市场在资源配置中起决定性作用和更好发挥政府作用”。“必须积极稳妥从广度和深度上推进市场化改革，大幅度减少政府对资源的直接配置，推动资源配置依据市场规则、市场价格、市场竞争实现效益最大化和效率最优化”。

市场决定性作用的强调，是对市场在资源配置中作用程度的进一步深化。从党的十四大的“要使市场在国家宏观调控下对资源配置起基础性作用”，到十六届三中全会的“要在更大程度上发挥市场在资源配置中的基础性作用”和党的十八大的“要在更大程度、更广范围发挥市场在资源配置中的基础性作用”，市场在资源配置中发挥的作用程度、广度都在不断强化，“市场决定资源配置是市场经济的一般规律，健全社会主义市场经济体制必须遵循这条规律”。

---

① 本文是国家社科基金“政府行为与中国经济增长：比较经济发展视角的解读”（12CJL027）的阶段性成果。

改革是有连贯性的。市场的决定性作用成为创新驱动的背景。《决定》中提出了建设创新型国家的主张。[①] 在2015年十八届五中全会通过的《中共中央关于制定国民经济和社会发展第十三个五年规划的建议》则进一步将创新列为五大发展理念之首,提出"创新是引领发展的第一动力",会议发表的公报认为"坚持创新发展,必须把创新摆在国家发展全局的核心位置"。创新来自不同的层面,国际经验证明来自市场主体的创新是经济发展的直接推动力量,也是检验国家创新的基本标准。

与同为转型国家的苏东国家不同,中国的改革历来是问题导向和发展导向的。社会主义市场经济、社会主道路随着发展中出现的种种问题而得到不断深化。新一轮的"全面深化改革"则突破了原有的问题导向层面,进入顶层设计,顶层设计不是注重问题导向,而是把问题提高到更高的层面上。做到这一点并不容易,"增强改革方案的针对性"和"提高改革方案的质量"是中央财经领导小组会议公报的常见要求。

二、供给侧结构性改革中的问题导向与顶层设计

供给侧结构性改革首先就是为了解决总供给和总需求匹配不足,尤其是与居民消费升级不相适应的问题。21世纪的第一个快速发展的十年以中国外向型经济的形成和壮大为背景。随着2001年中国加入世界贸易组织,世界市场的大门正式向中国敞开。在基本稳定价格水平上的数量型扩张,使世界获得了物美价廉的中国产品,使得中国实现了低通胀下的经济快速持续稳定增长,也使中国最优质的企业形成了以美日欧等发达国家市场为导向的基本生产导向(付敏杰、张平,2015)。从一个侧面去看这个时期的发展模式,可能最明显的表现就是中国最优秀、最有效率的企业基本都是到美国纳斯达克上市。

而2007年开始的美国次级贷款危机和随后全球经济危机反映出来的再平衡问题,导致了整个发达国家的行为模式的重大转变,也改变了中国经济的发展方向。原有的发达国家借贷消费模式面临的不可持续问题,以美国的家庭破产和欧洲的国家破产方式被国际资本市场放大,再平衡不得不以家庭行为和国家行为的重构为载体(张平、付敏杰,2012)。按照国际经验和经济周期的基本规律,可能需要整整一代人的时间,才能让国际贸易和外向型经济重新恢复到一个可持续的增长状态。

---

① 《决定》提出"紧紧围绕使市场在资源配置中起决定性作用深化经济体制改革,坚持和完善基本经济制度,加快完善现代市场体系、宏观调控体系、开放型经济体系,加快转变经济发展方式,加快建设创新型国家,推动经济更有效率、更加公平、更可持续发展"。

除了外向型经济不可持续外,中国转向扩大内需和消费升级的发展战略还有一个重要的背景,就是中国经济的快速成长造就的旺盛需求,让中国成为最重要的新兴市场。这是在当前国际经济“新平庸”(New Mediocre)和发达国家“长期停滞”(Persistent Slumps)的形势下中国经济一枝独秀的重要原因。但从长期以来以面向发达国家市场为主的企业战略,转向以国内市场为主的企业战略并非一朝一夕之功。这不仅是因为短期内中国企业不能正确认识中国市场,毕竟纳斯达克上市的中国公司正在迅速地完成私有化并进军新三板市场,更重要的是中国消费者也不能正确认识中国市场。

长期以来企业习惯于把最优质的、符合美日欧技术和环保标准的产品出口到国外市场,而中国消费者也已经习惯了去美国和日本抢购最好的国货。国内最好的产品是进口产品,甚至“出口转内销”都成了质优价廉的代名词。企业和消费者面临共同重新认识中国市场的问题,任何一方的率先行动都会面临短期内的市场错配,出现企业的利润损失或者消费者的效用损失,从而出现协调失败问题,这也为中国政府发挥作用创造了空间。

供给侧改革需要解决的问题主要是供给侧与需求侧不能匹配,尤其是不能满足国内消费升级的需要,供给侧改革的目的是让供给能力更好满足人民日益增长的物质文化需要。按照产业发展和消费升级的基本规律,中国已经开始进入服务业主导的时代。供给侧结构性改革也不能仅仅立足于工业范围内的工业品升级,而是要向符合中国居民消费需要和消费升级方向的整个现代产业体系扩展。

现有的供给侧结构性改革方案集中于治理工业产能过剩问题,尤其是钢铁、煤炭等能源资源性行业,这些行业的企业亏损严重,很多企业已经走在破产的边缘。与工业产能过剩相比,服务业尤其是社会服务业供给的严重不足更加严重,教育、医疗、养老等居民最关注的问题无一例外地都发生在社会服务业。相对于工业企业来说,这些行业的市场化改革基本还没有启动,资源价格不反映供求与公共服务、社会服务价格不反映成本同时存在,都应该是市场化改革的对象。

三、供给侧结构性改革的目标:转动力需要微观主体活力

如何才能让企业对接消费者的有效需求?过去30年来中国经济发展的重要特征是政府推动。政府推动固然有利于大范围迅速地让中国一两个产业形成大规模供给能力并占据国际市场主体,但也是今天中国出现结构性问题的主要原因。例如在产能过剩的分析中,我们得出的重要结论就是政府很容易在竞争性的环境中过度推动,造成政府间恶性竞争。

坚持市场化方向,是推进供给侧结构性改革、实现中国经济增长动力转换的唯一路径。党的十八届五中全会提出“加快形成引领经济发展新常态的体

制机制和发展方式”,2015 年中央经济工作会议提出,推进供给侧结构性改革,是适应和引领经济发展新常态的重大创新,实行“宏观政策要稳、产业政策要准、微观政策要活、改革政策要实、社会政策要托底”的总体思路。

从宏观、产业和微观这三个经济层面看,供给侧结构性改革的重点要放在微观层面。宏观层面以“稳”为主,集中于需求面管理。经济学一般认为产业是企业行为在特定市场环境下的结果,很难在政府可操作的层面上说出什么产业结构绝对合理。只有微观层面,才是供给侧改革应当发挥作用的领域。从长期看,只要解决好微观问题,产业和宏观层面的问题基本能迎刃而解。若不是立足于解决微观层面的问题,就会不断地在新的层面、新的产业不断形成新的产能过剩,为未来的经济发展带来障碍和风险。

从 30 多年来“以改革促发展”的经验看,中国改革也主要是立足于供给面,核心在微观层面。从农村家庭联产承包到国有企业改革,都立足于改革微观主体。当前供给侧结构性改革的重点应当是放活微观主体,让市场更有活力。从方向来看,供给侧结构性改革要扩大和深化市场价格机制发挥作用的领域和范围,消除限制市场发挥决定性作用的体制机制,促进增长动力转换,使经济增长进入新常态的稳定增长阶段。

增长动力来源于市场主体,常规的供给主体是企业。但理论上所说的“企业”包括了所有的供给主体,不仅有联产承包责任制下的农户、农业企业、制造业企业和服务业企业,还包括非政府性质的非营利组织和政府本身。也就是说,从现有的分类看,除了农民等个体性质的市场主体之外,市场主体基本包括企业、事业单位和政府三个部分,企业是私人产品和私人服务的供给者,事业单位是社会服务的供给者,政府是公共服务和公共产品的供给者。

四、供给侧结构性改革的三个主体:国有企业、事业单位和政府

企业提供私人产品,事业单位提供社会服务,政府提供公共服务,共同构成了中国经济的供给面三大主体。按照转动力、市场化改革和创新驱动的要求,应该做到:

(1)企业的核心是要做活,尤其是国有企业。国有企业影响大,国有资本规模大,在国民经济总资本中的地位举足轻重。国有企业有效率,整个社会就有效率。做活国有企业,关键就是要完善现代企业制度,扎实推进国有企业去行政化改革,给予国有企业完全市场主体所应该具有的经营自主权,真正让企业自主经营。难点在于创新国有企业中的党政管理方式,减少党政机关和官僚体制对于国有企业日常经营的干预。

(2)事业单位是现阶段我国公共服务供给的主体,其在一般市场经济中对

应非营利组织 NFO 和非政府组织 NGO。经验证明，当一个国家的人均 GDP 超过 1000 美元后，公共服务业会加速发展，但中国的公共服务业发展目前严重滞后。事业单位管理体制僵化、过度行政化，已经成为影响我国公共服务业发展的体制障碍。科研机构、高校、医院等机构从计划经济中带出来的官僚色彩浓厚，可能导致其只注重完成体制任务，对市场需求基本不作出反应，难以满足广大人民群众的教育、科学、文化需求，是中国经济当前转型升级的主要障碍。长期以来，事业单位一直游走在政府和市场之间，既不是完全的政府组织，也不是完全的市场组织。很多事业单位领导把向市场提供服务和满足人民群众的精神文化需要，看作是完成上级布置的任务后可有可无的点缀。

事业单位游走在政府的边缘，讲发展、讲收入的时候，事业单位通过向市场提供服务给体制带来的分成收入是给国家作贡献；讲分配、讲纪律的时候，事业单位同样给市场提供服务就很容易被叫作吃里爬外。对于事业单位同时完成体制任务和向市场提供服务的判断，严重影响了事业单位提供社会服务的能力。随着物质产品消费的逐步饱和，精神产品消费和知识要素供给将分别成为中国消费升级和创新驱动的主要来源。以"去行政化"改革来淡化事业单位的行政色彩，恢复其作为公共服务供给者的市场主体地位，以满足市场需要，尤其是广大人民群众的精神需要为价值导向，符合总书记所说的供给侧结构性改革的目的是"更好满足人民日益增长的物质文化需要"。

(3)通过改革来构建服务型政府，本身就是市场经济最重要的内容。由于计划经济的原因，中国政府，尤其是地方政府，历来注重生产和供给，并在长期的经济发展中形成了有效的生产网络。从现有模式向服务型政府的转型，要求政府以市场需求、人民需要为导向，提供市场和人民所需要的服务。在向服务型政府转型过程中，要防止体制内恶性竞争导致的地区间、部门间相互扯皮，因为这种扯皮导致了公共服务的条块化分割，严重降低了公共资金配置效率。更要防止由于激励机制缺失而引发的从"生产型政府"向什么都不做的"无为政府"的坠落，这是从生产型政府向服务型政府过渡的"黑暗地带"，是中国政府转型的陷阱。笔者认为当前的政府改革，要同时注重政府约束和政府激励，有堵有疏，不能只讲约束不讲激励，也不能只讲激励不讲约束，执法者激励和执法者约束同样重要，奖罚分明才能促使政府改革走向良性轨道。

五、供给侧结构性改革的两条主线：财务制度和收入制度

市场在资源配置起决定性作用，意味着基本生产要素如劳动力、资本、土地、技术、管理等的价格应该由市场供求来决定，或者由购买生产要素的企业、事业单位和政府来各自自主决定。从目前的制度看，国有企业、事业单位和政

府改革要把握财务制度和收入制度两条主线。收入制度和财务制度改革都要坚持市场化取向,有利于创新驱动。对于财务制度来说,改革重点是建立财政资金支出的隔离墙制度,更重要的是消除事业单位的财务双轨制。

(1)对于财务制度来说,当前重要的是改革事业单位财务制度。事业单位的收入包括两个部分,第一部分是财政拨款,第二部分是自营收入。因为事业单位一直在市场主体和政府机关之间摇摆不定,财务制度也就在企业财务和政府财务之间徘徊。财政拨款是事业单位作为公共服务供给者所获取的财政收入形式。在财政支出范围内,事业单位获得的财政资金至少包括财政教育、科研、卫生、防疫、文化、体育等支出。这些资金在财政支出中的占比已经超过了50%,在规模上已经远远超过了政府自身所使用的资金,是财政支出中最大的部分,其使用的效益状况直接关系到财政资金效率的高低。

事业单位习惯上称财政拨款为纵向资金,而将自营收入称为横向资金,用以表征事业单位的行政属性是政府的下级,与市场部门平级。纵向资金包括事业单位的工资拨款和项目拨款,横向资金则主要是自收自支性质的经营性资金,是机关团体作为市场主体通过提供公共服务所获取的收入,本质上是社会公共服务业的企业性收支。对于事业单位来讲,虽然财政拨款资金很大,但是从规模上看自营收入才是事业单位的收入主体,包括学校学费、医院的药费诊疗费、电视台广告费和报社卖报收入,已经远远超过了其获得财政拨款的规模。

事业单位的收入主体是自营性收入,但受到的政治约束主要来自财政拨款。事业单位使用财政资金的财务规则与政府部门一样严格,基本比照政府部门使用的财政资金,现在一般都使用公务卡,严格按照年度预算申报,并且要限制预算结构和预算科目。这一点并不完全合理,因为与政府提供的公共服务和公共产品相比,事业单位的社会服务更具有私人服务和个性化特征,教育、科研、医疗、文化、卫生等服务都是市场可以提供的。世界上最好的科研机构、智库、大学、医院基本上都不是政府提供的,事业单位的公共服务属于典型的政府提供私人产品(Besley and Coate,1991;Blomquist and Christiansen,1999)。国外政府提供的教育、科学、医疗、文化、卫生等资金大多由政府拨款给政府控制的基金,再由基金向相应的机构拨款,从而在政府和社会服务机构之间建立起隔离墙,使得现代市场经济国家的非政府组织、非营利组织具有高度的财务自由,以保证其财政资金使用的高效率。国外政府对于社会服务机构的资金管理,主要是事后的绩效评估和审计,而不是前置的财务条条框框。

事业单位对作为横向资金的自营收入有较大自主权,可以按照自身经营需要和市场需求的方式使用,预算结构和预算科目来自上级部门的限制很少。这就是机关团体"两条腿走路"的财务双轨制。目前的行政管理制度下,财政拨款和自营收入之间并没有明确的界限,两种资金之间互相影响。在财经纪律松弛的时候,事业单位财政拨款可以按照自营收入一样自由使用;在财经纪律严格的时候,横向资金也只能比照纵向资金管理,不断收紧再收紧,支出自由度大大下降,很难再按照市场需要的方式花出去,继续创造市场需求,成为影响积极财政政策能否起效的关键因素。改革事业单位财务双轨制,是释放积存在事业单位的财政和经营性资金,在微观财务制度层面推进积极财政政策和保证财政收入可持续增长的重要内容(付敏杰,2016)。

(2)对于收入制度来说,以市场化导向来完善国有企业、事业单位和政府工作人员的薪酬改革同样重要,也是市场配置资源深化和起决定性作用的体现。

国有企业的收入分配目前基本实行双轨制。普通职工收入已经实现了市场化,但高级管理人员收入正在向干部和公务员靠拢,这导致整个国有企业呈现出双重导向和收入体系的分裂。在分类改革基础上,尽快明确国有企业的类型,通过抑制非经营性企业的竞争性市场主体地位,强化经营性、竞争性企业的自主经营权,尤其是使国有企业管理层收入符合市场经济基本规律,是让市场发挥决定性作用的关键。

事业单位职工收入体制行政化色彩过浓。首先是行政定价机制色彩过浓,现有的科研人员和教师的 13 级工资制几乎完全以行政机构基准来设立,教授参照局级,讲师参照处级。不仅工资如此,调研、差旅、餐费、交通费相关标准也都完全照抄政府机关,完全不反映科研活动的实际需要,也不符合市场分配的基本法则。其次是工资结构过于复杂,具有明显的计划经济色彩,是市场化改革不完整的表现。教师、医生、科研人员的基本工资只占收入的极小部分,最大的收入来源是其他收入,完全不能反映在退休金、公积金等与市场接轨的制度中,从而导致养老、医疗等市场化改革"有制度无内容",带来制度空转。

推进公务员和事业单位工作人员收入的多元化改革刻不容缓。对于教师和科研人员等来说,现有的规模庞大的科研项目基本上都是荣誉性质,而不具有激励性质,例如获得工资收入的人员不可以再有其他性质收入。这是计划经济时期体制全覆盖时期荣誉可以折算成福利的表现,例如获得某级别项目可以分福利房。当前市场化已经推进到要素价格形成阶段,体制已经不可能覆盖科研人员生活的全部,就要明确科研资金的激励性质和市场化配置导向。承认创新的市场,推进创新资源的市场化配置,把有限的公共资金用在激励科研人员创新上,这是人力资本价格市场化改革的关键。

政府薪酬的最大问题是与市场基础严重脱轨。市场经济国家普遍施行公务员年薪制,但中国的公务员年薪制至今没有启动。在目前的政府收入体系中,公务员收入的不合理性是显而易见的。据笔者所知,北京等大城市没有一个公务员收入水平,即使高级公务员或国家领导人的工资能够支付的起高昂的住房贷款,更不用说整个按照行政序列来分配收入水平的公务员体系。更不用说维持公务员家庭的基本支出,或能够让基层公务员有尊严地生活和以为国家工作为荣。这个扭曲的公务员劳动力价格体系如果不改革,意味着源自计划经济的住房福利等一系列福利必须永远保持下去,从而会严重阻碍市场化改革。我们即将推进一般市场经济国家的官邸制,就必须推进公务员收入年薪制,二者是配套的。虽然高薪不一定能养廉,但遵循基本的市场规律是改革所必需的。公务员收入分配体制不进行深刻的市场化改革,源自计划经济的福利制度就不会消失,建设服务型政府和公务员体系改革也难以起效,市场在劳动力领域的决定性作用就难以得到发挥。

参考文献

[1]付敏杰,张平.新常态下促进消费扩大和升级的税收政策[J].税务研究,2015(3).

[2]张平,付敏杰.全球再平衡下的中国经济增长前景与政策选择[J].现代经济探讨,2012(1).

[3]付敏杰.中国的政府存款:口径、规模与宏观政策含义[J].财贸经济,2016(1).

[4]付敏杰.政府存款暴增究竟带来何种影响[N].上海证券报,2016-03-31.

[5]习近平主持召开中央财经领导小组第十三次会议强调坚定不移推进供给侧结构性改革 在发展中不断扩大中等收入群体[N].人民日报,2016-05-17.

[6]Besley, Timothy and Stephen Coate. Public Provision of Private Goods and the Redistribution of Income. *The American Economic Review*, Vol. 81, No. 4, 1991, pp. 979-984.

[7]Blomquist, Soren, Vidar Christiansen. The Political Economy of Publicly Provided Private Goods, *Journal of Public Economics*, 1999(73), pp31-54.

(中国社会科学院财经战略研究院)

第三部分

经济增长与经济波动

中国经济增长与经济周期（2016）

增长跨越：经济结构服务化、知识过程和效率模式重塑①

袁富华　张　平　刘霞辉　楠　玉

一、引言

对于后发国家大规模工业化之后的经济发展，我们认为，城市化和经济结构服务化阶段，是增长能否持续和追赶能否成功的分化阶段，对于像中国这样的转型国家而言，增长可能是非连续的，面临着有待艰苦跨越的知识要素积累门槛。增长非连续意味着原有工业化经验在经济结构服务化阶段失灵，并因此成为增长分化和增长不确定性的来源。经济转型面临着以下三方面的不确定性：①宏观层面上，一改大规模工业化时期工业主导效率提升的清晰增长路径，服务业主导的增长容易发生工业/服务业协调失灵，其表现是随着城市化率的上升，工业比重下降的同时伴随着工业的萧条，工业化技术—效率升级道路阻滞。由此，长期效率改进被替换为短期随机波动。②产业层面上，服务业比重持续升高，但以知识过程为核心的服务生产化、服务要素化——即改善要素配置和要素质量的趋势——不能得到强化，导致服务业转型升级路径无法达成，服务业比重增加的同时伴随着人口漂移和鲍莫尔成本病，服务效率低下。③要素供给层面上，作为门槛跨越基石的人力资本—知识消费效率补偿环节缺失，知识生产配置和人力资本结构升级路径受阻。

城市化和经济结构服务化导致了国际经济更鲜明的分化或效率差异。本文的实证分析给出了三种情景：一是以 OECD 国家“高劳动生产率、高消费能力、高资本深化能力”为代表的高效率模式；二是拉美国家传统服务业和低层次消费结构主导的“走走停停”的不稳定低效率模式；三是日韩在大规模时期未雨绸缪、提前 15 ~ 20 年积累高层次人力资本，进而跨越增长门槛的成功转型情景。国际经验对比表明：①经济结构服务化是一种不同于工业化的全新效率

① 本研究受国家社会科学基金重大招标课题“加快经济结构调整与促进经济自主协调发展研究”（批准文号 12&ZD084）和“需求结构转换背景下提高消费对经济增长贡献研究”（批准文号 15ZDC011），以及国家社会科学基金重点课题“我国经济增长的结构性减速、转型风险与国家生产系统效率提升路径研究”（批准文号 14AJL006）和“中国城市规模、空间集聚与管理模式研究”（批准文号 15AJL013）资助。

模式,服务业比重和消费比重提高不是问题的关键,最为根本的,是基于知识和高层次(熟练工人和高等教育)人力资本要素积累的消费结构升级和服务业品质提升。②问题不在于投资继续充当经济增长的动力,而在于发展中国家是否具备资本深化能力,这个资本深化能力,连同消费能力——即消费结构升级的促进能力,是实现经济成功追赶的两大动力。③对于像中国这样的超大经济体来说,转型时期也是工业化过程的深化时期,在根本的内生效率机制缺失的情况下,不能盲目强调服务业的规模扩张。因此,中国转型时期也应当视为结构升级的缓冲时期,防止过早的拉美式的去工业化,避免增长震荡风险。

"高劳动生产率、高消费能力、高资本深化能力"这个稳定效率三角的建立,与服务生产化和服务业要素化趋势有关。服务业结构的升级,一方面,强调服务业的发展应该注重有利于效率改进的教育、研发、知识、信息、产权等部门的杠杆作用,这些以"知识要素生产知识要素"的部门,是经济结构服务化的主线(课题组,2015);另一方面,我们也强调消费的效率动态补偿这一命题,"消费结构升级→人力资本提升和知识创新→效率提升→消费结构升级"这个动态循环至关重要,它是创新和分工深化的基础。

为便于这些理论观点的阐释,行文次序安排如下:第二部分是关于增长非连续和增长分化的典型事实分析;第三部分提出我们关于增长非连续和增长跨越不确定性的理论观点;第四部分是对服务业要素化趋势的有关命题的阐述;最后是本文结论。

二、增长非连续和增长分化的典型事实

本部分国际比较资料的运用和增长非连续相关事实的观察,植根于两个叠加的经济演化背景——即工业化阶段向城市化阶段的转型,以及中等收入阶段向高收入阶段的跃升。增长阶段可以看作特定的历史情景片段,转型即是不同历史情景片段之间的转换。[①] 如果把不同阶段劳动生产率的状况及其变化,视为长期增长的重要指标,[②]那么,经济转型可视为低劳动生产率阶段向高效率阶段的演化。结合转型过程的其他因素,两种基本模式又可以表现出更加具体的多种其他情景。低效率模式向高效率模式的演化动态,广泛存在于发达国家及后发追赶国家的经济过程中,这种变化被经济理论正式表述为转型、因果累

① Kaldor 所主张的经济历史分析,在社会学家特别是吉登斯(1998)的著作中有详尽的分析(第5章),吉登斯认为所有社会活动都是片段性的,沿着开始—变迁—结束的情景展开,一系列变迁重塑现有制度组合。

② 如 Krugman(1990)认为,生产率不是一切,但长期中它几乎就是一切。

积和调整。[①] 在将技术进步、报酬递增和长期增长联系起来的同时，Kaldor(1970,1972,1985)系统化了因果累积理论，并且其后的文献，如 Dixon 和 Thirlwall(1975)、Setterfield(1997)的研究对其进行了更加正式的表述。

基于数据库 PWT8.1，本部分运用如下方法观察经济跨越的一些事实：①以美国为比较基准，刻画样本国家 1950—2011 年的相对劳动生产率 $\bar{q}$ 、相对劳均资本形成（或资本深化）$\bar{k}$ ，以及相对劳均消费 $\bar{c}$（或者理解为每个劳动力支撑起来的社会消费能力）。②运用各国自身的劳动生产率水平 q 和总产出水平 Y，估算 Verdoorn 系数[②]α_Y ——或规模报酬捕捉能力；结合支出法国内生产总值核算，运用各国自身的劳动生产率水平 q 、总资本形成水平 i 和总居民消费水平 c ，估算 Verdoorn 系数 α_i 、α_c ，估算方程为：

① $\ln\hat{q} = c + \alpha_Y(\ln\hat{Y})$ ；② $\ln\hat{q} = c + \alpha_c(\ln\hat{c}) + \alpha_i(\ln\hat{i})$

样本国家 1950—2011 年相对劳动生产率 $\bar{q}$ 的追赶路径如图 1 所示：

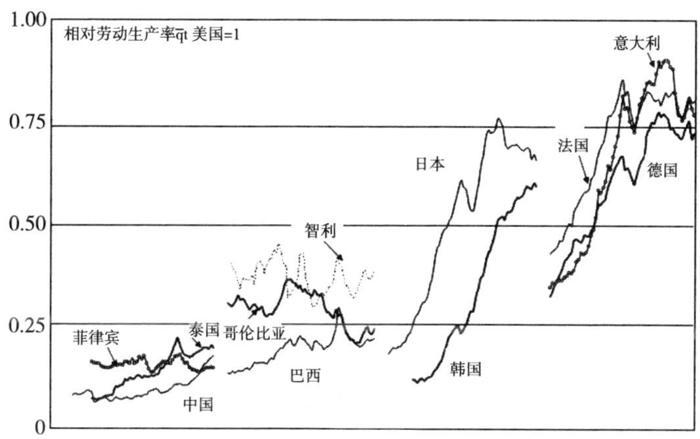

图 1 1950—2011 年相对劳动生产率 $\bar{q}$ 的追赶路径

资料来源：PWT8.1 数据库。

---

① Hicks(1965)的转型(traverse)描述了两种经济状态之间的转换，并被一系列文献重新发现和拓展，如 Kriesler(1999)。

② Verdoorn 系数是因果累积形式化表述的核心，这个系数基于劳动生产率增长和总产出增长的关系建立起来，其大小用以解释特定效率模式对报酬递增的捕捉能力（参见夏明，2007）。如果把 Verdoorn 系数与模式转换联系起来，可以对效率模式特征和演进方向给出进一步识别。发达或后发经济体的特定增长历史，以及发达与后发经济体的增长比较，都蕴含了可以进行检验的规模报酬递增因素，典型如：从总需求方面来看，随着增长阶段的变化，推动规模经济的投资或消费的作用可能不一样。关于这一点，正如 Goodwin 等所指出的那样，比较明确的趋势是，在发达城市化阶段，随着消费占比的提高，效率模式的建立和维持，似乎越来越依赖于较高层次的消费结构和消费支出。

(一)持续效率改进是经济跨越的核心

首先,根据图1显示的相对劳动生产率 $\bar{q}$ 的追赶路径,对高效率模式与低效率模式的具体表现给出说明。总的判断是:第一,在所考察的半个多世纪的样本期中,样本国家——东亚、拉美、欧洲诸国整体上表现出S形追赶路径;第二,已经完成追赶的国家如欧洲诸国,东亚的日本、韩国表现出显著的S形追赶路径;第三,"二战"后拉美国家历时半个多世纪的调整及其震荡,在图1中尤其引人注目;第四,中国及泰国、菲律宾等东亚国家,仍然处于追赶的加速过程中,其劳动生产率水平不仅距离发达国家甚远,而且与拉美国家也相差很大。各种具体效率模式的主要特征如下:

法德意高效率模式的恢复与追赶:作为"二战"废墟上重建的欧洲老牌发达国家,它们的制度组织一开始就被置于现代资本主义的强力塑造之下,高生产率和高消费是其特征,因此不存在效率模式本质上的转换,所做的只是经济活力的恢复。征引一个佐证案例:在 Tibor Scitovsky 眼中,美国(的教育系统)只是过分注重生产性劳力的创造,缺乏必要训练的美国消费者只会追求快餐式消费,这种狭隘消费主义做派与受过消费训练的欧洲消费品位相差甚远。[①] 言下之意,欧洲老牌资本主义国家,对于其消费效率和社会生产效率改进始终保持着信心。

日韩高效率模式建立的尝试与追赶:20世纪80年代,日本经济进入结构性减速之后,直到90年代才觉察到原有工业化模式的问题,于是引发了复制美国模式抑或部分收敛且兼顾本国特殊性的政策争论(Dirks et al.,1999)。根据 Lincoln(2001)的观点,日本制度组织尤其是金融系统对透明公开的货币资本市场的缔造形成了约束,如经济社会非正式规则的充斥、金融制度多维度交易与利润最大化市场要求的冲突、独立于社会关系纽带的专业化分工不足、经济制度对低效率产业的过多保护和破产惩罚力度不足等[②]。Cargill 和 Sakamoto(2008)明确指出,与工业化经济组织相似的韩国比较起来,日本的改革是滞后的,1998—1999年的金融危机,使得韩国在资本市场和贸易自由化领域实行了全面改革,成为一个近乎完全的开放经济体,市场透明度和公平竞争得到加强。危机后的经济模式重塑,推动了韩国经济效率持续的改进,并促使其过渡为一个发达经济体(中国经济增长前沿课题组,2014)。

拉美的长期调整与高效率模式建立的受阻:受到初始条件和路径依赖限制,高效率模式无法建立进而迫使经济陷入长期调整和震荡,拉美国家再典型

---

① 参见 Goodwin et al.(1997),第338页。

② 转引自 Cargill(2008),第128-129页。

不过。布尔默—托马斯(2000)对于拉美发展历史的精辟评述充满了同情、遗憾和迷惘,这些国家仿佛总是在错误的时间做出错误的事情:“在出口导向增长实绩最好的国家中,没有一个在内向发展阶段取得成功。实际上,假如阿根廷、智利、古巴和乌拉圭在整个内向发展阶段长期维持3%的年增长率,它们在债务危机到来之前就会取得发达国家地位。”[①]拉美国家调整难以取得实质性成效的问题,源于所有制问题和政策操纵,这种国内问题最终导致发展战略的每一次重大调整,都会成为收入分配两极分化的加速器,这反过来从根本上削弱了人力资本积累和TFP改进机会。他对拉美国家未来发展的结论是:“即使目标是明确的,前进的道路仍不确定。那些在无能、腐败和权贵贪婪方面失足的国家将会受到严厉的惩罚。”

与上述各种情景比较起来,中国、泰国、印度尼西亚、菲律宾等新兴工业化国家,仍在低效率模式之下追赶。值得关注的是,中国和泰国这两个快速工业化的国家,在达到拉美劳动生产率水平之前,似乎正面临着调整和效率模式重塑的紧迫性。

表1　各国各个时期 $\bar{q}$、$\bar{c}$、$\bar{k}$ 变动状况

国家	年份	$\bar{q}$	$\bar{c}$	$\bar{k}$	国家	年份	$\bar{q}$	$\bar{c}$	$\bar{k}$
法国	1960—1970	0.59	0.54	0.80	中国	1991—2007	0.09	0.07	0.12
	1991	0.84	0.80	1.08		2008—2011	0.15	0.09	0.39
意大利	1970—1976	0.62	0.57	0.83	泰国	1980—1992	0.11	0.11	0.13
	1991	0.87	0.77	1.30		1993—1996	0.18	0.13	0.39
德国	1960—1970	0.48	0.40	0.86		1997—2011	0.17	0.14	0.20
	1991	0.74	0.67	1.12	印度尼西亚	1980—1997	0.10	0.09	0.09
日本	1970—1980	0.51	0.42	0.87		1998—2011	0.10	0.09	0.10
	1991	0.74	0.56	1.41	菲律宾	1980—1997	0.14	0.14	0.13
韩国	1991—1997	0.47	0.37	0.89		1998—2011	0.13	0.13	0.11
	2008	0.59	0.43	1.05					
阿根廷	1950—1980	0.15	0.16	0.11	哥伦比亚	1950—1980	0.30	0.32	0.35
	1980—2011	0.29	0.29	0.27		1980—2011	0.26	0.28	0.25
巴西	1950—1980	0.15	0.15	0.16	墨西哥	1950—1980	0.51	0.53	0.54
	1980—2011	0.20	0.20	0.18		1980—2011	0.40	0.40	0.42

① 这里的内向发展阶段即“二战”后进口替代阶段。根据布尔默—托马斯(2000,第486页,第491-492页)的评述,大萧条和“二战”结束了拉美出口导向模式,20世纪80年代债务危机则给内向发展阶段打上句号,进入再次以出口为基础的发展进程。

续表

国家	年份	$\bar{q}$	$\bar{c}$	$\bar{k}$	国家	年份	$\bar{q}$	$\bar{c}$	$\bar{k}$
智利	1950—1980	0.37	0.45	0.23	委内瑞拉	1950—1980	0.59	0.44	1.14
	1980—2011	0.34	0.33	0.35		1980—2011	0.33	0.28	0.36

资料来源:PWT8.1。

其次,根据表1中相对劳均消费 $\bar{c}$ 和相对劳均资本形成 $\bar{k}$,对经济追赶的一些统计事实给出说明,进一步明晰各种具体效率模式的内涵。即使撇开初始追赶条件优良的欧洲诸国,把注意力集中到日韩两国及与其他低效率国家的对比,一些事实也足以让人震撼:

事实一:资本深化首先完成追赶,当劳均资本($\bar{k}$)达到美国水平的时候,追赶国家劳均消费 $\bar{c}$ 大致相当于美国的40%~50%,此时追赶过程基本完成,高效率、高消费模式基本建立。如,日本1970—1980年的 $\bar{k}$ 平均为0.87,韩国1991—1997年的 $\bar{k}$ 平均为0.89,两国从各自经济加速开始,基本达到美国的投资水平,大致都用了30年左右的时间,有两点需要特别注意:

①资本深化速度很快,从而避免了向高效率模式过渡时间较长所隐含的潜在震荡风险;②资本深化大踏步前进的同时,人均消费也以较大的幅度增加,从而形成资本深化提高—消费提高—劳动生产率提高的良性循环。这与拉美及东亚发展中国家的情景完全不同。

为了便于理解资本深化持续状况,表1同时提供了各个发达国家追赶完成后紧跟出现的较高的 $\bar{k}$ 值,如日本在1991年达到1.41。

事实二:经济陷入长期调整,根本原因是国内产权组织和利益集团政策操纵,这种根本性的经济组织约束,使得高效率模式的生成与是否实行经济自由化关联性不大。表1中拉美国家1950—1980年和1980—2011年两个时期的经济绩效对比表明,债务危机发生后再次以出口为导向的效率模式,在投资、消费和劳动生产率上的表现没有根本好转,有的国家甚至变得更加糟糕。也就是说,20世纪80年代以来拉美国家自由化改革似乎成效甚微,而国内生产资料集中和收入分配极化的加剧,是导致拉美经济调整困难的主要障碍,国内有缺陷的制度锁定了低效率路径。

事实三:资本深化能力和投资/消费双重效率的发挥至关重要。有必要把Goodwin等(1997)眼中的“高劳动生产率、高消费”的发达经济模式,拓展为“高劳动生产率、高消费能力、高资本深化能力”这样的效率三角。拉美国家的长期调整经历表明,构成这个效率三角两足的消费能力和资本深化能力中的任何一角缺失，高效率模式就无法达成。也就是说，高效率模式隐含了投资/消费双重效率问题，关于这一点，我们将在消费效率补偿的分析中展开。

（二）报酬递增捕捉能力与消费效率补偿是经济跨越的基础

显著呈现于长期追赶过程中的S形路径，蕴含了规模报酬递增的事实。本部分借助于规模报酬捕捉能力的展示，继续充实各种具体效率模式的内容。我们立足于图2和表2进行阐述：

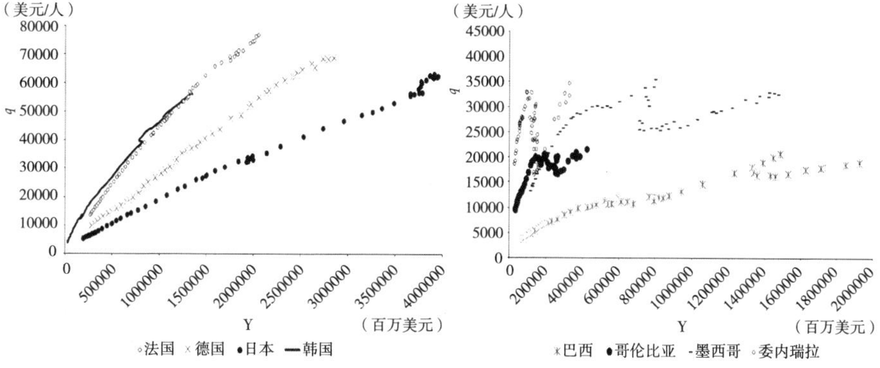

图2　1950—2011年各国劳动生产率水平 q 与总产出水平 Y 散点图

资料来源：PWT8.1。

表2　各国Verdoorn系数 α_c、α_i 的估计

	1950—1973年	1973—2011年
美国	$\widehat{\ln q} = c + 0.37(\widehat{\ln c}) + 0.10(\widehat{\ln i}) + AR(1)$ [58.9%]　[17.9%]	$\widehat{\ln q} = c + 0.51(\widehat{\ln c}) + 0.05(\widehat{\ln i}) + ARMA(1,1)$ [92.9%]　[7.1%]
法国	$\widehat{\ln q} = c + 0.81(\widehat{\ln c}) + 0.15(\widehat{\ln i}) + MA(2)$ [81.5%]　[20.5%]	$\widehat{\ln q} = c + 0.62(\widehat{\ln c}) + 0.08(\widehat{\ln i}) + AR(1)$ [84.9%]　[9.3%]
德国	$\widehat{\ln q} = c + 0.64(\widehat{\ln c}) + 0.19(\widehat{\ln i}) + AR(2)$ [85.4%]　[22.1%]	$\widehat{\ln q} = c + 0.47(\widehat{\ln c}) + 0.17(\widehat{\ln i}) + AR(1)$ [53.0%]　[9.8%]
意大利	$\widehat{\ln q} = c + 0.87(\widehat{\ln c}) + 0.13(\widehat{\ln i}) + AR(1)$ [88.1%]　[18.0%]	$\widehat{\ln q} = c + 0.46(\widehat{\ln c}) + 0.11(\widehat{\ln i}) + ARMA(1,1)$ [61.0%]　[10.0%]
日本	$\widehat{\ln q} = c + 0.78(\widehat{\ln c}) + 0.13(\widehat{\ln i}) + AR(1)$ [82.0%]　[23.1%]	$\widehat{\ln q} = c + 0.69(\widehat{\ln c}) + 0.15(\widehat{\ln i}) + ARMA(1,1)$ [90.9%]　[5.1%]
韩国	1960—2011年	$\widehat{\ln q} = c + 0.66(\widehat{\ln c}) + 0.09(\widehat{\ln i}) + \mathrm{ARMA}(1,1)$ [85.4%]　[18.9%]
中国	1992—2011年	$\widehat{\ln q} = c + 0.62(\widehat{\ln c}) + 0.35(\widehat{\ln i}) + \mathrm{AR}(1)$ [37.6%]　[69.2%]

续表

	1950—1973 年	1973—2011 年
泰国	1960—1996 年	$\hat{\ln q} = c + 0.62(\hat{\ln c}) + 0.19(\hat{\ln i}) + AR(2)$ [65.0%]　[45.0%]
菲律宾	1980—2011 年	$\hat{\ln q} = c + 0.19(\hat{\ln c}) + 0.19(\hat{\ln i}) + MA(1)$ [15.6%]　[69.7%]

注:①方括号[.]内的百分数是居民消费 c 和总投资 i 对 q 的增长的贡献率。

②本表模型残差均通过 LM 检验;R^2 统计量大于 0.95;Verdoorn 系数均在 5% 的水平显著。

持续的规模报酬作为一种普遍现象:①样本期内各国经济追赶路径,通过 q 与总产出水平 Y 散点图 2 刻画。发达国家:半个多世纪的样本期里,无论是法德等老牌发达国家的经济恢复还是日韩高效率模式的建造,这些国家中,伴随总产出水平提高(ΔY)而来的劳动生产率水平的持续增长(Δq),以及两者近乎线性的统计关系,更加清晰地呈现了成功追赶经济的活力。东亚发展中国家:尽管劳均指标处于较低的水平,但计算表明中国(1978 年以来)、泰国、印度尼西亚和菲律宾等东亚发展中国家,其长期增长过程也呈现出劳动生产率增长与总产出增长的线性关系,在低效率模式中遵从规模报酬递增的经济规律。拉美国家:相比起来,陷入长期调整和低效率锁定的一些拉美国家——典型如哥伦比亚、墨西哥、委内瑞拉,其劳动生产率改进与(Δq)总产出水平变化(ΔY)之间存在较为显著的非线性关系,经济规模扩张之路上,规模报酬递增不像发达国家和东亚国家那样贯穿于长期之中,而是在特定样本期才有所表现。②总产出 Y 的规模报酬捕捉能力,通过总产出 Y 的 Verdoorn 系数 α_Y 展示。[①] 发达国家规模报酬捕捉能力的稳定性:以 1973 年为界点,在 1950—1973 年和 1973—2011 年两个时期中,发达国家 α_Y 的情况是——美国:0.62,0.61;法国:0.90,0.84;德国:0.85,0.83;意大利:1.01,0.82;日本:0.90,0.90。东亚发展中国家低效率模式也具有较强规模报酬捕捉能力:如,中国 1978—2011 年为 1.01,泰国 1970—2011 年为 0.90,菲律宾 1970—2011 年为 1.03,印度尼西亚 1970—2011 年为 0.57。

消费的效率补偿:消费/投资双重效率模式存在的证据。表 2 中发达国家总投资规模扩张和居民总消费规模扩张之于劳动生产率增长的贡献,蕴含了高效率模式的一些主要特征。①消费/投资双重效率模式,效率三角的进一步的证据。从发达国家劳动生产率增长的因素来看,投资规模增加和居民消费增加

① 计量模型为 $\ln\hat{q} = c + \alpha_Y(\hat{\ln Y}) + ARMA(\cdot)$,为节省篇幅,本文只给出 α_Y 的估算结果。

对报酬递增的捕捉能力在长期中显著,由于劳动生产率的消费弹性较投资更大,因此在发达经济的高效率模式中,消费表现出更大的活力。需要注意的是,这样的结论是基于增长率角度,深层次的逻辑是:建立在高消费能力和高资本深化能力这样的高效率模式中,消费比投资具有更大的效率促进能力,亦即,与消费有关的人力资本比物质资本拓展效率三角的功效更大。②消费的效率补偿。比较发达国家 1973 年前后两个样本时期发现,消费规模扩张之于劳动生产率的贡献率一直占绝大部分,特别是发达国家普遍进入结构性减速和城市化成熟期之后,消费对效率的补偿作用和贡献更加显著,由此我们进一步得出:

事实四:稳定的高效率三角建立在消费/投资一体化的基础上,消费的效率补偿在低增长时期尤其显著①。

中国所处的增长阶段,以及相似增长阶段的共性:(资本驱动)单一效率模式存在的证据。在所考察的样本中,与中国处于同一层次的国家是泰国、印度尼西亚和菲律宾,这些相似增长阶段存在一些共同特征,即资本驱动的特征非常明显。这些国家的投资之于规模报酬递增的显著作用,不同于发达国家 1973 年之前的投资作用,因为高效率模式最终处于较高的资本深化能力主导之下(而且居高的劳均投资使得资本的效率贡献比消费要低)。

从长期调整角度理解增长非连续性:(消费驱动)单一效率模式存在的证据。由于拉美国家劳动生产率存在波动——或者在长期中表现出下降,或者改进速度比较缓慢,在实证分析上尤其要注重经济逻辑的合理性,处理起来比较烦琐,一些结果也没有在表 2 显示。但是从符合经济逻辑的一些国家特定时间段的统计检验看,总投资之于劳动生产率的作用不显著,经济增长依赖不稳定的消费支撑。这种判断也符合拉美经济事实,这些国家通常由于缺乏较好的制造业基础和人力资本,不能建立起来投资能力和消费能力赖以持续深化、提升的效率模式。毋庸讳言,对于还没有达到拉美劳动生产率水平和消费水平的中国及东亚其他发展中国家来说,拉美经济调整的持续和举步维艰,无疑是前车之鉴。

事实五:增长非连续的本质是投资和消费脱节,效率三角的基础因此遭到破坏;无论是单一投资效率模式还是单一消费效率模式,都会导致不可遏制的效率漏出,迫使经济进入充满不确定的长期调整过程,无法实现向高效率模式

---

① 此外,就表 2 中德国和意大利消费贡献率偏低的问题,需要补充几句。按照 Fine 和 Leopold(1990)的观点,影响长期增长的因素,除了供给和需求因素,还应包括不可转化为供求的社会组织因素。两国劳动生产率改进的社会组织因素贡献相对于其他国家较大,这种贡献可以看作促进投资消费一体化的制度性作用,与本文的结论不存在矛盾。

的持续升级。因此,低效率模式本身具有不稳定性。

三、增长非连续与增长门槛跨越:三类不确定性

受制于旧效率模式调整的困难,发展中国家长期增长过程中,生产和消费的脱节有可能导致低效率模式固化,并因此导致增长非连续现象。对于增长非连续,本文定义为低效率模式向高效率模式演进过程中的长期调整,调整的目的是通过累积新要素以实现门槛突破和效率持续改进。这种认识的思想来源有两个:一个是吉登斯结构化理论关于社会转型非连续的见解(吉登斯,1998),另一个是结构主义理论关于拉美经济模式自身缺陷及其困境的见解(ECLA, 1951; Furtado,1974; Kay, 1989)。从规则、资源如何相互交织和整合经济过程的意义上看,两种认识有一致的地方,而眼下关于中等收入陷阱的广泛讨论,也从一个侧面暗示了增长非连续问题不能回避。这种非连续的具体表现就是跨越中等收入阶段的三个不确定性,这种不确定性构成跨越中等收入的门槛。

(一)不确定性之一:工业化与城市化间的断裂导致增长停滞

传统发展理论关注工业化之于贫困陷阱突破和现代增长路径达成的作用。从后发国家的普遍经验来看,长期增长过程中大规模工业化和城市化两阶段的界限比较清晰,直观体现为人口向城市集聚和服务业比重上升。如,中国经济增长前沿课题组(2012)把中国经济转型的阶段性特征概括为:依赖干预、高投资和工业化推动的经济高增长阶段I,已逐步失去提升效率的动力,以结构调整促进效率提高的增长阶段行将结束;城市化和服务业的发展将开启经济稳速增长阶段II,效率提高促进结构优化是本阶段的主要特征。对于这种阶段性转型,我们的基本观点是,工业化与城市化是两种不同的效率模式,两个发展阶段的主导力量不同。工业化阶段,集中并有效使用资源是促进经济增长的主导力量,集中化(城市增长极)、规模化和标准化是效率改进的核心;当一个经济体进入城市化发展阶段后,集中使用资源已经失去了基础,多样性的需求、服务业比重上升、技术创新复杂性等都需要把市场分散化决策、知识创新和人力资本累积的大幅度提升作为核心动力,促进经济增长。

但问题在于,传统发展理论中强调的资本积累推动工业化的效率模式,如果纯粹是依赖外生技术进步和初级劳动力要素驱动,那么,这种增长方式就会诱发后发国家工业化向城市化转换中的增长非连续和效率改进路径的断裂。换句话说,如果在工业化过程中缺失有远见的内生动力(即知识过程)的培育,而把规模扩张和初级要素驱动运用于城市化时期,就会出现效率改进路径受阻的问题。相比而言,对于日本为什么比较顺利地实现了产业升级和增长模式转

换的问题，Ozawa（2005）认为，日本也曾经历劳动密集、标准化生产分工，并从要素禀赋的使用中获益；其后采用新重商主义政策，抑制流入日本（内向型）的FDI，且通过购买许可的方式吸收发达国家技术，从而建立起自身不依赖于西方的本土工业技术。以20世纪60年代发展半导体为标志，日本步入知识驱动的增长轨道，到20世纪90年代成为超级技术大国。

从经验比较来看，后发国家的技术进步一方面被跨国公司的分工体系所绑缚，难以自我创新；另一方面也更倾向于（通过引进生产设备）“干中学”的同质化技术进步方式（中国经济增长与宏观稳定课题组，2007，2009），但是从“干中学”的技术进步到异质性的自主创新，实际上仍有很多的不确定性，包括人力资本积累水平、市场需求、资本市场激励、知识产权保护制度、文化及企业盈利模式变化等。正是由于工业化过程中自主学习和知识过程的缺失，在增长转型和城市化阶段，广大后发国家一改大规模工业化阶段工业主导效率提升的清晰增长路径，发生增长分化和工业/服务业协调失灵，其表现是，工业比重下降的同时伴随着工业增长的失速，快速的工厂外迁，工业化技术—效率升级断裂。

（二）不确定性之二：低效服务业蔓延，形成城市的人口漂移和鲍莫尔成本病

转型不确定性直接表现在产业层面，就是服务业作为工业化分工结果的从属态势不能得到根本扭转，以知识过程为核心的服务业要素化趋势不能得到强化，导致以知识生产配置为核心的服务业转型升级路径无法达成，从而加剧服务业增长中的人口漂移和鲍莫尔成本病。

与结构服务化趋势有关的问题，在国内外文献问题开始受到重视。Herrendorf等（2014）、Buera和Kaboski（2012）等实证了发达经济体人均GDP达到7200～8000国际元后，服务业随着整体经济增长而增长的现象——服务业就业、增加值等超过制造业，制造业比重呈现倒U形趋势，这也是一种普遍规律。从“中国经济增长前沿课题组”的实证结论看：①发达国家的服务业生产率与制造业生产率基本平衡，而发展中国家广泛存在两部门效率非平衡问题，服务业劳动生产率通常低于制造业50%以上（课题组，2012）。②以美国为代表的发达国家的消费结构，包含大量有关广义人力资本提升的服务消费，这一消费甚至超过了物质消费。经济追赶成功的韩国也出现了类似的消费趋势。相反，与广义人力资本有关的消费比重在广大发展中国家——如拉美国家则没有显著提升（课题组，2015）。③知识消费提升人力资本，获得预期报酬，而人力资本积累有助于激励创新，并提供更多的知识供给（课题组，2015）。

虽然长期增长过程中服务业比重提高的趋势是确定的，但服务业比重的提高却导致一国经济增长减速（袁富华，2012；中国经济增长前沿课题组，2012）。

更为严重的是,同样的服务业比重,发达与不发达国家的经济效率差别可能很大,而且服务业的不同发展方式可能导致国别间收入差别扩大,这与工业化过程非常不同。因此,结构服务化过程隐含了结构转型路径的不确定性和分化——可能促进经济结构转型升级,推动效率和经济稳定性提高,从而提供更高更好的社会福利;但也可能在服务业提高比重的同时,导致效率下降和经济的不稳定,陷入经济长期徘徊。如,OECD 国家的结构服务化提升了效率和稳定性,社会福利大幅度提升;拉美虽然拥有同样的高服务业比重,但服务业结构和整体经济效率低下。更值得注意的是,结构服务化加剧了拉美经济震荡,导致社会福利损失严重。

就成功转型而言,结构服务化隐含的增长促进机制如下:①促进协作能力,这是服务化的一个重要方面(Leal,2015)。如发达国家的信息化主导了工业化,行业协作能力提升了效率(谢康等,2016)。②消费增长和消费结构升级,对更高技术难度的产品服务提出需求,并诱致高技能密集型服务业比重不断上升、低技能服务业比重不断下降(Buera and Kaboski,2012)。③高技能密集型服务业的价格与高技能人员的报酬溢价相一致,这种溢价构成对人力资本积累和知识生产配置的激励。张平和郭冠清(2016)有关人力资本增进的劳动力再生产的论证(消费作为知识过程起点),也提出了相同的逻辑方向。但是,由于增长促进机制的缺失,后发国家在转型乃至经济结构服务化的长期调整过程中,无法从根本上扭转对传统和非正规服务业规模扩张的依赖,服务业主导增长往往加剧鲍莫尔成本病,并导致其对低效率增长模式的锁定。具体机制是:与工业部门比较起来,传统和非正规服务业劳动生产率增长率较低甚至停滞,但在恩格尔定律和消费者偏好作用下,发展中国家的服务业仍然处于持续增长状态直至达到一个较高水平,如此发生的国内产业雁阵传递,导致无效率的服务业对有效率的工业部门的替代,降低整体经济效率改进潜力。尤其是在服务业部门普遍受到管制的情况下,服务业的高比重更是伴随着高成本,严重如拉美国家,甚至可能迫使整体经济退化为租金抽取模式。

由于服务业作为知识生产配置载体的作用不能得到发挥,城市化和结构服务化过程依然被低素质的“人口漂移”所左右——从农村漂移到城市的初级劳动力从事小商小贩,集中在非正式服务业部门就业,劳动密集服务业作为低素质劳动者就业蓄水池而存在。如,布尔默—托马斯(2000)认为,20 世纪 70 年代之后拉美国家的迅速城市化并没有带来实质性的效率改善,人口从农村向城市的快速集聚,使得城市化过程不过是把农村的失业和贫困问题转变为城市问题。由于城市现代部门和正式部门就业机会增长缓慢,导致城市非正规就业和半失业增加,并进一步拉低了生产率和收入差距。拉美人口漂移状况如表 3 所示。

表3　　拉美6国半失业占经济自立人口的百分比(1970年、1980年)

国家	1970年	1980年	国家	1970年	1980年
阿根廷	22.3	28.2	哥伦比亚	40.0	41.0
巴西	48.3	35.4	墨西哥	43.1	40.4
智利	26.0	29.1	委内瑞拉	42.3	31.1

资料来源:布尔默—托马斯(2000),pp365。

(三)不确定性之三:消费的效率补偿机制缺失

经济结构服务化过程中,服务业结构升级和服务业增长之于整体经济效率改进的促进作用(对于高效率模式的达成而言),得益于一个根本的嵌入机制,即消费的效率补偿机制,这个效应在传统增长文献中经常受到忽视。经验表明,消费与经济结构服务化往往同时发生,但经济结构服务化阶段高低效率模式的分化,也是源于消费的效率补偿能力的不同。消费的效率补偿机制即通过消费结构的升级,促进人力资本升级和服务业结构升级,推动知识过程的形成和高效率模式的重塑。反之,消费结构升级停滞,将导致增长停滞。

以高消费比重支撑的发达国家的持续增长,与消费的效率补偿效应有关,发达国家居民消费中偏向于科教文卫的支出结构可以为这种判断提供资料支撑;但除了日韩等极少数国家外,这种趋势在经济转型国家很少发生。

中国在超高速增长主导的1992—2011年这一时期,投资的飙升使得其效率增长贡献接近于70%,投资拉动导致的生产、消费脱节不仅影响短期经济的可持续性——典型如现阶段受到广泛关注的产能过剩和僵尸企业问题(中国经济增长前沿课题组,2013),而且影响长期增长潜力的培育和低效率模式的改进——一方面,高投资挤出了消费结构升级及相应规模报酬捕捉机会;另一方面,偏向于资本的分配压抑了消费倾向,这些问题直接反映出供给结构和消费结构失衡。中国偏向于资本驱动的工业化过程,发展到现阶段所导致的问题是:单纯注重投资的效率模式,反而因为注重短期投资而失去长期资本深化的能力,这种单一效率模式存在明显的效率漏出。主要表现在:①为了维持短期增长速度,采用基建、房地产等传统低效率方式,迫使经济进入增长—低效率—再投资—低效率维持增长的不良循环;②低水平居民消费需求限制了市场规模经济边界,从而也限制了资本深化边界;③受惠于旧模式的一部分群体,尤其是大城市的中产者,他们有对消费品质量和消费结构多样化、高级化的真实需求,但是国内产业结构无法满足,最终将这些消费力量驱赶到国外,形成对别国产业效率提升的溢出。

经济结构服务化时期,劳动力再生产是以人力资本增进为重心展开,而非工业化时期的劳动力简单再生产,即:第一,在二元经济向工业化的演进过程中,生活必需品——尤其是物质品的生产扩张始终居于主导地位,增长重心是物质资本的积累和再生产。同时,为了保证产出扩张所必需的储蓄,消费被压低在简单劳动力再生产的水平,并且从属于物质资本积累和再生产过程。第二,在工业化向发达城市化的演进过程中,消费和服务业主导经济增长,也相应成为生产率增进的重要来源。在这个阶段,以人力资本增进为重心的劳动力再生产成为核心,家庭消费结构中教育支出的扩大——包括政府公共支出中教育费用的增长,成为促进这一再生产循环的主要动力。我们的前期研究表明,发达经济结构服务化的一个重要特征,就是与公共品提供有关的消费支出比重提高;并且,从日韩这两个短期内完成城市化转型的国家来看,以消费结构调整促进人力资本结构调整——提前 15 ~20 年实现劳动力中高等教育比重大幅度提升、完成结构服务化赖以推进的高端人力资本储备,对于实现转型的迅速跨越至关重要。相比较而言,拉美国家调整时期过长,正是由于缺少了消费结构升级和人力资本积累这一环节,最终将经济拖入震荡和不稳定的泥潭。至今,除个别国家外,这一问题仍未引起重视。

四、通过效率改进与知识过程削减经济跨越的不确定性

对比国际增长经验和中国经济状况,为了降低增长跨越的不确定性,以下几个调整方向有待明确和探讨。第一,在缺乏内生动力机制的情况下,大踏步进入城市化和经济结构服务化是否可行,也就是说,中国是否需要一个工业化深化的缓冲时期;第二,中国服务业调整方向是什么;第三,消费结构升级为什么重要。

(一)工业化的深化、协调与缓冲

继续征引 Ozawa(2005)的论述,看一下增长门槛跨越时期日本的策略。日本转移低端工业链条始于 20 世纪 60 年代末期和 70 年代初期,正值大规模工业化临近尾声、国内结构性减速开始发生。当时,低端产业转移是以大规模集中转移的方式展开的,主要是向亚洲地区年轻劳动力比重较大、劳动力低廉的国家转移。这种清理房间式的产业转移,也被称为低端产业链条的再利用。之后,日本在亚洲地区的产业雁阵传递一直持续,逐渐形成国内居于高端、其他国家居于中低端的技术梯度。这种梯度的建立,一方面,缓解了日本国内产能过剩的困境,另一方面,产业的国外转移和对其他国家劳动力禀赋的利用促进了国内产业结构优化。总之,日本经济转型的成功,得益于其将国内产业重组和工业化的深化,置于国际大背景之下。

以什么样的方式重组工业产业和深化工业化进程,要视经济发展的国内外

环境而定，最为根本的是认识到工业化向城市化转型的过渡期间，需要有一个工业深化的缓冲期，不能盲目推进城市化，更不能依靠高土地价格作为城市化发展积累的核心战略，这样人为的“去工业化”，没有给工业技术—效率升级留足够的空间与时间。尤其对中国这样的依赖初级要素驱动的工业化国家而言，过早放弃工业化深化这个环节，将面临效率持续改进的支点放在哪里的问题。从产业动态看，工业化丧失动力，就无法推动生产性服务业的发展，服务业效率提升也失去机会，服务业无法对工业深加工度化提供正向的反馈和促进，因此制造业深化是效率改进的支点。基于以上分析，本文认为转型时期需要给中国工业结构优化提供一个缓冲区间，这个区间包括三方面的内容：①利用中国超大经济体的区域潜力，促进区域之间产业雁阵梯度和结构优化。较为发达的省市，以服务业结构升级为核心，推进结构服务化进程；以服务业结构升级作为人力资本积累和知识生产配置的源头，促进产业在区域间的雁阵梯度转移和协作网络发展。②工业和服务业的协调。两者协调的关键在于，工业份额的减少应以工业效率提高为前提；服务业比重的增加，应以不抑制整体经济效率改进为前提。实际上，对于中国现阶段的转型而言，这是一个非常严苛的条件。明智的举措是，服务业应以结构升级和效率补偿为前提进行发展，否则将会面临拉美城市化风险。③逐步重构技术—效率升级路径，中国制造业升级的另一个重要方面就是要重构一个企业技术创新—效率提升的体制机制，让企业逐步从“干中学”的设备引进与低价竞争的困局中走出，向着更异质性的自主创新的道路转型，这需要更积极的资本市场激励、知识产权保护、类《杜拜法案》的新规则、人力资本积累等新要素，才能构造一个体制机制，降低技术进步的不确定性成本，让企业自主技术进步得到足够的“创新租金”补偿，激励企业技术—效率改进，推动工业升级。

（二）知识过程、效率提升与服务业升级

基于马克卢普（2007）的思想，我们把知识生产、配置及以此为基础的经济效率的循环和改进，称为知识过程。由此，我们在进行高低两种效率模式对比时的一个经验假设是，发达经济阶段的高效率模式，是以服务业结构高级化为基础，这种高级化的重要表现之一，就是服务业越来越趋于知识技术密集。换句话说，我们把服务业作为知识过程和人力资本积累的载体来看待，而非像传统经济学理论中把服务业作为工业部门的分工辅助环节或成本项来看待。这种认识暗含的逻辑是，既然服务业替代工业成为城市化阶段增长引擎，那么服务业至少要像工业那样提供可持续增长的效率支持，否则高效率模式将难以维持。

按照这种认识，在发达经济的结构服务化阶段，服务业实际上充当了经济

增长的先决条件,知识部门充当了高效率模式运转的先行部门。这种认识产生的经验依据是:①由服务业主导的经济,由于工业份额的下降乃至趋于一个较小的比重,此时服务业的效率及其改进潜力,决定着经济整体效率和改进潜力。发生在高等教育、研发部门、信息技术服务部门的知识生产和配置,既是其他服务行业效率改进的决定力量,也是其他国民经济行业效率的决定力量。②服务业比重上升和服务业结构升级,可以认为是知识过程对传统商品(物品和服务)的替代,在此过程中发生的两个替代及国内相应产业雁阵传递的结果是:通过知识向工业部门的配置,提升制造品智能化,并以此替代传统人工服务行业;知识技术密集服务业态多样化,知识消费型服务业替代部分传统消费服务业。③服务业可贸易性提高。依托知识信息网络化发展,服务业贸易性提高,构成对工业贸易份额下降的补偿。尤其值得关注的是,由于知识比传统贸易更具有垄断性,基于知识的服务贸易一旦建立起来,不仅赚钱能力比传统贸易更强,而且垄断和竞争优势也难以在短期内打破。据此可以推测,服务业的可贸易性将加剧国际经济分化,构筑起更高的经济追赶门槛,这种假设也与前文实证部分的一些证据吻合。

服务业内部知识部门的增长,促进了服务业要素化趋势的发生。在知识对传统商品替代以及服务业内部的产业结构升级过程中,服务业部门呈现出“要素”的特性,表现在以下几个方面:第一,发达经济阶段,服务业不仅充当了知识生产创造的主要源头,而且与知识生产分配有关的行业份额逐步扩大,这些行业的生产函数日益趋向于人力资本增进的劳动力再生产——即 $H=f(H)$——以人力资本生产更多的人力资本;或者使用人力资本的知识技术(IT)再生产——即 $IT=f(H)$。因此,提高要素生产的知识密集度成为经济服务化的核心。现实中,这些行业包括教育、信息、研发、产权等。由于这种不同于传统工业和传统服务业的生产函数,其根本是建立在“人—人”相互作用的基础上,知识产出的机制也与以往不同,以认知和共享为纽带建立起知识网络,并据此捕捉报酬机会是其主要功能。第二,服务业地位的变化,与其要素化趋势一致。经济服务化时期,服务业以其在经济中的高比重和知识要素生产供给的重要功能,一改其在大规模工业化阶段的从属和被动分工地位,作为增长的前提条件(或新阶段的先行条件)存在。这种主动性和决定性地位的确立,与知识密集型服务业的要素生产供给功能有关。可以这样认为,一个将人力资本组织起来的知识生产行业,就是一个要素生产的复合体,由它生产出来其他知识要素,并作为生产投入进入其他生产和消费过程。第三,知识密集型服务业获得收入的方式,与单个人力资本要素获得收入的方式相似,收益以溢价形式产生。这种认识可以解释文献中广泛关注的一个迷惑——如 Petit(1986)认为，不同于工业以成本递减提高生产率，服务业部门的生产率与成本无关。对于知识密集型服务业，由于其收益是以知识资本化之后的溢价方式获得，溢价直接反映了要素使用的效率改进，因此与成本没有直接关联①。（换句话说，知识服务的价值或效率增进直接反映在人力资本要素的溢价上，而不像传统生产部门那样——效率增进反映在投入成本的递减上）。第四，把发达经济阶段的服务业增长，理解为人力资本增进的劳动力再生产源头，才能突破传统静态的服务业成本病的认识局限。我们的假设是，长期中，随着知识和人力资本积累的增加，新的知识过程的建立以及人力资本专用特性的开发，需要进行更多的科教文卫投资，只要这种知识投资产生的效率增进可以覆盖成本的增加，那么服务业和整体经济是有效率的。

（三）消费的效率补偿与增长可持续

消费和服务增长的关键不在于规模、比重，而在于结构升级，尤其是知识过程作用的发挥。在向发达城市化增长转换时期，根据前文，可能的路径导向有两条：一条是囿于工业化规模扩张的惯性，服务业的发展以低技能的劳动力再生产为主，一条是以知识过程为支撑的服务业的增长。经济结构服务化过程中，服务业规模扩张和比重增加是不可避免的趋势，但是推动这种状况的动力应该是服务业的结构升级，以及消费结构升级与服务业增长的联动。基本品需求满足后，尤其是理论和现实中的丰裕社会到来时，消费者选择日益与多样性、新奇性的心理需求联系起来，特别是服务业——当代知识信息的迅速发展，促进了消费时尚的易变性和快速传播，消费者对新奇事物的主动的、内在的追求，推动消费和服务业结构升级。知识过程在时间和空间上赋予消费效率含义，并体现在知识密集型服务业的要素化趋势中。以“人—人”面对面交流的联合认知和知识共享的行为为例：

情景1：消费把时间资本化。诸如教育、休闲娱乐等行业的消费，已经不是传统理论上所认为的瞬时完成，与知识产品相关的消费应该看作一个过程——这是现代生产性服务业的新特征。这与知识生产消费的方式有关，“人—人”面对面交流过程中，知识生产者创造、传播，消费者接受吸收知识，在市场交换的情景中，消费者根据信息流（时间上的信息发送）的新奇性支付费用。这个过程中，消费者根据心理需求的满足程度，对不同的知识流给出意愿的支付，高水平的知识产生溢价。

情景2：消费把空间资本化。消费的迂回性，即经济服务化时代的网络化与工业化时代的网络化最大的不同，在于知识信息网络化的作用凸显。因此，

① 关于这一点，我们将在后续研究中给出详细的分析。

发达经济城市化阶段的消费,除实现了时间的资本化外,还实现了空间的资本化,主要是借助于互联网提高知识密集型服务业的可贸易性、"人—人"面对面交流距离的拉近等。消费的这种空间资本化,一方面有利于知识流和新奇的传播扩散,提高知识生产率、扩大知识产出;另一方面有利于消费市场分割的细化,使得信息冗余大量存在情况下提取定制化服务成为可能,专用性的知识服务和溢价也因此被抽取出来,从而指示了现代服务业结构升级和效率增进的方向。

可以这样理解,消费的效率补偿通过两种迂回方式实现:一是空间(静态)上"人—人"联合认知导致的知识生产配置的分工,主要是知识信息部门的增长;二是沿着时间知识流的动态增长累积以及知识存量的更新,跨期的人力资本要素的培育,需要消费结构升级的支撑,消费结构中科教文卫部门的增长,从知识流的动态增长角度,已经突破了传统静态成本的范畴而具有动态效率。消费结构升级、人力资本升级、服务业结构升级,在促进知识生产配置的同时,不断推动知识链条的延伸,并以此为纽带连接起国民经济的各个部门,在这个过程中,资本深化能力也得到提升。

知识过程的发生、循环和扩展,本质上是物质生产循环向以人为载体的知识循环体系的转换。因此,循环的起点逐步从生产转向消费,通过知识消费、知识网络的互动产生高质量的知识消费服务和创新溢价。知识过程如果不能有效地融合到传统的物质生产循环之中,那么,服务业升级转型和以人为主体的知识服务循环体系也将会失去作用。特别是对于经济追赶国家,由于服务化进程中的效率模式重塑,消费结构升级将面临严重的制度挑战,把握不好就会导致转型失败,这一转变路径具有极高的结构和制度门槛。

五、结论:通过改革提升中国经济效率

从工业化向城市化的演进是一种质的飞跃,涉及增长模式的调整和创新动力源泉的培育。在城市化和经济服务化时期,门槛跨越的关键在于通过人力资本积累建立知识过程,这不仅是稳定的效率三角的基础,而且是服务业不同于任何增长阶段的全新特征。经济结构服务化转型包含着三个方面的动力:一是消费者偏好;二是相对价格;三是以消费促进人力资本要素积累,并由此提供动态效率补偿。前两者决定了服务化比重提升,但也注定了增长分化。后发国家中,大量与人力资本提升有关的知识消费和服务业属于公共产品范畴,但通常处于被严格管制状态。在这种条件下,服务消费的需求偏好拉动,反而导致这些部门供给不足,只能通过相对价格上涨的方式提高供给,这相当于向消费者征收了知识服务行业的"垄断租金",由此形成对消费者剩余的剥夺,最终导致

大量服务需求外移,国内知识服务体系落后。因此,这一阶段必须进行市场化改革,让知识密集的现代服务业发展起来,并在循环中获得消费的动态效率补偿。服务业结构升级是效率提升的根本,有助于防止增长路径向垄断抽租模式的退化(中国经济增长前沿课题组,2014)。以下几个问题还值得强调:

如何认识服务业发展?发达和不发达的国家经验——特别是步入城市化和经济服务化时期的增长经验,把增长分化的情景鲜明地呈现在人们面前。如果服务业的发展,仍然沿用大规模工业化的模式,甚至对工业化时期的资源配置方式不做任何调整,而一味强调把服务业规模扩大,则中国经济很有可能陷入类似于拉美的长期调整和经济震荡。所幸的是,中国城市化还没有走那么远,因此,一些潜在系统性问题仍有机会避免。我们强调服务业的要素化趋势——当作建议的服务业结构优化和发展的方向,这个方向的起始点是知识过程的建设,其核心是下述经济循环的着力打造:消费结构升级→高层次(熟练技能和高等教育)人力资本积累→技术知识密集型产业发展→高资本深化能力和高消费能力→消费结构升级。一句话,重视服务业转型升级,积累人力资本后劲,为门槛跨越做准备。

如何认识政府作用?不同于工业化以物质资本为核心的再生产过程,城市化时期的消费效率补偿,需要依托人力资本增进的劳动力再生产。知识和人力资本,尤其是高等教育和研发等高端知识和人力资本,具有极高的生产成本、外部性和专用性,不能离开公共部门的支持。同时,由于受到经济制度、机会成本等因素的影响,人力资本积累对发展中国家来说也是重要门槛。对于这个问题,我们的观点是,比重较高的高等人力资本(连同熟练技能劳动力)应该在15~20年的时间里尽快培育起来,这是减少工业化向城市化和服务业转型风险的重要保障。服务业的要素化趋势,及以此为垫脚石的增长跨越,给政府整合资源方式提出了两个要求:一是改善收入分配;二是重视知识过程建设的投入。这种要求意味着转型时期政府职能需要切实转变,可以这样认为,与产业结构的优化升级相比,经济服务化过程中制度规则的完善作用更加具有基础性。收入分配方面:拉美经验和日韩经验对比表明,大规模工业化结束至经济服务化形成之间,有一个为期不算很长的缓冲期间(20年左右的时间),这个时期里,日韩通过快速积累高等人力资本,为城市化的知识过程建设和效率模式重塑开拓空间;拉美之所以缺少了这个环节,而直接奔向服务业和消费主导,是因为国内收入分配差距阻碍了人力资本积累,结果陷入"低人力资本—低消费结构—低效率改进能力"的怪圈。知识过程建设的投入方面:包括熟练技工培训体系的完善、熟练技术工人晋升激励体系的建设、高端人才体系的建设、政府基础性研发支持体系的建设等。毫无疑问,经济转型时期政府的作用依然重要,这种重要性不是要政府去干预生产、消费决策,而是通过公共支出结构的调整优化,培育经济潜力。一句话,经济服务化时期政府应做的事情,就是集中于疏通知识过程建设渠道,为门槛跨越做准备。

如何认识创新?经济服务化时代中国对增长门槛的跨越和经济追赶,离不开创新,此时,创新已经不仅仅是创造发明这种狭义的概念,而是效率模式重建过程所涉及的制度规则建设完善、知识生产配置网建设完善、消费生产一体化等更加具有综合性和系统性的范畴。原因是,经济结构服务化意味着更复杂的经济系统协同、分布创新、高质量人力资本良性激励与循环等问题,经济增长中的"非竞争性"新要素需要不断生产出来,制度规则、创意、国民对知识的参与分享水平、教育、信息网络等,逐渐成为效率改进和可持续增长动力源泉。一句话,以网络化为基础的再结构化,是创新发生和门槛跨越的保障。

参考文献

[1]安东尼·吉登斯.社会的构成:结构化理论大纲(中译本)[M].上海:新知三联书店,1998.

[2]弗里茨·马克卢普.美国的知识生产与分配(中译本)[M].北京:中国人民大学出版社,2007.

[3]维克托·布尔默—托马斯.独立以来拉丁美洲的经济发展(中译本)[M].北京:中国经济出版社,2000:365,486,491-492.

[4]夏明.生产率增长的规模递增效率与经济结构转变——卡尔多—凡登定律对中国经济适用性的检验[J].经济理论与经济管理,2007(1).

[5]谢康,肖静华,方程.协调成本与经济增长:工业化与信息化融合的视角[J].经济学动态,2016(5).

[6]袁富华.长期增长过程的结构性加速与结构性减速:一种解释[J].经济研究,2012.

[7]张平,郭冠清.社会主义劳动力再生产、劳动价值创造与分享:理论、证据与政策[J].经济研究,2016(8).

[8]中国经济增长前沿课题组.中国经济长期增长路径、效率与潜在增长水平[J].经济研究,2012(11).

[9]中国经济增长前沿课题组.中国经济转型的结构性特征、风险与效率提升路径[J].经济研究,2013(10).

[10]中国经济增长前沿课题组.中国经济增长的低效率冲击与减速治

理[J].经济研究,2014(12).

[11]中国经济增长前沿课题组.突破经济增长减速的新要素供给理论、体制与政策选择[J].经济研究,2015(11).

[12]中国经济增长与宏观稳定课题组.劳动力供给效应与中国经济增长路径转换[J].经济研究,2007(10).

[13]中国经济增长与宏观稳定课题组.城市化、产业效率与经济增长[J].经济研究,2009(10).

[14]Buera, F. J. ,J. P. Kaboski, 2012, "The Rise of the Service Economy", *American Economic Review*, American Economic Association, 102(6): 2540 - 2569.

[15]Cargill, T. F. ,Takayuki Sakamoto, 2008, "Japan Since 1980", Cambridge University Press, 128 - 129 + 133.

[16]Dirks, D. , Jean - Francois Huchet, T. Ribault, 1999, "Japanese Management in the Low Growth Era", Berlin: Springer Verlag, 8 - 9.

[17]Dixon, R. ,Thirlwall, A. P. ,1975, "A Model of Regional Growth - Rate Differences on Kaldorian Lines",*Oxford EconomicPapers*, 27(2):201 - 214.

[18]ECLA, 1951, "Economic Survey of Latin America 1949", New York, United Nations Department of Economic Affairs.

[19]Fine, B. ,E. Leopold, 1990, "Consumerism and the Industrial Revolution? " *Social History*, 15 (1), 151 - 179.

[20]Furtado, C. , 1974, "Underdevelopment and Dependence: The Fundamental Connection", University of Cambridge, Centre of Latin American Studies.

[21]Goodwin, N. R. , F. Ackerman, and D. Kiron, 1997, "The Consumer Society", Washington, D. C. , Island Press, ppxxxi, 338.

[22]Herrendorf, B. , R. Rogerson,Á. Valentinyi, 2014, "Growth and Structural Transformation", *Handbook of Economic Growth* Chapter,6(2):855 - 941.

[23]Hicks, J. R. ,1965, "Capital and Growth", Oxford, Oxford University Press.

[24]Kaldor, N. , 1970, "The Case for Regional Policies", *Scottish Journal of Political Economy*, 17(3):337 - 348.

[25]Kaldor, N. , 1972, "The Irrelevance of Equilibrium Economics",*The Economic Journal*, 82(328):1237 - 1255.

[26]Kaldor, N. , 1985, "Economics without Equilibrium", UK: University College of Cardiff Press.

[27]Kay, C., 1989, "Latin American Theories of Development and Underdevelopment", Routledge, 29 – 35.

[28]Kriesler, P., 1999, "Harcourt, Hicks and Lowe: Incompatible Bedfellows?", In C. Sardoni and P. Kriesler, eds. Themes in Political Economy: Essays in Honour of Geoff Harcourt, London, Routledge, 400 – 417.

[29]Krugman, P., 1990, "The Age of Diminished Expectations", Cambridge, MA: The MIT Press.

[30]Leal, J., 2015, "Which Sectors Make Poor Countries so Unproductive? A Perspective from Inter – sectoral Linkages", Banco de Mexico, February 15.

[31]Lincoln, Edward J., 2001, "Arthritic Japan: The Slow Pace of Economic Reform", Washington, DC: Brookings Institution Press.

[32]Ozawa, T., 2005, "Institutions, Industrial Upgrading, and Economic Performance in Japan: The 'Flying – Geese' Paradigm of Catch – up Growth", Northampton, Massachusetts: Edward Elgar Publishing, ch1, ch4.

[33]Petit, P., 1986, "Slow Growth and the Service Economy", Pinter, London.

[34]Setterfield M., 1997, "History versus Equilibrium and the Theory of Economic Growth", *Cambridge Journal of Economics*, 21(3): 365 – 378.

(中国社会科学院经济研究所)

金融周期与创新宏观调控新维度[①]

张晓晶　王　宇

自 2008 年以来的本轮国际金融危机，给现代宏观经济理论与政策带来前所未有的冲击，各种有见地的、建设性的批判与反思大量涌现（张晓晶，2009；Blanchard 等，2010）。中国经济进入新常态，对经济治理特别是宏观调控也提出了更高要求（李扬、张晓晶，2015）。新常态呼唤宏观调控体制机制的创新。

创新宏观调控是一项系统工程，它要求整个宏观管理框架与新的经济范式（paradigm）相适应，并能发挥主动引领的作用（张晓晶，2015）。这就需要从多个视角、多个层面进行考量。本文仅从金融周期角度，探讨它对宏观调控提出的挑战，并由此出发，讨论创新宏观调控的新维度。

一、金融周期理论溯源

关于经济周期的讨论由来已久。对于金融周期或者说考虑到金融因素起作用的周期，自 20 世纪 30 年代大萧条开始引起关注。但到 20 世纪 70 年代实际经济周期（RBC）理论盛行以后，关于金融周期的讨论又逐渐式微。本轮国际金融危机成为金融周期理论兴起的最重要的现实背景。不过，此前的日本泡沫经济、亚洲金融危机、20 世纪 90 年代末发达经济体的股票市场繁荣以及 2000 年的 IT 泡沫破灭等，似乎一下子"被记起"，也成为讨论金融周期的触发点。

直接以金融周期作为主题词进行研究的文献近年来开始大量出现。其中，有不少来自诸如国际清算银行、国际货币基金组织等国际机构。它们对此问题的关注凸显了金融周期理论对于理解现实经济运行的重要性。

金融周期理论溯源，较早的文献可以追溯到费雪（Fisher，1933）在大萧条时期提出的债务—通缩理论。该理论认为，过多的债务和通货紧缩会相互作用，并导致彼此螺旋式上升，从而引起经济衰退。其中，过多债务形成是由于繁

① 本文受国家社科基金重大招标课题"推动我国经济持续健康发展研究"（13&ZD021）、中央财经领导办公室重大委托课题"适应发展阶段的新发展经济理论"以及国家社科基金决策咨询点（13JCD005）的资助。

荣时企业风险偏好上升以及容易举债造成信贷过度扩张。而债务清偿可能会导致通缩,通缩又致实际债务数额上升。实际债务数额上升其实是另一种形式的债务增加。过多债务和通缩就会恶性循环下去。因此,费雪认为,债务增加和资产价格下降不仅是经济衰退的结果,也是经济衰退的起因。费雪理论实际上接近了金融周期理论的核心。

但凯恩斯主义革命从总需求角度的分析,又将关注的重点转移到了政府开支、投资者信心等问题上。在经典的 IS - LM 模型中,金融部门的复杂作用实际上是被忽略的。正如伯南克(2016)写道:RBC 与 IS - LM 模型有许多方面完全不同,但有一个共同假设,即金融市场和信用市场的各种变化不影响真实经济活动。当金融市场摩擦很小时,这个假设无伤大雅。但还有另一套思路,就是费雪—凯恩斯模型,它将信用市场变动置于中心地位。信用市场条件恶化(资不抵债和破产企业急剧增加,真实债务负担加重,资产价格崩溃,银行体系危机),并不仅仅是真实经济活动下滑的简单反映,它们本身就是导致经济衰退和萧条的主要力量。

20 世纪 70 年代“滞胀现象”的出现,使凯恩斯主义备受质疑,理性预期理论兴起,以卢卡斯等为代表的实际经济周期理论成为宏观经济理论的主流。实际经济周期理论和凯恩斯理论的最大区别就是对货币是否中性的争议。实际上,在滞胀之后,几乎所有货币非中性的理论都被经济学界归纳为非主流理论。正统经济学的发展都是建立在货币中性理论的前提之下。实际经济周期理论从根本上否定了金融周期的存在。

自 20 世纪 70 年代至本轮危机之前,新古典主义几乎一统天下。具有微观基础的 DSGE 模型成为流行的分析工具。不过这种微观基础很难与信贷周期和金融误配置相一致。很多模型中没有金融资产,是因为考虑到:①在强有效市场假说下,金融资产价格反映了所有的可获得信息;②不存在协调失败的问题,因为具有前瞻性的理性经济人的行为与总体经济的模型是一致的;③由于跨期预算约束总是成立,也就不存在无力偿还的情况。缺少对金融变量的考虑恰好满足了这些模型的线性或线性化的性质,当遇到实际的或货币的冲击时,这些模型就会产生形式良好的、最终趋向于单一均衡的经济周期。所有的模型都那么精巧,但它们对于理解金融危机何以会出现以及如何演进没有任何作用。总的来说,一个成熟的金融部门很难在可用的宏观模型中发现。因为,尽管如《通论》所揭示的,金融在整个经济世界中扮演着重要角色,但整个宏观经济学的重点仍是劳动力与产品市场的黏性,以及在一个金融变量不存在或无关紧要的环境中政策的作用。忽视金融也和过去 20 多年宏观环境的影响有关。尽管地区性的金融危机与货币危机频发,但与金融市场相关的问题却变得没那么重要,原因在于出现了所谓的“大缓和”(great moderation)。这个前所未有的高增长、低通胀的情况,导致经济环境改善,产出、通胀甚至资产价格波动性下降。正如有人借用福山所提的“历史的终结”,认为经济不稳定的终结标志着(经济)历史的终结。

不过,在RBC及新古典经济学一统天下的格局下,仍有多方的努力,审视着金融的重要作用。这里以明斯基(Minsky)与伯南克为代表,按照西方正统的说法,前者是非主流,后者是主流。

Minsky(2015)认为,商业银行等信用创造机构的内在特征使得其经历周期性的危机和破产浪潮,也就是说,金融繁荣时期的信贷扩张导致了其后的金融危机。金融周期的三个阶段正可以用企业借款的三种形式表示:抵补性的借款、投机性的借款和庞氏借款。对于金融脆弱性明斯基给出两种解释。第一是代际遗忘,指贷款人由于距离上次经济危机已有一段时间,当前经济繁荣对贷款人的心理冲击超过了其对危机的恐惧。另一种是贷款人由于受到竞争压力致其在借款时不够审慎。Minsky(2008)在一定程度上结合了凯恩斯和费雪的理论,他对金融不稳定性的见解类似于费雪的债务通缩理论,而提出的政策建议与凯恩斯类似,都认为政府应当在周期中采取逆周期的政策。

明斯基的理论在全球金融危机发生之后,才被世人所关注,因为其理论很好地预见并解释了此次金融危机。但实际上,明斯基的理论与现在经济学家普遍对金融周期的认识还是有所区别。虽然他们都认为金融部门在经济周期中传播了经济波动,但明斯基认为金融因素不仅传播经济波动,并且产生经济波动。

伯南克则从主流阵营提出对金融作用的新认识。伯南克与其合作者在20世纪90年代提出的金融加速器理论实际上揭开了金融周期理论的序幕。尤其是他将金融加速器机制加入到了宏观经济学的动态一般均衡模型中,提出了BGG模型(即Bernanke,Gertler和Gilchfist(1999)提出的模型)。这一模型认为,信息不对称导致金融摩擦,金融摩擦产生金融加速器,而金融加速器影响实际产出。现在金融周期经济学家普遍认为,金融加速器是金融周期理论的核心。

金融加速器的传导机制同时作用于银行和贷款者。从贷方角度,银行在经济衰退期间会遭受更大的贷款损失,从而在放贷时变得谨慎;从借方角度,当家庭和企业收入、财富减少之际,可抵押物价值减少,它们的信誉度就会降低。更加谨慎的银行和信誉度降低的借方意味着信贷流量更少,从而阻碍家庭采购计划和企业投资计划的实施,进而加剧衰退。在经济上行之际,金融加速器以相反的方式发挥作用。

不过,现在所谓金融周期理论主要还是基于金融对实体经济产生影响的分析。我们认为,这离形成真正成熟的金融周期理论还有一定距离。也就是说,还需要对金融周期(不同于一般商业周期)的很多特性进行总结并给出合理的解释,且有较好的预测性。此外,目前从经验实证角度讨论金融周期的较多(除去国外的文献,还包括国内文献如彭文生(2015),陈雨露等(2016),伊楠、张斌(2016)等),而对于金融周期运行与作用机制还没有建立起有说服力的模型。从这些角度,金融周期研究还是一个新的学术增长点。

二、金融周期形成的时代背景

指出金融周期是较晚近的现象,并不意味着此前并不存在金融周期。而是说,只是自20世纪80年代金融自由化、金融全球化大发展以来,金融周期的特征才更为明显。此前是经济周期(或商业周期)占主导,而此后,则是金融周期特征似乎更强于一般商业周期。对政策当局而言,应对金融周期的挑战甚于一般商业周期。值得提出的是,金融周期还具有全球化的特征,即所谓全球金融周期:全球金融市场的关联度在提高,溢出效应在上升,从而出现全球金融市场的“联动”或“共振”。

到了晚近才有金融周期,或者说才“发现”金融周期,有以下四个原因。

(一)国际货币体系缺乏固定的锚,以致全球流动性难以有效控制

1944年,在美国的主导下,新的国际货币体系——布雷顿森林体系建立,各个主要国家的货币都与美元挂钩,而美元与黄金挂钩。这等于是找到了一个稳定国际货币体系与国际金融的锚。1971年,美国宣布美元与黄金脱钩,并在第二年否认了美元在国际货币体系中锚的作用。锚实现的是稳定物价的功能,进而稳定汇率和限制各国的货币政策。自布雷顿森林体系崩溃,国际货币体系进入了动荡时期。之后虽然各国均认为全球需要一个稳定国际货币体系的锚,但标的物的选择却一直未达成共识。很长时间内,全球使用的是“无体系的体系”即牙买加体系,也就是延续美元作为储备货币的体系。但这一体系仍具有内在的“广义特里芬两难”的缺陷,即美元的不断输出可能引起债权国美国债务的不可持续,在崩溃之前,是长期的国际账户失衡。IMF设立的全球货币SDR可能在未来成为国际货币体系的锚,但现在看来还影响有限。

由于美元已经彻底与黄金脱钩,美元的发行不再有约束,美联储可以自行决定。但货币政策的溢出效应,使得美联储宽松的货币政策不一定导致美国本身通胀的上升,很难保证美联储不通过过度发行美元来换取低失业率等目标的达成,以美元为锚的国际货币体系自然就更倾向于宽松。

以美元为锚的国际货币体系可能在两种情况下崩溃,一是其他债权国不再

相信美元的内在价值，而大规模减持美元资产。另一种可能性是全球流动性回流美国进而提高美国资产泡沫并导致金融危机的发生。而本次的全球金融危机就证明了第二种可能性随时会成为现实。本轮危机也进一步冲击了牙买加体系。美联储为了向经济注入流动性而实行的大规模量化宽松政策，实际上就是再次抛弃美元作为国际货币体系锚的责任，从而也导致全球流动性难以得到有效控制。全球流动性的扩张收缩成为全球金融周期的重要根源。

（二）金融自由化的推进导致全球经济“金融化”的发展

20 世纪 80 年代以来金融自由化与金融全球化的推进，使得经济“金融化”的趋势凸显，也导致金融周期特征更强于一般商业周期特征。

一是经济全球化和金融自由化的影响下金融活动跨越国界，在全球范围内形成统一的金融市场体系。随着金融创新和金融业务的不断拓展，世界各国的经济联系日益表现为金融联系。

二是国际竞争中，金融成为重要的制高点。这是发达经济体在全球范围内重要的优势，也使得后发国家在赶超中往往需要“主动”瞄准金融发展。与此同时，服务贸易推进也使得后发国家“被迫”加快金融开放。

三是大宗商品等出现类金融化的特征。比如，石油等大宗商品越来越具有金融产品的特点。一些艺人或超级巨星，其未来的收入也可以实现证券化。

从经验实证角度，金融及其衍生工具的发展，使得虚拟经济规模远超过实体经济规模。金融与实体经济的脱钩（decoupling），可以说是金融化发展的重要动向。

（三）对通胀的有效控制，致使利率处在低位，从而推高资产价格

自从《新西兰储备银行法》于 1990 年生效并将通胀率定为货币政策目标以来，世界上主要央行都陆续将通胀率设为最重要的宏观政策目标。保持物价水平的稳定也就是保持低通胀率无疑具有透明、目标明确和稳定的优点。但同时，也可能导致失业的增加，并容易带来货币政策工具的过度波动。经济本身的波动和货币政策时滞性的存在，使得央行不得不频繁使用宏观政策来保证通胀目标的实现。政策的不确定性使得金融成本上升，可能降低潜在生产率水平。同时，这一政策要求央行具有高度独立性。实证研究显示，随着全球化的发展，全球经济的通胀压力大大减小，因为低成本国家融入了全球经济，国际分工减少了成本，提高了效率。在全球化中采用浮动汇率制度的央行尤其是小国央行对利率的影响仅存在于短期，长期利率很大程度上是由国际主流利率决定的。在这一前提下，通胀目标制很容易导致央行采取宽松的货币政策，产生资产价格泡沫。比如新西兰就出现了住房价格的快速上升。更重要的是，过大的

宏观经济理论强调实现了通胀目标,也就相当于实现了产出目标,从而将金融资产价格排除在货币政策需要考量的维度内,也是导致金融资产价格大幅攀升的原因。

(四)供给面的正向冲击使货币政策趋于宽松

金融周期因为货币信贷的宽松得以强化。而货币政策趋于宽松则与全球供给面的正向冲击相关。

一方面,从客观条件上来看,现代经济技术的发展也促成金融周期。计算机和信息技术的发展极大地降低了全球金融交易的成本,缩短了其所需要的时间。全球化不仅体现在贸易上,更体现在世界各地金融中心的同步性上。无论交易标的所在地点币种有何不同,巨额的交易瞬间就可以完成。交易更加便捷导致金融危机的传播速度加快,金融系统本身的波动加大进而影响全球经济,并使经济的波动也变大。

另一方面,实体经济全球化的进展,如全球的国际分工使得部分国家可以专注于其优势进行生产,而同时消费其他国家的优势产品,提高了全球的潜在生产率。信贷和资产价格的增长空间进一步提高。这同时也加大了通胀率的下行压力,使得货币政策进一步趋向于宽松。

三、金融周期的特质

认识金融周期,需要把握它不同于一般商业周期的主要特征。以下就是对金融周期特质的简要概括。

(一)金融周期的长度和波幅都大于经济周期

经济学家对于经济周期的研究比较深入,有大量文献讨论经济周期问题。当前主流经济学对经济周期的研究方法一般是动态随机一般均衡(DSGE)模型,即在一个一般均衡模型中加入外生冲击因素,以形成经济在短期内的波动,从而产生经济周期现象。而现实中的经济产出是由经济增长和经济周期两个因素共同构成的:经济产出有一个趋势性的潜在增长率,再加上短期内的周期性波动因素。这也是实证研究经济周期的主要思路。

从实际经济产出中找出经济周期主要有两种方法。一种是滤波方法,即采用“滤波”技术,将实际经济增长分离成趋势因素和周期因素。另一种是以通货膨胀率和失业率作为主要指标来直接衡量经济周期。这一方法的思路在于:经济学家一般认为,当经济处于潜在长期增速水平时,通胀率和失业率都会达到一个均衡的自然水平。所以,衡量通胀率和失业率与自然水平之间的差距就可以相应地衡量经济产出与潜在产出之间的缺口,也就是经济周期所处的阶段。在实证检验中，这两种方法所描绘出的经济周期图形是类似的。

金融周期的测量与经济周期的第一种方法类似。衡量经济周期用到的指标是产出，而衡量金融周期的指标则主要是信贷与资产价格。Drehmann 等(2012)的研究显示，用信贷与 GDP 之比以及房地产价格这两个指标来描绘金融周期最为贴切。他们的研究发现，经济周期的跨度一般是 1 ~ 8 年，而金融周期则平均跨越 16 年。自 20 世纪 70 年代初至 2011 年，美国共经历了 3 轮完整的金融周期，而经济周期则超过 6 轮。并且，金融周期的波幅要明显超过经济周期(见图 1)。

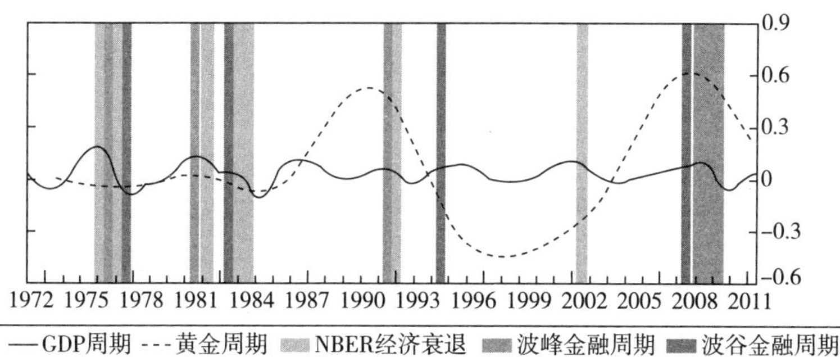

图 1　美国的金融周期和商业周期

数据来源：Drehmann 等(2012)。

(二)金融周期的波峰一般都会伴随着金融危机

金融周期的波峰一般都会伴随着金融危机(如系统性银行危机)。从美国与英国的经验可以看出，20 世纪 70 年代以来的五次危机(美国两次，英国三次)发生时间非常靠近金融周期波峰(Drehmann 等，2012)。金融周期从波峰下行的过程，就是金融收缩的过程。根据描述金融周期的两个主要变量，收缩阶段表示着信贷与 GDP 之比下降，同时房地产价格也下降。这实际上也伴随着金融部门的去杠杆过程。

与金融周期收缩阶段重合的衰退特别严重，这进一步阐明了金融周期与金融危机的相伴随。大量研究显示，在金融周期收缩阶段，如果发生经济衰退，则衰退的幅度会更大(Drehmann 等，2012；Borio 和 Drehmann，2009；Jorda 等，2011)。金融系统存在明显的顺周期性(Adrian 等，2010)。伴随金融收缩的衰退比没有发生金融收缩的衰退，GDP 会多下降 50%(Drehmann 等，2012)。

(三)金融周期的长度、波幅与政策体制高度相关

一般认为，经济周期有其自身较为固定的周期长度和波幅，并且这些因素在长期的经济发展中保持相对稳定。而金融周期则不同，其长度和波幅并非恒

定。金融体制、货币体制和实际经济体制都会影响到金融周期的性状(Borio 和 Drehmann,2009)。例如,金融自由化过程降低了经济中的融资约束,会增加企业和银行的风险偏好;只盯住通货膨胀率的货币政策会忽视在金融繁荣过程中不平衡因素的积累,从而助推金融繁荣,加大金融周期的波幅;经济全球化会增加潜在经济产出、拉低通货膨胀率,从而助推信贷和资产泡沫,并限制货币政策。

20 世纪 80 年代中期是金融自由化的开始。经验研究恰好说明:在金融自由化之前,金融周期与经济周期更为同步,且波幅较小;而在金融自由化之后金融周期的长度和波幅都被拉大了。金融周期的全部样本平均长度是 16 年;但是对于 1998 年以后触顶的周期,平均长度接近 20 年,而 1998 年之前的周期,平均长度则是 11 年(Drehmann 等,2012)。

(四)金融周期致资源错配加剧

金融的周期性变化,不单是实体经济周期的直接反映。金融的相对独立性,使得金融的高涨衰退,引起资源配置的巨大波动,不可避免地出现资源错配,这反过来对实体经济产生负面冲击。

金融繁荣期,一般会出现信贷扩张、杠杆率上升,这是金融约束弱化的直接体现。乐观情绪加上金融约束弱化,使得大量资源配置(包括资本和劳动力)到表面繁荣但实际上却效率低下的部门,这就形成资源错配,并在无形中拖累了生产率增速。看似强劲的经济掩盖了资源错配。当繁荣转向崩溃时,资产价格和现金流下降,债务变成主导变量,同时经济中的个体为了修复其资产负债表而削减支出。金融繁荣周期中出现的资源错配更难以扭转,太多资本集中在过度增长部门会阻碍复苏(BIS,2016)。

陈雨露等(2016)通过对全球 68 个主要经济体 1981—2012 年的面板数据进行实证分析,系统考察了金融周期和金融波动对经济增长与金融稳定的影响。实证结果表明,在金融高涨期和衰退期,经济增长率较低,同时容易爆发金融危机;相比之下,金融正常期的经济增长率更高,同时金融体系的稳定性也更强。

(五)全球金融周期变“三元悖论”为“二元悖论”

在全球化背景下,国际宏观经济学普遍认同所谓“不可能三角”或“三元悖论”,即资本自由流动、浮动汇率和独立的货币政策只能同时实现其中的两个。这个三元悖论无论在理论还是实践中均产生了根深蒂固的影响。比如,对于发展中国家,要想有独立的货币政策,同时不想汇率完全浮动,就只有进行资本管制。

不过，金融周期的出现，特别是全球金融周期的影响，使得三元悖论转变为两难选择，即无论是否采取浮动汇率制度，都只有在资本账户管制的情况下，才能实现独立的货币政策（Rey，2015）。这里的一个重要原因是引入了全球避险情绪的一致性波动。

在金融全球化背景下，各国金融市场联系愈加紧密，各类信息在全球市场上迅速传播。主要经济体金融市场（特别是美国等发达国家）的波动或恐慌有可能瞬间传遍全球市场，引起全球性避险情绪的一致性波动。全球避险情绪[①]会影响金融资产的风险溢价，从而有可能改变资本跨境流动的方向。正是由于全球避险情绪导致全球风险溢价的同步变化，阻碍了利差对汇率的调节作用，从而影响浮动汇率国家货币政策的独立性。特别地，当避险情绪较强时，货币政策甚至可能完全失效，即不论采用何种汇率制度，资本自由流动和货币政策独立性都不可兼得，这时就表现出了“二元悖论”的规律特征。

从“三元悖论”转变为“二元悖论”反映出金融周期的巨大影响。在资本自由流动的前提下，即使采用浮动汇率制度的国家仍然受到全球金融周期的影响，中心国家（如美国）的货币环境、国际金融体系内的资本流动和杠杆率等都影响着全球金融周期。资本的流动遵循全球金融周期的规律，采取浮动的货币政策也不能使该经济体从全球金融周期中抽离并使货币政策有效。

这也导致一个新结论的出现：在全球资本流动情况下，无论是固定还是浮动汇率，最终都会受到中心国家（如美国）的货币政策的影响，使得全球经济金融出现共振。

四、金融周期对传统宏观政策的挑战

由于金融周期与经济周期相互重叠、相互作用，而传统宏观调控政策更多的是关注经济增长、通货膨胀等实际经济指标，对于资产价格和信贷水平等金融因素考虑较少，从而，金融周期不可避免地对传统宏观政策带来挑战。

（一）金融繁荣期的宏观政策

在金融繁荣时期，如果忽视金融周期，只盯住通胀和经济增长，则很容易在金融周期的扩张期采用宽松的政策推波助澜。如果通胀水平保持在低位，即使信贷和资产价格上升，政策制定者也很难就此紧缩。而持续宽松的政策会让之后的金融崩溃更为猛烈。

在货币政策方面，由于传统货币政策过于看重通胀率，容易造成更为宽松

---

① 一般用 VIX 指数（CBOT Volatility Index）来测度。该指数由芝加哥期权交易所于 1993 年推出，根据标准普尔 500 指数期权隐含波动率加权平均后计算而得到。

的货币环境,因此央行应该采取紧缩的策略(Borio,2011)。这种策略也被称作“精细化选择”(lean option),即在传统产出缺口估算的基础上再根据金融周期作出调整,将政策利率提高到传统泰勒规则所要求的水平之上。这要求货币政策的时间维度增加,并更加重视未来经济展望中的风险平衡,将金融扩张期正在积累的金融脆弱性全盘纳入考虑范围。现实中已经有一些中央银行开始采用这种“精细化选择”的货币政策,比如加拿大银行(Borio,2011)。

在财政政策方面,随着信贷和资产价格的上升,经济增速被抬高,相应的财政收入也被抬高(Benetrix 和 Lane,2011)。由此,政府的财政账户被高估,政府债务与 GDP 的比例也不高,财政还可能会出现盈余(Price 和 Dang,2011)。但这些表面现象掩盖了实际中积累的金融脆弱性,当金融繁荣转向金融崩溃时,被掩盖的政府债务问题就会浮出水面,出现主权债务危机。2011 年出现的欧洲国家主权债务危机就是这一过程的体现。

(二)金融衰退期的宏观政策

在金融衰退时期,也存在类似的问题。由于在资产负债表衰退的过程中企业会主动去杠杆,宽松的财政政策和货币政策并不会拉升企业投资,政策效果也就会受到影响。Bech 等(2012)检验了 1960 年以来发达国家所发生的 73 次衰退,发现在金融危机发生时,宽松的货币政策与危机之后经济复苏的关系并不显著,而这一关系在没有发生金融危机时是显著的。

在货币政策方面,传统宽松的货币政策意图在于通过利率水平刺激企业融资,从而达到刺激整体经济的目的。但如果是在发生资产负债表衰退的时期,个人和企业都旨在债务最小化目标,已经负债累累的经济体很难再对利率高低抱有兴趣。再低的利率也无法产生对总需求的刺激,而利率本身又面临着零利率下限的约束。这种情况类似于凯恩斯所谓的“流动性陷阱”,即当利率处于较低水平的时候,降息很难再刺激总产出。这时利率政策和央行资产负债表政策(比如 QE 和欧洲的 LTRO)都很难再起作用。并且长期超宽松的货币政策还会对经济带来负面影响,如掩盖资产负债表的脆弱性、延缓金融部门去产能的速度、降低金融中介机构的盈利能力,以及扰乱市场本身的信号传导机制等。但衰退时期本身的应对手段也很有限,以修复企业和金融机构资产负债表为目标才能解决问题(Koo,2011)。

在财政政策方面,传统财政政策理论认为政府减税和增加支出会向经济中直接注入需求,而这部分需求又构成另一部分人的收入,通过一个边际收入系数再次注入需求,这个过程循环下去形成了财政政策乘数。一些传统经济学家认为,企业的边际支出倾向很高(Eggertsson 和 Krugman,2012),这是财政政策起作用的必要条件。但在一个资产负债表收缩的环境中,所有经济体的边际支出倾向都很小。如果企业和个人处于过度负债的状态,他们获得收入后最优先的选择是偿还负债,而不是再额外增加支出。甚至可能会出现边际消费倾向为零的极端情况。一些实证研究也说明,在金融衰退过程中,财政政策的效果比正常经济衰退中的表现要差(IMF,2010)。

一个可行的解决思路是快速对资产负债表进行修复,这需要确认坏账损失、资产重组以及临时的国有化。通过向坏账部门注入公共资金,可以修复和加强私人部门的资产负债表,使经济走出资产负债表衰退的过程(Leigh 等,2012)。北欧国家在 20 世纪 90 年代陷入金融衰退时已经采用了与之类似的财政解决方案,并取得了良好效果;与之相对应的日本同样是在 20 世纪 90 年代陷入金融衰退,缺乏资产负债表修复的解决方案则至今仍未走出低迷。

(三)宏观审慎政策

建立宏观审慎体系实际上就是建立一个逆周期系统。需要在繁荣时期采取逆周期的政策来建立缓冲,以便在衰退期,也就是金融系统面临压力的时候,可以利用准备好的缓冲提高金融的抵抗能力。可以利用的工具有:资本和流动性标准、准备金、担保和保证金。如果一个国家没能成功建立宏观审慎体系,没能在繁荣期建立缓冲,那么就要面对可能出现的金融机构的"资产负债表衰退"。事实上,在本轮危机之前,宏观审慎政策还未引起足够重视,这也可以看作是传统宏观经济政策的一个重要缺失。

综合以上论述,金融周期对宏观政策的挑战可以概括为:在繁荣时,宏观政策忽视了资产价格,导致泡沫放大,金融崩溃更猛烈;而在衰退时,宽松政策又起不了多大作用(鉴于金融加速器的反向作用,以及资产负债表衰退等)。为防止金融繁荣与衰退带来的巨大冲击,需要宏观审慎政策来建立逆周期的缓冲,但这一点至少在本轮危机前是受到忽视的。

五、金融周期与创新宏观调控新维度

比起经济周期(或商业周期),我们对金融周期的认识还需要不断深化。这里有几个方面值得注意:首先,从时间跨度上来看,金融周期的研究样本基本上是从 20 个世纪 70 年代初至今,时间长度也不过 40 余年,因此所经历的金融周期也屈指可数。这一点与一般经济周期的研究还不可比。其次,周期,本质上是一种人为建构。从什么时点、依据什么样的指标来界定周期存在一定的主观性,特别是囿于当时所处的情境(比如我们现在仍处于走出金融危机的氛围中)。如果经历较长的时段,并且走出了金融危机,可能对于金融周期的认识会更加客观,也会更加深刻。再次,谈金融周期,当然是要把金融作为最重要的影响因子。但实际上,周期的影响因素非常复杂,比如科技、环境生态等,也是影响周期的重要因素,从大量文献来看,这些因素至少也可以与金融因素等量齐观。也就是说,如果我们不把金融视为影响周期的唯一重要因子,或将有利于对金融周期获得更加全面的认识。最后,目前对于金融周期的研究以经验实证为主,还没有很好的理论建模出现。

尽管如此,金融周期还是为认识现实经济运行与政策反应框架打开了一扇新窗户,使我们得以重新审视传统宏观政策的不足,并为创新宏观调控提供了新的维度。

(一)运用金融周期方法衡量潜在增长率

金融周期理论对估算潜在产出提供了新思路。原来的潜在产出,基本上是指非通胀性产出(non - inflationary output)(Okun,1962),典型的就是由不同版本的菲利普斯曲线所确定的潜在产出。不过,事实证明,由于金融失衡的积累和它们掩盖的实体经济扭曲,结果是通胀仍保持稳定,而产出却不可持续,比如出现金融动荡或危机。这表明,将非通胀性产出作为潜在产出是有问题的,应该代之以可持续性的产出。这个可持续性主要是就金融角度而言。因此,可以有一个经金融周期调整的产出,作为新的参考。目前估算潜在产出主要有两种方法,一种是 HP 滤波法,另一种是生产函数法。这里将提出第三种方法,即金融周期方法,也就是经信贷与房地产价格调整的 HP 滤波法。Borio(2012)研究发现,在 21 世纪头十年,经信贷调整后的产出缺口所反映的产出显著高于另外两种方法估算的潜在产出。相比之下,20 世纪 80 年代中期以前,对美国潜在产出的不同估计结果非常接近,这和当时温和得多的金融周期是一致的。这表明,如果考虑到金融周期的影响,就能够发现 21 世纪头十年的美国经济实际上是过热了,从而难以持续,需要通过宏观政策来进行调整了。

对潜在产出的衡量由非通胀性产出代之以金融周期方法估算的可持续性产出,是政策当局对宏观调控目标认识的深化。尽管还很难将后者——经金融周期调整的可持续性产出——作为政策决策的通行基准(就如很难用绿色 GDP 替代一般 GDP 那样),但将其作为一个参考性指标纳入政策当局的视野,显然是非常有必要的。

(二)宏观政策不能“短视”,而应着眼于中长期

宏观政策在凯恩斯经济学那里基本上是熨平短期波动的稳定化工具。因此,宏观政策只关注短期似乎是天经地义的。但由于金融周期普遍长于经济周期,如果只关注经济周期,而不关注金融周期的话,政策制定者可能会变得非常“短视”,把中期问题看成短期问题,从而造成严重的金融危机。

金融周期放缓了经济时间,拉长了相关经济现象发展的时间。金融脆弱性

的形成要用很长时间，它们在经济组织中产生的伤害也要用很长时间才能愈合。但是政策制定者的眼光似乎还没有相应调整。如果有什么调整，它也消弭于应对市场频繁发生的异常行为之中。这一状况可能是经济动荡的主要来源。市场参与者和政策制定者的短视对金融危机难辞其咎。

股票市场往往是宏观经济管理者的一个重要观察变量。但金融周期理论揭示出，股票价格更多的是由相对高频的波动因素所构成，或者说受短期因素的影响较大。因此，盯住股市的宏观经济政策会产生偏差。如果经济衰退伴随着股市崩盘，政策制定者很容易出台一些宽松性的宏观调控政策。但股市崩盘并不意味着金融危机以及伴随其后的金融收缩，金融周期（如以信贷和房地产来衡量）很有可能继续处在扩张过程之中。而此时宽松的货币和财政政策无疑会让金融扩张过程火上浇油，使其后发生的金融崩溃更加严重。

以美国为例，它在 1987 年和 2001 年都发生过股市的见顶下跌。如果从金融周期的视角来看，这两个时间都不是金融周期的波峰。房地产价格直到 1989 年和 2006 年才见顶下跌，信贷与 GDP 之比则要晚到 1991 年和 2009 年才见顶下跌。但美联储可能过多受到股市崩盘的影响，在金融周期还处于扩张的阶段，即开始实行宽松的货币政策，由此造成金融与经济更大的脱节。而这两次情况的不同之处在于：由于 1987 年至 1990 年美国正在经历较高的通货膨胀时期，货币政策的宽松幅度相对较小，因此并没有造成太大麻烦；而 2001 年之后，美国的通胀率处于较低水平，货币政策的宽松力度更强，从而首先拉长了金融扩张期的时间，也造成了更为严重的全球金融危机。

这就意味着，宏观政策要看得长远一些，不要急于控制短期衰退[①]，继续吹大泡沫（比如信贷与房地产），从而导致更大的衰退，如本轮国际金融危机。

（三）全球金融周期制约了开放条件下的政策选择

金融周期理论强调，原来流行的三元悖论可能会因为全球避险情绪的一致性波动而变为二元悖论：即无论是固定还是浮动汇率，在资本自由流动的情况下，货币政策的独立性都是难以实现的。事实上，这种情况下，中心大国的货币政策在执行着全球货币政策，因为其他国家都会受这个中心国货币政策的影响。正因为如此，有两点值得政策当局关注：一是适度的资本管制仍是有必要的。二元悖论强调无论什么样的汇率制度都不可能保证货币政策的独立性，其前提是资本的自由流动。那么，有限的资本管制，从某种程度上看还是有利于增强本国货币政策的独立性的。其次，加强国际政策的沟通协调。影响全球金融周期的主要因子是中心国家的货币政策，因此，这个中心大国货币政策的溢

① 政策当局可能会为季度、月度甚至每日的数据波动而困扰，从而频频出台（刺激）政策。

出效应就非常显著。就外围国家而言,要防止全球金融周期不利的外部溢出效应,就需要中心国家的政策自律,或对其货币政策进行监督、约束。这也意味着宏观政策需要更多地在国际层面上进行沟通和协调。

(四)金融周期理论凸显金融服务实体经济的重要性

金融周期往往体现为金融资产价格的涨落,信贷的扩张收缩,杠杆率的上升下降。就政策当局而言,不是要阻止金融周期的出现(事实上这也做不到),而是要尽量减弱金融周期的负面影响,充分发挥金融周期的积极作用。换句话说,要做到金融真正服务于实体经济。这就需要政策当局能够识别所谓的好繁荣与坏繁荣,从而加以区别对待。

那么,繁荣的好坏如何区分呢?所谓好繁荣,就是信贷扩张、杠杆率上升以及资产价格上涨是由实体经济的正向生产率冲击所带来。而坏繁荣,则是指金融繁荣并没有一个劳动生产率的较大程度提高作为支撑;相反,只是以一些事件或消息,甚至只是政府的乐观预言作为支撑。在金融繁荣期,要识别哪些是真的因为生产率提高、竞争力增强,所以才会有更高的杠杆率和获得更多资源,而另一些只是浑水摸鱼,因为乐观预期所带来的金融约束弱化,是非常困难的。这也是为什么,金融周期理论认为金融的繁荣与崩溃往往会加剧资源的错配。

但这并不意味着政策当局可以无视金融的涨跌而只管收拾烂摊子(如格林斯潘所坚持的),而是应有所作为:一是在繁荣期,就是在金融高涨阶段,对于金融约束的弱化,要实施逆周期的审慎监管,抑制低效率企业杠杆率的过度上升。二是在衰退期,在去杠杆阶段,也要针对异质性企业采取不同的措施。特别是对效率高的企业,可以适度允许加杠杆,而对效率低的企业,坚决去杠杆。这样,才能使有限的社会资源配置到真正能够提升社会效率的地方。金融服务实体经济这句话才能落到实处。

参考文献

[1]伯南克.行动的勇气[M].北京:中信出版社,2016.

[2]陈雨露,马勇,阮卓阳.金融周期和金融波动如何影响经济增长与金融稳定?[J].金融研究,2016(2).

[3]李扬,张晓晶.论新常态[M].北京:人民出版社,2015.

[4]彭文生.从金融周期看经济走势[J].新金融,2015(3).

[5]伊楠,张斌.度量中国金融周期[J].国际金融研究,2016(6).

[6]张晓晶.主流宏观经济学的危机与未来[J].经济学动态,2009(12).

[7]张晓晶.试论宏观调控新常态[J].经济学动态,2015(4).

[8]Adrian, T. & H. S. Shin(2010),"Liquidity and leverage", *Journal of Financial Intermediation*,19(3): 418 -437.

[9]Bech, M. L., L. Gambacorta & E. Kharroubi (2012),"Monetary policy in a downturn:Are financial crises special?", *BIS Working Papers*, No 388, September.

[10]Benetrix, A. & P. Lane(2011),"Financial cycles and fiscal cycles", EUI - IMF Conference on Fiscal Policy, Stabilization and Sustainability, Florence.

[11]Bernanke, B. S., M. Gertler & S. Gilchrist (1999), "The financial accelerator in a quantitative business cycle framework", in J. B. Taylor & M. Woodford(eds.), *Handbook of Macroeconomics*, Elsevier Science B. V.

[12]BIS(2016),86th Annual Report,Basel.

[13]Blanchard, O. et al. (2010), "Rethinking macroeconomic policy", IMF Staff Position Note, SPN/10/03.

[14]Borio, C. E. V. & M. Drehmann(2009), "Assessing the risk of banking crises - revisited", BIS Quarterly Review, March.

[15]Borio, C. E. V. (2012), "The financial cycle and macroeconomics: What have we learnt?", BIS Working Papers,No 395, December.

[16]Borio, C. E. V. (2011), "Central banking post - crisis: What compass for uncharted waters?", BIS Working Paper, No. 353.

[17]Borio, C. E. V., P. Disyatat & M. Juselius (2012), "Rethinking potential output:Embedding information from the financial cycle", BIS Mimeo.

[18]Drehmann, M. et al. (2012), "Characterising the financial cycle:Don't lose sight of the medium term!", BIS Working Paper, No. 380.

[19]Eggertsson, G. B. & P. Krugman(2012), "Debt, deleveraging, and the liquidity trap: A fisher - minsky - koo approach", *The Quarterly Journal of Economics*,127(3): 1469 -1513.

[20]Fisher, I. (1933), "The debt - deflation theory of great depressions", *Econometrica*,1(4): 337 -357.

[21]IMF(2010), "Fiscal monitor: Navigating the fiscal challenges ahead", Prepared by the Staff of the Fiscal Affairs Department.

[22]Jorda, O. et al. (2011), "When credit bites back: Leverage, business cycles, and crises", NBER Working Paper, No. 17621.

[23]Koo, R. C. (2011),"The Holy Grail of Macroeconomics: Lessons from Japan's Great Recession",John Wiley & Sons.

[24]Leigh, D. et al. (2012), "Dealing With Household Debt", IMF World Economic Outlook.

[25]Minsky, H. P. (2008), (Stabilizing an unstable economy), McGraw - Hill Education.

[26]Minsky, H. P. (2015), (Can 'it' happen again?) Essays on Instability and Finance, Routledge.

[27] Okun, A. M. (1962), "Potential GNP, its measurement and significance",Cowles Foundation, Yale University.

[28]Price, R. W. R. & T. T. Dang(2011), "Adjusting fiscal balances for asset price cycles", OECD Economic Department Working Paper.

[29]Rey, H. (2015), "Dilemma not trilemma: The global financial cycle and monetary policy independence", NBER Working Paper, No. 21162.

(张晓晶,中国社会科学院国家金融与发展实验室;王宇,中国社会科学院研究生院)

重塑改革的动力机制是保持长期中高速经济增长的关键

杨瑞龙

当前我们有一种改革焦虑症，大家都明白要改革，大家知道中国不改革死路一条，文件也很多，专家讲的也很多，但是就是干打雷不下雨。什么原因呢？很重要的原因是当下中国改革最缺失的是动力机制。大家都明白连续多年的中国经济下滑主要是由结构因素导致的，即传统经济增长要素发生衰变导致了潜在经济增长率下降，进而导致中国经济呈现L形态势，所以要推进供给侧结构性改革，进行结构调整，培育新的增长动能。但是大家发现，如果不改革的话，结构是调不动的，为什么？因为现有的经济结构实际上是在既定体制和发展模式下的利益结构的反映，所以体制模式、发展模式不变的话，利益结构就有刚性，这个时候结构性调整只能用政府之手来调，但是政府之手调结构的结果可想而知，那就是按下葫芦浮起瓢。所以大家的共识就是要深化改革，但就是改不动，没动作。我们曾经做过一个实证研究，供给侧结构性改革还没有很好地找到抓手。什么原因呢？还是要结合机制设计理论来谈过去中国的改革是如何发生的。

过去中国的改革为什么能取得实质性推进？西方主流经济学告诉我们，用政府之手，由政府主导推进市场化改革，有很大的阻力，但是中国的改革在过去30年取得了实质性的进展。什么原因呢？我曾在1993—2000年先后在《经济研究》发了四篇论文，都是在围绕这个问题进行探讨。当理论与实际不一致时，不要马上质疑实际，而是应选择问题导向或者直面现实的研究方法。我当时选择我的老家江苏昆山的一个案例开展研究。昆山有一个非常好的国家级开发区，但这个开发区一开始并不是国家要求的，是自己搞了一个开发区，不仅没有受到上级的责难，后来还变成了省级开发区，最后变成了国家级开发区。由此我有三个问题找不到答案：一是在当时的政治框架里，为什么地方政府官员敢冒政治风险做一件上级没他让做，他自己要做的事情，就是偷偷摸摸搞了开发区。二是为什么在光天化日下不听中央的话搞了开发区，上级政府没有制止，而是睁一只眼，闭一只眼。三是为什么不听上级话的干部最终都被提拔了，那些所谓听话的老实干部反而没有得到提拔。针对这些问题我问了老书记。

老书记告诉我,当财政还没有分权时,昆山县委书记到苏州开会的话早到可以坐前排,晚到坐后排。搞了分权以后发现,座位的前后跟经济实力正相关,昆山实力最弱,所以被赶到了后排,连表态的机会都没有。老书记说,这个事情不得了,昆山经济落后,当时还不到40岁,这样的话一辈子就没有提拔机会了,所以就想到了要发展。从这个案例中我发现,财政分权改变了地方政府的行为目标与行为方式行为,在基数与分成比例已定的包干期内,一个地方的经济发展越快,在地方竞争中越有利,政治升迁的机会就越多,因此,财政分权使得地方的官员政治升迁和GDP相关,所以追求GDP成为政府官员追求政治升迁的非常重要的砝码。

在这样一个政府主导下市场化的改革方式中引入了改革动力机制,就是满足了参与性的约束条件和激励相容的条件。地方官员要升迁就要做大GDP,在他有限的任期里面最有效的办法就是招商引资,招商引资成为地方政府官员的最爱,与财政分权有关。为了招商引资不得不改善投资环境,而投资最好的环境是让投资者可以在这里比其他地方获得更多的投资回报,而这常常可以通过获得改革优先权创造出来。因为每个改革优先权或者试点权背后都是特殊体制和优惠政策。特殊体制和优惠政策会带来垄断利润,如果试点权是排他的,垄断利润就转为租金,这种租金会使投资人获得又一次超额的投资回报。这样的话,中国过去30年尽管改革权是在行政系统内配置的,到今天为止企业仍然没有改革权,改革权始终掌握在中央政府手中。在这样的体制里面,由于引入这样一种财政分权和地方政府的激励机制,导致了地方政府官员有兴趣、有热情与企业联合,和企业合谋,共同从中央获得改革优先权,也就是试点权,试点权的获得地方政府可以获得好处,投资来了,税收就来了。企业也可以获得好处,因为改革优先权背后就是优惠政策和特殊体制,可以带来比较高的投资回报率,这样就出现了非常复杂的关系,这样的关系构成了过去30年中国改革的激励机制。

在过去的改革方式下,我们的地方政府官员成政治企业家,有一个非常有意思的现象,一个搞得好的地方的市长或者书记都有一个特点,他坐在办公室里或者做报告的时候就像一个市长,但是他和外商谈项目的时候,就像个老板,到大学做报告的时候像个学者,这是当时条件下一个有作为市长的典型形象。如果这个地方的市长就只像个官,开口闭口都是文件,这个地方就没动作;如果这个地方的市长就只像老板,做事可能会乱来;如果这个地方的市长就只像一个学者,那他可能只会说不会做。这是过去30年形成的非常特殊的对地方政府官员的改革与增长的激励机制。

这样一种改革权纵向分配的改革形式,当引入财政分权这种激励机制之后，产生了一个鲜活的"婴儿"，那就是持续30多年的快速经济增长，因为地方政府和企业合谋的时候都愿意去竞争改革优先权，结果导致市场化。这样的政企合谋式的市场化改革也带来了很大的问题，包括行为失范、合理不合法、合法不合理及腐败越演越烈、"打擦边球"式的潜规则蔓延、资本和劳动的冲突，等等，这些都与这种特殊的改革方式有关。过去30年的改革产生了一个鲜活的"婴儿"，但是这个"婴儿"躺在比较脏的水里面。这几年针对改革产生的问题我们开始坚决地反腐败，毫无疑问这是正确的，如果任腐败泛滥的话对未来中国的增长将是一个极大的制约因素，可以这么说，不反腐败将亡党亡国。然而，我们又应该看到，这种铁腕反腐败同时把原来的政商关系割断了，政府官员基于政治风险而不愿与商人发生关系，也不愿意去做那些可能有助于本地经济增长，但上级既没有让你做也没有让你不做的那些事，我把它称为自发的制度创新，或者说，过去那种政商关系下地方政府官员与企业家通过合谋来竞争改革优先权的激励相容机制发生了变化，从而行政主导权下的改革动力机制相对就缺失了。现在地方上普遍存在懒政、慵政，过去商人见官员是"脸难看，门难进"，现在则常常"门进不了，脸看不见"。不仅如此，现在央企里面这个问题也比较严重，中央文件讲得很好，说国有企业改革要分类改革，要推行混合所有制，文件写得很好，但是你到央企去看基本没动，原因很多，其中一个重要的原因是央企领导人也有懒政的情况，因为在这样的环境下都有安全意识，他从改革中获得的收益远小于改革带来的风险，如有人可能会质疑他在推行混合所有制时发生国有资产流失问题等，基于理性的考虑，他可能会选择稳定。有大量的证据证明懒政、慵政产生的后果，2011年以后中央历次的微刺激计划效果逐渐递减，不能不说与地方政府的增长热情减弱有关。过去几年我们一直选择中性的货币政策、积极的财政政策，但从实际效果来看财政政策并不积极。什么原因呢？一是没有实质性减税，二是没有明显增加财政支出，各级政府的财政存款居高不下，不断累计，这反映了懒政、慵政的问题。所以当下中国的关键在于改革，而改革改不动的最重要的原因在于改革的动力机制问题。如果没有一个相应的改革动力机制，我们就在空喊，供给侧结构性改革很难取得实际的效果。外国有些媒体唱空中国，说中国从此不行了，这是没有根据的。你看中国的传统增长要素，如改革红利、全球化红利、人口红利、工业化红利余威还在，同时我国未来还有新的增长动能，像创新、城镇化、消费率的提升、结构转型升级等，中国继续保持中长期的中高速增长是有可能的，关键是要通过改革把这些增长动能激发出来。但是怎么样改革？必须要从战略层面上调动精英阶层的积极性，这是当前以及未来经济成功转型升级的核心，如果我们还想坚持改革权在行政系统内分配的渐进式改革方式的话，那么毫无疑问必须要调动地方政府的改革积极性,地方政府要有热情进行改革,要认识到过度下滑甚至出现持续的萧条会成为中国最大的政治风险。

因此,在反腐倡廉取得战略性重大胜利之后,在稳增长的基础上积极构建新一轮大改革、大调整的激励相容的动力机制是非常必要的。所以要重新理清政府与市场之间的权力边界。十八届三中全会讲得很好,要让市场机制在资源配置中起决定性作用和更好地发挥政府的作用。现在有些学者在解读文件时是有偏差的,离开市场机制起决定性作用,泛谈更好地发挥政府的作用,政府的作用就没有边界了,我们需要强调在市场机制发挥决定性作用的前提下来谈政府的作用及界定政府作用的边界。同时我们既要重视改革顶层设计,但更要重视地方政府与微观主体的改革积极性。大家回顾一下中国过去 30 多年的改革,哪一项成功的改革不是源于微观主体的? 因此,为了让市场经济在资源配置中的决定性作用落到实处,关键是要挖掘和培育出改革的动力机制,只有这样才能继续分享传统的改革红利、全球化红利、人口红利、工业化红利,同时可以激发出城镇化、消费率提升以及产业升级和创新等新的增长因素,进而推动市场取向的实质性改革,实现增长模式的转换和保持长期中高速经济增长。培养新的增长与改革的动力机制,首先需要重新界定政府与市场的权利边界,推进政府的自我改革。关键在于四个方面的突破:

一是以市场机制起决定性作用为前提来重新界定政府与市场作用的边界,在寻找新的改革突破口和改革动力机制时,以市场机制起决定性作用为前提,才能更好地发挥政府的作用,一旦离开这一前提,政府的作用范围就没有确定性的边界,导致过度干预。二是改革既要重视顶层设计,更要培育微观的改革热情。就历史经验而言,成功的改革大都并非来自顶层设计,而是以顶层设计为原则,大力推动微观经济主体的自主改革。三是继续推进产权制度改革。过去的改革经验证明,产权制度改革对于财富创造的动力机制或者激励机制至关重要,其改革的重心是国有企业改革和土地制度改革。四是继续完善市场体系,核心是推进要素价格体系的改革。价格给了财富创造过程当中的评价机制,结构扭曲的背后实际是要素配置的扭曲,要素配置的扭曲背后则是要素价格的扭曲,改革的方向要从一般商品价格的改革转向要素价格的改革,而这其中最关键的是金融体制的改革。

(中国人民大学经济学院)

TFP 增长对中国城市经济增长与波动的影响①

——基于 264 个地级及地级以上城市数据

张自然

一、引言

中国经济经历了 30 多年的高速增长,2011 年开始出现减速趋势:2010 年 GDP 增长率为 10.2% ,2011 年 GDP 增长率开始下降为 8.7% ,2012 年 GDP 增长率继续下降为 8.2% ,2013 年中国 GDP 增长率继续明显下降,预计全年增长率为 7.6% ,今后几年潜在增长率下降是必然趋势,中国经济已经进入结构性减速期。影响潜在增长率的三个要素分别为投资、就业和技术进步。高投资高增长是中国前 30 年增长的主要特色,高投资积累导致今后投资不可能持续保持 30% ~40% 以上的增速;人口老龄化的提前到来也让中国的就业增长率下降而且很快面临拐点,由此直接导致潜在增长率的快速下降,而减缓中国经济潜在增长率下降只有靠技术进步和技术创新(即全要素生产率的提高)。

关于中国全国或者分省份的全要素生产率方面的讨论已经很多了(Sachs 和 Woo,1997;Young,2000;谢千里等,2001[8];张军和施少华,2003[7];Guillaumont 和 Hua,2003[18];Zheng 和 Hu,2004[26];颜鹏飞和王兵,2004[12];郑京海和胡鞍钢,2005[11];孙琳琳和任若恩,2005[5];郭庆旺和贾俊雪,2005[4];张自然和陆明涛,2013[2])。其中不乏认为中国经济增长的主推动力是要素投入的积累,质疑中国经济高速增长是不是存在技术进步,并且否认中国经济增长中存在技术创新的(Young,1992[24],1995[25] 和 2000[23];Krugman,1994[20]),但近些年来越来越多的国内外学者认为中国的经济增长主要依赖全要素生产率的增长(郑玉歆,1999[10];Ezaki 和 Sun,1999[16];Islam 和 Dai,2004[19];郑京海和胡鞍钢,2005[11];Bosworth 和 Collins[13],2008;Lee,2009;Ozyurt,2009[21];Brandt 和 zhu,2010[14])。

目前对中国全要素生产率的研究主要有以下三个方面:①对具体行业的全要素生产率的研究。这些研究主要集中于工业和农业,近些年开始出现针对服

① 本文发表在《金融评论》2014 年第 1 期。

务业全要素生产率的研究。②对中国经济总量全要素生产率的研究。③对中国各省区市全要素生产率的研究,分析全要素生产率增长、技术进步、技术效率和区域差距。但很少有人基于中国各个城市来分析全要素生产率及其对经济增长潜在增长率的影响。本文即是用中国264个地级及地级以上城市1990—2011年的数据来分析分区城市全要素生产率增长及其对潜在增长率的影响。

本文第二部分是研究方法和数据处理,第三部分是分地区城市TFP增长及贡献情况,第四部分为TFP增长对潜在增长率的影响,第五部分是结论及政策建议。

二、研究方法和数据处理

(一)研究方法

全要素生产率的研究方法主要有增长核算法和考虑技术效率的前沿分析法(包括随机前沿分析法和非参数DEA Malmquist生产率指数法)。增长核算法(包含柯布—道格拉斯生产函数法和对偶法),要求市场完全竞争、规模报酬不变、技术进步为希克斯中性,且不能将全要素生产率增长分解为技术进步和技术效率变化。由于中国处于从计划经济转向市场经济的转型阶段,20世纪90年代前中国经济并不符合完全竞争市场、规模报酬不变和技术进步为希克斯中性等条件。一些研究者采用索洛增长核算法研究中国的全要素生产率增长时假定资本和劳动的产出弹性分别为0.6和0.4就值得商榷。用柯布—道格拉斯生产函数法将资本和劳动的产出弹性之和设定为1也存在类似的问题。因此本文不考虑使用增长核算法(含对偶法)、C-D生产函数法和指数法来研究中国的全要素生产率增长。[2]

由于中国处于经济转型期,时间跨度大,涉及的城市众多,且城市间发展不均衡,很难用统一的生产函数来描述,我们也不考虑用随机前沿分析法来研究中国的全要素生产率增长情况。

非参数DEA Malmquist生产率指数法是用数学规划的方法进行分析,无须对生产函数和无效率项的分布进行假设;没有规模报酬不变、资本和劳动产出弹性相关限制;也不需要对参数进行估计,无须考虑投入产出价格,在存在价格扭曲的情况下仍然适用;生产力指数构建无须考虑诸如成本最小化或利润最大化假设,在经济单位行为未知的情况下仍然适用;生产力指数的可分解性,有利于全要素生产率增长的来源的深化分析;也不需对市场竞争状况作出假设,它使用数据包络分析的方法构建出最佳实践面。同时允许技术非效率的存在,并且是确定性分析方法,不考虑随机冲击的影响,其好处是所分析结果比较稳定,当数据调整时,只是相关年份会进行变化,其他部分则保持不变。由于 Malmquist指数法在基于中国省份面板数据应用的普遍性，适合应用于中国这样处于经济转型的国家，我们采用 Fare et al.（1994）[17] 构建的基于 DEA 的 Malmquist 指数法来分析中国 264 个地级及地级以上城市的全要素生产率增长情况。

Malmquist 指数在规模报酬不变时（CRS）将全要素生产率增长指数分解为技术进步指数（TP）和技术效率指数（TEC）。规模报酬可变（VRS）时技术效率指数（TEC）又可以分解为纯技术效率指数（PEC）和规模效率指数（SEC）。本文采用规模报酬可变的 Malmquist 指数法。Malmquist 指数法公式的具体推导过程见张自然、陆明涛（2013）[2]。

（二）数据来源及处理

本文采用 1990—2011 年 264 个地级及以上城市的数据，数据均来源于历年《中国城市统计年鉴》、《中国统计年鉴》、中国各省区市统计年鉴和具体城市统计年鉴。

1. GDP

产出数据采用 264 个城市全市的地区生产总值 GDP。由以 1990 年为基期的各市 1990—2011 年的国内生产总值指数和当年 GDP 可以得到以 1990 年为基期的不变价格地区生产总值 GDP。

2. 固定资本存量

资本投入应该采用资本服务值，是一个流量的概念。资本投入量为直接或间接构成生产能力的资本存量，它包括直接生产和提供各种物质产品和劳务的各种固定资产和流动资产，也包括为生活过程服务的各种服务和福利设施的资产。但由于资本的使用者往往是资本的所有者，不存在一个市场化的资本租赁价格可以对资本的实际使用进行准确的度量。因此通常的做法是用资本存量数据替代资本的流量数据。目前测量资本存量的通用方法是永续盘存法（PIM）。永续盘存法是对历年投资形成的固定资产进行重新估价后，根据所选折旧方式来确定某个资本消耗，按逐年推算的方法计算历年的资本存量总额。[6] 对中国的固定资本存量进行的估算比较典型的有贺菊煌（1992）[9]、邹至庄（Chow，1993）[15]、王小鲁和樊纲（2000）[3] 和吴延瑞（Wu，2003）[22]。

本文也采用永续盘存法来计算固定资产存量[1]，计算方法是将第 i 个城市第 t 年的固定资本存量表示为：

$$K_{it} = K_{i,t-1}(1 - \delta) + I_{it}$$

其中，I_{it} 是第 i 个城市第 t 年的当年新增固定资产投资，K_{it} 是第 i 个城市第 t 年的固定资本存量，δ 是折旧率。

固定资本存量的确定涉及基年固定资本存量、折旧率、新增固定资产投资和固定资产价格指数等几个方面。

1990年各市的固定资本存量由各省区市固定资本存量按当年各市占各省份的全社会固定资产投资的比例来确定。

把各市的全社会固定资产投资总额按照全国的全社会新增固定资产投资与全社会固定资产投资总额的比例换算成各市的全社会新增固定资产投资。

各市1991年后的固定资产价格指数直接引用《中国统计年鉴》(2012)中各省区市的固定资产价格指数,再将1990—2011年的固定资产价格指数换算成以1990年为基期的固定资产价格指数。

由于中国法定残值率为3%~5%,且现有文献中一般选择折旧率为5%,本文也选取折旧率为5%。

由各市1990年的固定资本存量、全社会新增固定资产投资、以1990年为基期的固定资产价格指数和折旧率,按照永续盘存法式就可以计算出264个城市1990—2011年以1990年为基期的固定资本存量。

3. 劳动投入

在全要素生产率分析中,投入数据应当是一定时期内要素提供的“服务流量”,它不仅取决于要素投入量,而且还与要素的利用效率、要素的质量等因素有关。劳动投入有如下三个指标:①劳动者报酬;②总劳动时间,通过平均劳动时间乘以就业人数取得;③劳动者人数,通常采用就业人数。理想的劳动投入指标应既能反映劳动投入的数量,也能反映劳动投入的质量。从这个角度来说,劳动者报酬是比较理想的指标。如果一个国家或地区产业结构相对成熟,就业市场化程度很高,劳动的供给和需求保持着较为稳定的关系,劳动报酬将完全由劳动的数量和质量决定。但劳动者报酬存在变量的选择和数据采集的问题,还存在如何才能准确反映价格调整的问题。作为劳动投入,总劳动时间比劳动者人数统计得更细,也更准确,但也不能反映劳动的质量。同时我们国家统计数据并没有劳动小时数的统计,有部分研究者用抽样调查的方式获取劳动时间,其结果可能比采用劳动人数更不准确。因此多数研究选用劳动者人数即就业人数作为劳动投入。这是因为它能够简明直接地体现劳动投入量的规模,不存在价格调整的问题,统计数据也较容易获得。劳动投入采用中国264个城市1990—2011年末全市就业人口数。

三、分地区城市TFP增长及贡献情况

根据中国264个城市1990—2011年的面板数据,利用Coelli(1996)给出的

数据包络分析软件包 DEAP 计量软件对中国各省区市的经济进行全要素生产率分解，得到 1991—2011 年中国的 Malmquist 生产率指数分解(见表 1)。

(一)中国全要素生产率增长的变动

(1)1990—2011 年中国 264 个城市全要素生产率平均增长 1.4%。TFP 增长对经济增长的贡献为 11.66%。将 Malmquist 指数分解为技术效率变化和技术进步两个部分，可以发现技术进步年均增长 0.1%，而技术效率变化为 0.4%，对全要素生产率增长起主要作用的是技术效率，技术进步起补充作用。见表 1。

(2)中国 264 个城市全要素生产率的平均增长见图 1，264 个城市 1991—2011 年全要素生产率平均增长与通过 30 个省区市得到 1991—2011 年的平均全要素生产率增长[①]趋势基本一致。

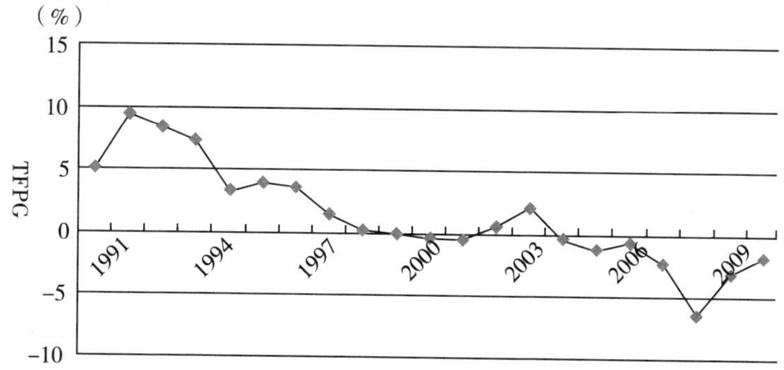

图 1　中国城市全要素生产率平均增长图

注：TFPG 表示全要素生产率增长。

(3)1991—2011 年中国 264 个城市平均技术进步情况见图 2。

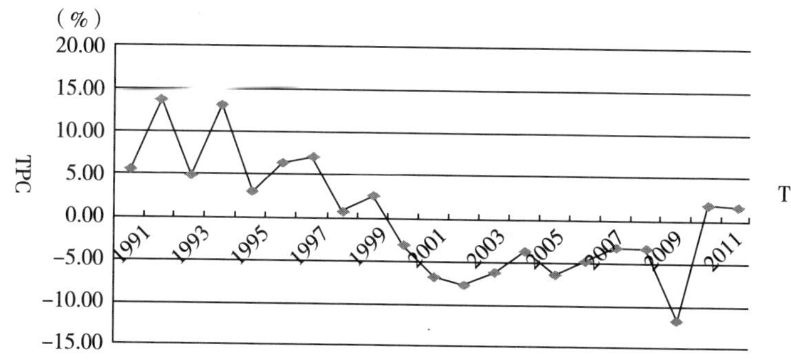

图 2　中国城市平均技术进步情况

注：TPC 表示技术进步变化。

① 参见《金融评论》2013 年第 1 期《全要素生产率对中国地区经济增长与波动的影响》一文。

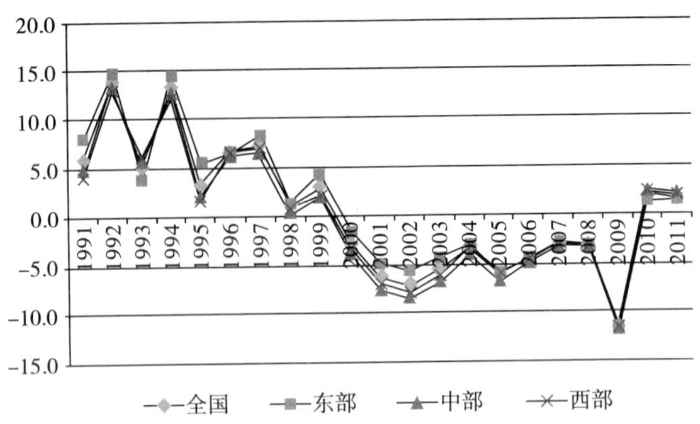

图3 中国东、中、西部地区城市TP增长情况

(4)1991—2011年全国、东、中、西部地区城市的平均技术效率变化见图4。从图4可以看出,2000年前中国264个城市平均技术效率变化波动比较频繁。2000—2009年技术效率变化总体处于改善状态,2010年后技术效率变化又处于恶化状态。

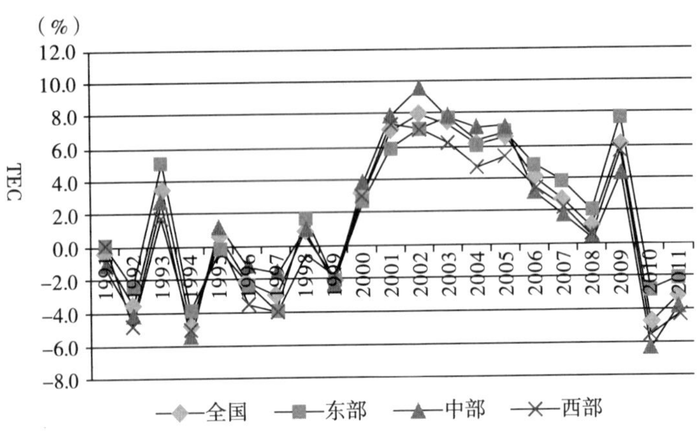

图4 中国城市分区平均技术效率变化

注:TEC表示技术效率变化。

1991—2011年全国、东、中和西部地区城市的平均技术效率见图5,2000年后全国、东、中和西部地区城市平均技术效率呈上升趋势,2010年后相应地区的平均技术效率又开始下降。

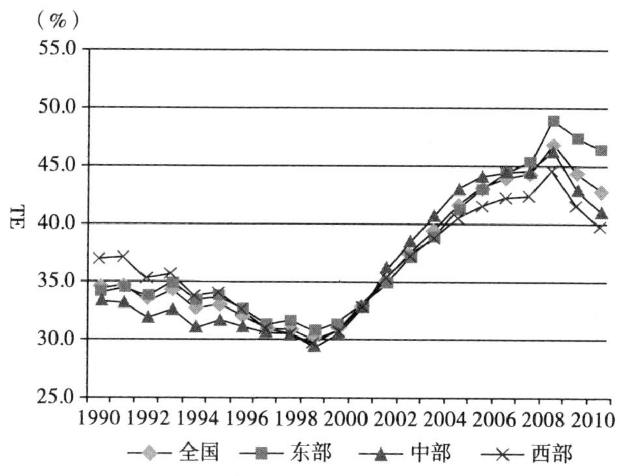

图5　中国城市分区平均技术效率

注：TE 表示技术效率。

(5)1991—2011 年全国、东、中和西部地区城市的平均纯技术效率变化见图6。从图6可以看出，1991—2000 年全国、东、中和西部地区城市的纯技术效率变化波动频繁。2000—2009 年全国及分区城市平均纯技术效率变化为正，2010 年后相应地区平均纯技术效率转而下降。

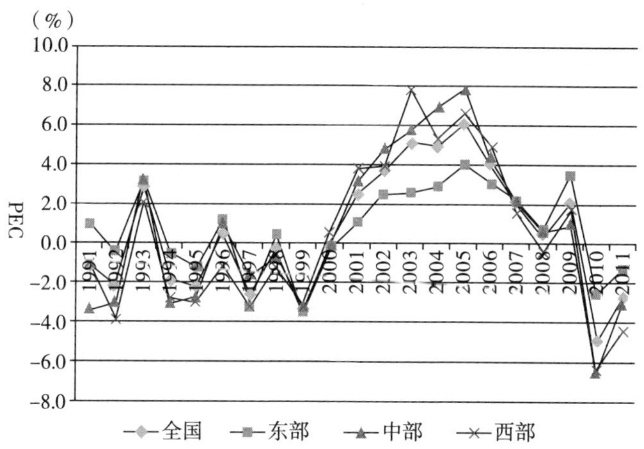

图6　中国城市分区平均纯技术效率变化

注：PEC 表示平均纯技术效率变化。

(6)1991—2011 年全国、东、中和西部地区的平均规模效率变化见图7。从图7可以看出，2000 年前规模效率变化上下波动，2000—2009 年规模效率变化处于改善状态，但 2010 年后全国、东、中和西部地区规模效率变化恶化。

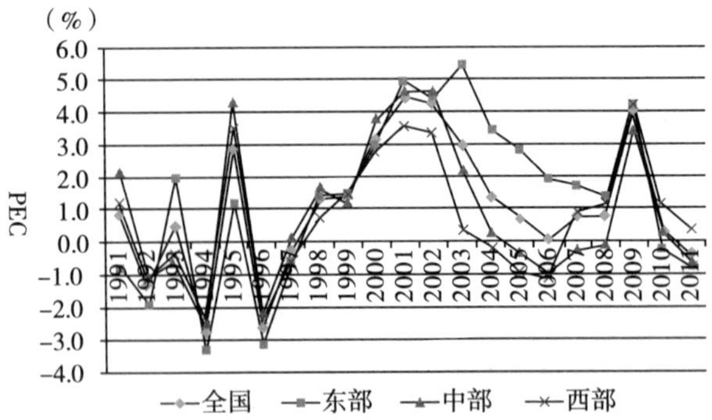

图 7　中国城市分区平均规模效率变化

注:PEC 表示平均规模效率变化。

表 1　　中国城市 Malmquist 生产率指数分解(1991—2011 年)

	技术效率指数	技术进步指数	纯技术效率指数	规模效率指数	TFP 指数	TFP 贡献率(%)
1990—1991 年	0.995	1.057	0.988	1.008	1.052	50.99
1991—1992 年	0.962	1.138	0.976	0.985	1.095	64.20
1992—1993 年	1.033	1.05	1.029	1.004	1.085	64.11
1993—1994 年	0.95	1.132	0.978	0.971	1.075	57.42
1994—1995 年	1.003	1.031	0.975	1.029	1.034	33.43
1995—1996 年	0.977	1.065	1.004	0.973	1.04	37.71
1996—1997 年	0.967	1.072	0.971	0.996	1.037	30.43
1997—1998 年	1.007	1.008	0.994	1.013	1.015	15.44
1998—1999 年	0.977	1.027	0.964	1.013	1.003	3.65
1999—2000 年	1.03	0.97	0.999	1.031	1.00	0.00
2000—2001 年	1.068	0.933	1.023	1.044	0.997	-3.22
2001—2002 年	1.078	0.924	1.035	1.042	0.996	-3.88
2002—2003 年	1.072	0.939	1.045	1.026	1.007	5.27
2003—2004 年	1.06	0.964	1.047	1.013	1.022	14.83
2004—2005 年	1.064	0.937	1.058	1.006	0.997	-2.13
2005—2006 年	1.038	0.953	1.038	1.00	0.989	-7.60
2006—2007 年	1.026	0.969	1.019	1.007	0.994	-3.92
2007—2008 年	1.01	0.968	1.002	1.007	0.978	-17.02
2008—2009 年	1.06	0.884	1.019	1.04	0.937	-51.03
2009—2010 年	0.951	1.019	0.948	1.003	0.969	-22.50
2010—2011 年	0.967	1.017	0.972	0.995	0.983	-13.68
平均	1.013	1.001	1.004	1.01	1.014	11.66

(二)分地区全要素生产率的变动

按照东、中、西部地区分析各城市的全要素生产率变动情况如表2所示,可以看出,全要素生产率增长最快的是东部地区, TFP平均增长年均为3.0 %,东部TFP增长对经济增长的贡献为23.4%。处于第二位的是中部地区,年均TFP增长1.3%,中部TFP对经济增长的贡献仅为11.3%。处于最后的是西部地区,年均TFP增长为0.8%,西部TFP增长对经济增长的贡献仅为6.9%。

全国和东、中、西部地区的技术进步分别为0.6%、1.3%、0.1%和0.2%,技术进步均不快,但东部地区快于中、西部地区,西部地区略快于中部地区。全国和东、中和西部地区技术进步对经济增长的贡献分别为5.1%、10.3%、1.0%和2.0%,均相当低。

全国和东、中、西部地区的技术效率变化分别为1.5%、2.0%、1.5%和0.9%,技术效率变化快于技术进步,但东部地区快于中、西部地区,中部地区略快于西部地区。全国和东、中和西部地区技术效率变化对经济增长的贡献分别为12.7%、15.4%、13.1%和7.7%,高于技术进步对经济增长的贡献。技术效率变化对TFP增长起主要作用,技术进步对TFP增长起补充作用。

全国和东、中、西部地区的纯技术效率变化分别为0.5%、0.7%、0.5%和0.3%,纯技术效率变化低于技术效率变化,但东部地区略快于中、西部地区,中部地区略快于西部地区。全国和东、中和西部地区纯技术效率变化对经济增长的贡献分别为4.6%、5.8%、4.6%和2.6%,低于技术效率变化对经济增长的贡献。

全国和东、中、西部地区的规模效率变化分别为1.1%、1.3%、1.0%和0.8%,规模效率变化低于技术效率变化,但高于纯技术效率变化,且东部地区略快于中、西部地区,中部地区略快于西部地区。全国和东、中和西部地区规模效率变化对经济增长的贡献分别为8.9%、10.1%、9.2%和6.7%,低于技术效率变化对经济增长的贡献,但高于纯技术效率变化对经济增长的贡献。规模效率变化对技术效率变化起主要作用。

264个城市平均技术效率从1990年的34.6%提高到2011年的42.8%,22年改善了8.2个百分点,平均每年改善0.39个百分点。东部地区平均技术效率从1990年的34.1%提高到2011年的46.4%,22年改善了12.3个百分点,平均每年改善0.58个百分点,东部地区平均技术效率改善较大。中部地区平均技术效率从1990年的33.4%提高到2011年的41.1%,22年改善了7.6个百分点,平均每年改善0.36个百分点。西部地区平均技术效率从1990年的36.9%提高到2011年的39.7%,22年改善了2.8个百分点,平均每年改善

0.13个百分点,西部地区平均技术效率改善较小。

264个城市1991—2011年平均TFP增长最高的城市是绍兴市,其值为11%;TFP增长最低的城市是宁德市,其值为-6.6%。其中:技术效率变化最大的城市是茂名市,其值为7.8%;技术效率变化最小的城市是莆田市,其值为-3.9%;纯技术效率变化最大的城市是铜川市,其值为6.5%;纯技术效率变化最小的城市是莆田市,其值为-4%;规模效率变化最大的城市是重庆市,其值为5.5%;规模效率变化最小的城市是辽源市,其值为-1.6%,见表3。

表2 分地区TFP各分项及其对经济增长的贡献率

地区	TFPG	TFPG贡献率	TP	TP贡献率	TEC	TEC贡献率	PEC	PEC贡献率	SEC	SEC贡献率
全国	1.8	15.2	0.6	5.1	1.5	12.7	0.5	4.6	1.1	8.9
东部	3.0	23.4	1.3	10.3	2.0	15.4	0.7	5.8	1.3	10.1
中部	1.3	11.3	0.1	1.0	1.5	13.1	0.5	4.6	1.0	9.2
西部	0.8	6.9	0.2	2.0	0.9	7.7	0.3	2.6	0.8	6.7

注:TFPG为TFP增长率,TP为技术进步率,TEC为技术效率变化,PEC为纯技术效率变化,SEC为规模效率变化。

表3 中国城市TFP相关项最高和最低的城市(1990—2011年)

	技术效率变化(%)	技术进步(%)	纯技术效率变化(%)	规模效率变化(%)	TFP增长(%)
最高城市	茂名市	娄底市	铜川市	重庆市	绍兴市
最高值	7.80	9.60	6.50	5.50	11.00
最低城市	莆田市	重庆市	莆田市	辽源市	宁德市
最低值	-3.90	-5.70	-4.00	-1.60	-6.60

(三)资本、劳动和TFP对GDP的贡献率

利用随机前沿分析法得到的资本和劳动的产出弹性,将TFP增长对GDP的贡献的剩余部分通过资本和劳动的份额平摊得到资本和劳动对GDP的贡献率。具体说就是:计算出TFP贡献之后,将剩余部分根据资本份额与资本增长率之乘积(即$\alpha\dot{K}$)与劳动份额与劳动增长率之乘积(即$\beta\dot{L}$)按比例分摊,则得到资本和劳动的贡献份额,见图8。

1995年前中国264个城市平均TFP增长对经济增长的贡献率在50%以上,此后TFP增长对经济增长的贡献率一直下降。

而固定资本存量对经济增长的贡献率持续上升,1995年后超过TFP增长对经济增长的贡献,此后固定资本存量对经济增长的贡献一直高于50%,高于

TFP 增长的贡献率，并在 2009 年达到最高，贡献率为 115.8%，此后固定资本存量的贡献率逐步下降。

劳动对经济增长的贡献率呈 V 字形状，在 1990 年劳动的贡献率为20.6%，此后劳动的贡献率一直下降，并在 2001 年降为最低 -3.8%，2001 年后劳动对经济增长的贡献逐步升高，直到 2011 年为最高，为 32.7%。

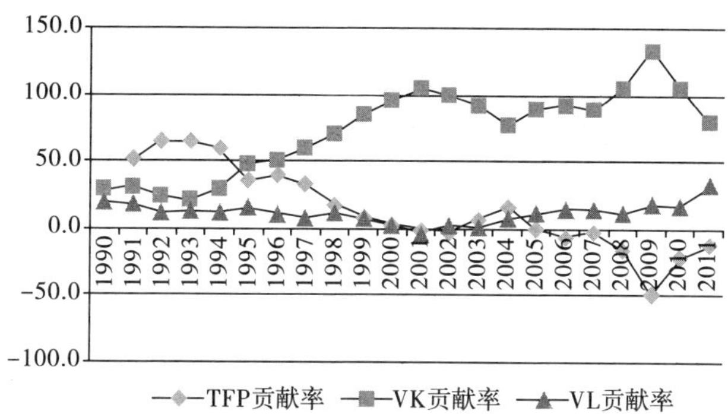

图 8　TFP 增长、资本和劳动对 GDP 的贡献率（中国 264 个城市平均）

注：①其中 K 贡献率 0 和 L 贡献率 0 是按照传统方法得到的资本和劳动对 GDP 的贡献率。

②K 贡献率和 L 贡献率则是将 TFP 增长对 GDP 贡献的剩余部分按传统的资本和劳动的份额进行分配得到。

四、TFP 增长对潜在增长率的影响

（一）TFP 增长、要素与 GDP 增长率的 HP 滤波与分解

将 264 个城市 GDP 增长率水平进行 HP 滤波，得到去除经济波动的 GDP 增长的趋势值，GDP 增长率的趋势值加上 GDP 增长率的波动值即 GDP 实际增长率。其中 GDP 增长趋势值即我们所关注的 CDP 的潜在增长率。在滤波时，我们采用通行的 $\lambda = 100$。同样，我们将 TFP 增长率、资本增长率、劳动增长率进行 HP 滤波，也能得到 TFP 增长、资本和劳动的趋势值和波动值。并探讨 TFP 增长率、资本增长率和劳动增长率的趋势值与 GDP 增长率趋势值的相关关系。

除中部地区在 1990—1998 年 GDP 增长率经历了先上升后下降再上升的过程外，全国、东部、西部地区城市 GDP 增长率均经历了先下降后上升的阶段。GDP 增长率平均于 1997—1998 年达到最低，此后逐步回升。2006 年前东部地区城市 GDP 增长率一直高于全国、中部、西部地区，2007 年后东部地区城市 GDP 增长开始放缓，并低于全国、中部、西部地区城市。而中、西部地区城市 GDP 增长率仍保持上升势头，导致全国城市 GDP 增长率保持上升，但上升速率

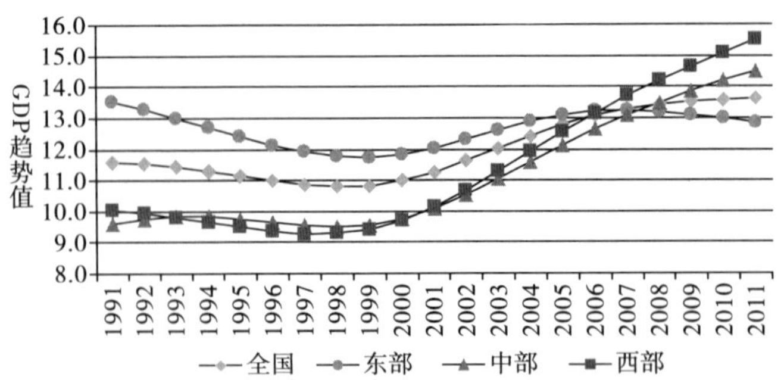

图9 全国、东、中、西部地区城市 GDP 增长率趋势图

放缓,见图9。

全国及东、中和西部地区城市固定资本存量增长率持续增长,2010 年前西部地区固定资本存量增长率一直高于全国和东、中部地区城市。中部地区固定资本存量增速在 2004 年、2005 年分别超过东部地区和全国平均,并于 2011 年超过西部地区。

1990—2011 年全国和东、中、西部地区城市的劳动增长率趋势值曲线呈 U 形,劳动增长率从 1990 年的 1.5% ~2.1% 下降到 2000 年、2001 年的 0~0.9%,并在 2001 年后逐步回升到 2011 年的 2.2% ~4.7%。1994 年前中部地区劳动增长率高于东部、西部地区,到 1995 年后东部地区城市的劳动增长率则一直高于全国平均和中、西部地区。直到 2011 年的数据暂时还看不出来城市劳动增长放缓。

全国和东、中、西部地区城市 TFP 增长均呈下降趋势,其中东部地区城市 TFP 增长高于全国和中、西部地区城市,中部地区城市 TFP 增长高于西部地区城市。

(二)GDP 增长、TFP 增长与要素之间趋势相关性

从 1990—2011 年整个阶段来看,全国和中、西部地区 GDP 增长趋势值与 TFP 增长趋势值呈负相关,东部地区 GDP 增长率与 TFP 增长呈现较弱的正相关。

将 1990—2011 年划分为三个阶段:第一个阶段,1990—1999 年;第二个阶段,2000—2007 年;第三个阶段,2008—2011 年。第一阶段全国和东、西部 GDP 增长趋势与 TFP 增长趋势显著相关,相关度分别为 0.982、0.990 和 0.926,中部地区呈弱相关,相关系数为 0.354;第二阶段全国和东、中和西部地区 GDP 增长趋势和 TFP 增长趋势高度负相关;第三阶段全国和中、西部 GDP 增长趋势与 TFP 增长趋势高度负相关,仅东部地区城市 GDP 增长趋势与 TFP 增长趋势高度正相关,相关度高达 0.996。如表 4 所示。

表 4 GDP 增长趋势与 TFP 增长趋势相关系数

时间段	全国	东部	中部	西部
平均	-0.765	0.090	-0.914	-0.835
2000 年后	-0.966	-0.771	-0.996	-0.997
1990—1999 年	0.982	0.990	0.354	0.926
2000—2007 年	-0.995	-0.984	-0.998	-0.997
2008—2011 年	-0.997	0.996	-1.000	-1.000

如表 5,全国和中、西部地区 GDP 增长率与固定资本存量增长率具有很强的正相关性,而东部地区 GDP 增长率与固定资本存量成极弱的负相关性。全国、东部、中部和西部地区城市 GDP 增长率趋势值和固定资本存量增长率趋势值相关系数分别为 0.801、-0.086、0.967、0.881,其中中部地区的相关系数高达 0.967,极其相关。说明扩大中、西部地区城市的投资仍然可以提高 GDP 增长率。

按三阶段考虑固定资本存量增长趋势与 GDP 增长趋势之间的相关情况,第一个阶段全国、东部和西部地区城市的固定资本存量增长趋势与 GDP 增长趋势高度负相关,中部地区城市则呈现弱负相关;第二个阶段全国和东、中、西部地区城市 GDP 增长趋势与固定资本存量增长趋势高度相关,相关系数均大于 0.995;第三个阶段全国和中、西部地区城市 GDP 增长趋势与固定资本存量增长趋势高度相关,而东部地区城市 GDP 增长趋势已经与固定资本存量增长趋势显著负相关,说明东部地区城市固定资产投资已经难推动 GDP 增长了,而中、西部地区则仍然可以通过提高固定资本存量增长来促进 GDP 增长。

综合来看,TFP 增长与固定资本存量增长对于 GDP 潜在增长率的影响是互补的,当 TFP 增长与 GDP 增长趋势相关系数较高的时候,资本与 GDP 增长趋势的相关系数则较低,当 TFP 增长趋势与 GDP 增长趋势相关系数为负时,固定资本存量增长与 GDP 增长趋势相关系数为正,反之亦然。

表 5 GDP 增长趋势与固定资本存量增长趋势相关系数

时间段	全国	东部	中部	西部
平均	0.801	-0.086	0.967	0.881
2000 年后	0.967	0.819	0.993	0.994
1990—1999 年	-0.983	-0.993	-0.285	-0.942
2000—2007 年	0.995	0.988	0.998	0.998
2008—2011 年	0.997	-0.993	1.000	1.000

如表 6,全国 GDP 增长率趋势值与劳动增长趋势值高度相关,相关系数高

达0.833,而东、中、西部地区城市GDP增长趋势值与劳动增长率相关性由低到高分别为:0.473、0.648、0.686。与东、中、西部地区劳动增长率的高低相反,即劳动增长率高的地区GDP增长率与劳动增长率的相关性反而较低,劳动增长率低的地区GDP增长率与劳动增长率的相关性相对要高。

分阶段来看,第一阶段全国、东部和西部GDP增长趋势与劳动增长趋势高度相关,而中部地区城市则与劳动增长趋势呈弱相关;第二阶段全国、东部、中部和西部地区城市GDP增长趋势均和劳动增长趋势高度相关,相关系数均高于0.92;第三阶段全国和中、西部地区城市GDP增长趋势和劳动增长趋势高度正相关,相关系数均超过0.991,但东部地区GDP增长趋势与劳动增长趋势成高度负相关,东部地区城市已经难以依靠劳动的增加来提高GDP潜在增长率,而中、西部城市劳动增长的提高仍然能有效地提高其潜在增长率。

第二、第三阶段GDP增长趋势与固定资本存量增长趋势和劳动增长趋势相关性趋于一致,两者与TFP增长趋势相关性相反。

表6 GDP增长趋势与劳动增长趋势相关系数

时间段	全国	东部	中部	西部
平均	0.833	0.473	0.648	0.686
2000年后	0.877	0.599	0.937	0.960
1990—1999年	0.982	0.997	0.221	0.966
2000—2007年	0.941	0.922	0.933	0.970
2008—2011年	0.991	-0.999	0.999	0.999

GDP增长趋势和TFP增长趋势相关性方面,从1990—2011年平均来看,相关系数高于0.9的城市有12个,0.8~0.9的城市有16个,0.7~0.8的城市有9个,0.6~0.7的城市有14个,高度负相关的城市有116个,弱负相关的城市有54个。

分阶段来看,第一个阶段1990—1999年,相关度高于0.9的城市达144个,高度负相关的城市只有45个,弱负相关的城市有28个。第二阶段2000—2007年,GDP增长趋势和TFP增长趋势相关度高于0.9的城市则只有26个,而高度负相关的城市则有190个,弱负相关的城市有16个。第三阶段相关度高于0.9的城市有85个,高度负相关的城市有167个,弱负相关的城市则只有2个。

GDP增长趋势和固定资本存量增长趋势方面,从1990—2011年平均来看,相关系数不小于0.9的城市有76个,0.8~0.9的城市有37个,0.7~0.8的城市仅有23个,0.6~0.7的城市仅有17个,弱正相关的城市则有41个,高度负相关的城市有 33 个,而弱负相关的有 29 个。

分阶段来看,第一阶段 1990—1999 年,相关度高于 0.9 的城市仅 58 个,高度负相关的城市达 143 个,弱负相关的城市有 12 个。第二阶段 2000—2007 年,GDP 增长趋势和固定资本存量增长趋势相关度高于 0.9 的城市达 188 个,而高度负相关的城市则只有 26 个,弱负相关的城市只有 13 个。第三阶段,相关度高于 0.9 的城市达 192 个,高度负相关的城市有 57 个,弱负相关的城市则只有 4 个。

GDP 增长趋势和劳动增长趋势方面,从 1990—2011 年平均来看,相关系数大于 0.9 的城市有 32 个,相关系数在 0.8～0.9 的城市有 35 个,0.7～0.8 的城市有 24 个,0.6～0.7 的城市仅有 27 个,弱正相关的城市则有 59 个,高度负相关的城市有 33 个,而弱负相关的城市有 39 个。

分阶段来看,第一阶段 1990—1999 年,相关度高于 0.9 的城市有 107 个,高度负相关的城市有 87 个,弱负相关的城市只有 18 个。第二阶段 2000—2007 年,GDP 增长趋势和劳动增长趋势相关度高于 0.9 的城市则达 138 个,而高度负相关的城市则只有 29 个,弱负相关的城市只有 12 个。第三阶段,相关度高于 0.9 的城市达 171 个,高度负相关的城市有 85 个,弱负相关的城市则只有 2 个。

从 264 个城市 GDP 潜在增长率曲线的形态来看,2008 年以来,东部地区城市的潜在增长率呈现出下降趋势,东部地区城市 GDP 增长趋势已经与固定资本存量增长趋势和劳动增长趋势显著负相关,说明东部地区城市靠提高固定资本存量增长和劳动增长已经难以提高 GDP 潜在增长率了,但第三阶段东部地区城市 GDP 增长趋势与 TFP 增长趋势高度正相关,说明提高 TFP 增长对提高东部地区城市 GDP 潜在增长率有显著的正向作用。由于 TFP 增长、资本和劳动的提高都能提高潜在增长率,则随着中国经济中资本存量的增加,资本回报率逐渐降低,对于经济增长的推动作用逐渐减弱;东部地区城市多年来劳动增长率也一直高于中、西部地区城市劳动增长率,且中国开始面临人口老龄化等一系列问题,已经不能靠劳动的增长来提高潜在增长率了。因此只有不断通过进行技术研发、提高人力资本、制度变革等方式提升全要素生产率增长水平,优化资源合理配置,才能保持经济的长期持续增长。

(三)GDP 与 TFP 和要素增长波动相关性

如表 7 所示,GDP 增长率和 TFP 增长波动相关性比较大。1990—2011 年全国、东部、中部和西部地区城市平均 GDP 增长波动与 TFP 增长率波动相关性较高,相关系数分别为 0.803、0.810、0.765 和 0.746。东部地区的 GDP 增长率波动与 TFP 增长波动相关性大于全国平均和中、西部。说明东部 TFP 增长的波动对 GDP 增长的波动影响更大。

GDP 增长率波动与固定资本存量增长率波动呈现一定的负相关性。全国、东部、中部和西部 GDP 增长率波动与固定资本存量增长率波动相关系数分别为 -0.303、-0.214、-0.201、-0.426。

全国、中部、西部地区 GDP 增长率波动与就业增长率波动呈非常弱的正相关性,而东部地区 GDP 增长率波动与就业增长率波动呈非常弱的负相关性。

分阶段来看,第一、第二阶段,全国和东、中、西部地区城市 GDP 增长波动与 TFP 增长波动高度相关,相关系数在 0.829 以上;第三阶段全国、东部地区城市 GDP 增长波动与 TFP 增长波动呈弱相关性,中部地区城市则呈现极弱相关性,而西部地区城市则呈弱负相关性。

如表 8 所示,从 GDP 增长波动与固定资本存量波动相关性来看,第一阶段,全国和东、中、西部地区城市均呈负相关;第二阶段,全国和中、西部地区城市呈弱负相关,仅东部地区城市呈较弱正相关;第三阶段,全国和东、中部地区城市呈极弱正相关,仅西部地区城市呈弱正相关。

如表 9 所示,从 GDP 增长波动与劳动增长波动来看,第一阶段全国、东部地区城市呈弱负相关性,中、西部地区呈较弱正相关性;第二阶段全国、东部地区城市呈正相关性,中、西部地区城市呈弱正相关性;第三阶段,全国和东、中部地区城市呈负相关性,西部地区则呈高度负相关性。

表 7　GDP 增长波动与 TFP 增长波动相关系数

时间段	全国	东部	中部	西部
平均	0.810	0.810	0.765	0.746
2000 年后	0.653	0.727	0.594	0.544
1990—1999 年	0.948	0.912	0.906	0.888
2000—2007 年	0.928	0.929	0.905	0.829
2008—2011 年	0.179	0.336	0.052	-0.297

表 8　GDP 增长波动与固定资本存量增长波动相关系数

时间段	全国	东部	中部	西部
平均	-0.303	-0.214	-0.201	-0.426
2000 年后	-0.093	0.037	-0.134	-0.221
1990—1999 年	-0.533	-0.454	-0.412	-0.692
2000—2007 年	-0.103	0.149	-0.286	-0.512
2008—2011 年	0.062	0.018	0.152	0.414

表 9　　GDP 增长波动与劳动增长波动相关系数

时间段	全国	东部	中部	西部
平均	0.003	-0.009	0.046	0.060
2000 年后	0.080	0.135	0.012	0.022
1990—1999 年	-0.350	-0.377	0.145	0.164
2000—2007 年	0.610	0.525	0.293	0.316
2008—2011 年	-0.568	-0.419	-0.668	-0.970

GDP 增长波动和 TFP 增长波动相关性方面，从 1990—2011 年平均来看，没有相关系数为负的城市：相关系数高于 0.9 的城市有 42 个，0.8 ~ 0.9 的城市有 80 个，0.7 ~ 0.8 的城市有 54 个，0.6 ~ 0.7 的城市有 43 个。

分三个阶段来说，第一阶段 1990—1999 年，除一个城市弱负相关外，其他城市均正相关，其中相关度高于 0.9 的城市达 129 个，高度负相关的城市只有 0 个，弱负相关的城市有 1 个。第二阶段 2000—2007 年 GDP 增长波动和 TFP 增长波动相关度高于 0.9 的城市则只有 57 个，高度负相关的城市只有 5 个，弱负相关的城市有 29 个。第三阶段相关度高于 0.9 的城市只有 37 个，高度负相关的城市有 56 个，弱负相关的城市也有 62 个。第一阶段高度相关的城市最多。

GDP 增长波动和固定资本存量增长波动方面，从 1990—2011 年平均来看，没有相关系数大于 0.8 的城市，0.7 ~ 0.8 城市仅有 1 个，0.6 ~ 0.7 的城市仅有 2 个，弱正相关的城市则有 129 个，高度负相关的城市有 5 个，而弱负相关的城市有 122 个。

按三个阶段来说，第一阶段 1990—1999 年，相关度高于 0.9 的城市仅 0 个，弱正相关的城市有 107 个，高度负相关的城市有 23 个，弱负相关的城市达 118 个。第二阶段 2000 ~ 2007 年，GDP 增长波动和固定资本存量增长波动相关度高于 0.9 的城市则仅 1 个，弱正相关的城市有 75 个，而高度负相关的城市则有 51 个，弱负相关的城市有 80 个。第三阶段，相关度高于 0.9 的城市有 22 个，弱正相关的城市有 73，高度负相关的城市有 32 个，弱负相关的城市则有 55 个。

GDP 增长波动和劳动增长波动方面，从 1990—2011 年平均来看，没有城市相关系数大于 0.8，0.7 ~ 0.8 城市仅有 1 个，0.6 ~ 0.7 的城市仅有 2 个，弱正相关的城市则有 160 个，高度负相关的城市有 2 个，而弱负相关的城市有 92 个。

按三个阶段来说，第一阶段 1990—1999 年，相关度高于 0.9 的城市有 0 个，弱正相关的城市有 112 个，高度负相关的城市有 11 个，弱负相关的城市达 108 个。第二阶段 2000—2007 年，GDP 增长波动和劳动增长波动相关度高于

0.9 的城市仅 3 个,弱正相关的城市有 122 个,而高度负相关的城市则只有 14 个,弱负相关的城市有 69 个。第三阶段,相关度高于 0.9 的城市 9 个,弱正相关的城市有 60 个,高度负相关的城市有 85 个,弱负相关的城市则有 76 个。

五、结论及政策建议

从前面中国 264 个城市 TFP 增长、各要素对经济增长的贡献、GDP 增长与各要素增长趋势和波动的关系的分析中可以得出如下结论:

(1)全国和东、中、西部地区城市 TFP 增长均呈下降趋势。1990—2011 年中国 264 个城市全要素生产率平均增长 1.4%。TFP 增长对经济增长的贡献为 11.66%,TFP 增长对经济增长的贡献比较低,并且对全要素生产率增长起主要作用的是技术效率变化,技术进步起着辅助作用。技术效率变化起着主要作用说明 1990 年后中国的 TFP 增长主要是由于实行市场化改革体制机制变革导致的技术效率的改善,技术进步对中国城市全要素生产率增长的贡献较低。

(2)资本对经济增长的贡献率持续上升,1995 年后超过 TFP 增长对经济增长的贡献,并在 2009 年达到最高,此后开始固定资本存量的贡献率逐步下降。说明资本对经济增长促进作用逐步减小,已经不能走以往那种依赖投资来推动经济增长的发展道路。

(3)从 GDP 增长趋势和各要素的增长趋势来看:①仅东部地区 GDP 增长率与 TFP 增长呈现较弱的正相关。而且第三阶段仅东部地区城市 GDP 增长趋势与 TFP 增长趋势高度正相关,相关度高达 0.996。②全国和中、西部地区 GDP 增长率与固定资本存量增长率具有很强的正相关性,而东部地区 GDP 增长率与固定资本存量呈极弱的负相关性。说明东部地区城市固定资产投资已经难推动 GDP 增长,扩大中、西部地区城市的投资仍然可以提高 GDP 增长率。③TFP 增长与固定资本存量增长对于 GDP 潜在增长率的影响是互补的,当 TFP 增长与 GDP 增长趋势相关系数较高的时候,资本与 GDP 增长趋势的相关系数较低,当 TFP 增长趋势与 GDP 增长趋势相关系数为负时,固定资本存量增长与 GDP 增长趋势相关系数为正,反之亦然。④全国 GDP 增长率趋势值与劳动增长率趋势值高度正相关。

(4)2008 年以来东部地区城市的潜在增长率呈现出下降趋势,东部地区城市 GDP 增长趋势已经与固定资本存量增长趋势和劳动增长趋势显著负相关,说明东部地区城市靠提高固定资本存量增长和劳动增长已经难以提高 GDP 潜在增长率了,但第三阶段东部地区城市 GDP 增长趋势与 TFP 增长趋势高度正相关,说明提高 TFP 增长对提高东部地区城市 GDP 潜在增长率有显著的正向作用。因此只有不断通过进行技术研发、提高人力资本、制度变革等方式提升全要素生产率增长水平，优化资源合理配置，才能保持经济的长期持续增长。

（5）从 GDP 增长率与各要素增长波动来看：①GDP 增长率和 TFP 增长波动相关性比较大。东部 TFP 增长的波动对 GDP 增长的波动影响更大。②GDP 增长率波动与固定资本存量增长率波动呈现一定的负相关性。③全国和中、西部地区 GDP 增长率波动与就业增长率波动呈非常弱的正相关性，而东部地区 GDP 增长率波动与就业增长率波动呈非常弱的负相关性。

本文提出如下政策建议：（1）鉴于 264 个地级及地级以上城市 1990—2011 年全要素生产率增长近些年呈下降趋势的现实，需要采取措施提高全要素生产率水平，提高全要素生产率增长对经济增长的贡献率。（2）尤其是要提高东部 TFP 增长水平。东部地区 GDP 增长率和 TFP 增长高度正相关（尤其是第三阶段），说明东部地区提高 TFP 增长对 GDP 潜在增长率有促进作用。（3）提高中、西部固定资本存量水平。中、西部地区 GDP 增长率与固定资本存量的增长率呈正相关性，说明中、西部地区仍然可以通过提高固定资本存量的方式提高 GDP 潜在增长率。（4）提高劳动增长率。全国 GDP 增长率趋势值与劳动增长率趋势值高度正相关，提高劳动增长率也可以提高潜在增长率。

参考文献

[1]张自然．考虑人力资本的中国生产性服务业的技术进步[J]．经济学（季刊），2011(1)．

[2]张自然，陆明涛．全要素生产率对中国地区经济增长与波动的影响[J]．金融评论，2013，5(1)．

[3]王小鲁，樊纲．中国经济增长的可持续性[M]．北京：经济科学出版社，2000.

[4]郭庆旺，贾俊雪．中国全要素生产率的估算：1979—2004[J]．经济研究，2005(6)：51－60.

[5]孙琳琳，任若恩．中国资本投入和全要素生产率的估算[J]．世界经济，2005，28(12)：.3－13.

[6]张自然．中国生产性服务业的技术进步研究——基于随机前沿分析法[J]．贵州财经学院学报，2010(2)．

[7]张军，施少华．中国经济全要素生产率变动：1952—1998[J]．世界经济文汇，2003(2)：17－24.

[8]谢千里，罗斯基，郑玉歆，王莉．所有制形式与中国工业生产率变动趋

势[J]. 数量经济技术经济研究, 2001(3):5-17.

[9]贺菊煌. 我国资产的估算[J]. 数量经济技术经济研究, 1992, 9(8): 24-27.

[10]郑玉歆. 全要素生产率的测度及经济增长方式的"阶段性"规律: 由东亚经济增长方式的争[J]. 经济研究, 1999(5):55-60.

[11]郑京海,胡鞍钢. 中国改革时期省际生产率增长变化的实证分析(1979—2001 年)[J]. 经济学, 2005,4(2):263-296.

[12]颜鹏飞,王兵. 技术效率、技术进步与生产率增长: 基于 DEA 的实证分析[J]. 经济研究,2004(12):.55-65.

[13]Bosworth, B., S. M. Collins. Accounting for growth: Comparing China and India[J]. Journal of Economic Perspectives, 2008,22(1):45-66.

[14]Brandt, L., Xiaodong Zhu. Accounting for China's Growth[J]. IZA Discussion Paper No. 4764, 2010.

[15]Chow, G. C. Capital formation and economic growth in China[J]. The Quarterly Journal of Economics, 1993,108(3):809-842.

[16]Ezaki Mitsuo. Sun, L. Growth accounting in China for national, regional, and provincial economies: 1981-1995[J]. Asian Economic Journal, 1999, 13(1):39-71.

[17]Fare, R., Grosskopf, S. Norris, M., Zhang, Z. Productivity growth, technical progress, and efficiency change in industrialized countries[J]. American Economic Review, 1994, 84(1):66-83.

[18]Guillaumont Jeanneney S., Hua, P. Real exchange rate and productivity in China[J]. 4th International Conference on the Chinese Economy, The Efficiency of ChinaS Economic Policy, 2003:23-24.

[19]Islam, N., E. Dai. Alternative estimates of TFP growth in mainland China: An investigation using the dual approach[J]. in the 9th International Convention of the East Asian Economic Association (EAEA),2004.

[20]Krugman, P. The Myth of Asia's Miracle[J]. Foreign Aff., 1994(73):62.

[21]Ozyurt, S. Total factor productivity growth in Chinese industry: 1952-2005[J]. Oxford Development Studies, 2009,37(1):1-17.

[22]Wu, Y. Has productivity contributed to China's growth? [J]. Pacific Economic Review, 2003, 8(1):15-30.

[23]Young, A. The razor's edge: Distortions and incremental reform in the

People Republic of China[J]. Quarterly Journal of Economics,CXV, 2000.

[24]Young, A. A tale of two cities:Factor accumulation and technical change in Hong Kong and Singapore [J] . NBER Macroeconomics Annual, 1992 (7):13 -54.

[25]Young, A. The tyranny of numbers: Confronting the statistical realities of the East Asian growth experience[J]. The Quarterly Journal of Economics, 1995, 110(3):641 -680.

[26]Jinghai Zheng, A. , Hu. An empirical analysis of provincial productivity in China(1979 -2001) [J]. Goteborg, Department of Economics, 2004.

(中国社会科学院经济研究所)

经济体制改革对经济周期波动的调节和缓解作用研究①

陈乐一 杨 云

一、引言

党的十八大报告和党的十八届三中全会《决定》提出要全面深化改革,坚决破除一切妨碍科学发展的思想观念和体制机制弊端,构建系统完备、科学规范、运行有效的制度体系。而经济体制改革正是全面深化改革的重点和重要组成部分,不断深化的经济体制改革有助于进一步消除制约经济发展方式的体制机制弊端,充分发挥市场在资源配置的基础性作用,更好地发挥政府在宏观调控方面的作用,从而为我国经济的科学发展、可持续发展奠定新的基础。新中国成立以来,我国经济体制经历了由计划经济体制转变为市场经济体制的过程,在不同的经济体制下经济周期波动的幅度、持续时间呈现出不同的特点。

制度经济学家 Roland(2004)进一步发展了 North(1971)的制度变迁理论,将制度变迁的方式分为渐进式变迁和激进式变迁[1][2]。② 渐进式的制度变迁是指制度变迁的过程相对平缓,在新旧制度之间能够较好地衔接,不会引起社会秩序的混乱与震荡,呈现出非对抗、自发、自愿、部分的演进特征,新旧制度之间过渡相对平稳。激进式的制度变迁是指在短时间内采取果断或强制性措施进行制度变革的方式,具有变迁时间短、整体性和强制性的特征,容易诱发社会的不稳定。我国的经济体制改革始于 1978 年,从党的十二大确立以计划经济为主、市场调节为辅的经济体制,到党的十三大认为社会主义有计划商品经济的体制应该是计划与市场内在统一的体制,再到党的十四大提出建立社会主义市场经济体制;从经济特区到沿海开放城市再到 2001 年我国加入世贸组织形成全方位的开放格局,这表明我国经济体制改革属于渐进式的制度变迁,是一个不断深化的、渐进的过程,不断深化的经济体制改革为我国经济的持续平稳较快发展提供了源源不断的动力和体制保障。

---

① 本文是国家社会科学基金重点项目(项目编号:14AJY023C)、教育部新世纪优秀人才支持计划资助项目(NCET-11-0120)的阶段性成果。曾入选第十三届中国经济学年会(2013),并在会上宣读。

② 后面相同的文献将不再标注。

二、文献回顾

国内外关于制度变迁与经济增长关系的研究文献比较多,而对经济体制改革与经济周期波动关系的研究文献还比较少,尤其是国外文献基本上没有相应的研究。现有关于经济体制改革与经济周期波动关系的相关研究主要集中在以下三个方面:

制度变迁的衡量。制度经济学的代表人物North(1971)通过历史分析得出制度变迁对经济增长起决定作用,但是North并没有提出如何度量制度变迁。市场经济体制改革就是让市场在资源配置中发挥基础性作用,经济体制改革的一个重要目标就是要提高市场化水平和对外开放程度,刘元春(2003)、杜婷和庞东(2006)则用总固定资产投资中"外资、自筹资金和其他投资"三项投资占总固定资产投资的比重来衡量市场化程度[3][4]。市场化包含多方面的市场,樊纲(2003)利用主成分分析法对市场化进程的五个方面、23个分指标进行主成分分析,从而构建市场化指数[5]。金玉国(2001)、刘元春(2003)、杜婷和庞东(2006)用进出口总额占GDP比重来衡量对外开放程度,反映我国制度变迁的程度[6]。收入分配制度和产权多元化制度改革是经济体制改革的重要内容,金玉国(2001)用财政收入占GDP的比重来代表收入分配格局程度,反映政府、企业和个人在利益中的分配关系,用非国有工业总产值比上全部工业总产值代表产权多元化程度。考虑到转型时期中国的经济增长具有政府主导的特征,张建辉和靳涛(2011)引入政府干预程度作为衡量制度变革的重要指标,用财政支出占GDP的比重来衡量[7]。

经济波动的度量。关于经济周期波动的度量,国内外学者进行了大量的研究,其中具有代表性的研究是通过滤波法分离出趋势成分和周期成分。Hodrick和Prescott(1997)利用求增长成分二次差分平方和(损失函数)最小化的方法将产出的周期成分与增长成分分离开,去掉增长成分从而得到经济周期成分[8]。而Baxter和King(1999)认为H-P滤波只能够过滤掉低频周期成分从而保留剩下部分作为周期成分,而带通滤波能够移去低频趋势成分和高频不规则变化成分,保留主要的周期成分[9]。Christiano和Fitzgerald(2003)发展了最优有限样本近似法的带通滤波,与Baxter和King(1999)的带通滤波相比,最优近似的带通滤波能够更好地过滤数据随机游走的低频成分[10]。

制度变迁对经济周期性波动的影响。经济行为主体的经济行为活动是在一定的制度条件下进行的,制度变迁不可避免地影响到经济主体的经济行为活动的变化,进而影响到经济周期波动。制度改革会造成制度的不稳定,制度的不稳定会造成经济行为主体的短期行为倾向,从而阻碍我国经济摆脱制度周期

(盛洪,1989;白重恩,2010)[11][12]。从长期来看,制度周期及所决定的经济周期的振幅会越来越小,最终会摆脱这样的周期,但这一过程较缓慢。而张连城(2006)认为建立在公有制基础之上的企业软预算约束机制、地方政府的软预算约束以及企业和政府强烈的扩张动机和投资饥渴是推动经济周期波动的主要原因。制度安排构成宏观经济稳定运行的制度基础,但并不能够保证宏观经济稳定运行,因此政府宏观调控经济运行是必要的[13]。杜婷和庞东(2006)则运用H-P滤波法对我国相关的时间序列数据进行分析,得出制度变迁对我国宏观经济周期波动具有深远的、持久性的影响,经济制度变革在较大程度上决定了经济周期变动的方向;而张建辉和靳涛(2011)采用 H-P 滤波法来估算潜在 GDP,将实际 GDP 对潜在 GDP 的偏离(产出缺口)作为周期成分,并利用我国 1978—2008 年相关的时间序列数据分析制度冲击与宏观经济波动的关系,分析显示制度变革对宏观经济波动的影响周期更长,同时具有递减效应和时滞效应。

从前面文献回顾来看,现有文献就制度变迁的度量、经济周期波动的度量以及制度变迁对经济周期波动的影响进行了一定程度的研究,但是还存在以下几个方面的局限性:①经济体制改革的重要方面就是要使市场在资源配置中起基础性作用、提高政府的宏观调控水平、加强对市场的有效监管和完善社会保障体系,现有文献未能够从市场的资源配置功能、政府的宏观调控功能、政府的市场监管功能和社会保障的“稳定器”功能这四个方面来分析经济体制改革对经济周期波动的影响;②正如 Baxter 和 King(1999)所指出的,H-P 滤波只能够过滤掉低频周期成分,因而存在测算偏误,且 1978 年以来的时间序列数据样本容量较小,容易出现估计的偏误;③制度变迁的指标相对分散,未能够有一个综合指标来反映我国经济体制改革情况;④现有文献还没有分析经济体制改革对经济周期波动的非对称性影响。

为了比较全面、客观地考察经济体制改革与我国经济周期波动的关系,我们需要就经济体制改革对我国经济周期波动的影响作更深入的阐述和分析。相对于现有文献,本文从以下三个方面拓展:第一,从市场的资源配置功能、政府的宏观调控功能、政府的市场监管功能和社会保障的“稳定器”功能这四个方面来分析和阐述经济体制改革对经济周期波动的影响机理。第二,借鉴 Christiano 和 Fitzgerald(2003)的方法,采用 CF 滤波对我国 30 个省、市、区 1980—2012 年的经济周期波动成分进行测算;采用主成分分析法对制度变迁的指标进行合成,测算我国经济体制改革的程度。第三,分析经济体制改革对经济周期波动的非对称性影响以及比较 1992 年前后前进的经济体制改革对经济周期波动的影响。

三、经济体制改革减缓经济周期波动的理论分析

经济体制改革从根本上来看是经济行为主体之间的利益关系再协调，从而影响到经济行为主体的选择行为。经济行为主体的选择行为的变化将影响到宏观经济运行的变化，进而影响到宏观经济的扩张或收缩。经济体制改革能够减缓我国经济周期波动、促进经济平稳较快增长是通过一定的作用机理来实现的，这种作用机理具体表现在以下四个方面：

（一）通过市场的资源配置功能来减缓经济周期波动

经济体制改革的一个重要方面就是充分发挥市场在资源配置中的基础性作用。①在市场经济条件下的总供给与总需求分析中，当社会总需求增加，产品的价格上涨，在生产成本不变的情况下，生产者的利润就会增加，那么生产者就会增加产品供给，这时整个国民产出就会增加，表现为 GDP 增长率上升，促进经济的复苏与繁荣；当产品的价格上涨到一定程度时，一方面会降低经济主体的总需求，另一方面由于价格上涨过快"导致产品的过度供给"进而造成产品的价格下降，生产者的利润就会下降，就会减少产品的供给，这时整个国民产出的增长率就会下降，自动抑制经济过热。在一定条件下开放的市场经济中，市场通过资源配置来影响经济周期的作用原理类似。此外，Hunt（2002）在研究萨伊的市场定律时发现——萨伊认为在市场经济条件下，当市场中出现一部分产品供过于求价格过低、另一部分产品供不应求价格过高时，企业在追逐利润最大化的动机下，会减少供过于求的产品生产，增加供不应求的产品生产，从而实现总供给和总需求平衡，自动实现市场对经济周期的调节[14]。②计划经济体制具有不可避免的局限性，盛洪（1991）认为计划经济体制容易导致某些领域的投资不足，而另一些领域又出现过度投资，易出现"越是短缺越需求，越是短缺越不爱生产"的局面[15]。当经济处于萧条状态时，投资不足的严重后果是经济更加萧条；当经济处于繁荣状态时，过度的投资又会造成通货膨胀、经济过热，使经济出现虚假繁荣、过度扩张。投资不足和投资过热的后果是进一步扩大了经济周期波动的幅度，而市场经济在一定程度上可以有效克服这一问题。③通过市场竞争促进长期经济增长。Solow（1956，1957）的新古典经济增长模型认为技术进步能够提高稳态增长率，促进经济的长期增长[16][17]，而市场配置资源的竞争机制迫使生产者要想在激烈的市场竞争中生存下去，就必须以更低的价格提供更优质产品，而这样生产者就不得不改进技术、改善管理和提高劳动生产率。全社会的生产者都改进技术的结果是促进全社会的技术进步，提高稳态的经济增长率，从而实现经济的长期增长，减轻经济的周期性波动。

(二)通过政府的宏观调控功能来减缓经济周期波动

经济体制改革的一个重要方面就是克服和避免政府在宏观调控经济时自身存在的缺位、越位,进一步改革和完善政府的财政税收体制,更好地发挥政府在抑制通货膨胀、促进经济结构优化、保持经济持续健康快速发展方面的作用。①当经济运行中出现比较严重的通货膨胀、经济过热时,政府就会采取紧缩的财政、货币政策来调控宏观经济。Gilbert(1942)认为紧缩的财政政策意味着政府会减少财政支出、提高税率,其结果是社会总需求下降[18];紧缩的货币政策央行就会提高再贴现率、法定准备金率和发行政府债券促进货币回笼,其结果是市场利率水平提高,生产者的生产成本增加,会降低社会总供给水平。在紧缩的经济政策的作用下,整个社会均衡的总产出增长率就会下降,从而避免经济的过度膨胀。紧缩的经济政策在经济周期中起到削峰的作用。②当经济运行中出现通货紧缩、经济萧条时,政府就会采取扩张的财政、货币政策来调控宏观经济。扩张的财政支出意味着政府增加财政支出、降低税率,其结果是社会总需求上升;扩张的货币政策意味着央行降低再贴现率、法定准备金率和回归政府债券、促进货币投放,其结果是市场利率水平降低,生产者的生产成本降低,会增加社会总供给水平。在扩张的经济政策刺激下,整个社会均衡的总产出增长率就会上升,从而促进经济的复苏与繁荣。扩张的经济政策在经济周期中起到平谷的作用。③累进税制对调节经济具有“自动稳定器”功能,Agell 和 Dillén(1994)、Auerbach 和 Feenberg(2000)、Kniesner 和 Ziliak(2002)认为在政府实施累进税制的条件下,经济衰退时纳税人的收入水平下降,收入水平下降使得纳税人的收入进入较低的纳税档次,政府税收下降的幅度会大于纳税人收入下降的幅度,从而可以相对增加社会消费总需求,进而抑制经济衰退;经济繁荣时纳税人的收入水平会提高,收入水平的提高使得纳税人的收入进入较高的纳税档次,政府税收增加的幅度会大于纳税人收入提高的幅度,从而可以相对降低社会消费总需求,进而抑制经济过热[19][20][21]。④财政税收是调节社会财富在低收入者与高收入者之间再分配的重要手段。提高高收入者的税负、降低低收入者的税负、增加对低收入者的财政转移支付有助于提高低收入者的收入水平,低收入者的收入水平增加会提高其消费水平。低收入者的消费水平的提高有助于增加整个社会的总需求,从而避免由于有效需求不足而导致的生产相对过剩带来的经济危机,从而实现调节和缓和经济周期波动。

(三)通过政府的市场监管功能来减缓经济周期波动

经济体制改革的一个重要目标就是完善市场运行的监管体系,规范市场准入制度,建立规范有序的现代市场体系,维护市场运行秩序。①良好的国内市场监管体系有助于减轻市场投机活动带来的经济周期波动。在市场经济运行的过程中不可避免地存在囤积居奇、买空卖空、操作物价等破坏市场秩序的投机行为，Arestis 和 Glickman（2002）认为金融市场、股票市场等市场的过度投机对经济平稳发展的冲击特别大，会造成社会总供给和总需求失衡，扰乱社会正常生产，甚至引发整个社会的经济动荡，进一步加剧经济周期波动[22]。而良好的市场监管体系可以打击囤积居奇、买空卖空、操作物价等破坏市场秩序的投机行为，进而可以有效避免由投机行为所造成的社会总供给和总需求的波动，降低经济周期波动的程度。②健全的国际市场监管体系有助于减轻外部投机带来的经济周期波动。在经济全球化日益深入的过程中，国际资本投机、国际大宗商品投机等国际市场的投机活动将在一定程度上扰乱一个国家的正常生产，过度投机活动将会造成一个国家市场的总供给和总需求失衡，进而造成经济的剧烈波动。以国际资本流动为例，Mishkin（1999）研究发现当一个国家的经济处于繁荣状态时，汇率和利率都会上升，此时国际游资流入、投资增加使得一个国家的经济更加繁荣[23]；当一个国家的经济处于萧条状态时，汇率和利率都会下降，此时国际游资流出、投资减少使得这个国家的经济更加萧条。而健全的国际市场监管体系可以在一个国家经济繁荣时抑制国际游资流入，在经济萧条时阻止本国资本流出，从而减轻经济周期波动的程度。③健全的产权保护制度有利于技术创新进而影响到经济周期波动。良好的产权保护机制使得技术创新者的技术创新活动所带来的收益大于成本，从而激励更多人从事技术创新活动，推动社会的技术进步，根据新古典经济增长理论，社会的技术进步会提高稳态的经济增长率，从而促进经济的长期增长，进而减缓经济的周期波动。

（四）通过社会保障体系的稳定器功能来减缓经济周期波动

完善社会保障体系是经济体制改革的题中之意，社会保障在保障基本生活、维护社会稳定、促进经济发展和保持社会公平方面具有重要作用。社会保障体系的稳定器功能对经济周期波动的影响表现在：①社会保障可以部分调节社会总需求，使社会总需求基本稳定从而平抑经济周期波动。当经济处于萧条状态时，一方面由于失业人数增加、收入下降，社会保障的货币积累相应减少；另一方面由于失业人数增加或收入降低需要社会救助的人数增加，用于社会救助方面的社会保障支出就会增加。社会保障支出增加，就会刺激社会总需求，这时物价就会上涨，生产者利润增加，社会总产出增加，促进经济的复苏与繁荣。Whittaker（2006，2012）、Whittaker 和 Isaacs（2008）研究发现当经济处于繁荣状态时，一方面失业人数减少、收入上升，社会保障的货币积累相应增加；另一方面由于失业人数减少或收入提高使得需要社会救助的人数下降，用于社会救助方面的社会保障支出就会相应缩减，社会保障支出的缩减可以降低社会总需求,这时物价就会下跌,生产者获利减少,社会总产出的增长率就会下降,就可以抑制经济过热,从而实现社会保障对经济周期波动的调节和缓和作用[24][25][26]。②社会保障通过收入分配效应促进社会财富的再分配。郑功成(2010)认为在初次分配领域通过社会保险可直接影响收入分配格局,个人、雇主和政府共同分担社会保险负担有利于降低社会保险的个人负担,提高个人收入;再次分配领域通过增加对低收入者的财政转移支付有助于提高低收入者的收入[27]。社会保障的收入分配效应有助于提高低收入者收入,进而提高低收入者的消费水平。Wolf(1937)、Aaron(1982)认为在一定时期国民收入用于投资与消费是一定的,投资与消费存在此消彼长的关系,投资越多消费就越少,消费越多投资就越少[28][29]。提高低收入者的消费水平有助于提高整个社会的消费总水平,进而实现投资与消费的比例合理化,从而避免由于消费不足而导致生产过剩带来的经济危机,调节和缓和经济周期波动。

从前面分析可知经济体制改革调节和减缓经济周期波动主要是通过市场的资源配置功能、政府的宏观调控功能、政府的市场监管功能和社会保障的“稳定器”功能这四个方面来实现的,正是由于经济体制改革这四个方面系统的、整体的、协同的推进,才能够减缓我国经济周期波动、实现经济的持续平稳健康发展。

四、变量选取、模型设定与数据来源

前面分析表明经济体制改革通过市场的资源配置功能、政府的宏观调控功能、政府的市场监管功能和社会保障的“稳定器”功能来减缓经济周期波动, 我们就经济体制改革与经济周期波动的关系进行经验验证,为有效地推进经济体制改革提供可靠有效的依据。

(一)变量选取

1. 经济周期波动的测量

现有文献主要采用 H－P 滤波法测算经济周期的波动成分,由于 H－P 滤波只能够过滤掉低频周期成分从而保留剩下部分作为周期成分,高频不规则变化成分无法剔除。借鉴 Christiano 和 Fitzgerald(2003)采用最优有限样本近似法的带通滤波法,去掉随机游走的低频趋势成分和高频不规则变化成分,保留主要的周期波动成分。

2. 经济体制改革的测定

我国经济体制改革主要由市场资源配置制度改革、政府宏观调控体制改革、社会保障制度改革和市场监管程度改革等构成,因此指标的选取应该包括这四个主要方面。在金玉国(2001)、刘元春(2003)、杜婷和庞东(2006)研究的基础上用私人固定资产投资占总固定资产投资的比重来衡量市场化程度,用进出口总额占 GDP 比重来衡量对外开放程度,用财政收入占 GDP 的比重来代表收入分配格局。借鉴张建辉和靳涛(2011)的研究,用财政支出占 GDP 的比重来衡量政府干预程度。用政府一般公共服务支出占 GDP 的比重来衡量市场监管程度。用民政事业支出占 GDP 的比重来衡量社会保障程度。由于测算指标相对较多,无法用一个综合指标来反映经济体制改革的情况。Pearson (1901)研究发现几何优化问题延伸出主成分问题[30],而 Hotelling (1933)在 Pearson (1901)的基础上提出主成分分析法,他认为更小的因变量基本数据集将确定原始变量的值标准,这种因变量叫作成分,选择这类成分是为了获取各变量连续对原始变量全部方差的最大贡献(Jolliffe,2002)[31][32]。因而主成分分析可以将数据集转化为维数较少的特征成分,而不损失原始数据所包含的信息。我们借鉴 Pearson (1901) 、Hotelling (1933)的方法对上面六个指标采用主成分分析的方法,构建一个综合、客观的指标来反映我国经济体制改革的程度,用最终合成指数的一阶差分值来衡量制度变动的情况。

3. 其他控制变量

消费支出增长率的变动。消费支出是影响经济周期波动的重要因素,消费的增加意味着对产品的需求增加,产品的需求增加会引致投资增加,投资的增加会导致产出的增加,推动经济增长;消费需求萎缩导致对产品的需求下降,从而导致投资下降,投资下降导致产出下降,从而导致经济不景气,因而消费支出增长的变化会影响经济周期波动。我们用消费增长率的一阶差分值衡量消费增长的波动。

投资增长率的变动。投资对产出具有根本性的影响。一个国家在一定时期内投资持续增加,一个国家的产出就会增加,经济就会持续增长;在一定时期内投资持续萎缩,一个国家的产出就会下降,经济就会衰退。我们用全部固定资产投资增长率的一阶差分值来衡量投资增长的波动。

政府支出增长率的变动。政府支出对产出具有重要影响。政府支出对国民经济具有调节作用,当一个国家处于经济萧条时期,政府支出的增加将导致社会总需求增加,社会总需求的增加导致对产品需求的增加,产品需求的增加会引致投资的增加,投资的增加导致产出的增加,从而推动经济的复苏与繁荣。当一个国家处于经济过热时期,政府支出的削减将导致社会总需求下降,社会总需求的下降导致对产品需求的下降,产品需求的下降会引致投资的减少,投资的减少导致产出的下降,从而抑制经济过热。我们用政府支出增长率的一阶差分值来衡量政府支出增长的波动。

净出口增长率的变动。在开放经济条件下,净出口对一个国家的产出具有重要影响。在国内需求相对饱和的情况下,净出口需求的增加,意味着对本国产品的需求增加,从而导致本国投资的增加,投资的增加会带来产出的增加,从而推动经济的增长与繁荣;在经济衰退时期,净出口需求的减少,意味着对本国产品的需求下降,引致本国投资的下降,投资的减少会带来产出的下降,从而进一步加剧本国经济的衰退。我们用净出口增长率的一阶差分值来衡量净出口的波动。

全要素生产率。Schumpeter(1927,1935)认为经济周期与创新活动相关,由创新活动所导致的经济波动是资本主义社会固有的现象[33][34]。实际经济周期理论的代表人物 Kydland 和 Prescott(1991)认为宏观经济经常受到一些实际因素的冲击,但是最常见、最值得分析的是技术冲击,技术冲击是经济周期波动之源[35]。我们借鉴 Färe 等(1994)、颜鹏飞等(2004)、张军等(2004)的方法测度全要素生产率[36][37][38]。

(二)模型设定

在前面理论分析的基础上,利用中国 30 个省、市、区从 1980 年到 2012 年之间的平衡面板数据实证检验经济体制改革对经济周期波动的影响时,由于存在多个省、市、区,不同的省、市、区存在不可观测的个体效应,个体效应在面板数据模型的分析中是重要的考虑因素(Nerlove,1971; Nickell, 1981)[39][40]。在借鉴 Nerlove (1971)、Nickell(1981)模型的基础上将经济体制改革对经济周期波动影响的线性回归模型设定如下:

$$Vola_{it} = \alpha + \beta \times d.Ins + \varphi \times d.C_{it} + \varphi \times d.I_{it} + \xi \times d.G_{it} + \tau \times d.Net_{it} + \eta \times tfp_{it} + \nu_i + \varepsilon_{it}$$

其中, $Vola$ 为经济周期波动成分, $d.Ins$ 为经济体制改革的变动, $d.C$ 为消费增长率的变动, $d.I$ 为全社会固定资产投资增长率的变动, $d.G$ 为政府财政预算支出增长率的变动, $d.Net$ 为净出口增长率的变动, tfp 为全要素生产率, ν_i 为不可观测的个体效应, ε_{it} 为随机干扰项。

在使用平衡面板数据进行回归分析时,可能存在异方差和序列相关问题,这会导致系数和方差的估计不够精准。可行的广义最小二乘法将面板模型的方差进行修正,能够估计和获得这种异方差(Beck 和 Katz,1995; Cameron 和 Trivedi,2009)[41][42]。借鉴 Beck 和 Katz(1995)、Cameron 和 Trivedi(2009)的方法,将经济体制改革对经济周期波动影响的线性回归模型设定如下:

$$Vola_{it} = \alpha + \beta \times d.Ins + \varphi \times d.C_{it} + \varphi \times d.I_{it} + \xi \times d.G_{it} +$$

$$\tau \times d.Net_{it} + \eta \times tfp_{it} + \mu_{it}$$

$$\mu_{it} = \rho_i \mu_{i,t-1} + \varepsilon_{it}$$

其中，ε_{it} 为连续不相关的变量，服从零均值同方差的分布。μ_{it} 为随机扰动项，ρ_i 为相关系数。其他变量同上。

（三）数据来源

本文的数据主要来源于《新中国统计年鉴60年》、国泰安数据库以及国研网数据库等，包含30个省、市、区在1978—2012年的面板数据。我们基于以下原则对所选样本进行筛选：①由于重庆市的相关数据严重缺失，在此删掉重庆市相关方面的统计数据。②在经过一系列处理后，1978年和1979年两年相关的数据出现缺漏值，因此删除1978年和1979年两年相关的统计数据。③由于样本中净出口增长率的变动存在严重的离群值，我们借鉴Tukey（1962）的方法，采用winsor缩尾处理的方法对其第十百分位和第九十百分位进行缩尾处理[43]，彻底处理好离群值。④对于变量出现的缺漏值，用0替代，我们最终得到1978—2012年的平衡面板数据。表1列出了相关变量的计算方法与基本统计。

表1　描述性统计

变量名称	变量符号	计算方法	均值	观测数
经济周期波动	*Vola*	CF滤波	-0.0014	990
经济体制改革的变动	*d. Ins*	经济体制改革的一阶差分	0.0056	990
消费增长率的变动	*d. C*	消费增长率的一阶差分	0.00384	990
投资支出增长率的变动	*d. I*	投资增长率的一阶差分	-0.0004	990
政府支出增长率的变动	*d. G*	政府支出增长率的一阶差分	0.0034	990
净出口增长率的变动	*d. Net*	净出口增长率的一阶差分	-0.0699	990
全要素生产率	*tfp*	DEA测算	1.0078	990

从表1的统计结果来看，经济周期波动的均值为-0.0014，经济体制改革变动的均值为0.0056，经济体制改革的变动大于经济周期的波动程度，初步表明经济体制改革对经济周期波动具有减缓作用。

五、经济体制改革对经济周期波动减缓作用的实证结果分析

理论分析表明经济体制改革通过市场的资源配置功能、政府的宏观调控功能、政府的市场监管功能和社会保障的“稳定器”功能来调节和减缓经济周期波动，接下来我们将运用我国相关数据来检验经济体制改革是否减缓了我国经济周期波动。我们首先用图1和图2直观地描绘经济体制改革与经济周期波动的关系。

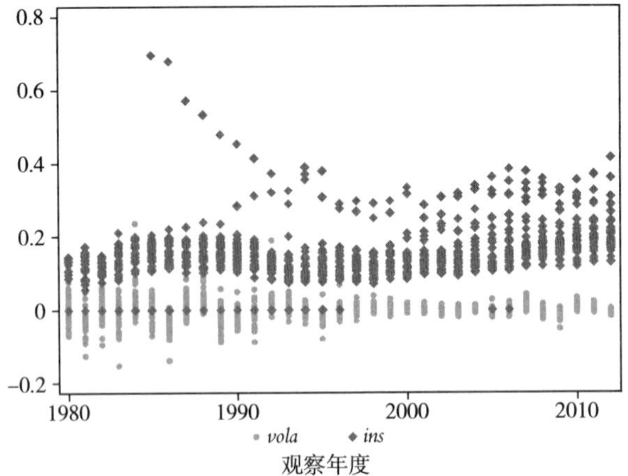

图 1 *Ins* 与 *Vola*

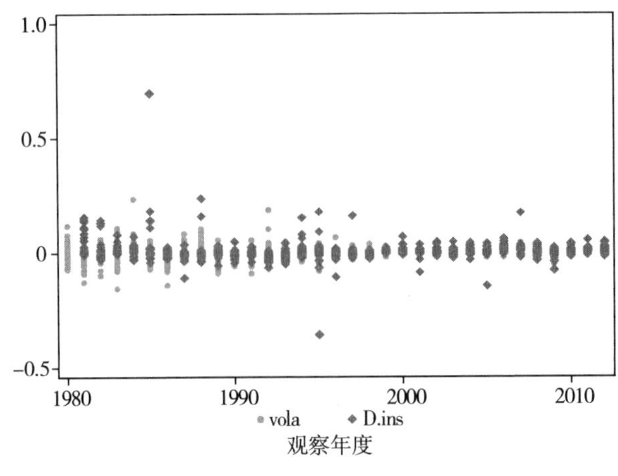

图 2 *d. Ins* 与 *Vola*

从图 1 经济体制改革与经济周期波动的关系来看，经济体制改革（ *Ins* ）与经济周期波动（ *Vola* ）整体上呈现出反向关系，即经济体制改革的程度越高，经济周期波动的程度就会越低；经济体制改革的程度越低，经济周期波动的程度就会越高。从图 2 经济体制改革的变动与经济周期波动的关系来看，经济体制改革的变动与经济周期波动呈现出高度的一致性，表明经济体制改革与经济周期波动之间存在密切的联系。

图形分析表明经济体制改革的变动与经济周期波动之间存在反向关系，接下来就经济体制改革的变动与经济周期波动的关系进行实证检验。由于不同的省、市、区存在不可观测的个体效应，我们在固定效应模型和随机效应模型回归之后进行 Hausman 检验。Hausman 检验表明模型存在个体效应，在不同的年份区间下进一步采用固定效应估计来检验模型的稳定性。在固定效应回归分析的过程中，有必要检验固定效应回归模型中是否存在异方差、序列自相关和截面相关问题。我们采用 Baum(2001)的方法来检验异方差，借鉴 Drukker(2003)的方法来检验序列自相关，借鉴 Pesaran(2004)的方法检验截面相关[44][45][46]，固定效应回归模型中的异方差、序列相关和截面相关检验。第二列为全样本下的固定效应模型估计，第三列为全样本条件下的随机效应模型估计，第四列到第六列为不同的年份区间下的固定效应估计，来检验样本估计的稳健性。具体结果见表 2：

表 2　　经济体制改革与经济周期波动的估计

解释变量	被解释变量 *Vola*				
	1980—2012 年	1980—2012 年	1980—1990 年	1980—2000 年	1980—2010 年
	fe	re	fe	fe	fe
d. Ins	-0.1035***	-0.1058***	-0.0789**	-0.1154***	-0.0990***
	(-4.5630)	(-4.6344)	(-2.2713)	(-4.0569)	(-4.2678)
d. C	0.0604***	0.0708***	0.1019***	0.0738***	0.0548***
	(6.8703)	(8.1151)	(3.9789)	(5.0741)	(6.0283)
d. I	0.0288***	0.0278***	0.0275***	0.0283***	0.0281***
	(8.6409)	(8.3014)	(4.5933)	(6.8795)	(8.2004)
d. G	-0.0015	0.0017	-0.0005	-0.0047	-0.0028
	(-0.2521)	(0.2846)	(-0.0487)	(-0.5751)	(-0.4555)
d. Net	-0.0008	-0.0009	-0.0009	-0.0019	-0.0008
	(-0.7591)	(-0.8091)	(-0.3337)	(-1.1808)	(-0.6729)
tfp	0.0594***	0.0126***	0.3591***	0.1172***	0.0935***
	(7.3618)	(3.2513)	(12.1794)	(7.4146)	(8.6158)
Con	-0.0608***	-0.0136***	-0.3751***	-0.1204***	-0.0943***
	(-7.4314)	(-3.4015)	(-12.2174)	(-7.4238)	(-8.6682)
N	990	990	330	630	930
Within R2	0.1985	0.1706	0.5137	0.2612	0.2182
F/Wald	39.38	189.45	51.76	35.01	41.59
Hausman 值	43.78				
异方差	332.860***		483.120***	220.190***	257.650***
序列相关	21.814***		9.570***	42.352***	45.493***
截面相关	26.363***		3.464***	19.917***	25.995***

注：*、**、*** 分别代表在 10%、5%、1% 的水平下显著，括号内为对应的 t 值或 z 值。

从表2的估计结果来看,F值都在1%的水平下通过显著性检验,表明模型整体上关系显著。Hausman检验结果模型存在个体效应,应该选择固定效应模型。在控制消费增长率的变动(*d. C*)、固定资产投资资产支出增长率的变动(*d. I*)、政府财政预算支出增长率的变动(*d. G*)、净出口增长率的变动(*d. Net*)和全要素生产率(*tfp*)的影响之后,经济体制改革变动(*d. Ins*)的系数都在5%的水平下通过显著性检验,表明经济体制改革能够显著地减缓经济周期波动。不同的年份区间下的估计表明经济体制改革的变动对经济周期波动减缓作用呈现出稳健性特征。

表2中固定效应回归模型的异方差、序列相关和截面相关检验结果表明,不仅在不同的年份区间下存在异方差、序列相关和截面相关,而且在全样本的情况下也存在异方差、序列相关和截面相关。因而前面模型估计可能存在模型估计不稳健的情况和有偏的情况,而Beck和Katz(1995)、Cameron和Trivedi(2009)使用的可行的广义最小二乘法估计能够克服固定效应模型中随机干扰项存在异方差和序列相关的情况,同时也可以克服随机干扰项的截面相关。因此,我们采用可行的广义最小二乘法估计经济体制改革对经济周期波动率的影响,具体估计结果如表3所示:

表3　　不同年份区间下的估计

解释变量	被解释变量 *Vola*			
	1980—2012年	1980—1990年	1980—2000年	1980—2010年
d. Ins	-0.1139***	-0.0947***	-0.1418***	-0.1150***
	(-5.0546)	(-2.9793)	(-4.6579)	(-4.8497)
d. C	0.0649***	0.2098***	0.0899***	0.0620***
	(8.6633)	(10.9453)	(7.8046)	(7.7051)
d. I	0.0279***	0.0333***	0.0299***	0.0292***
	(8.9360)	(5.7325)	(7.4269)	(8.8163)
d. G	0.0042	-0.0032	0.0018	0.0041
	(0.8428)	(-0.3980)	(0.2611)	(0.7804)
d. Net	-0.0003	0.0042	-0.0018	-0.0003
	(-0.2860)	(1.6392)	(-1.2322)	(-0.3256)
tfp	0.0148***	0.0280***	0.0163**	0.0170***
	(3.3884)	(2.8615)	(2.2838)	(3.2643)
Con	-0.0163***	-0.0300***	-0.0179**	-0.0187***
	(-3.5616)	(-2.8624)	(-2.3527)	(-3.4580)
N	990	300	600	900

续表

解释变量	被解释变量 *Vola*			
	1980—2012 年	1980—1990 年	1980—2000 年	1980—2010 年
Panels	hetero	hetero	hetero	hetero
Correlation	AR(1)	AR(1)	AR(1)	AR(1)
Wald	234.43	264.02	197.89	216.10

注：*、**、***分别代表在10%、5%、1%的水平下显著，括号内为对应的t值或z值。

表3的估计结果表明Wald值都在1%的水平下通过显著性检验，表明模型整体上关系显著。不同的年份区间下的Wald值都通过了显著性检验。在控制消费增长率的变动（*d. C*）、固定资产投资资产支出增长率的变动（*d. I*）、政府财政预算支出增长率的变动（*d. G*）、净出口增长率的变动（*d. Net*）和全要素生产率（*tfp*）的影响之后，经济体制改革变动（*d. Ins*）的系数都在5%的水平下通过显著性检验，且经济体制改革变动（*d. Ins*）的系数为负，表明经济体制改革能够显著地减缓经济周期波动。不同的年份区间下的估计表明经济体制改革的变动对经济周期波动减缓作用呈现出稳健性特征。

为进一步检验 *d. Ins* 小于或等于0、*d. Ins* 大于0的情况下，经济体制改革的变动对经济周期波动的影响，将 *d. Ins* 小于或等于0分为一组、*d. Ins* 大于0分为一组分别进行回归。第二列为 *d. Ins* 小于或等于0条件下的回归，第三列为 *d. Ins* 大于0条件下的回归。为检验1992年以后相对于1992年以前向前推进的经济体制改革对经济周期波动的影响，我们将第四列设置为 *d. Ins* > 0 且年份区间为1980—1992年，并进行估计；第五列设置为 *d. Ins* > 0 且年份区间为1992—2012年，并进行相应的估计，结果见表4：

表4 经济体制改革程度差异下的估计

解释变量	被解释变量 *Vola*			
	$d.Ins \leq 0$	$d.Ins > 0$	$d.Ins > 0$ & $year <= 1992$	$d.Ins > 0$ & $year > 1992$
d. Ins	-0.0699***	-0.0619***	-0.1075***	-0.0585***
	(-3.5170)	(-2.5945)	(-3.1571)	(-3.0129)
d. C	0.0217***	0.0250***	0.1703***	0.0213***
	(3.2750)	(2.9376)	(9.5198)	(5.0368)
d. I	0.0111***	0.0181***	0.0352***	0.0079***
	(4.6869)	(4.9337)	(6.2357)	(3.5824)
d. G	-0.0007	0.0063	-0.0006	0.0077**
	(-0.1653)	(1.3909)	(-0.0716)	(2.1814)

续表

解释变量	被解释变量 Vola			
	d. Ins ≤ 0	d. Ins > 0	d. Ins > 0 & year < = 1992	d. Ins > 0 & year > 1992
d. Net	0.0004	-0.0011	0.0005	0.0011 **
	(0.5284)	(-1.2436)	(0.2042)	(2.2522)
tfp	0.0062	0.0214 ***	0.0350 ***	0.0040
	(1.2927)	(3.6518)	(3.4696)	(1.3061)
Con	-0.0216 ***	-0.0082	-0.0390 ***	-0.0052 *
	(-4.3439)	(-1.3093)	(-3.5990)	(-1.6554)
N	533	457	390	600
Panels	hetero	hetero	hetero	hetero
Correlation	AR(1)	AR(1)	AR(1)	AR(1)
Wald	47.44	69.87	222.68	67.72

注:*、**、***分别代表在 10%、5%、1% 的水平下显著,括号内为对应的 t 值或 z 值。

表 4 的估计结果显示,Wald 值都在 1% 的水平下通过显著性检验,表明模型整体关系显著。在控制消费增长率的变动(*d. C*)、固定资产投资资产支出增长率的变动(*d. I*)、政府财政预算支出增长率的变动(*d. G*)、净出口增长率的变动(*d. Net*)和全要素生产率(*tfp*)的影响之后,在以 *d. Ins* 小于或等于 0、*d. Ins* 大于 0 的分组估计中,*d. Ins* 小于或等于 0 的组中经济体制改革变动的系数的绝对值显著地高于 *d. Ins* 大于 0 组经济体制改革变动(*d. Ins*)的系数的绝对值,且都通过显著性检验,表明相对于向前推进的经济体制改革对经济周期波动的减缓作用而言,经济体制改革的倒退将在更大程度上加剧经济波动,经济体制改革对经济周期波动影响呈现出非对称性的特征。1992 年前后经济体制改革变动的系数都显著为负,表明无论是 1992 年以前还是 1992 年以后,向前推进的经济体制改革都显著地降低了我国经济周期波动。

六、结论与政策建议

改革开放过去的 30 多年里,不断深化的经济体制改革对促进我国经济发展、减缓我国经济周期波动发挥了不可替代的作用。继续全面深化经济体制改革仍旧是当前乃至未来我国经济持续平稳健康发展的体制保障。本文在文献回顾的基础上,阐述了经济体制改革减缓经济周期波动的作用机理,并实证检验了经济体制改革对经济周期波动的减缓作用。分析表明:

经济体制改革通过市场的资源配置功能、政府的宏观调控功能、社会保障的“稳定器”功能、政府的市场监管功能来调节和缓解经济周期波动;经济体制改革与经济周期波动存在反向关系,经济体制改革的程度越高,经济周期波动就越低;向前推进的经济体制改革能够显著地减缓经济周期波动。进一步来看,与向前推进的经济体制改革对减缓经济周期波动的减缓作用相比,经济体制改革的倒退将在更大程度上加剧经济波动,经济体制改革对经济周期波动的影响呈现出非对称性的特征,表明经济体制改革的停滞甚至倒退不利于经济的持续平稳发展;无论是1992年以前还是1992年以后向前推进的经济体制改革都显著地减缓了我国经济周期波动。

为了实现我国经济的科学发展、和谐发展和持续平稳健康发展,需要不断地全面深化经济体制改革。不断深化的经济体制改革是经济持续平稳发展的动力之所在和最可靠的体制机制保障。从我国经济持续平稳健康发展的大局来看,系统地、整体地、协同地推进经济体制改革,主要着眼于以下几个方面:逐步深化垄断领域的市场化机制改革;进一步完善政府宏观调控的体制机制,增强宏观经济调控的前瞻性、针对性、协同性;推动社会保障体制一体化改革,促进社会保障体系持续健康运行;强化市场监管体制改革,为市场监管提供法律保障,不断深化的这些经济体制改革措施将极大地减缓经济周期波动,促进我国经济持续平稳健康发展。

参考文献

[1] Roland G. Understanding institutional change: Fast - moving and slow - moving institutions[J]. Studies in Comparative International Development, 2004, 38(4): 109 - 131.

[2] North D. C. Institutional change and economic growth[J]. The Journal of Economic History, 1971, 31(1): 118 - 125.

[3] 刘元春. 中国经济制度变迁与经济增长的计量研究[J]. 政治经济学评论,2003(2):30 - 48。

[4] 杜婷,庞东. 制度冲击与中国经济的周期波动[J]. 数量经济技术经济研究,2006(6):34 - 43。

[5] 樊纲,王小鲁,张立文,朱恒鹏. 中国各地区市场化相对进程报告[J]. 经济研究,2003(3):9 - 18。

[6] 金玉国. 宏观制度变迁对转型时期中国经济增长的贡献[J]. 财经科学,2001(2):24 - 28。

[7] 张建辉,靳涛.中国转型式制度冲击与宏观经济波动[J].经济学动态,2011(8):63-69。

[8] Hodrick R. J. ,Prescott E. C. Postwar US business cycles: An empirical investigation[J]. Journal of Moneyv Creditv and Banking, 1997, 29(1): 1-16.

[9] Baxter M. , King R. G. Measuring business cycles: Approximate band - pass filters for economic time series[J]. Review of Economics and Statistics, 1999, 81(4): 575-593.

[10] Christiano L. J. ,Fitzgerald T. J. The band pass filter * [J]. International Economic Review, 2003, 44(2): 435-465.

[11] 盛洪.寻求宏观经济变动的制度原因[J].经济研究,1989(6):59-64。

[12] 白重恩.制度变革减少短期波动[N].人民日报,2010-07-16.

[13] 张连成.论经济周期波动的制度原因和平抑经济周期的制度安排[C].中华外国经济学说研究会第十四次学术讨论会论文摘要文集,2006.

[14] E. K. Hunt. 经济思想史——一种批判性的视角(第二版)[M].颜鹏飞,总校译.上海:财经大学出版社,2007.

[15] 盛洪.制度变革、经济发展和宏观经济变动[J].经济研究,1991(12):22-32。

[16] Solow R. M. A contribution to the theory of economic growth[J]. The Quarterly Journal of Economics, 1956, 70(1): 65-94.

[17] Solow R. M. Technical change and the aggregate production function[J]. The Review of Economics and Statistics, 1957, 39(3): 312-320.

[18] Gilbert D. W. Taxation and economic stability[J]. The Quarterly Journal of Economics, 1942, 56(3): 406-429.

[19] Agell J,. Dillén M. Macroeconomic externalities: Are Pigouvian taxes the answer? [J]. Journal of Public Economics, 1994, 53(1): 111-126.

[20] Auerbach A. J. ,Feenberg D. The significance of federal taxes as automatic stabilizers (No. w7662)[R]. National Bureau of Economic Research, 2000.

[21] Kniesner T. J. ,Ziliak J. P. Tax reform and automatic stabilization[J]. The American Economic Review, 2002, 92(3): 590-612.

[22] Arestis P. ,Glickman M. Financial crisis in Southeast Asia:Dispelling illusion the Minskyan way[J]. Cambridge Journal of Economics, 2002, 26(2): 237-260.

[23] Mishkin F. S. Lessons from the Asian crisis[J]. Journal of International

Money and Finance, 1999, 18(4): 709 -723.

[24] Whittaker, J. M. Unemployment insurance: Available unemployment benefits and legislative activity [C]. Congressional Research Service, The Library of Congress, 2006.

[25] Whittaker, J. M. The Unemployment Trust Fund (UTF): State insolvency and federal loans to states[C]. Congressional Research Service, The Library of Congress, 2012.

[26] Whittaker, J. M. , and Katelin P. I. Extending unemployment compensation benefits during recessions [C]. Congressional Research Service, Library of Congress, 2008.

[27] 郑功成. 社会保障:调节收入分配的基本制度保障[J]. 中国党政干部论坛, 2010(6):19 -22。

[28] Wolf H. D. The place of social security in our modern economic life[J]. Southern Economic Journal, 1937, 3(3): 292 -303.

[29] Henry J. Aaron. Economic effects of social security[M]. Brookings Institution Press, 1982.

[30] Pearson K. LIII. On lines and planes of closest fit to systems of points in space[J]. The London, Edinburgh, and Dublin Philosophical Magazine and Journal of Science, 1901, 2(11): 559 -572.

[31] Hotelling H. Analysis of a complex of statistical variables into principal components[J]. Journal of educational psychology, 1933, 24(6): 417 -441.

[32] Jolliffe I. T. Principal component analysis—second edition[M]. Springer -Varlag, 2002.

[33] Schumpeter J. The explanation of the business cycle[J]. Economica, 1927(21): 286 -311.

[34] Schumpeter J. A. The analysis of economic change[J]. The Review of Economics and Statistics, 1935, 17(4): 2 -10.

[35] Kydland F. E. , Prescott E. C. The econometrics of the general equilibrium approach to business cycles[J]. The Scandinavian Journal of Economics, 1991, 93(2):161 -178.

[36] Färe R. , Grosskopf S. , Norris M. , et al. Productivity growth, technical progress, and efficiency change in industrialized countries[J]. The American Economic Review, 1994, 84(1):66 -83.

[37] 颜鹏飞, 王兵. 技术效率、技术进步与生产率增长: 基于 DEA 的实证

分析[J]. 经济研究,2004(12):55 - 65.

[38] 张军,吴桂英,张吉鹏. 中国省际物质资本存量估算: 1952—2000[J]. 经济研究,2004(10):35 - 44.

[39] Nerlove M. Further evidence on the estimation of dynamic economic relations from a time series of cross sections [J]. Econometrica, 1971, 39(2): 359 - 382.

[40] Nickell S. Biases in dynamic models with fixed effects[J]. Econometrica, 1981,49(6): 1417 - 1426.

[41] Beck N. L. , Katz J. N. What to do (and not to do) with time - series cross - section data [J]. American Political Science Review, 1995, 89(3): 634 - 647.

[42] Cameron A. C. Trivedi P. K. Microeconometrics using stata[M]. College Station, TX: Stata Press, 2009.

[43] Tukey J. W. The future of data analysis[J]. The Annals of Mathematical Statistics, 1962,33(1):1 - 67.

[44] Baum C. F. Residual diagnostics for cross - section time series regression models[J]. The Stata Journal, 2001, 1(1): 101 - 104.

[45] Drukker D. M. Testing for serial correlation in linear panel - data models [J]. Stata Journal, 2003, 3(2): 168 - 177.

[46] Pesaran M. H. General diagnostic tests for cross section dependence in panels (No. 1240) [R]. Institute for the Study of Labor (IZA), 2004.

(湖南大学经济与贸易学院)

第四部分

区域发展与收入分配

中国经济增长与经济周期（2016）

对我国城乡居民收入差异和行业劳动报酬的分析

蔡志洲　李心愉

我国已经进入全面建成小康社会的攻坚阶段，而改善居民家庭的收入以及分配差异，全面地提高全体人民整体的生活水平，是这一阶段我国经济发展的重要任务。本文通过对国民经济核算与居民收支调查的数据的分析，对21世纪以来我国居民收入分配的特征、所存在的问题进行分析，对改善中国居民收入分配、扩大中等收入人群的路径进行了探讨。

一、基尼系数

在世界各国，基尼系数是用来反映居民收入分配差距的一个重要指标，通常使用居民可支配收入来计算。从表1中可以看到，2004—2015年，我国的基尼系数经历了一个先上升后下降的过程。2004—2008年，我国的基尼系数是逐渐上升的，在2008年到达最高值0.491[①]；2009年以后，我国的基尼系数开始不断下降，2015年下降到0.462。这一趋势性变化，和资金流量表中反映的变化是一致的，即在2008年前后，我国自改革开放以后居民收入分配差异不断扩大的现象出现了扭转。正是在那一时间前后，我国在经济总量上超过了日本[②]，人均国民总收入由下中等收入跨入上中等收入的行列[③]。显然，中国居民收入分配格局的扭转，是和中国经济发展水平相互关联的。当我们从低收入水平开始起步实现加速经济增长时，我们要允许"一部分人、一部分地区先富起来"，但由此可能造成居民收入差距的扩大；而当我们的经济发展水平提高到一定程度时，我们的政策就开始调整，更加强调"共同富裕"。这种政策上的调整是符合客观经济规律要求的。在发达市场经济国家发展过程中，随着经济发

---

① 我国官方公布的基尼系数由2003年开始，如果追溯到更早的时候就只有民间的推算数据，这些数据的数值存在着较大的差异，但是所反映的趋势是一致的，即从改革开放以来一直到2008年，我国的基尼系数一直是上升的。参见罗曰镁："从基尼系数看居民收入差距"，《统计与决策》2005年第6期。

② 按照世界银行新公布的数据，我国按汇率法计算的GDP在2009年超过了日本。

③ 根据世界银行数据库数据，2010年，按汇率法计算中国的人均国民总收入达到4240美元，中国第一次进入上中等收入经济体的行列。

展水平的提高,居民家庭的收入差异也大多经历了首先不断扩大,然后再逐渐缩小的时期,但这一过程在市场经济条件下要经历一个漫长的日期。著名的库兹涅茨曲线所揭示的就是这样的统计规律。但在我们国家,由于政府政策的积极推动(如调节各个地方的最低工资标准等),这一进程被加快了。从变化程度上看,中国的基尼系数在7年间下降了约0.03,居民收入分配差异得到了明显的改善。如果按照这个速度,那么在2020年前后,我们国家的基尼系数将会下降到0.43左右,虽然和人们常说的0.40的警戒线水平还有一定的差距,但是从发展趋势看,我们与这个标准之间的差距不是在扩大而是在不断缩小。

表1 中国2004—2015年基尼系数

年份	基尼系数	年份	基尼系数
2004	0.473	2010	0.481
2005	0.485	2011	0.477
2006	0.487	2012	0.474
2007	0.484	2013	0.473
2008	0.491	2014	0.469
2009	0.490	2015	0.462

资料来源:根据国家统计局历年统计公报整理而成

二、从资金流量表看我国居民可支配收入的构成

表2是根据资金流量表列出的2013年我国住户部门可支配收入,也就是居民可支配总收入的形成以及各个项目的占比。表中第1项"增加值"为个体经济当年所创造的增加值,扣除掉他们对雇员支付的劳动者报酬2,再扣除对政府支付的生产税净额,就是居民部门的个体经济的纯收入4,占全部居民可支配收入的11.4%。而他们支付的"劳动者报酬"2在这里被扣除后,在被包括进第7项中,反映为居民部门由本部门以及其他部门(非金融企业、金融机构和政府)所获得的全部劳动报酬,占全部可支配收入的83.7%。在居民的初次收入分配中,还要扣除掉对其他部门支付的财产支出,如为购买住房向银行贷款后而支付的利息等;与此同时,居民家庭还从其他部门获得财产收入,如银行存款利息、债券利息收入、投资企业的分红收入等;这一部分收入较过去有比较大的增加,但是其占可支配收入的比重仍然不大,目前只有6.1%,如果从净收入的角度看,只占4%。这三部分构成了居民收入的初次分配。这说明在居民初次分配收入中,劳动者报酬是主体,个体经营收入的比重开始增加,而财产收入所占的比重仍然不大。这说明私营企业家在其所有的企业取得收益后,更愿

意将收益留在企业用于扩大再生产（也存在一些家庭支出列入企业成本的现象），而不是进行分配成为居民家庭也就是住户部门的收入，这就出现民营企业在迅速发展后，他们的财产收入（这里主要指的是红利收入）在居民部门却没有显著增加的现象。初次分配收入还再经过再分配，除了个别居民家庭之间的经常收支外，主要是通过政府部门的经常转移收入（所得税和财产税、社会保险的缴款等）和经常转移支出（政府社会保障支出、对困难群体的补助等），从表 2 可以看出，这一部分的收支在居民可支配收入中的比重达到 10% 以上。这说明政府在再分配领域中的经常转移收支，对平抑居民收入差别还是起了一定的作用。

表 2　2013 年我国住户部门可支配收入项目及其构成

	项目	总额（亿元）	占可支配分配总收入的比重（%）
1	增加值	144991.5	40.6
2	减：劳动者报酬支出	101415.3	28.4
3	减：生产税净额支出	2950.6	0.8
4	等于：个体经济收入	40625.6	11.4
5	减：财产支出	7656.3	2.1
6	加：财产收入	21824.4	6.1
7	加：劳动者报酬收入	298966.1	83.7
8	等于：初次分配总收入	353759.9	99.1
9	加：经常转移收入	44180.3	12.4
10	减：经常转移支出	40826.8	11.4
11	等于：可支配总收入	357113.4	100.0

资料来源：《中国统计年鉴》（2015）。

三、城乡居民之间的收入差距

在表 3 中，我们分别列出了城镇居民人均可支配收入、农村居民人均纯收入的名义指数（包括价格变动因素）和实际指数（剔除价格变动因素后的结果）。从公布数据的时点上看，这些数据往往能够当年公布，所以在这一节中，我们使用的是 2000—2014 年的时间序列，个别地方使用了 2015 年的数据。从总体上看，在 2000—2014 年，由于我国的经济增长（人均 GDP 年均实际增长 9.2%），我国城乡居民收入有了明显增加，这说明经济增长是改善人民收入的基础，如果没有经济增长，那么居民家庭收入是不可能在整体上得到改善的。

在2004—2013年,从整体上看,我国农村居民收入的增长低于城镇居民收入的增长,但近年来这一局面已经开始发生变化。从变化过程上看,城乡居民收入之间的收入差距开始是不断扩大的,到达一定点后又逐渐缩小。从表3中可以看到,2004—2007年,我国城乡居民的收入比(即城镇居民人均可支配收入为农村居民人均纯收入的倍数)是上升的,但上升的幅度已经放慢(2000年是2.79倍),2007—2009年徘徊了三年,从2009年之后开始逐年下降,2013年已经回落到3倍(2014年回落到3倍以下)。与这种变化相对应的是,2004—2008年,我国城镇居民人均可支配收入的实际和名义增长率,都高于农村居民人均纯收入,但2008年后却发生了逆转,农村居民收入的增长超过了城镇居民,从而使城乡居民的收入差距缩小。这一期间,也是我国的居民可支配收入在全部可支配收入中的比重又重新提高的时期,这说明改善农村居民的收入对于改善整体的收入分配具有重要意义。

表3　2004—2013年中国城乡居民人均收入情况

	城镇居民人均可支配收入			农村居民人均纯收入			城镇居民收入为农村的倍数
	绝对数(元)	名义指数 上年=100	实际指数 上年=100	绝对数(元)	名义指数 上年=100	实际指数 上年=100	
2004年	9421.6	—	—	2936.4	—	—	3.2
2005年	10493.0	111.4	109.6	3254.9	110.8	106.2	3.2
2006年	11759.5	112.1	110.4	3587.0	110.2	107.4	3.3
2007年	13785.8	117.2	112.2	4140.4	115.4	109.5	3.3
2008年	15780.8	114.5	108.4	4760.6	115.0	108.0	3.3
2009年	17174.7	108.8	109.8	5153.2	108.2	108.5	3.3
2010年	19109.4	111.3	107.8	5919.0	114.9	110.9	3.2
2011年	21809.8	114.1	108.4	6977.3	117.9	111.4	3.1
2012年	24564.7	112.6	109.6	7916.6	113.5	110.7	3.1
2013年	26955.1	109.7	107.0	8895.9	112.4	109.3	3.0
年均指数(%)	—	112.4	109.2	—	113.1	109.1	—
2004—2008年	—	113.8	110.1	—	112.8	107.8	—
2008—2013年	—	111.3	108.5	—	113.3	110.2	—

资料来源:《中国统计年鉴》(2015)。表中居民收入数据由国家统计局公布,数据口径仍然为分别开展的城镇和农村住户调查的传统口径。表中居民收入实际指数根据统计年鉴中城乡居民收入定基指数(1978=100)推算而得。

从表4可以看出,在2004年至2013年农村居民纯收入各个项目的年均增长率中,比重增加最大的是工资性收入,增加了11.3%,现在已经超过家庭经营纯收入(原来主要是农业经营纯收入)成为占比最大的收入来源(45.3%)。转移性收入和财产收入的年均增长率更高(主要是因为转移性支出增长,体现了国家对低收入群体的扶持),但是占比仍然较低。这说明农村居民的非农业就业,是改善收入的主要途径。而近些年来,我国非农就业的扩大,主要依赖于非传统公有制企业①,这也就是说,非传统公有制经济的发展是改善城乡居民收入差距的基本手段。

表 4　　2004—2013 年中国农村居民纯收入变化情况

	2004 年		2013 年		2004—2013 年名义年均增长率(%)
	金额(元)	占比(%)	金额(元)	占比(%)	
农村居民人均纯收入	2936.4	100	8895.9	100	13.1
工资性收入	998.5	34.0	4025.4	45.3	16.8
家庭经营纯收入	1745.8	59.5	3793.2	42.6	9.0
转移性和财产性收入	192.2	6.5	1077.3	12.1	21.1

资料来源:根据 2005 年与 2014 年《中国统计年鉴》中有关数据整理计算。表中数据为城乡住户调查一体化改革前的口径。

四、城镇居民的收入差距

表 5 列出了 2000—2008 年按收入分组的城镇居民人均可支配收入,从表中可以看到这一时期全部城镇居民的人均可支配收入的年均增长率为 11.83%,但是不同收入组的居民家庭增长的幅度不同,收入等级越低,收入的年均增长率就越低,这就拉开了收入分配的差距。2000 年,最高收入户的收入是最低收入户的 5.02 倍,但是到了 2008 年则上升到了 9.17 倍,接近原来的两倍。这种收入差距的扩大,必然会在基尼系数上表现出来。这种变化与我国 20 世纪 90 年代中后期的市场化改革是有关的,市场化改革带来的产权制度改革以及相应的分配制度改革,是我国改革开放以来在生产与分配领域里一次深刻的变革,使得原来的"按劳分配"在相当程度上调整为通过市场按生产要素对经济活动的贡献来进行分配,知识、技术、资本等经济增长中的稀缺资源,就可能得到更多的回报。这样,经济活动效率提高(表现在经济增长上),居民收入分配之间的差距也拉开了。

① 根据三次全国经济普查的数据,传统公有制企业(国有、国有控股和集体企业)的就业都是减少的,而且减少的幅度很大。

表 5　　2000—2008 年按收入分组的城镇居民人均可支配收入比较

			人均可支配收入			
			2000 年(元)	2008 年(元)	2008 年为 2000 年的倍数(%)	年均名义增长率(%)
全国			6280	15781	2.51	12.21
按收入等级分	最低收入户	10%	2653	4754	1.79	7.56
	低收入户	10%	3634	7363	2.03	9.23
	中等偏下户	20%	4624	10196	2.20	10.39
	中等收入户	20%	5898	13984	2.37	11.40
	中等偏上户	20%	7487	19254	2.57	12.53
	高收入户	10%	9434	26250	2.78	13.65
	最高收入户	10%	13311	43614	3.28	15.99
最高收入户为最低收入户的倍数			5.02	9.17		

资料来源:根据《中国统计年鉴》(2009)中相关数据整理。

但是从表 6 可以看到,自 2008 年以后,居民按收入水平分组的我国城镇居民可支配收入的增长情况比之前(尤其是 2000—2008 年)有了根本性改善。改变为收入越高的组别的收入增长率越低,收入越低的组别的收入增长率越高,不仅从长期趋势看是这样,而且各年的增长也是如此。这就使得城镇居民之间的收入差距开始缩小,这是使我国基尼系数重新走低的主要原因,说明随着我国经济发展阶段的提升、劳动力供求关系的变化以及国家采取的一系列政策,我国城镇居民的收入分配差异正在得到不断的改善。

表 6　　2008—2014 年城镇居民人均可支配收入增长率　　(%)

年份	低收入户(20%)	中等偏下户(20%)	中等收入户(20%)	中等偏上户(20%)	高收入户(20%)
2009	10.7	10.3	10.1	9.2	8.0
2010	13.1	13.0	11.8	10.3	9.9
2011	15.6	14.1	13.5	13.9	14.2
2012	17.8	15.6	14.7	12.8	9.4
2013	10.4	10.3	9.4	8.7	9.6
2014	13.4	11.5	10.2	9.3	6.7
年均增长率	13.5	12.4	11.6	10.7	9.6

资料来源:《中国统计年鉴》(2015),表中增长率为名义增长率,2014 年增长率根据住户调查一体化改革后数据计算,动态上与传统数据计算的时间序列可比。

表 7 列出了 2013 年和 2014 年我国按城乡一体化调查口径公布的城镇居

民可支配收入的分组数据，而图 1 则是这两年城镇居民可支配收入累计分布的曲线即洛伦兹曲线。

表 7 2013 年和 2014 年按城乡一体化调查口径公布的城镇居民可支配收入情况

	人数占比	2013 年		2014 年	
		可支配收入（元）	累计人数占比（%）	可支配收入（元）	累计人数占比（%）
低收入户	（20%）	9895.9	20	11219.3	20
中等偏下户	（20%）	17628.1	40	19650.5	40
中等收入户	（20%）	24172.9	60	26650.9	60
中等偏上户	（20%）	32613.8	80	35631.2	80
高收入户	（20%）	57762.1	100	61615.0	100

资料来源：《中国统计年鉴》(2015)。

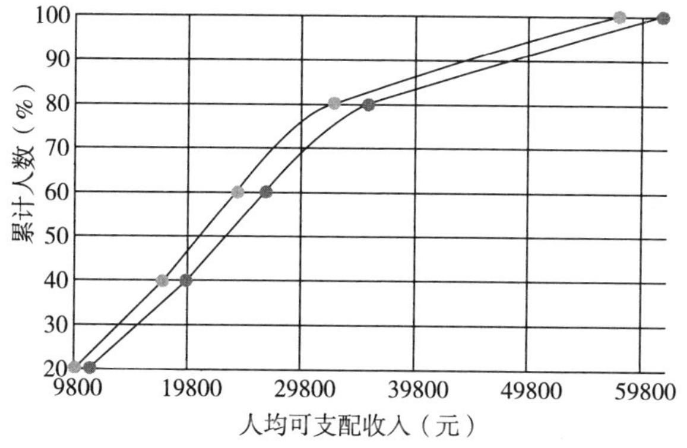

图 1 2013 年和 2014 年城镇居民可支配收入累计分布

从图 1 可以看到，2014 年的累积分布曲线（右线）基本上是 2013 年曲线（左线）平移的结果，各个收入组之间的曲线的斜率没有发生显著变化，这说明城镇居民的收入分配没有继续变差。但是我们也要看到，图中最低收入平移的程度要低于最高收入的平移程度，这是因为较低的收入组的基数低，较高的收入组的基数高，即使较低的收入组的增长率高于较高的收入组，但是如果增长率没有达到一定的高度，那么仍然有可能在具体增长数量上高于较高的收入组。图中的两条洛伦兹曲线都是上凸的，说明基尼系数在 0.5 以上。分组别看，较低收入组的斜率较大，组距较短，较高收入组的斜率较小，组距较长，说明收入越高，分布越广，这说明我国城镇居民的收入分配正在趋向于合理。如果要继续改善收入分配，就要进一步加大较低收入组之间的斜率，或者说，减少按收入水平分的低收入组的人数（也就是增加低收入人群的收入）。通过对图中面积的简单计算(即曲线上方的面积除以曲线上下方的总面积)可以算出我国城镇居民可支配收入的基尼系数大约在0.35左右,也就是说,我国城镇居民可支配收入的基尼系数,目前仍然处于国际公认的警戒线水平0.4以下。这也就是说,我国城镇居民的收入分配差异目前仍然处于合理的区间内,虽然仍然需要改善,但是应该对这种差异程度有一个客观的估计。

五、产业结构、经济发展水平与中等收入群体

习近平同志最近指出,扩大中等收入群体,关系全面建成小康社会目标的实现,是转方式调结构的必然要求,是维护社会和谐稳定、国家长治久安的必然要求。扩大中等收入群体,必须坚持有质量有效益的发展,保持宏观经济稳定,为人民群众生活改善打下更为雄厚的基础;必须弘扬勤劳致富精神,激励人们通过劳动创造美好生活;必须完善收入分配制度,坚持按劳分配为主体、多种分配方式并存的制度,把按劳分配和按生产要素分配结合起来,处理好政府、企业、居民三者分配关系;必须强化人力资本,加大人力资本投入力度,着力把教育质量搞上去,建设现代职业教育体系;必须发挥好企业家作用,帮助企业解决困难、化解困惑,保障各种要素投入获得回报;必须加强产权保护,健全现代产权制度,加强对国有资产所有权、经营权、企业法人财产权保护,加强对非公有制经济产权保护,加强知识产权保护,增强人民群众财产安全感①。这段话指明了改善收入分配对中国现阶段收入分配的意义,同时也说明了这种改革必须在新的现代产权制度的框架下进行,通过各种所有制形式的企业及生产者的共同努力,改善我国的收入分配。

我国城市中的经济体制改革是从收入分配领域开始的,在企业经营管理中强调"按劳分配",实际上是通过奖勤罚懒来激励企业职工改善劳动态度和劳动技能,从而达到提高劳动生产率的目的,这必然导致企业内部收入差距的扩大。但这种差异扩大的幅度是有限的,因为企业用于分配的成本有限,而在劳动力市场形成以后,企业的最低工资标准受市场和政府两方面的限制,企业内部的收入差异实际上是和企业的盈利能力相联系的,而企业的盈利能力则必须在市场竞争中实现。经过30多年的发展,企业内部的职工收入差异已经不再是我国收入分配差异继续扩大的主要原因。现在的问题是,在不同的行业之间,由于生产要素投入的结构不同(如高科技企业需要资金、技术、人才的投入)和准入(如一些领域只允许内资或国资进入)等,不同的行业在总生产成本

---

① 参见《习近平明确供给侧改革路径　六个方向扩大中等收入群体》,人民网、中国共产党新闻网,2016年5月17日。

中能够用于支付劳动成本或者是在总收益中用于劳动报酬的规模也不同。作为一个加速工业化和现代化中的发展中国家,一方面我们的新兴产业在迅速发展,另一方面相当一部分传统产业仍在继续,升级缓慢。这就造成了行业之间收入增长的不平衡,并由此导致行业之间劳动者报酬上的差别。而作为居民家庭主要收入的劳动者报酬上的差异扩大化,是居民收入分配差异扩大化的主要原因。当然,财产收入作为居民家庭收入中的另一重要来源,尤其是高收入家庭收入的重要来源,也影响着收入分配差异的变化,但目前这一部分收入在居民部门可支配收入仍然只占较小比重,所以影响我国收入分配的主因还是劳动者报酬(2013 年劳动者报酬占居民可支配收入的比重约为 83%)。我们这里将通过对劳动者报酬的行业差异的分析对居民收入分配进行研究。

从表 8 可以看到,我国 2012—2013 年的全部从业人员(不是全体居民)的人均劳动报酬大约在 38000 元左右,低于这一平均水平的行业只有两个,即农、林、牧、渔业与批发零售贸易、住宿和餐饮业这两个传统行业,其他行业均高于平均水平,收入最高的三个行业分别为金融业,采矿业,电力、热力及水的生产和供应业,从前面的分析可以看出,这都属于国有经济从业人员占比较大的行业。其他行业的人均劳动报酬在 4 万元到 6.5 万元之间。

表 8　　2012—2013 年中国各国民经济行业人均劳动报酬情况

	2012 年各行业劳动者报酬总额(亿元)	2013 年各行业从业人员(万人)	2012—2013 年人均劳动报酬估计值(元)
农、林、牧、渔业	52996	24171	21926
采矿业	10439	1047	99718
制造业	65181	13374	48736
电力、热力及水的生产和供应业	3992	488	81883
建筑业	22462	5412	41507
运输仓储邮政、信息传输、计算机服务和软件业	14699	3349	43897
批发零售贸易、住宿和餐饮业	21179	9243	22915
房地产、租赁和商务服务业	9405	2319	40558
金融业	11024	514	214516
其他服务业	52757	8169	64580
合计	264134	68084	38795

资料来源:2012 年各行业劳动者报酬总额根据 2012 年投入产出表(参见《中国统计年鉴》(2015),2013 年各行业从业人员数根据第三次全国经济普查有关就业数据推算。

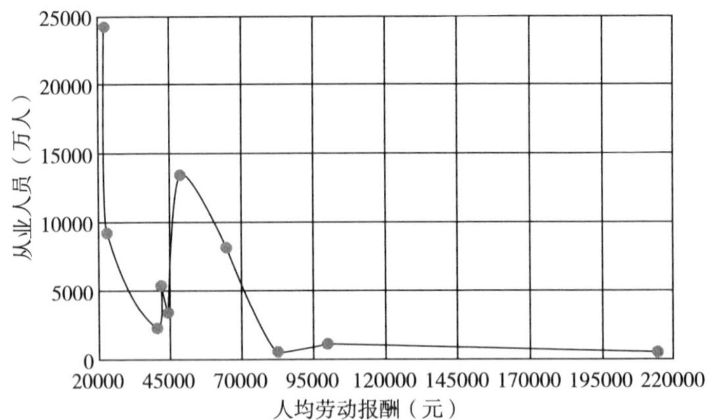

图 2　2012—2013 年按人均劳动报酬排列的各国民经济行业的从业人员分布

图 2 是按照各个国民经济行业的人均劳动者报酬排序后列出的就业人员分布。由于图中的资料来源于投入产出表,农业和非农业劳动者的报酬使用的是统一口径,与国民收入指标相衔接(属于国内生产总值的组成部分),所以不存在城乡居民收入口径不一致的问题。从图中可以看出,按国民经济行业的平均劳动报酬分组后,形成的就业人员分布是非对称的。收入最高的三个行业(金融业,采矿业,电力、热力及水的生产和供应业)的平均劳动报酬虽然高,但全部从业人员中只占了很小的比重(3%),所以他们对收入分配的格局在数量上的影响力是有限的(当然,在社会舆论上产生的负面影响不低)。但收入最低的两个行业(农、林、牧、渔业与批发零售贸易、住宿和餐饮业)的情况就不同了,它们的从业人员在全部从业人员中所占的比重非常高,达到 45% 以上,对整个收入分配格局的影响非常大。而中等收入的五个部门(按顺序为房地产、租赁和商务服务业,建筑业,运输仓储邮政、信息传输、计算机服务和软件业,制造业,其他服务业)所占的比重仅仅在 50% 左右。我们可以把图 2 中的行业分成三个组,图 2 中左侧的两个点为低收入组,分别反映了农业和批发零售业的平均劳动报酬和从业人数,可以看出他们的平均劳动报酬很低,但人数众多;右侧的三个点为高收入组,则分别是金融业,采矿业,电力、热力及水的生产和供应业的平均劳动报酬和从业人数,他们的报酬很高,但人数不多;中间的五个点则是中等收入组,反映了其余五个行业(房地产、租赁和商务服务业,建筑业,运输仓储邮政、信息传输、计算机服务和软件业,制造业,其他服务业)的平均劳动报酬和从业人数,分布基本上是正常的。其中的其他服务业的平均劳动报酬之所以较高,主要原因在于它包括了政府机构和事业单位(如教育、科学、文化等事业单位)的工作人员,这些人的收入在社会上属于中上水平,人数也较

多。显然,中等收入组的分布是比较均衡的,如果要改善行业间的收入分配,一方面要继续提升低收入行业的收入并相应地减少就业人数,另一方面要控制高收入行业的收入。控制高收入行业的收入是相对容易做到的,因为这些行业的高收入本来就是在政府干预的情况下出现的,那么同样可以通过适度的政府干预使之不再加剧甚至合理回落;但低收入行业提高平均劳动报酬却需要经过一个相对长期的过程,尤其是农业,其产量的增长要受到自然条件的影响,因此提高劳动生产率既要在分子中通过提高总产量,又要在分母中减少剩余劳动力,改革开放后我们一直在加强这方面的努力,近些年的进步尤其明显,但真正要解决城乡发展二元化的矛盾,仅仅靠农业本身的发展是不够的,更要靠大力推进非农产业的发展并带动相应的就业。而非农产业的就业增长,就要靠民营经济的发展。从行业分析中还可以看出,我国各行业之间平均劳动报酬之间的差别和经济类型是相关的。收入较高的四个行业,金融业,采矿业,电力、热力及水以及其他服务业,都是传统公有制或者是国有经济从业人员所占比重较高行业,而民营经济占比较高劳动者报酬则相对较低,个体经济占比较大的批发零售业和农业的人均劳动报酬为最低。但是在批发零售业中的个体经济从业人员,除了取得劳动报酬外,还有经营性收入(即营业盈余),而农业从业人员的全部经营收入,在投入产出表中都被归入劳动者报酬,所以从实际平均收入看,批发零售业和其他行业的差距并没有那么大,真正低收入的行业只有农业。从这个角度看,要加大中等收入人群的数量或比重,一方面是要增加农业劳动者的报酬,但农业本身的发展受自然条件、技术因素等多方面的限制,所以更重要的是在另一方面,通过非农产业的发展使更多的农业劳动者转移到非农产业中去。而从前面的分析可以看到,我国非农产业的新增就业主要是要依靠民营经济的发展。因此,民营经济的发展在改善我国的收入分配中具有举足轻重的作用。

从整体上看,我国当前较大的收入分配差异,主要原因不在于少数人的高收入,而在于自 20 世纪 90 年代初期以来,中等收入的这些行业的平均劳动报酬的增长长期高于低收入行业的增长,因此在中等收入和低收入行业之间拉开了差距,在统计上表现为双峰分布的峰值之间的差距不断拉大,方差与离散系数不断提升,导致包括城乡在内的全国居民收入的基尼系数提升。

这种差异是我国工业化、城镇化和现代化进程中城乡二元化结构所带来的结果或者是阵痛。由于我国各个地区的经济发展程度不同,二元化结构的程度也不同,所以人均收入的水平也不同,因而造成收入分配的差异。在中国,一个地区的城镇化水平越低、人均 GDP 也越低,由此决定的人均可支配收入也就越低,由城乡收入差异造成的全体居民的收入差异也就越大(基尼系数也就越高)。所以在中国,从地区比较来看,收入分配差异是和各个地区的经济发展水平与城镇化程度相关的,经济发展水平越高,收入差异也就越小,对中国大多数地区而言,改善收入分配的根本途径,是通过非农产业的发展和在国民经济中所占的比重来提高经济发展水平。从表9可以看到,我国各个地区的人均GDP水平与常住人口城镇化率之间,存在着高度的相关关系,相关系数达到92%以上(参见表9最后一行)。也就是说,一个地区常住城镇人口占总人口的比重越高,其人均GDP水平也就越高。而一个地区的人均GDP水平越高,其一体化的居民可支配收入水平也就越高。虽然我国目前的人口城镇化率已经有了很大的提高,但是和发达国家普遍高达80%以上的水平相比,仍然还有很大差距。在中国,能够达到这一水平的也只有北京、上海、天津等直辖市。而在一般省、市、区中,2013年人口城镇化达到60%以上的,只有5个经济发达省份(江苏、浙江、辽宁、广东、福建),还有13个省和自治区的城镇化率在50%以下。而由于农村居民的人均可支配收入明显低于城镇,一个地区的人口城镇化水平越低,一体化计算的人均可支配收入也就可能越低。因此随着发展水平较低地区的城镇化进程的推进,我国的收入分配差异将会进一步减小。

表9　2009—2013年中国各地区人口城镇化率与人均GDP相关系数

地区	人口城镇化率(%)					人均GDP(元,按人均水平排序)				
	2009	2010	2011	2012	2013	2009	2010	2011	2012	2013
天　津	78.0	79.6	80.5	81.6	82.0	62574	72994	85213	93173	99607
北　京	85.0	86.0	86.2	86.2	86.3	66940	73856	81658	87475	93213
上　海	88.6	89.3	89.3	89.3	89.6	69164	76074	82560	85373	90092
江　苏	55.6	60.6	61.9	63.0	64.1	44253	52840	62290	68347	74607
浙　江	57.9	61.6	62.3	63.2	64.0	43842	51711	59249	63374	68462
内蒙古	53.4	55.5	56.6	57.7	58.7	39735	47347	57974	63886	67498
辽　宁	60.4	62.1	64.1	65.7	66.5	35149	42355	50760	56649	61686
广　东	63.4	66.2	66.5	67.4	67.8	39436	44736	50807	54095	58540
福　建	55.1	57.1	58.1	59.6	60.8	33437	40025	47377	52763	57856
山　东	48.3	49.7	51.0	52.4	53.8	35894	41106	47335	51768	56323
吉　林	53.3	53.3	53.4	53.7	54.2	26595	31599	38460	43415	47191
重　庆	51.6	53.0	55.0	57.0	58.3	22920	27596	34500	38914	42795
陕　西	43.5	45.8	47.3	50.0	51.3	21947	27133	33464	38564	42692
湖　北	46.0	49.7	51.8	53.5	54.5	22677	27906	34197	38572	42613
宁　夏	46.1	47.9	49.8	50.7	52.0	21777	26860	33043	36394	39420
河　北	43.7	44.5	45.6	46.8	48.1	24581	28668	33969	36584	38716

续表

地区	人口城镇化率(%)					人均 GDP(元,按人均水平排序)				
	2009	2010	2011	2012	2013	2009	2010	2011	2012	2013
黑龙江	55.5	55.7	56.5	56.9	57.4	22447	27076	32819	35711	37509
新　疆	39.9	43.0	43.5	44.0	44.5	19942	25034	30087	33796	37181
湖　南	43.2	43.3	45.1	46.7	48.0	20428	24719	29880	33480	36763
青　海	41.9	44.7	46.2	47.4	48.5	19454	24115	29522	33181	36510
海　南	49.1	49.8	50.5	51.6	52.7	19254	23831	28898	32377	35317
山　西	46.0	48.1	49.7	51.3	52.6	21522	26283	31357	33628	34813
河　南	37.7	38.5	40.6	42.4	43.8	20597	24446	28661	31499	34174
四　川	38.7	40.2	41.8	43.5	44.9	17339	21182	26133	29608	32454
江　西	43.2	44.1	45.7	47.5	48.9	17335	21253	26150	28800	31771
安　徽	42.1	43.0	44.8	46.5	47.9	16408	20888	25659	28792	31684
广　西	39.2	40.0	41.8	43.5	44.8	16045	20219	25326	27952	30588
西　藏	22.3	22.7	22.7	22.8	23.7	15295	17319	20077	22936	26068
云　南	34.0	34.7	36.8	39.3	40.5	13539	15752	19265	22195	25083
甘　肃	34.9	36.1	37.2	38.8	40.1	13269	16113	19595	21978	24296
贵　州	29.9	33.8	35.0	36.4	37.8	10971	13119	16413	19710	22922
相关系数						0.93	0.94	0.94	0.93	0.92

资料来源:《中国统计年鉴》(2014)。

从产业结构的高度看,一个地区的高收入及中等收入行业的比重越大,其平均收入就越高,收入分配差异也就越小(因为严重影响收入分配均衡的低收入行业尤其是农业劳动力所占的比重低),反之,一个地区的农业从业人员比重越大,收入分布中双峰的现象也就越严重,收入分配差异以及反映这种差异的基尼系数也就越大。如果从产业结构高度上看,越是传统和低端的产业或行业劳动者的平均报酬越低,越是新兴的和高端的产业或行业劳动者的平均报酬也就越高,那么一个地区的产业结构高度越高,它的收入分配差异也就越小,反之就越大①;而从准入条件上看,准入条件越高的产业或行业的劳动者报酬越高,准入条件越低的企业或行业的劳动者报酬越低,那么在高准入条件企业或单位聚焦的地区或城市(尤其是北京)的收入分配差异也就越小,反之也就越

① 产业结构高度表面上是不同产业的份额和比例关系的一种度量,本质上是一种劳动生产率的衡量。一个经济体(国家或地区或城市)新兴和高端行业依次所占的比重越大,其产业结构的高度也就越高。参见刘伟、张辉、黄泽华:"中国产业结构高度与工业化进程和地区差异的考察",《经济学动态》2008 年第 11 期。

大。由此得出的结论是,一个地区的居民家庭平均收入,是和这个地区由产业结构高度所决定的平均收入(主要是平均劳动报酬)相关的。一个地区的平均收入越高,说明这个地区的产业结构高度也就越高,它的收入分配差异也就越小。而在中国的城镇化和现代化进程中,发达地区通常有较高的产业结构高度,主要表现为新兴和高端产业在不断发展,而欠发达地区通常只有传统和低端的产业或者说产业结构高度较低。所以地区之间居民收入之间的差异,从根本上说还是由于地区间产业结构高度上的差别造成的。所以就全国而言,要改善我国当前的收入分配状况,关键是要加快欠发达地区和中等发达地区的工业化和城市化进程,促进非农产业的发展,提高这些地区的产业结构高度和非农就业水平,各级政府尤其是中央政府要创造各种条件(尤其是市场条件)合理地引导各种资源向欠发达地区和中等发达地区流动,通过这些地区和发达地区之间的互补来全面地提高我国的经济发展水平。

从以上分析可以看出,伴随着社会主义市场经济的建立和发展,我们的产权制度和所有制结构已经发生了深刻的变化,并且导致了我国收入分配格局的巨大变化。这种变化在宏观上体现为国民收入分配格局的变化,在微观中体现为居民收入分配的变化。这些变化推动了我国的经济增长以及经济社会的全面发展,但在一定时期内,也造成了居民收入分配的扩大化等问题。随着我国进入上中等收入国家的行列,近些年来我国的收入分配格局有了一定的改善,中等收入群体在不断扩大,但是地区间、行业间、不同的收入群体间的居民收入分配差距仍需要改善。从现在的情况看,主要矛盾是农业发展受到限制,农业劳动力向非农产业转移需要一个经济渐进的过程,这也是我国仍然属于一个发展中国家的原因。从非农产业发展上看,各个行业之间、不同地区经济之间的发展仍然不平衡,政府应该引导更多的经济资源向更有发展潜力的行业和地区流动,尤其需要为这些行业和地区的民营经济的发展创造更好的条件,通过这些行业和地区的经济发展提高人们的平均收入水平。与此同时,要深入国有企业的体制改革,在发展过程中逐步缩小国有经济与社会一般收入水平之间的差距。通过逐步地降低低收入人群和高收入人群的比重,来增加中等收入人群的比重。

六、结论

从居民部门内部的收入分配看,近些年来,我国城乡居民收入分配差异经过了一个逐步扩大,又重新缩小的过程,基尼系数在2008年前后到达高点后开始逐步下降。从城镇居民内部的收入分配差异看,现在的基尼系数其实是在警戒线水平以下(2013—2014年大约在0.35左右)。但城乡合并计算的基尼系数仍然偏高(2013—2014 年大约在 0.47 左右,2015 年下降到 0.462)。劳动者报酬在我国居民可支配收入中占绝大比重(80% 以上)。通过对按国民经济行业分类的从业人员的人均劳动者报酬的分析表明,近些年来我国城乡居民收入以及城镇居民内部收入差异的扩大的主要影响因素是行业因素,首先是农业和非农行业之间的就业人员的平均劳动报酬存在着很大的差异;其次是在非农行业内部,传统行业与新兴行业之间存在着差异。从产业结构的高度看,一个地区的平均劳动者报酬的水平与其产业结构的高度之间存在着明显的联系。产业结构的高度越高,平均劳动者报酬的水平也就越高,收入分配差异也就越小。所以收入分配差异实际上是和一个地区的工业化和城市化密切联系的,要改善一个地区的平均劳动报酬以及居民可支配收入,就必须提升当地的产业结构,首先是要加强非农产业的发展和增加非农就业,收入分配差异也将会随之改善。而非农企业的扩张和就业的改善,主要必须依赖非传统公有制企业的发展,因此,从总体上改善我国居民收入分配,包括提高平均收入水平和减少收入分配差异,必须坚持改革开放的道路,大力发展非传统公有制经济。

(蔡志洲,北京大学中国国民经济核算与经济增长研究中心;李心愉,北京大学经济学院)

中国经济发展的阶段性和区域性适度收入差距研究[①]

王少国　李　伟

改革开放以来,中国 GDP 大幅增长,以不变价格计算,从 1978 年至 2011 年增长了 21.5 倍。而同时居民总体收入差距也在不断扩大,虽然近两年略有下降,但基尼系数仍保持在 0.45[②] 以上。如此大的总体收入差距对中国经济效率乃至经济增长的影响如何,以及在中国区域发展不平衡的情况下,总体收入差距的地区结构对各地区的经济增长影响如何,这些方面的研究显然对中国如何有针对性地调整收入分配政策来保持经济增长的持续性和实现地区间经济的协调有着重要意义。

一、文献综述

从国内外研究文献来看,学者们的研究主要集中在收入差距影响经济增长或经济效率的机制及其作用。**一是收入差距影响物质资本投资**。Kaldor(1956)认为富人的储蓄倾向高于穷人,收入差距越大,社会财富越向富人集中,资本积累就会越多,从而促进经济增长。Aghion 等(1997)认为固定资产投资具有门槛效应,在借贷市场不完善的情况下,穷人无法获得从事较高生产率行业的必要初始资本,因此收入差距扩大,会通过影响固定资产投资抑制经济增长[1]。汪同三等(2006)认为收入差距通过社会有效需求对资本积累和投资结构产生影响,城镇居民收入差距扩大会引发投资结构重化[2]。**二是收入差距影响人力资本积累**[3]。Galor 和 Zeira(1993)建立模型分析了收入分配和人力资本投资间的关系,并认为初始收入分配越均等,能够进行人力资本投资的个体越多,从而促进经济增长。因此强化收入再分配力度有助于人力资本积累和经济增长。后来 Galor(2011)又对其模型进行了改进,认为在工业化前期收

① 本文是北京市教委社科计划面上项目"北京市收入差距对经济效率的影响及适度水平研究"的阶段性成果,并受北京市中青年骨干教师人才项目资助。

② 该值为本文根据"修正城乡加权法"计算结果,对高收入组数据未做调整,比国家统计局公布数据略低。

入差距扩大有利于促进人力资本积累，在工业化后期收入差距扩大不利于人力资本积累。陈斌开等(2010)建立了包括厂商、消费者、政府和教育部门的理论模型，认为中国城市偏向的财政教育投入导致城乡收入差距扩大，进而使得城乡人力资本积累失衡程度加剧[4]。三是**收入差距影响财政政策**。Alesina 和 Rodrik(1994)构建了内生性财政增长模型，认为收入差距越大，穷人越多，在民主体制下大多数选民会通过投票促使决策者提升税率，从而不利于投资并阻碍经济增长[5]。**四是收入差距影响政治稳定**。在 Alesina 和 Perotti(1996)研究基础上，Gradstein(2007)构建了社会政治不稳定模型，认为收入差距扩大会增加中低收入者对发展现状的不满，一方面要求政府进行社会变革从而导致政局不稳，另一方面犯罪、暴力和各种破坏性活动增加，两方面因素从间接和直接层面导致社会政治不稳定和发展成本上升，从而不利于经济增长[6]。**五是收入差距影响经济效率**。Chen(2003)构建数理模型，认为收入差距会通过影响资本积累促进经济效率提升，但当收入差距超过适度值时又会抑制经济效率。Eiji Yamamura(2008)等采用数据包络分析方法进一步证明了 Chen 的结论[7]。王少国等(2009)通过构建二元经济下的两部门模型，研究认为中国城乡收入差距导致特大城市人口规模超过最适度人口规模，带来了经济效率的下降[8]。王少国等(2010)分析了改革开放以来 1997 年前后两个阶段中国城乡收入差距的最适度水平，认为两个阶段的城乡收入差距均超过了最适度水平，抑制了经济效率的提升[9]。

从上述研究来看，收入差距通过影响物质资本和人力资本积累等途径影响经济效率和经济增长，而研究收入差距对经济效率的影响机制和影响程度更有助于揭示其对经济增长质量的影响。另外，现有研究尚未能深入研究一国及其内部地区发展不平衡而存在的经济发展阶段性和区域性的最适度收入差距问题。鉴于此，本文将重点研究中国收入差距变动对经济效率的阶段性和区域性影响，并探寻不对经济效率产生抑制的最适度收入差距水平。

二、收入分配差距对经济效率的影响机制与最适度收入差距

(一)经济增长的影响因素分析

假设生产函数为 C－D 函数，即 $Y = AK^{\alpha}L^{\beta}$，等式两边同时除以 L，令 K/L $= y$，$K/L = \kappa$，简化的生产函数为 $y = A\kappa^{\alpha-\beta}$。同时，我们令 $\bar{y}_i(\kappa)$ 为要素投入 κ 时生产可能性曲线上的最大产出，因此生产效率 $e_i = y_i(\kappa)/\bar{y}_i(\kappa)$。如图 1 所示，当经济由 y_a 增长到 y_b 时，影响经济增长的因素可以用如下公式来推导：

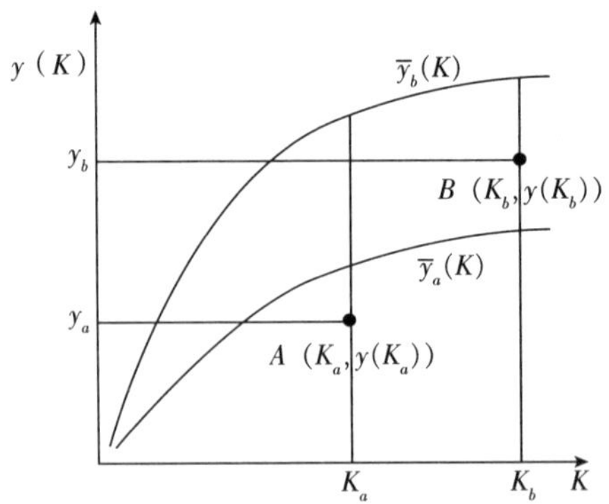

图 1　经济增长因素分解

$$\frac{y_b}{y_a}=\frac{e_b\times\bar{y}_b(\kappa_b)}{e_a\times\bar{y}_a(\kappa_a)}=\frac{e_b}{e_a}\times\left(\frac{\bar{y}_b(\kappa_b)}{\bar{y}_a(\kappa_b)}\times\frac{\bar{y}_b(\kappa_a)}{\bar{y}_a(\kappa_a)}\right)^{\frac{1}{2}}\times\left(\frac{\bar{y}_a(\kappa_b)}{\bar{y}_a(\kappa_a)}\times\frac{\bar{y}_b(\kappa_b)}{\bar{y}_b(\kappa_a)}\right)^{\frac{1}{2}}=$$

$E'\times T'\times K'$,那么,经济增长就是由生产效率提升(E')、技术进步(T')和要素投入增加(K')三方面因素共同决定。根据以上分析,在短时期内虽然可以通过加大要素投入如物质资本投资,来促进经济增长,但是在要素报酬递减规律的作用下,其增长空间是有限的,并最终收敛到稳态增长率,在长期内需要以生产效率提升和技术进步做支撑,才能一方面使实际生产函数向生产可能性曲线贴近,另一方面拓展生产可能性曲线的外沿,从而突破要素报酬递减规律,使得经济永久持续增长成为可能。根据内生增长理论,生产效率提升(E')和技术进步(T')与人力资本投资密不可分。如果把一国工业化进程划分为前期和后期两个阶段,那么在工业化前期,由于物质资本相对稀缺,其回报率要高于人力资本回报率,该阶段经济增长主要由物质资本推动。由于物质资本积累和技术进步之间存在互补关系,随着物质资本积累量上升,进入工业化后期,人力资本回报率将高于物质资本回报率,人力资本积累将成为推动现代经济增长的主要动力[3]。

(二)收入差距影响经济效率的作用机理

从总供给角度,收入差距主要通过影响物质资本和人力资本积累对经济增长和经济效率产生作用,而且在工业化的不同阶段,作用又有所不同。

1. 收入分配差距影响物质资本形成的作用机理

我们假设居民收入为 x_i,收入分布服从正态分布,其函数简写为 $\int_0^t f(x)\,dx$,居民总体统计期望收入为 $E(x)$,以期望收入为界,将收入人群划分为高收入和低收入两部分,同时假定低收入人群平均消费倾向为 C_p,高收入人

群平均消费倾向为 C_r ,均稳定不变。由消费倾向递减规律知 $C_p > C_r$,对应的储蓄倾向 $S_p < S_r$ 。那么当收入差距扩大后,居民收入分布密度函数由 $f_1(x)$ 变化为 $f_2(x)$,社会总体消费倾向变化为: $\Delta C = C_p \int_0^{E(x)} f_2(x)dx + C_r \int_{E(x)}^{+\infty} f_2(x)dx - C_p \int_0^{E(x)} f_1(x)dx - C_r \int_{E(x)}^{+\infty} f_1(x)dx$,将该式合并可得: $\Delta C = C_p \int_0^{E(x)} (f_2(x) - f_1(x))dx + C_r \int_{E(x)}^{+\infty} (f_2(x) - f_1(x))dx$ 。

在居民总收入和总人口不变的条件下,平均收入不会变化,当居民收入差距扩大时,反映在居民收入分布函数上,相当于有一部分收入由低收入群体转移到高收入群体,这部分收入占社会总收入的比重在转移中不会变化,同样道理, $\int_0^{E(x)} (f_2(x) - f_1(x))dx$ 所反映的低收入群体人口比重下降变化量和 $\int_{E(x)}^{+\infty} (f_2(x) - f_1(x))dx$ 所反映的高收入群体人口比重上升变化量,二者也是相同的,设该变化量为 ΔP ,有:

$$\Delta C = C_p(-\Delta P) + C_r\Delta P = (C_r - C_p)\Delta P < 0$$

社会总体储蓄率变化为: $\Delta S = S_p(-\Delta P) + S_r\Delta P = (S_r - S_p)\Delta P > 0$

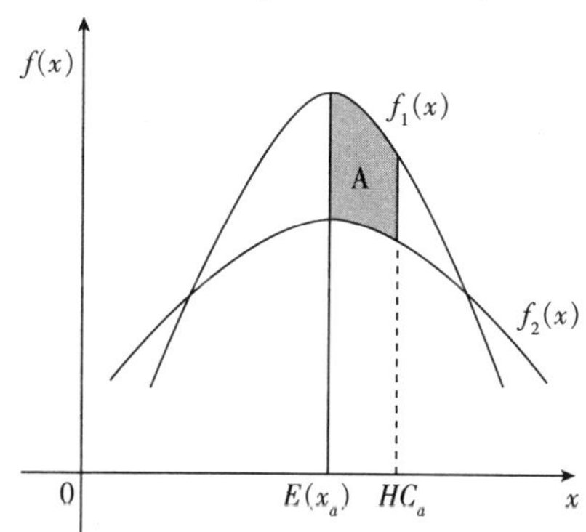

图 2 收入差距影响人力资本积累

居民收入差距扩大,居民总体消费倾向下降,储蓄倾向上升。由于消费倾向下降会导致投资乘数下降,对短期经济增长有负作用,储蓄倾向上升有利于资本形成和物质资本积累,对经济增长则有正作用。这样,收入差距扩大对经济增长影响的综合作用是不确定的。但根据现代经济增长理论达成的共识,收入差距扩大引发储蓄率上升虽然有助于收入总水平的上升,但对经济增长在长期内只有水平效应而无增长效应,经济增速最终收敛于由技术进步、人口增长和物质资本折旧所决定的稳态增速。在小型封闭经济体内,这种收敛将很快实现,但对于大型开放经济体,实际表现则非常复杂,一般来说,工业化前期阶段收入差距扩大引发物质资本积累增加,可以推动总收入水平上升但资本边际报酬将下降,进入工业化后期阶段,由于资本边际报酬已经小于人力资本,经济增长主要动力让位于人力资本积累,此时收入差距对人力资本积累的作用机理显得更为重要。

2. 收入差距影响人力资本积累的作用机理

Galor(2011)建立了收入差距影响人力资本积累的模型,我们对其结论进行分析。假设居民收入服从正态分布,那么居民收入差距扩大意味着收入密度曲线的峰值下移,期望值不变但方差变大,即密度曲线上各点与期望值的距离变大,曲线变得扁平。由于人力资本 H 形成需要成本投入,我们假设该成本为 HC ,而且在工业化前期 HC_a 大于该时期居民收入统计期望值 $E(x_a)$,在工业化后期 HC_b 小于该时期居民收入统计期望值 $E(x_b)$,由于经济增长,收入水平上升,显然 $E(x_b) > HC_b > HC_a > E(x_a)$ 。那么,在不考虑国家公共教育投入、收入再分配政策和借贷市场的前提条件下,只有收入水平超过 HC 的收入人群才能形成有效的人力资本积累,因此我们只要比较收入差距扩大对该人群比重变化的影响,就可以分析收入差距在工业化不同发展阶段对人力资本形成的影响作用。图2显示了工业化前期 $HC_a > E(x_a)$ 时,收入差距扩大对人力资本积累的影响,可用下式表示:

$$\Delta H = \int_{HC_a}^{+\infty} f_2(x)dx - \int_{HC_a}^{+\infty} f_1(x)dx = (\frac{1}{2} - \int_{E(x_a)}^{HC_a} f_2(x)dx) - (\frac{1}{2} - \int_{E(x_a)}^{HC_a} f_1(x)dx) = \int_{E(x_a)}^{HC_a} (f_1(x) - f_2(x))dx$$

显然 $\int_{E(x_a)}^{HC_a} (f_1(x) - f_2(x))dx$ 代表了图2中阴影部分A的面积,可知此时 $\Delta H > 0$,即工业化前期收入差距扩大有利于人力资本积累①。同样在工业化后期 $HC_b > E(x_b)$ 时,其影响为:$\Delta H = \int_{HC_b}^{+\infty} f_2(x)dx - \int_{HC_b}^{+\infty} f_1(x)dx = (\frac{1}{2} + \int_{HC_b}^{E(x_b)} f_2(x)dx) - (\frac{1}{2} + \int_{HC_b}^{E(x_b)} f_1(x)dx) = -\int_{HC_b}^{E(x_b)} (f_1(x) - f_2(x))dx$ 。此时 $-\int_{HC_b}^{E(x_b)} (f_1(x) - f_2(x))dx$ 相当于与阴影部分A相对称的左侧部分面积的负

① 这里我们进行了简化处理,假设在工业化前期人力资本投资成本略高于居民收入的统计期望值,即 HC 介于 $E(x)$ 和两密度曲线交点之间。根据密度公式可以推导出两个交点为 $\mu \pm \sqrt{1 - \mu^2 + \frac{2\sigma_1\sigma_2}{\sigma_2 - \sigma_1}\ln(\frac{\sigma_2}{\sigma_1}}$ 。

值，即 $\Delta H<0$，也就是说，工业化后期阶段，收入差距扩大不利于人力资本积累。

综上所述，同样是收入差距扩大，在经济发展的不同阶段对人力资本积累影响的作用方向是不同的，工业化前期起促进作用，而在工业化后期起抑制作用。

（三）经济发展的阶段性和区域性最适度收入差距

从上述分析可知，收入差距从总供给角度主要通过物质资本和人力资本两个途径对经济效率产生影响。在工业化前期，收入差距扩大，有利于物质资本形成和人力资本积累，从而提升经济效率；在工业化后期，经济增长主要动力为人力资本积累，而该时期收入差距的扩大对人力资本积累起副作用，尽管此时收入差距扩大对物质资本形成仍有一定积极作用，但总体上在该阶段收入差距扩大抑制经济效率提升，不利于经济增长。由此可以推论：

（1）在工业化初期阶段，一定程度上可以牺牲公平来换取经济效率的提升和经济增长，甚至在发展的某些特殊时期内可以将经济增长和效率提升两者等同起来，但一旦进入工业化后期阶段，由于人力资本投资对经济增长发挥主要作用，即使从促进增长和效率角度，也要维护社会公平，效率与公平的兼顾统一是该阶段发展的本质要求。

（2）收入差距是提高还是降低经济效率，要由一国所处的发展阶段以及收入差距扩大对经济效率的影响机制作用来综合判断。但在每个阶段总有一个与促进经济效率相适应的最适度收入差距，实际收入差距任何方向的偏离都会导致经济效率的下降，这可以作为收入差距是否适度的判断依据。

（3）从收入差距与经济效率的影响机制来看，各地区最适度收入差距同样需要参照该地区所处发展阶段来判断。作为发展中的大型经济体，中国地区之间发展的不平衡比较突出，具体到各省市的工业化进程也参差不齐，收入差距对这些地区经济增长和经济效率的影响途径和作用也存在差异，因此与各地区发展阶段相适应的最适度收入差距也必然存在较大的区域差异。

（4）充分考虑经济发展阶段性和区域性差异的最适度收入差距，作为政府收入分配政策调整的参考依据，更有助于推进收入分配政策改革，提高其针对性和实效性。传统以基尼系数衡量的收入差距认为，当基尼系数超过0.4的国际警戒线时，政府往往会强调公平而加大干预力度，而在收入分配差距不太大时（如低于0.4时）更强调效率。以此作为收入分配政策的调整依据显然忽略了各国经济发展的阶段性和内部的区域性差异，值得商榷。

三、经济发展的阶段性和区域性最适度收入差距的实证分析

(一)模型设定和数据选取

1. 模型设定

假定实际收入差距为 g,最适度收入差距为 $\bar{g}$,构造收入分配生产率为 A_g。由于过高或过低的收入差距都会导致经济效率的下降,我们构造以下函数反映收入分配生产率与收入差距的关系:$A_g = \frac{g}{(g+\bar{g})^2}$,不难证明 $\partial A_g/\partial g|_{g=\bar{g}} = 0$,并且 $\partial^2 A_g/\partial g^2|_{g=\bar{g}} < 0$,因此 $g = \bar{g}$ 是 A_g 的极大值点。我们采用 C-D 型生产函数,令 A_r 为全要素生产率 A 与收入分配生产率 A_g 的比值。这样生产函数可写为:

$$Y = AK^{\alpha}L^{\beta} = A_r A_g K^{\alpha}L^{\beta} = A_r \frac{g}{(g+\bar{g})^2}K^{\alpha}L^{\beta}$$

将上式两边取对数,得:

$$LnY = LnA_r + Lng - 2 \times Ln(g+\bar{g}) + \alpha LnK + \beta LnL \qquad (a)$$

假定规模报酬不变,即 $\alpha + \beta = 1$,回归模型(a)可进一步简化为(b):

$$Ln(\frac{Y}{L}) = LnA_r + Lng - 2 \times Ln(g+\bar{g}) + \alpha Ln(\frac{K}{L}) \qquad (b)$$

根据回归结果,我们可以得出某一阶段最适度收入差距条件下的全要素生产率 $\bar{A} = A_r \frac{\bar{g}}{(\bar{g}+\bar{g})^2} = \frac{A_r}{4\bar{g}}$,并与实际收入差距影响下的全要素生产率 $A = A_r \frac{g}{(g+\bar{g})^2}$ 进行比较,即可得出收入分配差距对经济效率的影响幅度。

2. 数据选取

我们用经过消胀的 GDP 作为产出,用基尼系数度量收入差距,用全要素生产率来度量经济效率,用三次产业从业人员数作为劳动力投入,以各年度资本存量数据作为资本投入。有关全国数据均采用了 1978 年以来的数据,各省市数据限于篇幅只列出了 1995 年和 2011 年的相关数据。整理后的数据见表 1。

表 1　　全国和部分省、市、区产出、要素投入和收入差距

	实际GDP（亿元）	资本存量（亿元）	劳动力（万人）	基尼系数		实际GDP（亿元）	资本存量（亿元）	劳动力（万人）	基尼系数
全国					全国				
1978 年	3202.4	5790.0	40152	0.3097	1995 年	16097.2	28431.5	68065	0.3966
1980 年	3714.6	6833.4	42361	0.3217	1997 年	19353.7	36052.3	69820	0.3688
1982 年	4263.3	7847.2	45295	0.2691	1999 年	22448.9	44455.6	71394	0.3886
1984 年	5446.7	9353.7	48197	0.2635	2001 年	26354.4	54290.3	72797	0.4132
1986 年	6726.0	11575.0	51282	0.3052	2003 年	31627.9	68511.5	73736	0.4496
1988 年	8354.4	14420.3	54334	0.3195	2005 年	38443.8	88801.7	74647	0.4521
1990 年	9027.4	16247.1	64749	0.3408	2007 年	48480.7	121361.5	75321	0.4554
1992 年	11257.8	19277.1	66152	0.3769	2009 年	57230.1	184282.6	75828	0.4614
1994 年	14515.1	24916.5	67455	0.3992	2011 年	69122.0	248986.1	76420	0.4502
北京	477.5	2521.9	665.3	0.2571	天津	308.5	812.4	515.3	0.2776
	2553.9	17970.0	1069.7	0.2952		2494.8	8171.6	763.2	0.3041
河北	843.5	1344.6	3252	0.2643	山西	327.0	791.8	1424.5	0.3777
	4719.6	15614.4	3962.4	0.3692		1886.2	9931.3	1738.9	0.4320
内蒙古	254.8	599.9	1029.4	0.3390	辽宁	837.4	890.7	2027.8	0.3154
	2441.1	11129.8	1249.3	0.4151		4644.1	8099.8	2364.9	0.3660
黑龙江	487.9	803.2	1543.1	0.3084	上海	1051.3	2304.7	794.2	0.2440
	2439.5	4820.6	1977.8	0.3477		5858.4	12206.2	1104.3	0.2885
江苏	1684.0	2618.3	4385.2	0.3078	浙江	985.2	1392.4	2621.5	0.3314
	10998.8	26185.0	4758.2	0.3719		5850.4	14641.2	3674.1	0.3643
安徽	523.2	362.2	3206.9	0.3417	福建	500.0	494.2	1567.1	0.3265
	2940.7	3418.0	4120.9	0.4097		3074.8	5502.0	2460	0.4004
江西	352.8	1091.9	2100.5	0.3018	河南	848.1	1458.3	4509	0.3316
	1997.9	11153.1	2532.6	0.3751		4834.4	17490.1	6198	0.3964
湖北	692.3	672.4	3232.5	0.3574	湖南	518.2	723.2	3467.3	0.3849
	3898.9	6713.4	3672	0.3771		2929.6	6636.6	4005	0.4190
广东	1685.8	2155.7	3551.2	0.3583	广西	308.1	460.4	2383	0.4224
	10468.8	17815.6	5960.7	0.4031		1662.3	6285.0	2936	0.4601
重庆	318.8	402.0	1709.3	0.4063	四川	747.5	1339.9	4619.1	0.3850
	1986.9	9491.1	1585.2	0.3831		4303.1	8182.5	4785.5	0.4044

续表

	实际GDP(亿元)	资本存量(亿元)	劳动力(万人)	基尼系数		实际GDP(亿元)	资本存量(亿元)	劳动力(万人)	基尼系数
贵州	179.2	303.2	1812.2	0.3474	云南	304.8	171.8	2149	0.4382
	893.6	2612.8	1792.8	0.4836		1409.5	1348.9	2857.2	0.4680
陕西	332.6	815.6	1748	0.4050	甘肃	234.0	596.7	1483.3	0.4100
	2211.4	8252.8	2059	0.4383		1194.8	6285.5	1500.3	0.4768
青海	41.7	95.6	261.7	0.4240	宁夏	48.8	112.0	240.6	0.4257
	235.4	932.6	309.2	0.4870		262.1	1054.1	339.6	0.4414
新疆	208.0	614.2	676	0.4378					
	900.4	3638.2	953.3	0.4282					

注释:①根据全国和各省、市、区统计年鉴中相关数据进行整理,其中各省、市、区数据中第一行为1995年数据,第二行为2011年数据。②GDP选用2012年中国和各省、市、区统计年鉴中经济普查最新修订数值,并以1952年为基期进行消胀处理。③资本存量数据按照张军和章元(2003)的研究思路和方法进行换算,以1952年为基期进行测算。[9] ④全国和各省、市、区基尼系数采用董静和李子奈(2004)“修正城乡加权法”统一测算。[10]

(二)阶段性适度收入差距的分析

1. 回归结果

以1993年颁布《关于建立社会主义市场经济体制的决定》为标志,中国市场经济体制建设进程明显加快,本文以1994年为界将全国数据划分为1978—1994年和1995—2011年两个阶段,依据模型(b)回归结果如下:

1978—2011年:

$$Log(Y/L) = -0.7107 + Log(g) - 2 \times Log(g + 0.2924) + 0.7210 \times Log(K/L) +$$
$$(6.13) \qquad (7.35) \qquad (31.11)$$

$[AR(1) = 1.2876, AR(2) = -0.5087]$

$R^2 = 0.9992$　　$\bar{R}^2 = 0.9990$　　$S.E = 0.0225$　　$D.W = 1.6585$

1978—1994年:

$$Log(Y/L) = -0.6886 + Log(g) - 2 \times Log(g + 0.2367) + 0.8674 \times Log(K/L) +$$
$$(8.63) \qquad (8.64) \qquad (33.60)$$

$[AR(1) = 0.8862, AR(2) = -0.7792]$

$R^2 = 0.9960$　　$\bar{R}^2 = 0.9944$　　$S.E = 0.0206$　　$D.W = 1.9573$

1995—2011年:

$$Log(Y/L) = -0.4756 + Log(g) - 2 \times Log(g + 0.3735) + 0.6703 \times Log(K/L) +$$
$$(2.43) \qquad (2.79) \qquad (31.05)$$

$[AR(1)=1.2802, AR(2)=-0.8313]$

$R^2=0.9996$ $\bar{R}^2=0.9995$ $S.E=0.0099$ $D.W=1.9459$

2. 特征分析

结合表1中相关数据和以上回归结果,我们可知阶段性适度收入差距具有以下特征:

(1)无论是分阶段还是整体角度,中国当前收入差距实际值都明显偏离了适度值,即当前的实际居民收入差距对经济效率产生了抑制作用。全国1978—2011年基尼系数的平均值为0.3732,而模型回归得到的最适度值为0.2924,实际值比最适度值高出约27.6%,受收入差距偏离适度值的影响,全要素生产率下降了1.5个百分点。以1994年为分界点,前后两阶段基尼系数平均值分别为0.3197和0.4266,同阶段相应的最适度值分别为0.2367和0.3735,实际值分别比最适度值高出约35.1%和14.2%,在此影响下全要素生产率分别下降了2.2个和0.44个百分点,即在两个阶段绝大部分年份,实际收入差距都明显地抑制了经济效率,不过这种抑制作用在后一阶段要略小于前一阶段。自2008年以来,中国总体收入差距基尼系数呈现逐年下降趋势,即便如此,与阶段适度收入差距相比实际值偏离幅度仍然较大,这种较大幅度的偏离制约了当前中国向现代经济增长模式的转型。

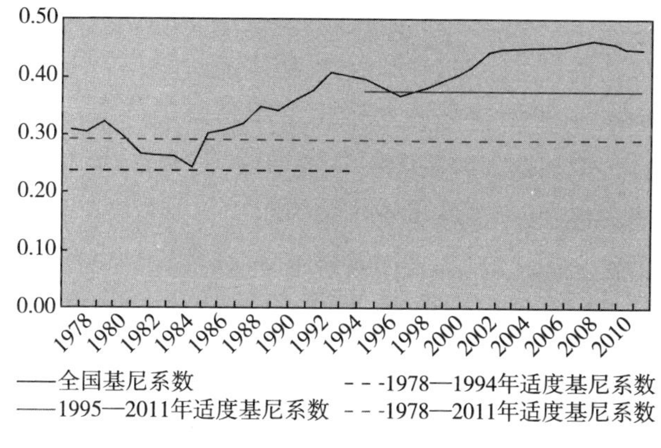

图3 阶段性适度收入差距

(2)收入差距最适度值与收入差距周期性波动的极小值点比较接近,阶段性适度值呈现阶梯上升趋势,而且适度期间较短,偏离期间较长。1978—2011年,以波谷来衡量,中国居民收入差距基尼系数整体上经历了两个完整的变化周期(见图3),分别是1978—1993年和1994—2008年,在这两个周期内收入差距都呈现先下降再上升的变化规律,相应的波谷极小值点分别是1985年(基尼系数为0.2425)和1997年(基尼系数为0.3688),这两个年份的基尼系数值与两个阶段的收入差距最适度值最接近,而且两个极小值点和分阶段适度收入差距呈阶梯上升趋势,除此之外绝大部分年份的收入差距实际值都偏离了最适度值。

3. 原因解释

中国阶段性适度收入差距之所以会具有以上特征,本文认为可由以下原因解释:

(1)二元经济结构引发的城乡收入差距过大是中国收入差距实际值长期偏离适度值的重要原因。根据本文测算,1978—2011年城乡间收入差距影响了居民总体收入差距的近60%,也就是说长期以来影响中国总体收入差距的最大因素是二元结构引发的过大城乡间收入差距,而且过大的城乡间收入差距也是导致中国收入差距实际值长期偏离适度值的重要原因。我们将农村居民和城镇居民的收入差距基尼系数按照本文两个阶段进行划分并求取平均值,得到农村基尼系数两个阶段的平均值分别为0.2558和0.3609,城镇基尼系数两个阶段平均值分别为0.1628和0.2837,联系本文测算的两个阶段适度收入差距值0.2367和0.3735可知,农村居民两个阶段收入差距的实际值与适度值基本相当,而城镇居民两个阶段收入差距的实际值明显小于适度值,这说明居民总体收入差距实际值大幅偏离适度值的主要原因是过大的城乡间收入差距。因此,要缩减居民收入差距,使之与阶段性适度值相适应,政策重心就必然要放在化解二元经济结构以缩小城乡间收入差距方面。

(2)效率取向、逐步推进的改革进程是中国阶段性适度收入差距阶梯上升、适度期间较短、偏离期间较长的又一重要原因。对中国收入差距的周期性变化进行结构分解得知,由于市场经济体制变革引发的居民收入结构变化是导致居民收入差距扩大的主要原因,而政府主导居民部门参与的再分配政策调整是缩减居民收入差距的主要原因,两者共同作用推动中国居民收入差距周期性波动。长期以来,在"效率优先,兼顾公平"①的原则指导下,中国收入分配改革从属于以提升效率促进增长为目标的经济体制改革,发挥了修补偏差维护稳定的功能,一旦这种修补作用略有成效,改革重心就再次向效率优先、促进增长转移。因此中国居民收入差距在上升中的周期性波动变化,实际上是在改革进程中追求经济增长更大空间的同时不断地测试收入差距社会容忍度的形象反映,也就是说中国阶段性适度收入差距阶梯上升、适度期间较短、偏离期间较长的现象也可以从体制改革背景中寻找到合理解释。

① 在实践过程中,实际上更多地将增长优先等同于效率优先。

(三)区域性适度收入差距的分析

1. 回归结果

我们运用同样的回归方法,估计了27个省、市、区1995年以来基于经济效率的最适度收入差距,表2列出了回归结果以及相关汇总数据。

表2　1995—2011年各省、市、区实际收入差距和最适度收入差距

省、市、区	平均收入差距	适度收入差距	平均/适度	适度(*i*)/适度(*c*)
北京	0.2864	0.3151	0.9089	0.8436
天津	0.3106	0.3326	0.9339	0.8905
河北	0.3369	0.3143	1.0719	0.8415
山西	0.3927	0.4362	0.9003	1.1679
内蒙古	0.3923	0.3356	1.169	0.8985
辽宁	0.3459	0.3395	1.0189	0.9090
黑龙江	0.3464	0.3362	1.0303	0.9001
上海	0.279	0.2916	0.9568	0.7807
江苏	0.3386	0.3142	1.0777	0.8412
浙江	0.3533	0.3461	1.0208	0.9266
安徽	0.3794	0.3227	1.1757	0.8640
福建	0.3724	0.327	1.1388	0.8755
江西	0.3493	0.3052	1.1446	0.8171
河南	0.3715	0.3534	1.0512	0.9462
湖北	0.3625	0.3494	1.0375	0.9355
湖南	0.396	0.3573	1.1083	0.9566
广东	0.3938	0.4319	0.9118	1.1564
广西	0.4213	0.4025	1.0467	1.0776
重庆	0.4175	0.4342	0.9615	1.1625
四川	0.3797	0.4132	0.9189	1.1063
贵州	0.4321	0.3975	1.087	1.0643
云南	0.4784	0.5381	0.8891	1.4407
陕西	0.4386	0.4506	0.9734	1.2064
甘肃	0.4453	0.4744	0.9387	1.2701
青海	0.4534	0.4228	1.0724	1.1320
宁夏	0.417	0.4263	0.9782	1.1414
新疆	0.4349	0.4757	0.9142	1.2736

注:①根据表1中数据和本文回归方法整理,基础数据均来自各省、市、区统计年鉴。②适度(*i*)和适度(*c*)分别为各省、市、区和全国的收入差距适度值。

2. 特征分析

比较分析表中数据可知,与各省、市、区发展现状相适应的适度收入差距存在较大差异,即中国最适度收入差距存在较强的区域性特征,具体表现在以下两个方面:

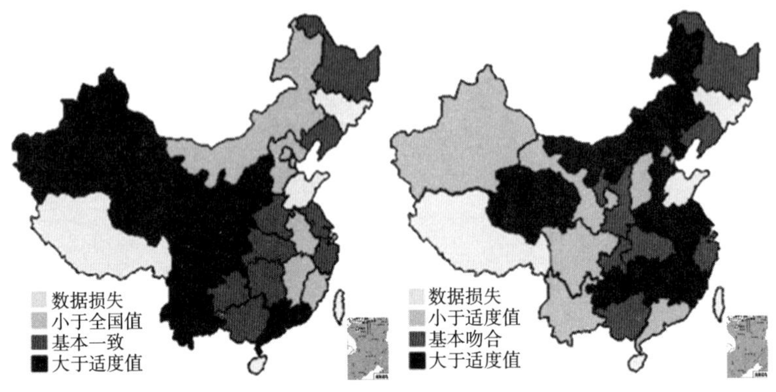

图4 各省、市、区适度差距/全国适度差距　　图5 各省、市、区实际收入差距/适度差距

(1)**各省、市、区收入差距实际值和适度值大体上呈现出"由东向西阶梯上升"的分布格局**。如果将中国各省、市、区划分为东、中、西部地区[①],那么从1995—2011年27个省、市、区各自收入差距平均值来看,除粤、闽两省外的东部大部分省、市、区和部分中部省、市、区的收入差距较低,比如在最低前十个省、市、区中,有7个东部沿海省市(沪、京、津、冀、苏、辽和浙),3个中部地区省份(黑、赣和鄂)。西部地区大部分省、市、区收入差距较高,在收入差距最高的前十个省、市、区中,有9个是西部地区省、市、区(滇、青、甘、陕、新、黔、桂、渝和宁),1个中部省份(湘)。中部地区收入差距大都介于0.35和0.4之间,略低于全国同期平均收入差距值,与东西部省、市、区相比大都居于收入差距排序中间位次。从各省、市、区的收入差距适度值来看,同样具有"由东向西阶梯上升"的分布特征。比如在适度值最小的前十个省、市、区中,东部地区有6个(沪、苏、冀、京、闽和津),中部有3个(赣、晋和徽),西部有1个(蒙)。而在适度值较大的前十个省、市、区中,有9个西部省、市、区(滇、新、甘、陕、渝、宁、青、川和桂)和1个东部省份(粤)。综上,在中国东中西三个地区中,大部分东部地区省、市、区收入差距实际值和适度值较低,大部分西部地区收入差距实际值

① 按照2000年国家西部大开发政策覆盖范围,西部地区包括新、青、藏、蒙、甘、宁、陕、川、渝、滇、贵、桂共12个省、市、区。中部地区有吉、黑、晋、豫、鄂、湘、徽、赣8个省份。东部地区包括其余的11个省、市、区。

和适度值较高,中部地区两者水平大都介于东西部之间。

(2)**从各省、市、区和全国收入差距适度值的比值来看,也具有"由东向西阶梯上升"的分布特征,但从各省、市、区收入差距实际值和适度值的比值来看,"东西部低中部高"的分布特征则比较明显。**我们将比值介于[0.95,1.05]的称为基本吻合,其他两端分别称为小于适度值和大于适度值。把各省、市、区和全国收入差距适度值作比(见图4),小于全国适度值的省市有8个,其中东部6个,中部2个。有6个省、市、区与全国适度值相吻合,其中中部3个,东部2个,西部1个。小于全国适度值的13个,其中10个来自西部地区,中部2个,东部1个。从该角度分析,各省、市、区适度收入差距值具有"由东向西阶梯上升"特征。把各省、市、区1995—2011年平均收入差距实际值和相应适度值作比(结果如图5所示),小于适度值的有7个,其中东部3个(京、粤、津),西部4个(滇、新、川和甘),即小于适度值的主要集中于东部和西部地区。有9个收入差距实际值和相应适度值基本吻合,其中东部3个(沪、辽和浙),西部4个(渝、陕、宁和桂),中部2个(黑和鄂)。其余11个收入差距实际值大于适度值,其中中部5个(豫、湘、赣、徽和晋),东部3个(冀、苏和闽),西部3个(青、贵和蒙),即大于适度值的省、市、区主要集中于中部地区。因此从该比值看,大体上呈现"东西部低中部高"的分布特征。

3. *原因解释*

对于收入差距实际值和适度值"由东向西阶梯上升"和两者比值"东西部低、中部高"的特征,本文认为可由以下原因来解释:

(1)**居民收入差距的地区差异是由要素投入、人力资本积累、政府支出、内外开放程度、市场化和城镇化水平、体制性和历史性因素等综合作用的结果。**东部地区收入高而差距小和西部地区收入低而差距大的原因,一直是学界关注的热点,现有研究成果大都认为是多种因素综合作用的结果。如东部地区发展基础好、起步早、产业结构持续优化,作为改革开放前沿阵地,开放程度、市场化和城镇化水平均较高,在相对完善的要素市场带动下,居民初次分配收入来源多极化而且稳定增长,有政府较高财政收入强力支撑,居民再分配收入比重较高而且增长较快,加之东部地区城镇化水平较高,城乡一体化发展进程领先于全国平均水平,城乡收入差距相对较小,这些都是东部地区收入差距较小的原因。与之形成鲜明对比的西部地区,新中国成立后基于国家安全考虑的资源错配和改革开放后不平衡发展战略使得西部地区比较优势产业培育缓慢,就业机会匮乏导致大批劳动力输出的同时拉大了初次分配收入差距,政府财政可持续增长能力欠缺使得收入再分配力度偏弱,再加上人力资本积累不足导致的就业竞争力低下,内外开放程度和市场化水平相对较低使得资源要素使用效率不足,城镇化水平较低,无法有效带动农村地区发展等,共同使得西部地区居民收入差距普遍高于东部地区。中部地区综合了以上所探讨的东西部各种因素,情况更加复杂,各种因素作用结果使得收入差距与全国平均水平比较接近,介于东西部之间。

(2)**各地区发展阶段不同是收入差距实际值和适度值两者比值"东西部低、中部高"的重要原因**。与全国整体上工业化进程处于中后期发展阶段不同,东部地区引领作用明显,相当一部分省、市、区正在向工业化后期的现代经济增长阶段过渡,而广大中西部地区大都处于工业化中期阶段,特别是个别地区还处于工业化起步阶段。对东部相对发达地区而言,在全国改革红利和人口红利即将结束的背景下,再次面临效率不足的问题,比如反映在居民收入层面,与居民财产性收入和经营性收入相关的要素市场还不健全,初次收入分配效率不足问题亟待解决,反映在现代服务业发展上,影响科教文卫体公共服务业和生产生活类服务业可持续发展的体制性结构性问题仍然大量存在,只有深化"**再市场化**"改革才能更进一步推动经济效率提升,这些问题反映在东部收入差距的实际值和适度值关系上,表现为实际值要小于适度值。对西部广大地区而言,如果剔除新中国成立后基于国家安全考虑的资源错配带动的被动工业化因素,基于自身比较优势的竞争力产业发展推动的"**主动工业化**"进程比较缓慢,在2000年西部大开发战略推动下,西部地区"主动工业化"进程才真正启动和明显加快,正如前文分析,在工业化前期阶段,收入差距的扩大有利于物质资本积累和人力资本积累,从而促进经济增长,因此西部地区收入差距适度值比实际值要高一些,尽管从比值上看与东部地区相类似,但其内涵则完全不同。在发展规律支配和相关政策引导下,中部地区作为理想地区正大范围广层次地承接东部产业转移,工业化进程处于加快发展阶段,在增长优先甚至增长等同于效率的认知影响下,分配政策特别是再分配政策要为经济增长服务,公平问题居于次要和辅助地位,这些都导致收入差距实际值超过了适度值,因此对中部而言当前面临的突出问题是实现由注重增长转变为注重效率的"新型工业化"。

四、结论和政策建议

当前中国总体收入差距相对于阶段性适度水平明显偏高,特别是中国当前正处于工业化中后期,即将向现代经济增长阶段过渡,"效率提高促进结构优化是本阶段的主要特征"[12],由于中国各地区发展不平衡,最适度收入差距存在较强的区域性特征,因此在采取措施治理过高收入差距促进整体经济增长方式转型的同时，又要在收入分配政策层面针对区域发展实际给予区别对待。为此我们提出以下建议：

（一）切实扭转增长优先等同于效率优先的发展理念，以效率和公平内在统一促进中国向现代经济增长方式转型

改革开放以来，在以经济建设为中心方针指导下，中国工业化进程取得了举世瞩目的突出成就，30 多年间走过了西方发达国家近百年的工业化历程，为中华民族伟大复兴奠定了坚实基础。由于在工业化前期阶段收入差距的扩大有利于物质资本和人力资本积累进而促进经济增长，因而牺牲一定程度上的社会公平可以换得经济实力的提升，但是在推动经济增长过程中，也形成了以 GDP 为核心的绩效观，甚至将经济增长和效率提升等同起来，将"效率优先兼顾公平"理解成为"增长优先兼顾公平"，从而违背了收入差距实际值与适度值的偏离也会抑制经济效率的客观规律。当前中国整体上正逐步向工业化后期或现代经济增长阶段过渡，按照经济增长规律，在新的发展阶段主要增长动力将由要素投入转变为建立在人力资本充分积累基础之上的生产效率提升和技术进步，由于在新阶段收入差距扩大对人力资本积累具有负作用，我们只有及时扭转经济增长等同效率进步的发展理念，将效率和公平内在统一起来，才能较好地推动中国整体经济增长向现代经济增长方式转型。在政策宣传、实践推动和绩效考核中，要使各级管理部门和生产一线部门充分认识到，在现代经济增长阶段，建立在适度收入差距基础上的社会公平本身就是提高经济效率，进而促进现代经济增长的应有内涵和重要途径。

（二）以阶段性和区域性适度收入差距为参照标准，因时因地制宜推进收入分配改革

《关于深化收入分配制度改革的若干意见》为中国新时期收入分配制度改革指出了方向，如何落实就成为重点和难点。本文认为，以阶段性和区域性适度收入差距为参照，以提升经济效率促进效率和公平内在统一为目的，通过建立与经济效率相挂钩的收入分配差距适度区间检测机制，以完善初次分配和再分配机制为核心，因时因地有效促进收入差距实际值尽可能接近最适度值。对实际收入差距低于适度值的东部地区，要以"再市场化"改革为重点，建立健全与居民财产性收入和经营性收入相关的要素市场，强化其合理配置资源的市场调节功能，提高居民初次收入分配效率，同时在消除制约现代服务业发展的体制性结构性问题方面深化改革力度，以产业结构持续优化升级带动经济效率进一步提升。鼓励北京、上海等部分经济发达地区积极探索现代经济增长阶段缩减收入差距的现实路径和具体办法，为全国缩减收入差距促进经济转型提供借鉴经验。对收入差距实际值超过适度值的中部地区,要切实尽快扭转经济增长等同效率提升的发展思路,以注重经济效率的“新型工业化”促进经济加快发展。同时要注重发挥政府主导的再分配调节职能,强化就业扶持、转移支付、税收调节等综合调节措施,以适度收入差距为参照调节并缩小收入差距。对收入差距实际值小于适度值的西部地区,通过推动基于比较优势的“主动工业化”进程,促进居民就业结构优化和就业本土化,优化居民初次分配收入来源结构,同时逐步加大政府部门各级各类转移支付中用于再分配调节的比重,以适度收入差距推动西部地区物质资本和人力积累的同时,防范收入差距过度偏离适度值。

(三)以弱化和消除城乡二元经济结构为重点,采取综合措施缩小居民收入差距

城乡收入差距是中国居民收入差距的主要影响因素,改革开放以来大部分年份的收入差距实际值都高于适度收入差距,与中国存在较大的城乡收入差距具有直接关系。当前严重的城乡二元结构不仅限制了农业发展、农村进步和农民增收,而且对经济效率的提升产生了明显的制约作用。缩减城乡收入差距的重点是促进农民收入较快增长,为此要继续深入贯彻落实工业反哺农业、城市支持农村和多予少取放活的指导方针,要在加快完善城乡发展一体化体制机制方面下功夫,特别是要继续加大强农惠农富农政策力度,促进工业化、信息化、城镇化和农业现代化同步发展,促进公共资源在城乡之间均衡配置、生产要素在城乡之间平等交换和自由流动,促进城乡规划、基础设施、基本公共服务等领域的城乡一体化建设,建立健全农业转移人口市民化机制,统筹推进区域性和全国性户籍制度改革。

(四)继续加大财政对科教文卫体的支持力度,引导城乡人力资本的加速积累

在世界经济发展史上,只有美国、日本、亚洲四小龙等少数国家和地区成功实现工业化赶超先进国家,而这些国家和地区一个很重要的经验就是高度重视人力资本投资,并推动其适度超前于经济发展。现代经济增长阶段的主要推动力是建立在充分人力资本积累基础上的技术进步和效率提升,而中国当前正处于向现代经济增长过渡时期,无论是国际经验启示还是转变经济增长方式的需要都要求我们持续加大财政对科技研发、教育培训、文化事业和产业、公共卫生体育的投入力度,以强化公益性和公共物品属性,深化其体制改革,同时以各级政府强有力的政策支持为先导,吸引社会优质资本进入公共服务领域,将政府引导和市场调节作用有机统一起来。特别是强化正规学校教育和“干中学”在职培训扶持政策，同时切实注意修正教育卫生投入的城市偏向，保障城乡居民具有公平机会获得人力资本积累，全面促进各地区人力资本积累。

参考文献

[1] Aghion P. ,Bolton P. ,1997: A Theory of Trickle - down Growth and Development[J],Review of Economic Studies,1997(64):151 - 172.

[2]汪同三，蔡跃洲. 改革开放以来收入分配对资本积累及投资结构的影响[J]. 中国社会科学,2006(1):4 - 14.

[3] Oded Galor. Inequality,Human Capital,Formation and Process of Development[R]. 2011,NBER Paper W17058.

[4] 陈斌开，张鹏飞，杨汝岱. 政府教育投入、人力资本投资与中国城乡收入差距[J]. 管理世界,2010(1):36 - 43.

[5] Alesina A. F. D,Rodrik D. Distribution Politics and Economic Growth[J]. Quarterly Journal of Economics,1994(2):65 - 90.

[6] Gradstein M. Inequality,Democracy and Protection of Property Rights[J]. Economic Journal,2007,117(516):252 - 269.

[7] 王少国，王镇. 中国城乡收入差距适度水平的经济效率分析[J]. 南开经济研究,2009(6):138 - 148.

[8] 王少国，常建. 收入分配差距的最适度水平判定及其偏离[J]. 学习与探索,2010(3):136 - 138.

[9] 张军，章元. 对中国资本存量K的再估计[J]. 经济研究,2003(7):35 - 43.

[10] 董静，李子奈. 修正城乡加权法及其应用——由农村和城镇基尼系数推算全国基尼系数[J]. 数量经济技术经济研究,2004(5):120 - 123.

[11] 李伟，王少国. 中国城乡收入差距周期性波动的来源分解[J]. 西北农林科技大学学报,2009(3):54 - 59.

[12] 中国经济增长前沿课题组. 中国经济长期增长路径、效率与潜在增长水平[J]. 经济研究,2012(11):4 - 17.

（首都经济贸易大学经济学院）

中国的政府存款：口径、规模与宏观政策含义[①]

付敏杰

顾名思义,"政府存款"是各级政府为了满足日常支付需要而以现金和准现金形式持有的存款。这种存款已经从国民经济中以税费等种种形式收取,但是尚未实现支出或者转化成真正的市场需求。宏观经济学中强调的政府收支相等或通过债务扩展的收支相等,意味着政府几乎没有理由持有现金,因为政府持有的存款本身就是社会资源的浪费。实际上,只要政府支出,必然会通过国民经济核算而被计入政府投资或政府消费,从而形成 GDP。但政府存款并不形成 GDP。

但现实中的政府确实持有存款。从理论上讲,各国政府在其指定的国库中都会在任意一个时点保持净现金流,否则就可能随时出现国库透支。从财政制度看,当财政部门取得税款、国有企业利润、国有股份的股息、发行政府债券等各种形式的收入时,会通过支票从有关存款机构的账户转入国库账户;当财政部门把各项经费拨付给各个使用财政资金的指定部门时,就通过国库账户把钱划转入有关单位在存款机构的存款账户。财政收支"两条线"和集中收付制度下国库作为收支账户之间的"隔离带",导致财政资金的收支账户不对应,再加上账户间划拨所存在的时间差,从而形成了特定机构账户中的"过路钱"。当然对于立法机构禁止使用的专项资金,也会由于沉淀而形成特定时期的政府存款。无论如何,这两种政府存款都是暂时存在的,过路的时间差越少越好,因为公众一般不允许公共部门存在长期的大规模公共资金而产生资源浪费。

从"过路钱"路过的"通道"看,政府存款以两种形式存在。第一种是从政府收入转入到央行账户再到央行账户拨付给使用机构的过程中形成的财政存款,我们将其称为第一类政府存款;第二种是财政存款之外的政府收入或者广义政府收入,或自收自支不进入国库管理,或者是从央行账户转出后迟迟未能

① 国家自然科学基金应急项目"债务处置周期对通货紧缩预期的影响机制研究"(71541015)、国家社科基金项目"政府行为与中国经济增长:比较经济发展视角的解读"(12CJL027)和中国社会科学院重大课题"转变经济发展方式与国家经济安全战略研究"。

使用而沉淀在各个机构账户中的财政资金，我们将其称为第二类政府存款，其特点是不在国库之内。考虑到资金都具有机会成本，政府收入在国库和机构账户中逗留的时间越短，说明政府作为一个整体的现金管理能力越强，财政制度的精细化运作程度越高。

政府持有的现金存款受到三种因素的影响，第一个决定性因素是财政收支总规模，政府收支规模越大，“过路钱”的绝对规模就越大；第二个是财政收支的时间差，或者是财政拨款频率，时间差越大，频率越低，存款规模就越大；第三个是持有现金的机会成本和风险，存款转换为市场投资形式的风险越大，机会成本越高，政府手中持有的现金就会越多。Baumol－Tobin 基于成本最小化的货币持有量平方根公式 $M^{*} = \sqrt{tc \times Y/2i}$ 很好地描述了这三种因素对于政府持有现金规模的影响：与收入规模 Y 、取现成本 tc 呈同方向变化，与利率 i 、支付间隔呈反方向变化。当然，如果政府具备明显的行为人优化特征，则流动性偏好理论中强调的交易动机、谨慎动机和投资动机都能在一定程度上适用，从而会导致政府持有更多的现金。

一、文献

现代宏观经济学里没有标准的政府存款概念，在维基百科（Wikipedia）和《新帕尔格雷夫经济学大辞典》英文版本中均找不到政府存款（Government Deposits）的概念和解释。在 2010 年开始实行的中国人民银行《金融工具统计分类及编码标准（试行）》中，政府存款也不是一个单独的概念，而是若干子项目的统计合成。中国人民银行资产负债表中的负债方项目中确实有“政府存款”一项（见表 1），是政府和公共机构资金直接存放在中央银行的部分。由于政府存款并不是必须全部存放在中央银行，所以中央银行的“政府存款”并不是本文所说的“政府存款”。

表 1　　2015 年 1 月的中国人民银行资产负债表

资产（亿元）		负债（亿元）	
1. 国外资产	278606.09	1. 储备货币	288343.85
1.1　外汇	270688.81	1.1 货币发行	69461.11
1.2 货币黄金	669.84	1.2 其他存款性公司存款	218882.75
1.3 其他国外资产	7247.44	1.3 不计入储备货币的金融性公司存款	1505.38
2. 对政府债权	15312.73	2. 发行债券	6522
其中：中央政府	15312.73		
3. 对其他存款性公司债权	25789.62	3. 国外负债	1561.64

续表

资产(亿元)		负债(亿元)	
4. 对其他金融性公司债权	7848.81	4. 政府存款	37803.05
5. 对非金融性部门债权	11.66	5. 自有资金	219.75
6. 其他资产	11299.13	6. 其他负债	2912.37
总资产	338868.05	总负债	338868.05

资料来源:中国人民银行网站。

政府存款不同于"国库现金"。国库资金是基于财政管理制度的金融统计概念,指的是出库资金和入库资金之间的差额,仅仅包含了纳入国库管理的政府资金。"政府存款"也不同于"政府储蓄"或者"政府资产",虽然这三个概念都属于以政府为主体的经济存量概念,但政府储蓄或政府资产往往是通过会计或者估计方法得出,受到口径、折旧率、公允价值估计的影响而变成模糊概念,相比而言,政府存款要明确得多。从口径上看,政府存款包含在政府资产或政府储蓄之中。例如郭庆旺和赵志耘(1999)认为政府储蓄是一般政府部门的经常性收入大于经常性支出的余额。

政府存款对宏观经济政策有巨大影响,主要体现在货币政策和财政政策两个方面。从政府存款的货币政策渠道看,作为社会存款的一部分,政府存款存于国库的部分直接构成基础货币,是中央银行的负债项目。国库资金的大规模剧烈变动,必然对基础货币和货币乘数造成扰动。政府存款对货币政策的影响是文献关注的重点,虽然这些研究的指标往往不是全部政府存款,而是采用央行资产负债表中的"政府存款"。Friedman 和 Schwartz(1963)发现美国政府收支变动导致的货币在流通领域与国库之间流转形成了货币供给的紧缩或膨胀效应。贾康等(2003)认为,由于职责不同,国库现金收支政策和央行货币供给政策之间必然发生目标冲突。潘国俊(2004)发现货币供给量的变动对政府存款余额没有多大影响,但政府存款对货币供给量影响较大。陈建奇、李金珊(2008)采用中央银行资产负债表分析发现国库现金的增减将导致基础货币和货币供应量的收缩和扩张。陈建奇、张原(2010)进一步采用商业银行资产负债表分析了国库现金转存商业银行的货币政策影响,认为采用协议定期存款形式会影响商业银行储备水平与信贷能力,因为商业银行必须留出足够的储备购买债券,这必然会引起利率水平上升。

从政府存款的财政政策效应看,袁庆海、杜婕(2012)用协整方法发现国库资金的增加会导致货币供应量减少,在政府支出财政乘数效应不断形成的作用下,国库资金对中国经济增长具有一定的正向推动作用。在针对政府存款财政政策效应的研究中,其对基础货币的扰动采用国库资金或许是好的变量,但是如果研究政府存款的财政效应,则最好采用更全面的口径,以免忽视政府存款规模中最重要的部分。相对货币政策效应而言,政府存款的财政政策效应研究严重不足。

二、政府存款的金融统计口径

从2015年1月起,中国人民银行《金融机构人民币信贷收支表》开始将“财政性存款”和“机关团体存款”并列为“政府存款”的两个基本部分。在此之前,“财政性存款”和“机关团体存款”一直是分别统计的。本文按照上述央行金融统计口径分析政府存款。

政府存款的第一部分是财政性存款,基本对应前文所说的第一类政府存款。在《中国人民银行关于印发〈金融工具统计分类及编码标准(试行)〉的通知》中,财政性存款是“指财政部门存放在金融机构的财政资金”。财政性存款的主体是国库存款,是财政部门存放在国库(包括代理库)的财政资金,简称国库金,是金融机构对财政部门的负债。我国实行央行经理国库制,《预算法》第五十九条规定“中央国库业务由中国人民银行经理”。国库存款包括财政库款和财政过渡存款,按照中国人民银行调查统计司2012年12月31日编制的《金融统计金融工具类指标释义》(以下简称《释义》),财政库款是“国库收纳的、已报解的中央级预算收入款项、地方财政库款、各级财政部门预算资金的专项存款和预算外资金”,财政过渡存款是“各级国库当日收纳的、未报解的预算收入款项、国库待结算款项和国库总库收到的国家债券发行款项、国家债券兑付资金”。

国库存款属于财政资金,归各级财政部门控制。《预算法》规定“各级国库库款的支配权属于本级政府财政部门。除法律、行政法规另有规定外,未经本级政府财政部门同意,任何部门、单位和个人都无权冻结、动用国库库款或者以其他方式支配已入国库的库款”。[①] 从分类属性看,国库存款包括了一般公共预算和政府性基金预算。

除了国库金以外,财政性存款还包括其他属于各级财政部门的财政资金,主要是未列入国库存款的各级财政在金融机构的预算资金以及由财政部门指定存入金融机构的专用基金,是人民银行与金融机构对财政部门的负债。《释义》提到:“财政性存款是财政部门存放在银行业金融机构的各项财政资金,包括财政库款、财政过渡存款、待结算财政款项、国库定期存款、预算资金存款以

① 1985年通过并实施的《中华人民共和国国家金库条例》第四条也规定“各级国库库款的支配权,按照国家财政体制的规定,分别属于同级财政机关”。

及专用基金存款。"[①]政府存款是中国人民银行的重要负债项目(负债第4项),规模仅次于储备货币。在资产负债表总规模给定和其他条件不变的情况下,由于政府存款规模变化引起的负债方变化,必然会要求中央银行通过负债方的其他对冲运作来实现负债总规模稳定。首要的就是规模上能够匹配政府存款的储备货币,尤其是其他存款性公司存款,主要是商业银行准备金。[②]

政府存款的第二部分是机关团体存款,对应前文所说的第二类政府存款。《释义》对"机关团体存款"的解释是:"机关法人、事业法人、军队、武警部队、团体法人存放在银行业金融机构的定活期存款以及上述单位委托银行业金融机构开展委托业务沉淀在银行的货币资金。"相对于财政性存款的严格国库管理制度而言,机关团体存款存放于商业银行账户中。[③] 1998年3月开始,机关团体存款按照一般商业存款向中国人民银行上缴准备金,目前其上缴中央银行的准备金部分是基础货币的组成部分,其余部分则成为商业银行信贷资金的重要来源。

从外延上看,机关团体存款的含义随着财政制度改革而几经变迁。现行机关团体存款就是机关团体的存款,其中机关团体包括"中央机关、中央事业单位、中央社会团体、地方事业单位、地方机关、地方社会团体和社保基金"从资金来源来,其主体是有别于财政收入的具有自收自支性质的机关团体经营性收入,包括学校学费、医院医药诊疗费和社保基金等。这样看来,机关团体主要包括各级国家机关、事业单位、社会团体,而机关团体存款基本包括两部分——以财政专户形式存在的社保基金和上述机关、事业单位和社会团体在财政收支之外的自收自支行为导致的商业银行存款。由于行政事业单位的财政资金已经实现"零余额"管理,故机关团体存款并不属于预算法规定的"一般公共收支"

① 在中国人民银行的《存款统计分类及编码标准(试行)》中,财政性存款包括"101 国库存款"和"102 其他财政存款"。其中财政存款包括了"1011 财政库款"和"1012 财政过渡存款",其他财政存款则包括"1021 划缴财政存款"、"1022 待结算财政款项"、"1023 财政专用基金存款"和"1024 国库定期存款"。其中"1021 划缴财政存款"是"金融机构按照人民银行事先核定的范围,向人民银行划来的财政存款。对金融机构是资产,对人民银行是负债"。

② 1983年《国务院关于中国人民银行专门行使中央银行职能的决定》规定,"财政金库存款和机关、团体等财政性存款,划为人民银行的信贷资金"。"财政性存款全额划缴(中国人民银行),一般缴存款按人民银行规定的比例缴存"。

③ 中国人民银行《关于改革存款准备金制度的通知(银发〔1998〕118号)》规定从1998年3月21日起机关团体存款、财政预算外存款、个人储蓄存款、单位存款及其他各项存款均"作为一般存款,由金融机构按中国人民银行存款准备金制度的规定缴存存款准备金"。此前机关团体存款也是财政性存款的一部分。

范围。[1] 正是因为如此，由“财政性存款”和“机关团体存款”相加得到的“政府存款”在 Wind 数据库中的很多省份也称为“广义政府存款”，用以表征其并不在政府的直接控制下，而是被机关、事业单位、社会团体等“广义政府部门”所掌握和使用。当然，机关团体的经营性收入并不属于传统的财政政策范围，但是却可以产生明确的财政政策效应。

三、政府存款的增长动态

按照中国人民银行《金融机构人民币信贷收支表》公布的月度数据，2015 年 1 月政府存款合计为 230762.12 亿元，占各项存款合计的比重为 18.85%。按照 2014 年 151661.54 亿元的支出水平，可以应付 18 个月的支出需要。[2] 2015 年 1 月的财政性存款 42296.62 亿元，机关团体存款 188465.51 亿元，分别占全国存款总量的 3.45% 和 15.40%（见表 2）。图 1 是 1990 年以来政府存款的两大部分——财政性存款和机关团体存款的月度数据。从中可以看出，过去 25 年来，无论财政性存款，还是机关团体存款都取得了快速增长。财政性存款在 1990 年 1 月仅为 427.83 亿元，到 2015 年 1 月已经增加到原来的 100 倍左右。机关团体存款的增长更加惊人：从 1990 年 1 月的 400 亿元，到 2015 年 1 月已经增加到了原来的 470 多倍。财政性存款占基础货币 M1 的比重在 2008 年达到最高的接近 20% 后，目前维持在 15% 左右，但月度波动巨大。

表 2　　2015 年 1 月金融机构本外币信贷收支表

来源方项目		运用方项目	
一、各项存款	1264302.85	一、各项贷款	892929.62
（一）境内存款	1241087.18	（一）境内贷款	869652.65
1. 住户存款	511368.78	1. 住户贷款	235850.30
（1）活期存款	183895.99	（1）短期贷款	81851.45
（2）定期及其他存款	327472.79	（2）中长期贷款	153998.85

① 按照 2009 年《财政部、中国人民银行关于零余额账户管理有关事项的通知》，国库集中收付制度改革的“零余额”账户覆盖范围包括财政部门零余额账户、预算单位零余额账户和财政汇缴零余额账户（即财政汇缴专户）。

② 即使同时覆盖全部政府支出，按照 2014 年政府支出总额 234018.3 亿元（公共预算支出 151661.54 亿元 + 政府性基金支出 51387.75 亿元 + 国有资本经营预算支出 1999.95 亿元 + 社会保障基金预算支出 33669.12 亿元 - 重复部分约 4700 亿元（中央公共财政收入调入政府性基金资金（国家重大水利工程建设基金增值税返还 + 车辆购置税划转水利建设基金）+ 国有资本经营收入调入公共财政资金和社会保障基金预算 + 公共财政对社会保险基金的补助支出），但政府性基金的主体土地出让收入是资产交易性收入，社保基金收入是社会主体互助性收入，二者不会停收）来看，政府存款依然可以支付约 12 个月。

续表

来源方项目		运用方项目	
2. 非金融企业存款	405226.77	2. 非金融企业及机关团体贷款	629137.45
(1)活期存款	147405.99	(1)短期贷款	259126.87
(2)定期及其他存款	257820.78	(2)中长期贷款	327119.88
3. 政府存款	231348.39	(3)票据融资	30162.46
(1)财政性存款(FD)	42296.92	(4)融资租赁	10634.99
(2)机关团体存款(OD)	189051.47	(5)各项垫款	2093.26
4. 非银行业金融机构存款	93143.25	3. 非银行业金融机构贷款	4664.90
(二)境外存款	23215.66	(二)境外贷款	23276.96
二、金融债券	12412.54	二、债券投资	151126.23
三、对国际金融机构负债	842.25	三、股权及其他投资	75784.87
四、其他	-156240.38	四、在国际金融机构资产	1476.54
资金来源总计	1121317.26	资金运用总计	1121317.26

资料来源:数据来自央行2015年1月《金融机构本外币信贷收支表》。

观察财政性存款和机关团体存款增长的轨迹差别可以看出,财政性存款的增长比较均匀,较为明显的增长点是2000年财政部国库司成立、国库集中收付制度提出和2006年中央国库现金管理制度的实施。机关团体存款有两个跳跃式增长的时期,分别是2010年1月和2011年1月(见图1)。这两次机关团体存款增长都与口径调整有关。

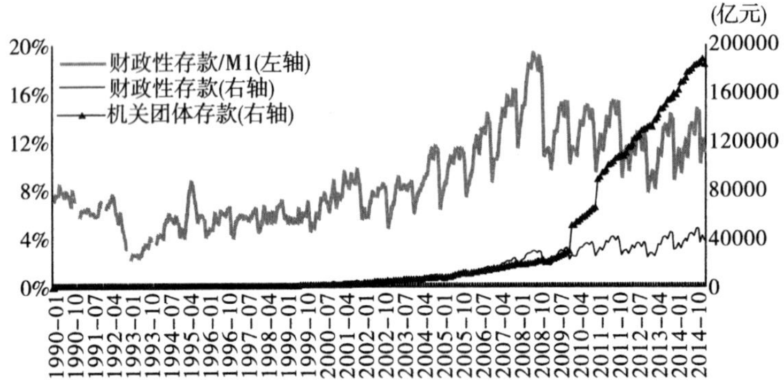

图1 中国财政性存款和机关团体存款的变化:1990年1月到2015年2月

资料来源:中经网。

第一个时期是2010年1月。2009年12月机关团体存款为29559.56亿元,到2010年1月猛然增加到51286.26亿元,增加了21726.7亿元,几乎增长了73.5%(见表3)。对比2009年和2010年《金融机构本外币信贷收支表(按部门分类）》可以看到，2009 年“来源方项目”中的存款共有四个，分别是居民户存款、非金融性公司存款、财政存款和其他存款，2010 年 1 月开始调整为 5 个。这次调整主要是将“非金融性公司存款”中的“机关团体存款”上提为一级，成为第五种存款来源项目，同时拆分“企事业单位存款”，属于企业存款性质的变更为“非金融企业存款”，属于事业存款的部分机关团体存款和部队存款调整，与原机关团体存款合并为新的“机关团体存款”。在各项存款总额增加 17000 亿元的背景下，机关团体存款却出现超过 21000 亿元的增加，确实不属于正常增加。①

表 3　2009 年 12 月和 2010 年 1 月的《金融机构本外币信贷收支表（按部门分类）》对比

单位：亿元

来源方项目	2009 年 12 月	来源方项目	2010 年 1 月
一、各项存款	612006.35	一、各项存款	627165.87
1. 居民户存款	268649.89	1. 住户存款	271053.28
（1）活期存款	101281.81	（1）活期及临时性存款	101828.81
（2）定期存款	167368.09	（2）定期及保证性存款	169224.46
2. 非金融性公司存款	305364.64	2. 非金融企业存款	267211.94
企事业单位存款	275805.08		
机关团体存款	29559.56	3. 机关团体存款	51286.26
3. 财政存款	22411.49	4. 财政存款	26376.74
4. 其他存款	15580.32	5. 其他存款	11237.65
二、对国际金融机构负债	761.72	二、对国际金融机构负债	746.69
三、其他	-91972.51	三、其他	-94419.41
资金来源总计	520795.56	资金	533493.15

资料来源：中国人民银行 2009 年和 2010 年《金融机构本外币信贷收支表（按部门分类）》。

由于缺乏具体数据，本文通过估算还原了此次机关团体存款增长的口径因素。由于此次调整只涉及表 3“各项存款”下面的子项“2. 非金融性公司存款”，拆分前的表 3 左侧“2. 非金融性公司存款”与拆分后的表 3 右侧“2. 非金融企业存款”与“3. 机关团体存款”之和的口径（总量 1）应当是相同的；被拆分部分的上级分类，即表 3 中的“一、各项存款”（总量 2）也不受此次拆分影响。此次调整，主要是改变了“机关团体存款”占总量 1 和总量 2 的比重，未调整的

① 《2010 年金融统计数据报告附表》的注解：自 2010 年 1 月 1 日起，原“非金融性公司存款”更名为“非金融企业存款”，统计范围缩小，将原包含在其中的机关团体存款、部队存款调整至“3. 机关团体存款”，导致 2010 年报表中“非金融企业存款”、“机关团体存款”与历史期不可比。

机关团体存款占总量 1 和总量 2 的份额应当是渐变和可预测的,可以通过比重的突变还原前后两种口径所带来的影响。数据显示,总量 1 和总量 2 数据变化平稳,经过测算发现此次口径调整带来的增长约为 20000 亿元左右,解释了 21726.7 亿元机关团体存款增量的 90% 以上。①

第二次机关团体存款的快速增长是 2011 年 1 月,机关团体存款从 2010 年 12 月的 66174.72 亿元增加到 2011 年 1 月的 88434.52 亿元。这次机关团体存款增长虽然也伴随着存款口径调整,但调整只涉及财政性存款。将原来非中国人民银行和银行类存款机构主要是财务公司、信托投资公司、金融租赁公司存款按照已有的住户存款、非金融企业存款及财政性存款账户分类进行拆分处理,没有涉及机关团体存款的证据。关于此次调整导致 2011 年 2 月的财政性存款出现了并不是特别明显的小跳跃,本文对财政性存款份额也进行了与 2010 年 1 月机关团体存款相同的预测,规模为 115 亿元左右。② 后文的财政性存款和机关团体存款实证部分,本文对这两个月的数据进行了特别处理,以最大程度地降低口径调整对实证结果的影响。

中国的财政年度是自然年,时间长度是从当年的 1 月到 12 月。排除口径变化后,在财政账户零余额管理下,2011 年 1 月机关团体存款突然增长的主要原因是各机关团体的大量的经营性收入没有顺利支出。也就是说,如果按照金融统计规则把"机关团体"当作"政府"的一部分,那么 2010 年积极财政政策对应的 9500 亿元赤字和新增的 7700 亿元赤字,在财政性存款部分产生了 2643 亿元的增量,在机关团体部分产生了 37392 亿元的盈余,出现了严重紧缩。

四、政府存款的货币机制与货币政策

政府存款中的财政性存款是中央银行基础货币发行的重要影响因素,快速增长的机关团体存款又以准备金的方式影响央行货币供给。所以政府存款的第一个宏观作用机制是通过影响基础货币和商业银行可贷资金而对货币造成扰动。

---

① 在排除单位根的基础上采用 ARMA 模型来预测 2010 年 1 月按照 2009 年 12 月口径的机关团体存款占总量 1 和总量 2 的比重,得出机构团体存款占上述两种总量数据的比重在 2010 年 1 月分别跳跃了 6.34% 和 3.25%,由此带来的机构团体存款增长为 20193 亿元和 19890 亿元,本文据此认为口径调整的幅度为 20000 亿元。

② 2011 年《金融机构本外币信贷收支表(按部门分类)》标注:自 2011 年起将财务公司、信托投资公司、金融租赁公司委托存款轧减委托贷款后按委托人分别计入各项存款项下的住户存款、非金融企业存款及财政性存款中。按可比口径计算,2011 年 1 月末各项存款比年初下降 319.7 亿元,住户存款比年初新增 14238.6 亿元,非金融企业存款比年初下降 14393.6 亿元,各项贷款比年初新增 10971.0 亿元。围绕着这次口径调整的前后 5 个月,即 2010 年 11 月到 2011 年 3 月的财政存款数值分别为 34815.89 亿元、25454.97 亿元、29019.89 亿元、32399.97 亿元和 29981.75 亿元。

图1显示财政性存款每年都会呈现出几乎相同的变化趋势。实际上从1990年到2014年的25年间,除了几个特殊年份1992年、1995年和2008年以外,其余每个财政年度政府存款的高峰都会出现在10—11月,概率高达88%(见表4)。其中10月的概率为36%,11月的概率为52%,是10月概率的1.5倍。[①] 相对而言,最低值出现在年头和年尾的概率较高,25年间1月最低值概率为44%,2月概率为20%,12月的概率为16%,也就是说年初和年尾基本是财政性存款最少的月份。

表4 1990年以来的财政性存款年度最高、最低值及其月份

财政性存款(亿元)				机关团体存款(亿元)			
年份	最低金额(月份)	最高金额(月份)	最高/最低	年份	最低金额(月份)	最高金额(月份)	最高/最低
1990	424(2)	505.45(10)	1.19	2003	4158.88(1)	6937.03(11)	1.67
1991	421.25(1)	592.2(11)	1.41	2004	5988.93(1)	10506.65(10)	1.75
1992	363.3(11)	690.38(5)	1.90	2005	7447(1)	11620.22(11)	1.56
1993	308.42(1)	577.99(11)	1.87	2006	9027.03(1)	16923.2(10)	1.87
1994	577.29(1)	1048.02(10)	1.82	2007	13341.9(2)	23923.3(11)	1.79
1995	807.34(2)	1726.85(5)	2.14	2008	18040.04(12)	29853.22(7)	1.65
1996	1117.76(1)	1788.75(11)	1.60	2009	18531.46(1)	32274.09(11)	1.74
1997	1252.27(1)	2101.21(11)	1.68	2010	24933.22(3)	36935.04(10)	1.48
1998	1652.99(1)	2636.83(11)	1.60	2011	26223.07(12)	42110.89(10)	1.61
1999	2016.49(4)	3014.11(11)	1.49	2012	24426.41(12)	37309.72(11)	1.53
2000	2146.2(2)	4427.74(11)	2.06	2013	25315.73(3)	45173.37(10)	1.78
2001	3369.75(12)	5393.22(10)	1.60	2014	31063.31(3)	48370.92(11)	1.56
2002	3404.23(2)	5664.99(10)	1.66				

说明:数据来自中经网。1990—1993年四年缺乏12月数据;2008年受国际金融危机影响财政性存款10月数值为29846.61亿元,比7月少6.61亿元,成为近20年来唯一的例外。2010年和2011年的最高值不受两次口径调整影响。

政府存款高峰出现在10—11月,最低值出现在年初1—2月,显示出中国财政制度的若干基本特征。由于财政年度是自然年,覆盖每年的1—12月,所

① 韦士歌(2005)和袁庆海、杜婕(2012)认为"国库资金"的季节性与财政收支的季节性特征和国家发债的时间安排有关。我国一般每年1—2月发债少,3月起较为密集,再加上财政收入在第二季度大幅增加,导致国库资金余额上升,第三季度财政部门有意控制发债速度,以免国库资金过度走高;第四季度密集发债,导致11月国库资金余额最高,12月财政往往作出增加支出的安排,使得年底国库资金余额快速下降。

以每年最后1～2个月的财政性存款下降一定是因为预算修改和增列的缘故，也就是常说的“年底集中花钱”。虽然这些新增预算通常能完成拨款，却难以及时变成真正的市场需求。

财政性存款的增加及其月度变化对货币政策独立性造成了巨大干扰。表4把1990年以来我国财政性存款的年度最高值和最低值及其出现的月份进行了汇总，发现财政性存款在规模不断增长、占M1比重越来越高的同时，年内的波动也越来越大，对基础货币的扰动也越来越明显。

(一)货币渠道：财政性存款波动对基础货币的扰动

财政性存款(或央行资产负债表中的“政府存款”)对于货币政策影响的实证分析大多采用VAR模型(陈建奇、李金珊，2008；袁庆海、杜婕，2012)。已有研究集中于财政性存款、国库资金或者央行资产负债表中与财政性存款规模基本一致的“政府存款”。值得注意的是，规模庞大的机关团体存款也在影响货币政策。

本部分采用1994年1月至2015年7月数据来加以实证分析。财政性存款存在的两个明显口径变化是1998年3月和2011年2月。1998年3月是开始将政府存款看作是一般商业存款，从而不再全额上缴准备金，这只是财政性存款项下子项目变化，并没有涉及财政性存款本身；2011年2月的调整导致财政性存款增加115亿元左右。机关团体存款的主要变化在2010年1月。这样1994年以来的数据依据口径调整，可以分为1994年1月到2009年12月、2010年1月到2011年1月、2011年2月到2015年7月三个时间段。为简化运算，本文只选取了前后两个时间段。

表5 存款和货币的平稳性ADF检验结果

变量	ADF值	P值	结论
FD	-1.326	0.6173	非平稳
DFD	-19.120***	0.0000	平稳
OD	5.538	1.0000	非平稳
DOD	-14.282 ***	0.0000	平稳
M1	2.255	0.9989	非平稳
DM1	- 19.127 ***	0.0000	平稳

注：FD表示财政性存款，OD表示政府存款(政府性存款 + 机关团体存款)，M1为基础货币，数据来自中经网，期限为1994年1月到2015年7月，D表示一阶差分，***表示在0.1%水平上显著。

由于存款和货币都是名义值，本文没有采用价格指数对其进行进一步处理。ADF平稳性检验(见表5)发现财政性存款FD、机关团体存款OD和M1存在一个单位根过程,但经过一阶差分后的序列 DFD、DOD、DM1 平稳,也就是 FD、OD、M1 都是 I(1)单整。进一步进行 Johansen 协整检验发现,虽然在 1994 年 1 月到 2015 年 7 月不存在协整关系,但是在 2009 年 12 月之前和 2011 年 3 月之后都存在一个包含趋势的协整过程,表明三个变量之间在两个时期分别存在长期均衡关系。采用双变量格兰杰因果检验后,发现在 1% 的水平上不能拒绝 FD 和 OD 是 M1 的格兰杰原因,说明财政性存款和机关团体存款在一定程度上主导了基础货币 M1 的变化。

经检验 VAR 滞后阶数为 4 阶。协整方程为:

M1 = -3.54FD - 0.48OD - 448.15T -6610 (2009 年 12 月之前)

M1 = -2.68 FD + 4.33OD -10407 T -551490.1 (2011 年 3 月之后)

从公式中可以明显看到,两个时期的财政存款都具有长期对冲 M1 的作用,从而对货币政策造成了明显干扰:两个时期内财政性存款每增加 1 元,在同等条件下相当于减少的 M1 数值为 3.54 元和 2.68 元;两个时期的机关团体影响在前后两个时期则不同,在 2009 年 12 月之前,机关团体存款每增加 1 元,同等条件下则相当于减少的 M1 数值为 0.48 元,后期则相当于增加 4.33 元。回顾到 2011 年以后机关团体的迅猛增长,这种影响程度是惊人的。

(二)信贷渠道:政府存款长期增长对全社会可贷资金的影响

值得注意的是,上述研究只涉及了第一类政府存款——财政性存款的变化对于央行基础货币的扰动,并没有涉及财政性存款尤其是机关团体存款的长期增长趋势通过国民储蓄率对全社会可待资金的影响。如果将政府存款看作一个整体,则 2015 年 1 月高达 231348.39 亿元(见表 2)的政府存款必然会影响全社会的信贷规模、资本形成和经济增长。

我们可以采用类似于财政性存款对基础货币影响的数据框架,采用相同的 VAR 模型来分析政府存款总量对信贷规模的影响,但本文没有这么做。采用何种方式来评估政府存款对信贷的影响是一个值得深究的问题,远非表面数据相关性那么简单。在政府存款对于经济增长等长期绩效的影响上,有文献用协整方法发现“国库资金”与经济增长之间具有均衡效应,认为在政府支出财政乘数效应不断形成的作用下,国库资金对中国经济增长具有一定的正向推动作用(袁庆海、杜婕,2012)。然而,这种分析采用的分析框架不够完整。只能反映相关关系,却不能反映因果关系。原因是各种政府存款本身就是以财政收入取自各社会主体,其本身的增长必然以社会主体负担特定成本和牺牲为代价,从而不得不涉及机会成本问题。所以必须以公共收支的成本——收益双重视角来观察,而不是仅仅采用相关关系所揭示的收益视角。要对政府存款形成的社会成本有充分估计。

政府存款的社会成本渠道包括三个方面:第一是现金管理渠道。政府存款可以以多种金融工具来实现较高回报。我国现行政府存款,尤其是财政性存款,基本都采用活期存款形式,定期存款比例偏低,国库现金月度操作量占政府存款月平均余额比重不到2%。[①] 在现行的利率结构下,活期存款过多自然会带来利率损失,更不用说将国库资金投向货币市场所获得的投资收益。[②] 第二是财政增收渠道。如果政府存款数量小一些,或者是严格遵循 Baumol - Tobin 的基于成本最小化的货币持有量平方根公式,就可以在任意一个时点上减少社会主体的纳税水平,从而起到实际减税的效果。第三是财政减支渠道。财政资金长期滞留于国库和各种财政专户,导致实际财政支出远远小于名义财政支出,从而会使2008年以来的积极财政政策大打折扣。这就是本文强调的财政政策渠道。

五、政府存款的财政机制与财政政策

在现行国库管理制度下,财政性存款主要来自一般公共收支和政府性基金收支差额。从数据看,这种收支差额越来越大,2015年初已经达到4.23万亿左右,近3年来年均增加3000亿元左右。机关团体存款来自各机关、事业单位、社会团体和社保专户,主体是提供公共服务的社会服务组织。机关团体存款的增长,来自这些单位长期以来在计划经济下的"事业单位"特征,包括行政级别、价格管制和市场准入。事业单位并非标准的非政府(NGO)或非营利(NPO)组织,其收支同时包括财政收支和经营性收支,既接受财政资金,也拥有经营性资金,既有财政支出,也有经营性企业性质的支出。整个事业单位的财务支出规则具有明显的"两条腿"特征,"两条腿"之间并没有明确的法律界限。理论上讲,这些单位在维持收支平衡的格局下,财政性资金和经营性资金收入之间存在替代关系。虽然经营性收入并不是财政收入,但机关团体两种收入的替代关系,使得我们可以从与财政资金完全相同的视角去测算机关团体存款所带来的财政性紧缩。在事业单位分类改革迟迟没有推动、财经纪律越来越

---

① 2003年之前,我国施行的"委托金库制",将国库现金作为中央银行的存款,财政与央行之间采取"存不计息,汇不收费"的办法,国库现金没有利息收益。2003年颁布了《国库存款计付利息管理暂行办法》,中央财政和地方财政在人民央行的国库存款按照活期存款利率计息。但由于中央银行也是政府直属机构,收入需要全额上缴国库。央行支付的国库现金利息将增加央行的成本支出,转化为等额减少的央行上缴财政收入。这对政府来说净收益是零。(陈建东、张原,2010)

② 2006—2012年中央国库现金管理定期存款操作规模从200亿元增加到6900亿元,到期收益从1.33亿元增加到143.06亿元,7年累计操作量达2.06万亿元,预期到期收益合计398.96亿元,月均定期存款规模200亿~600亿元左右。(陈颖,2013)

严格的背景下，其自营性财务收支的纪律也会越来越严格，导致其企业性收支制度机械套用财政收支制度，从财经纪律松弛时的两种资金都从经营性口径支出，急速转变到纪律严格时全部从财政口径支出，从最自由的支出到最严格的支出。当然，这些单位也没有放弃对“盈利”的追求，这是主观因素。虽然经营性收支差额并不属于财政资金，但是却实实在在地产生了财政紧缩效应。

政府存款的增长，导致政府从财政收支的“通道”变为“蓄水池”，其本身的变动自然就会导致广义政府支出的名义值和转变为市场需求的实际值之间出现越来越大的差额，也就是广义政府支出名实不符。但中国的 GDP 核算采用生产法，不会受到政府支出名实不符的影响。政府存款财政政策渠道的存在，一方面导致财政支出的政策值变化，另一方面却不影响名义 GDP 核算结果，这使得我们完全有必要重估财政政策及其效果。

一个具有中国典型制度特征、考虑到广义政府收入的框架结构如下：

$$G'_t = P_{s,t} + R_{e,t} \tag{1}$$

其中，$P_{s,t}$ 和 $R_{e,t}$ 分别表示当年财政性资金支出和经营性资金支出，t 表示时期。与新预算法相对应，财政性支出中包括了一般公共预算、政府性基金预算、国有资本经营预算，但不包括专款专用的社会保险基金预算。社会保险基金收支包含在机关团体存款口径中。

由于财政收入都是国库管理的真实值，但财政支出的实际值不可观测；机关团体的经营性收入和支出不明，我们用财政性存款和机关团体存款进行逆推。为了简化分析，与政府收支的年度数据相匹配，我们采用了两种政府存款的年度平均数据，假定财政性存款和机关团体存款都是非合意增长，用公共财政收入与实际公共财政支出和名义公共财政支出的差额来表征实际赤字和名义赤字，即：

名义赤字 $D = R - G$；

实际赤字 $D' = D - \Delta GD = D - (\Delta FD + \Delta JD) = D - \Delta FD - \Delta JD$。

为了简化分析，我们从每年的政府工作报告中直接摘取名义财政赤字。政府工作报告公布每年财政政策的设计值。从表 6“报告总赤字”一栏可以看到，本轮积极财政政策的直接衡量指标是财政赤字的不断扩大，2014 年达到 13500 亿元。2011 年以来连续性出现财政赤字规模小于政府存款新增规模的情况。在这些年份中，不但财政赤字的新增扩张力度被政府存款完全吞没，整体的财政赤字也被完全对冲（见表 6）。以 2013 年为例，这是中国经济下行压力非常大的一年，2010 年的 GDP 增速已经比 2009 年下降了 1.8 个百分点（9.5%→7.7%）。当年财政赤字的设计规模为 12000 亿元，比上一个年度新增 4000 亿元，也是表 6 中扩张力度最大的一年。但当年财政性存款新增 2957.61 亿元，机关团体存款新增24580.11亿元,政府存款新增27537.72亿元,远远超过了当年的赤字规模,从而导致名义赤字变成实际黑字15537.72亿元。政府存款增长合计财政性紧缩了GDP4.68个百分点,其中财政性存款增长紧缩了0.5个百分点,机关团体存款增长紧缩了4.18个百分点。

即使在经济增速降到历史新低的2014年,财政性存款还是对冲了当年GDP约0.67个百分点,机关团体存款对冲了4.59个百分点,政府存款增长合计对冲了GDP 5个多百分点(5.26%),成为本轮经济周期以来国民经济增速持续下降的重要推手。如果同时取消政府赤字和政府存款,则原来的增长趋势就可能如表6所示。即使认为机关团体存款的增长有部分是合意的,上述紧缩程度的测算也显示了非合意部分具有重大的财政紧缩后果。

表6　政府存款对冲财政赤字的效果估计(2011—2014)　单位:亿元

年份		2011	2012	2013	2014
政策类型		积极	积极	积极	积极
报告总赤字D		9000	8000	12000	13500
新增赤字		-1500	-1000	4000	1500
存量	财政性存款FD	35579	32216	35173	39425
	机关团体存款OD	100240	122055	146635	175844
	政府存款GD	135820	154271	181809	215270
新增	新增财政性存款	4560.04	-3363.55	2957.61	4251.82
	新增机关团体存款	42092.64	21815.07	24580.11	29208.92
	新增政府存款	46652.68	18451.51	27537.72	33460.74
实际赤字D'		-37652.68	-10451.51	-15537.72	-19960.74
占当年财政收入比重	新增财政性存款	4.39%	-2.87%	2.29%	3.03%
	新增机关团体存款	40.52%	18.60%	19.02%	20.81%
	新增政府存款	44.91%	15.74%	21.31%	23.84%
当年GDP		473104.05	519470.1	588019	636463
占当年GDP的比重	新增财政性存款	0.96%	-0.65%	0.50%	0.67%
	新增机关团体存款	8.90%	4.20%	4.18%	4.59%
	新增政府存款	9.86%	3.55%	4.68%	5.26%
GDP增速		9.50%	7.70%	7.70%	7.40%
无存款紧缩效应的增速模拟		19.36%	11.25%	12.38%	12.66%

注:假定所有政府存款为非合意增长,实际赤字D'=报告赤字D-政府存款增量,存款口径从2011年以后不再调整。

从财政性存款和机关团体存款二者的不同时间机制来看,对冲积极财政政策的主体是机关团体存款。2008—2014 年,财政性存款和机关团体存款从 25899 亿元和 19921 亿元分别增加到 39425 亿元和 175844 亿元。二者之和已经达到 215270 亿元,应付一年的财政支出绰绰有余。平均而言,机关团体存款的增量是财政性存款增量的 11.53 倍,即使扣除掉口径调整的 2 万亿元机关团体存款值增长,也远远超过了 10 倍。财政性存款在 2009 年和 2012 年曾经出现过绝对规模的下降,这一方面是财政支出的需要,另一方面来自中央政府历次要求激活存款、推进预算进度的努力。但遗憾的是,随着机关团体不再支出,尤其是经营性收入部分不再支出,上述努力已经被事业单位的财务紧缩所掩盖。最近两年来,由于机关团体账户充裕,也就不再申请财政增量资金。这似乎是在中央十几次开会要求激活"财政存量资金"背景下,财政收入在 2013 年和 2014 年重新快速增长的原因。

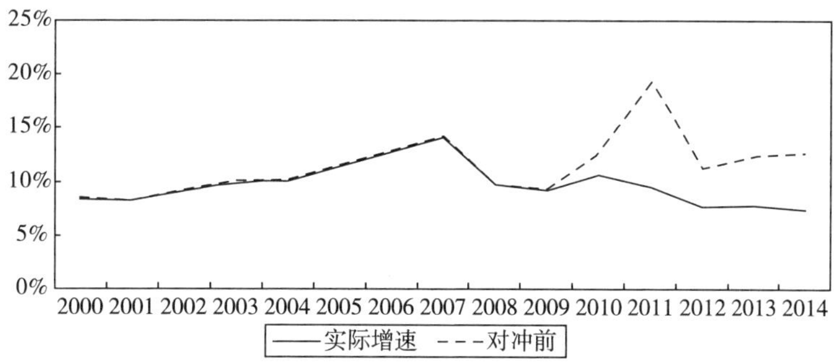

图 2　2010 年以来的公共财政收入部分的政府存款对冲财政赤字后对经济增长作用估计

说明:来自作者测算。按照最严重程度估算(2010 年机关团体存款口径调整已扣除),假定所有政府存款增长为非合意增长。

六、结论与展望

本文以政府存款为核心,通过分析其构成部分——财政性存款和机关团体存款的互动关系,分析了政府存款快速增长的货币政策和财政政策含义。本文发现,财政性存款和机关团体存款对基础货币都存在扰动机制,从而导致财政制度在很大程度上对货币当局实施独立货币政策形成实际制约,为了保持基础货币稳定,货币当局不得不对财政存款的月度和年度剧烈变化进行对冲操作,损害了货币政策的独立性和可操作空间。

本文认为,政府存款的快速增长已经带来了巨大的社会效益损失。这种损失无论是以存款投资机会成本、财政增收还是财政减支渠道来衡量都是巨大的。更重要的是,政府存款尤其是机关团体存款的增长,已经完全对冲了积极财政政策的扩张效果。不仅如此,还产生了实际紧缩宏观经济的效果。按照最严重的财政紧缩口径,2014 年政府存款增加带来的 GDP 增长减速达到了 5 个百分点,即使只考虑财政性存款对应的紧缩,2014 年也对冲了 GDP 增速约0.67个百分点。在当前增速换挡、公共需求不振以及宏观经济和物价下行压力加大的背景下,这种紧缩作用不可小觑。

政府存款快速增长的原因是,中国政府的“生产性政府特征”长期以来不同于西方国家的“公共政府”特征,表现为中国政府并不是集中精力提供公共产品和弥补市场不足,而是以提供私人产品的形式做大市场,这导致提供公共服务的事业单位受到政府制度影响过大。在经营性收入和财政拨款收入“双轨制”的背景下,机关团体的大量经营性资金无法变成和企业完全相同的“经营资金”支出,导致财政性紧缩。

发达国家大多通过立法方式来限制政府持有的现金数量,并将其作为政府规模控制的重要内容,政府更多地采用现代金融工具来实现现金持有最小化和公共资源管理成本最小化。中国的公共财政制度还没有细化到这个程度,现行法律并没有限制政府持有现金的规模,即使对“财政性存款”也是如此,公共资金使用效率在更大的任务面前似乎依然微不足道。在计划经济时期,政府持有的巨额存款,一度是促进重工业优先发展和赶超战略实施的重要内容。在当前宏观经济转型,尤其是增速换挡和动力转换的背景下,是不是正在找寻新机会,也未可知。毕竟西方国家的财政主要用于吃饭,而中国财政还在承担发展任务。但无论如何,这种不花钱的行为都是无效率的,对应的是社会资源的巨大损失。另外,以供给公共服务为主的事业单位财政双轨制,财经纪律约束的加强,可能是更加重要的原因,虽然也有专家把政府存款的增长看作一种反腐败成绩,但如果政府的钱花不出去,减少社会损失的唯一办法就是大规模减税。否则就只会持续紧缩下去。

参考文献

[1]陈建奇,李金珊. 国库现金对货币供给政策的影响机制及证据:基于中国中央银行经理国库制度背景的研究[J]. 世界经济,2008(7).

[2]陈建奇,张原. 国库现金转存商业银行对货币供给政策的影响——基于商业银行资产负债框架的扩展分析[J]. 金融研究,2010(7).

[3]陈颖. 我国国库现金管理存在的局限性、原因和改革路径[J]. 金融发展评论,2013(8).

[4]郭庆旺,赵志耘. 政府储蓄的经济分析[J]. 管理世界,1999(6).

[5]贾康,阎坤,周雪飞. 国库管理体制改革及国库现金管理研究[J]. 管理

世界,2003(6).

[6]潘国俊.政府资金运动与货币供给量的关系研究[J].金融研究,2004(6).

[7]韦士歌.中国国库现金管理战略思考与操作安排——从近几年中央国库存款余额持续较高谈起[J].财政研究,2005(9).

[8]袁庆海,杜婕.基于扩展乘数渠道的国库资金经济效应分析[J].财贸经济,2012(9).

[9]Friedman, M. ,Schwartz, A. J. , *A Monetary History of the United States*, 1867 - 1960, Princeton University Press. ,1963.

(中国社会科学院财经战略研究院)

对外直接投资对出口规模的影响①

——基于2003—2014年中国与143个国家经贸数据分析

郎丽华 刘新宇

一、引言

作为一国参与国际分工的两个基本途径,国际贸易和对外直接投资(Outward Foreign Direct Investment, OFDI)一直是理论研究的重点。传统的跨国公司理论认为,一国的OFDI会对母国的国际贸易产生一定的影响。伴随着全球经济发展过程中区域经济一体化趋势的日益明显,世界资本流动总体规模在最近二十多年的时间里也呈现出显著增加的态势。与此同时,我国对外经济合作与对外贸易发展也呈现出新常态的变化特征:一方面,近十年来中国对外直接投资规模增长迅速,并于2014年首次超过利用外资规模,这已逐渐成为对外经济贸易发展的新亮点之一;另一方面,全球金融危机爆发以来,我国对外贸易发展面临的挑战显著增加,外贸进出口规模增速逐渐放缓,贸易商品结构亟待优化。

在中国OFDI规模快速增长、外贸进出口结构优化升级迫在眉睫的大背景之下,如何通过对外直接投资影响母国的出口,进而推动国内经济稳步增长和经济发展方式转变这一议题逐渐成为经济学领域研究的热点。因此,本文将以此为切入点展开深入研究,以期为中国顺利构建开放型经济提供政策建议。

二、国内外文献综述

(一)国外已有研究

国外有关OFDI与出口关系的研究由来已久,学者们从不同的研究视角、利用多样化的分析方法对这一热点问题展开了深入的探究,获得了丰富的研究成果。理论研究方面,Mundell(1957)基于完全竞争、规模报酬不变、生产要素

① 国家社会科学基金重大项目"正确处理经济平稳较快发展、调整经济结构、管理通胀预期的关系研究"(12&ZD038);北京市教委创新团队项目"北京经济结构调整与外贸发展研究"(IDHT20130522);2013年度教育部人文社会科学研究规划基金项目"中国对外直接投资逆向技术溢出对国内技术进步的影响程度与政策仿真研究"(13YJA790066)。

自由流动的假设条件，在不考虑运输成本的前提下通过研究发现，资本要素的流动能够替代商品贸易的流动[1]。Johnson（1967）指出，关税引致的投资可能会减少本国的贸易规模，呈现出替代关系[2]。Buckley 和 Casson（1981）通过研究同样发现，母国的 OFDI 与出口之间存在替代关系，且这与母国规避东道国关税及非关税壁垒的目的有关[3]。Helpman（1984）提出，伴随要素禀赋差异逐渐减少，产品差异化与规模报酬递增构成了一国参与国际分工的动因[4]。因此，国际直接投资将导致产业间、产业内、公司内贸易的同时并存和增长。Head 和 Ries（2001）的研究指出，由于存在 OFDI 引致的固定成本增加，通常外贸企业中效率较低的企业会选择直接出口，而效率较高的企业才会选择对外投资[5]。Helpman 和 Melitz（2004）以企业异质性理论为研究切入点，将企业生产效率引入到对外投资贸易效应的分析框架之中[6]。

实证研究方面，Blomstrom 等（1988）采用瑞典和美国的数据，围绕出口变化进行了研究，得出贸易与投资互为互补关系的结论[7]。Pain 和 Wakelin（1998）通过对 11 个 OECD 国家对外投资和贸易的数据进行实证研究发现，OFDI 的贸易效应呈现出显著的国别差异特征[8]。Camarero 和 Tamarit（2004）利用 13 个 OECD 国家的综合面板数据研究了对外直接投资对母国进出口规模的影响关系，研究结果显示，OFDI 与母国的出口规模之间呈互补关系，与进口规模之间呈替代关系[9]。Mariam 和 Cecilio（2004）通过对欧盟与日、美两国之间的工业制成品进出口规模进行分析发现，OFDI 促进了贸易的增加[10]。一些研究者利用产业层面的数据进行了实证分析。Chiappini（2012）利用产业层面的数据进行研究发现，法国汽车产业的对外投资显著增加了本土汽车产品的出口数量[11]。还有部分学者利用微观企业层面产品出口的数据分析了海外投资对其的影响，如 Swenson（2004）[12]、Türkcan（2008）[13]等。

（二）国内已有研究

国内关于对外直接投资对母国贸易影响的研究虽然起步较晚，但在最近五年的时间里研究成果的数量逐渐增多；在有限的文献中，研究贸易商品结构、方式结构和区域结构影响效应的居多。项本武（2007）运用引力模型对中国 OFDI 的贸易效应进行研究发现，OFDI 与出口规模呈互补效应，但与进口规模却呈现出替代效应[14]。杜修立、王国维（2007）通过研究发现，中国对外投资对贸易的影响表现为技术附加型商品的不断出口增加[15]。柒江艺、许和连（2012）指出，中国出口贸易规模的快速增长并不具有可持续性，贸易条件的恶化及生产效率的下降凸显出中国由贸易大国向贸易强国转变的重要性[16]。柴庆春和胡添雨（2012）认为，我国对外直接投资的贸易效应存在着显著的东道国地区差异性，其中对发展中国家的 OFDI 会促进贸易规模的增长[17]。

实证研究方面,唐心智(2009)采用回归分析的实证研究方法,分析了中国 1982—2006 年 OFDI 对贸易规模与贸易结构的影响效应,得出 OFDI 不仅可以使出口规模不断增加,还能够促进出口商品结构改善的结论[18]。隋月红和赵振华(2012)分析了 OFDI 影响贸易结构的机制,并利用 2003—2009 年中国与 24 个发展中国家和 22 个发达国家的双边投资与贸易的面板数据进行了实证检验,结果表明顺—逆梯度 OFDI 并存提升了我国高技术产品出口的比重,并有利于贸易结构的不断优化[19]。陈愉瑜(2012)对 1982—2010 年中国对外直接投资的贸易结构效应进行时间序列分析,发现中国对外直接投资存量滞后二期对货物贸易结构变化有积极影响[20]。陈俊聪和黄繁华(2013)运用 GMM 系统两步估计方法,对我国 2004—2010 年省级面板数据进行了实证检验,旨在分析中国 OFDI 的出口技术进步效应、出口规模扩张效应以及出口技术进步是否对出口规模产生中介效应等问题,研究结果显示,OFDI 规模的扩张促进了工业制成品出口技术水平的提升及其出口规模的增加[21]。陈俊聪和黄繁华(2013)还利用我国 2004—2010 年省级面板数据,运用两步 GMM 系统估计方法,检验了我国对外直接投资对出口技术复杂度的影响。研究结果发现,当前我国对外直接投资规模扩大与制成品出口技术复杂度提升之间存在显著的正相关关系[22]。刘海云和喻蕾(2014)通过对 2004—2012 年中国东部地区省级规模以上工业面板数据进行研究发现,OFDI 存量规模并不是母国产业空心化的主要影响因素[23]。王胜、田涛和谢润德(2014)对传统的贸易引力模型进行了扩展,并基于 2003—2011 年的综合面板数据分析了我国 OFDI 贸易效应的国别差异性,研究结果表明,我国 OFDI 的贸易效应存在显著的东道国国别差异[24]。李夏玲和王志华(2015)利用 2003—2013 年 25 个省份面板数据对全国和东部、中部、西部地区对外直接投资的母国贸易结构效应进行了分析,研究发现对外直接投资对母国贸易结构的改善具有显著促进作用[25]。

通过对国内外已有文献的述评可以发现,关于 OFDI 对贸易规模影响的研究结论依旧存在分歧;虽然关于 OFDI 贸易效应方面的研究日益成为热点并且数量上逐渐增多,但是仍有些问题需要深入探讨。因此,本文将以此为切入点来分析中国 OFDI 的出口规模影响效应,以期为中国开放型经济稳步发展和多元化贸易与投资政策的顺利实施提供可靠的研究依据。

三、中国 OFDI 与出口规模的发展现状

如图 1 所示,2003 年中国有关部门开始权威发布对外投资活动的年度数据以来,OFDI 规模以年均 43% 左右的速度增加,2014 年 OFDI 流量为 1231.2

亿美元,是2003的43.2倍。其中,中国非金融类OFDI流量增长迅速,年均同比增速达到39.7%,占OFDI总额的比重长期维持在80%以上的水平;而金融类OFDI在波动中呈上升趋势,所占比重为15%左右。2003—2014年,非金融类OFDI的年均增长率接近40%,远高于同期GDP、出口总额、实际利用外资额的同期增速。

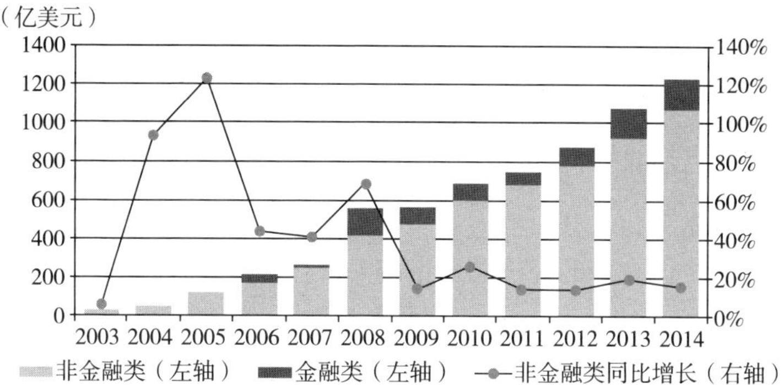

图1　2003—2014年中国对外直接投资流量变化情况

资料来源:根据《2014年度中国对外直接投资统计公报》数据计算得到。

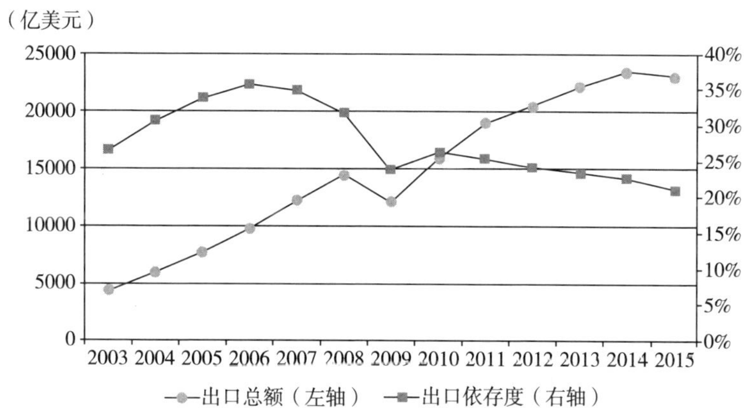

图2　2003—2015年中国出口规模的变化情况

资料来源:根据《中国统计年鉴》(2015)数据计算得到。

如图2所示,尽管受到2008年全球金融危机的冲击,2003—2014年,我国出口规模仍以年均18%的速度增长;2014年出口总额达到23423亿美元,是加入WTO时的近10倍,出口依存度在2006年最高为36%,随后逐渐降低。另外,"十二五"末期,我国出口增速呈现出逐步放缓的趋势,2015年我国货物贸易出口总额增速明显回落,同比下降1.8%。未来一段时期,在世界经济复苏缓慢的背景下,受市场需求减弱、企业信心不振、全球价值链趋于饱和、贸易保护主义抬头等因素影响,中国出口正从高速增长转向中低速增长。中国外贸发展进入新常态意味着应当对外贸发展方式转变等外贸增长潜在动力给予更多重视,从增量扩能为主转向调整存量、做优增量并存的深度调整,从而为我国外贸发展进入“优进优出”的开放型经济新格局打下前期基础。

四、实证模型、数据和方法

(一)模型的设计与建立

作为国际贸易研究领域的经典范式,贸易引力模型在学术研究中被广泛应用。Tinbergen(1962)[26]最先提出了贸易引力模型,该模型主要用于分析两国间双边贸易流量变化及其影响因素。传统的贸易引力模型认为,两国双边贸易规模与贸易成员国自身的经济总量正相关,与两国之间的地理距离负相关。其基本表达式为:

$$X_{ij} = K\frac{(GDP_i)(GDP_j)^b}{(1+eD_{ij})} \tag{1}$$

其中 X_{ij} 表示 i 国向 j 国的总出口,GDP_i 与 GDP_j 分别为 i 国与 j 国的 GDP 或者人均 GDP,D_{ij} 为 i 国与 j 国之间的地理距离,K、e 均为常数,a、b 为参数。公式(1)表明,i 国向 j 国出口规模大小与两国的 GDP 或人均 GDP 的总量成正比,与两国之间的地理距离成反比。为了便于分析中国 OFDI 出口结构效应,本文借鉴了 Türkcan(2008)[14]的研究方法,将 OFDI 出口效应的影响因素融入贸易引力模型之中,得到了影响出口规模的引力模型方程为:

$$EXVOL_{ijt} = \alpha_0 + \alpha_1 OFDI_{ijt} + \alpha_2 PGDP_{it}/PGDP_{jt} + \alpha_3 IAV_{it}/IAV_{jt} + \alpha_4 DIS_{ijt} + \alpha_5 FTA_{ijt} + \alpha_6 BOR_{ijt} + \alpha_7 LAN_{ijt} + d_i + v_t + \varepsilon_{ijt}$$

$$(j=1,2,3,\cdots,N;\ t=1,2,3,\cdots,T) \tag{2}$$

其中,$EXVOL_{ijt}$表示第 t 年母国 i 对东道国 j 的出口规模,是模型的被解释变量。解释变量中,$OFDI_{ijt}$表示的是第 t 年母国 i 对东道国 j 的 OFDI 存量;$PDGP_{it}$和 $PDGP_{jt}$分别表示第 t 年母国 i 和东道国 j 的人均 GDP;IAV_{it}和 IAV_{jt}分别表示第 t 年母国 i 和东道国 j 的工业增加值;DIS_{ijt}表示的是母国 i 与东道国 j 首都之间的地理距离;FTA_{ijt}表示母国 i 与东道国 j 之间是否已经签署自贸区协定;BOR_{ijt}表示母国 i 与东道国 j 之间是否拥有共同地理边界;LAN_{ijt}表示母国 i 与东道国 j 之间是否拥有共同语言;d_i 和 v_t 分别表示个体效应和时期效应,为扰动项。

为了降低模型异方差性对参数估计产生的影响,对模型中主要研究的变量 $EXVOL_{ijt}$和 $OFDI_{ijt}$进行对数变换。另外,为了表示方便,将 $PDGP_{it}/PGDP_{jt}$记作 $PGDP_{ijt}$,IAV_{it}/IAV_{jt}记作 IAV_{ijt},最终得到了中国 OFDI 出口规模效应的贸易引力模型方程，如公式(3)：

$$LnEXVOL_{ijt} = \beta_0 + \beta_1 LnOFDI_{ijt} + \beta_2 PGDP_{ijt} + \beta_3 IAV_{ijt} + \beta_4 DIS_{ijt} + \beta_5 FTA_{ijt} + \beta_6 BOR_{ijt} + \beta_7 LAN_{ijt} + d_i + v_t + \varepsilon_{ijt}$$

$$(j = 1, 2, 3, \cdots, N;\ t = 1, 2, 3, \cdots, T) \quad (3)$$

(二)数据来源与数据处理

1. 数据来源

本文实证分析采用的数据覆盖了2003—2014年中国与世界143个国家之间的出口、OFDI以及其他经济因素、地理因素、制度因素和文化因素等10项指标组成的面板数据，样本数据容量共计17160个。如表1所示，中国对东道国的出口数据根据联合国货物贸易统计数据库计算得到，中国对东道国的OFDI存量数据来源于《中国商务年鉴》(2015)和《2014年度中国对外直接投资统计公报》，中国和东道国人均GDP和工业增加值的数据来源于世界银行统计数据库，国家之间地理距离、共同边界和共同语言的数据均来源于法国世界经济研究统计数据库，是否与东道国签署自由贸易协定的信息来源于中国商务部自由贸易区服务网提供的12个已正式签署的自贸区《自由贸易协定》正式文本。

表1　OFDI出口商品结构影响效应模型被解释变量的指标选取和数据来源

变量名称	指标名称	单位	数据来源
$EXVOL_{ijt}$	中国 i 对东道国 j 第 t 年货物贸易出口总额	万美元	联合国货物贸易统计数据库
$OFDI_{ijt}$	中国 i 对东道国 j 的对外直接投资存量	万美元	《中国商务年鉴》 《中国对外直接投资统计公报》
$PGDP_{ijt}$	中国 i 和东道国 j 的人均 GDP 之比	—	世界银行统计数据库
IAV_{ijt}	中国 i 和东道国 j 的工业增加值之比	—	世界银行统计数据库
DIS_{ijt}	中国 i 与东道国 j 首都之间的地理距离	公里	法国世界经济研究统计数据库
FTA_{ijt}	中国 i 与东道国 j 是否已经签署自贸区协议	虚拟变量	中国商务部自由贸易区服务网《自由贸易协定》文本
BOR_{ijt}	中国 i 与东道国 j 是否拥有共同边界	虚拟变量	法国世界经济研究统计数据库
LAN_{ijt}	中国 i 与东道国 j 是否拥有共同语言	虚拟变量	法国世界经济研究统计数据库

2. 数据处理

出口规模与OFDI存量是本节研究的两个主要变量，因而为保证两个指标数据的完整性，本文对已获取的数据进行如下处理。

(1)获取原始样本数据。根据联合国货物贸易统计数据库，本文共获取了中国对世界223个国家2003—2014年出口总额的面板数据,样本量为2899个;根据《中国商务年鉴》(2015),得到了2003—2014年中国对世界191个国家或地区的OFDI存量的面板数据,样本量为2292个;其他6个解释变量数据均为同一时期中国对世界223个国家的数据,样本容量为16056个。因此,本文原始数据包含了中国与世界191个国家2003—2014年各类指标的面板数据,样本量为22920个。

(2)剔除主要研究变量的样本缺失值或异常值。为保证出口和OFDI两个指标数据的完整性,本文先将出口总额指标中存在残缺值的样本剔除,剔除之后剩余国家样本数为175个;随后,在剩余的样本中,对OFDI数据进行类似处理,即将存在残缺值或者OFDI存量规模极低的异常值样本剔除,处理后剩余国家样本数为143个。

(3)补充其他解释变量的残缺值。确定了实证数据的国家样本个数以后,由于143个国家的其他解释变量指标存在个别残缺值的情况,因而本文采用外推法和内插法对这些样本残缺值进行合理补充,以保证样本总体的完整性。

(三)实证方法

考虑到一些不随时间变化的非观察因素可能与误差项相关而导致内生性的问题,本文选择建立面板数据模型对样本数据进行回归分析。面板数据模型可以同时反映变量在截面和时间二维空间上的变化规律和特征,具有纯时间序列数据与纯截面数据无法比拟的诸多优点。因此,本文基于样本数据建立了混合横截面模型。

1.平稳性检验

面板数据可能存在单位根导致数据的非平稳性,进而产生伪回归现象,因此,在进行面板模型回归之前,首先要对面板数据进行平稳性检验,即单位根检验。本文分别采用了LLC检验和ADF检验两类平稳性检验方法;其中,LLC检验是基于各截面序列具有相同单位根过程的假设条件,而ADF检验则假设所有截面序列具有不同单位根过程。表2给出了OFDI出口结构效应模型中各变量数据序列的平稳性检验结果。根据单位根检验发现,被解释变量与各个主要研究变量之间基本都是同阶单整的。但是,在含有截距项和趋势项的假设条件下,主要研究变量可能是同阶非平稳的,并且可能使该变量与其他变量之间存在协整关系,因而需要对整个模型做进一步的协整关系检验。

表 2　　OFDI 出口结构效应模型面板数据的平稳性检验结果

回归模型形式	变量	差分阶数	相同单位根过程假设		不同单位根过程假设		结论
			LLC 检验	p 值	ADF 检验	p 值	
仅含有截距项	$LnEXVOL_{ijt}$	0	-20.961	0.0000	472.643	0.0000	平稳
		1	-30.478	0.0000	826.420	0.0000	平稳
	$LnOFDI_{ijt}$	0	-12.758	0.0000	479.772	0.0000	平稳
		1	-36.336	0.0000	1098.48	0.0000	平稳
	$PGDP_{ijt}$	0	12.876	1.0000	65.780	1.0000	非平稳
		1	-18.997	0.0000	581.307	0.0000	平稳
	IAV_{ijt}	0	12.847	1.0000	156.096	1.0000	非平稳
		1	-21.503	0.0000	715.111	0.0000	平稳
含截距项和趋势项	$LnEXVOL_{ijt}$	0	-14.693	0.0000	371.487	0.0722	平稳
		1	-33.685	0.0000	715.442	0.0000	平稳
	$LnOFDI_{ijt}$	0	-36.447	0.0000	696.881	0.0000	平稳
		1	-34.441	0.0000	918.156	0.0000	平稳
	$PGDP_{ijt}$	0	-11.810	0.0000	272.939	0.7008	非平稳
		1	-22.237	0.0000	427.242	0.0000	平稳
	IAV_{ijt}	0	-6.893	0.0000	340.474	0.0120	平稳
		1	-163.866	0.0000	523.611	0.0000	平稳

2. 协整检验

由于在含有截距项和趋势项的假设条件下，主要研究变量 $\mathrm{LnEXVOL}_{ijt}$ 可能是同阶非平稳的，因而该变量与其他变量之间可能存在协整关系。所以，本文将出口结构（$\mathrm{LnEXVOL}_{ijt}$）、OFDI 存量（LnOFDI_{ijt}）、母国与东道国的人均 GDP 比例（$PGDP_{ijt}$）和母国与东道国的工业增加值比例（IAV_{ijt}）作为面板协整样本，并对其进行 Pedroni 残差协整检验，表 3 给出了协整检验的结果，根据各类协整检验方法的结果可知，（$\mathrm{LnEXVOL}_{ijt}$）与其他变量之间不存在协整关系，即认为中国对东道国的出口规模与对外直接投资存量之间不存在长期稳定的协整关系，且主要研究变量的原始序列都是同阶平稳的。

表 3　　OFDI 出口结构效应模型面板数据的协整检验结果

回归模型形式	指标	Panel v	Panel rho	Group rho - Statistic	结论
仅含有截距项	统计量	-0.112	-6.858	12.093	不存在协整关系
	p 值	0.5448	1.0000	1.0000	

续表

回归 模型形式	指标	Panel v	Panel rho	Group rho - Statistic	结论
含截距项 和趋势项	统计量	6.040	15.124	14.861	不存在 协整关系
	p 值	0.0000	1.0000	1.0000	

由此，通过对数据序列的平稳性检验以及协整检验发现，被解释变量与其他变量之间不存在协整关系；同时，各项待估变量对应的序列均是平稳的。因此，本文接下来基于平稳数据变量进行的面板数据模型估计是合理、有效的。

五、实证结果分析

（一）统计意义检验

表 4 给出了中国 OFDI 出口规模效应模型的实证回归结果。从表中结果可以看出，三类模型调整后的 R^2 分别为 0.9507、0.9393 和 0.9782，表明模型具有良好的拟合优度；F 统计量分别是 301.32、184.18 和 101.38，表明回归方程总体线性显著成立；绝大多数回归系数均通过了 t 检验，且伴随概率 p 值小于 0.01，表明解释变量在 1% 的显著性水平下影响作用显著，三类面板模型观测样本数均为 143 个国家。因此，模型各项统计检验结果基本通过。

（二）样本回归方程

如表 4 所示，第二列给出了随机效应模型的估计结果，根据 Hausman 检验结果可知，Hausman 检验的统计量为 166.878，伴随概率为 0；因此，拒绝固定效应模型与随机效应模型不存在系统差异的原假设，建立固定效应模型。表中第三列给出的是固定效应模型的估计结果，基于固定效应模型进行 LR 检验，其统计量为 24.256，伴随概率为 0.28，且大于 0.1，因而无法拒绝混合横截面模型相对于固定效应模型更有效的原假设，需要建立混合横截面模型。所以，本文最终选取混合横截面模型的设定形式进行估计，根据混合横截面模型的估计结果，可以得到样本回归方程的基本形式，如下所示：

$$LnEXVOL_{ijt} = 8.925 + 0.435LnOFDI_{ijt} - 0.154PGDP_{ijt} + (4.25e-05)IAV_{ijt} - 0.001DIS_{ijt} + 0.735FTA_{ijt} + 1.416BOR_{ijt} - 0.440LAN_{ijt} \quad (3)$$

$$R^2 = 0.9816, \bar{R}^2 = 0.9782, F = 101.3823$$

（三）经济意义检验

从模型参数估计量的符号方向看，$\hat{\beta}_1 > 0$ 表明我国 OFDI 规模越大，对相应东道国的出口规模就越大；$\hat{\beta}_2 > 0$ 意味着投资东道国的人均相对收入水平越高，则中国对该国的出口规模越大；$\hat{\beta}_3 > 0$ 说明中国相对于东道国的工业化水平越高，则出口规模也越高。其他解释变量中，只有 LAN_{ijt} 回归参数 $\hat{\beta}_7$ 与预期不一致，但该变量的回归系数并未通过 t 检验，因此不显著；而其余变量回归参数的方向均与预期相符。模型中主要研究变量的参数估计符号方向均与预期一致，所以模型的经济意义检验通过。

就模型参数估计量的大小而言，OFDI 的回归系数 $\hat{\beta}_1 = 0.435$，t 统计量为 56.450，在 1% 的显著性水平下通过 t 检验。这表明在其他解释变量不变时，中国 OFDI 规模每增加 1%，出口总规模就会显著增长 0.435 个百分点；上述结果说明 2003—2014 年，我国 OFDI 与出口规模之间总体呈现出互补效应的影响关系。$PGDP_{ijt}$ 的回归系数 $\hat{\beta}_2 = -0.154$，在 1% 的显著性水平下影响显著，表明中国与东道国的相对需求能力每增加 1%，出口规模下降 0.154%。IAV_{ijt} 的回归系数 $\hat{\beta}_3 = 4.25e-05$，同样在 1% 的显著性水平下显著，表明中国工业化水平的提高与出口规模增长显著正相关。DIS_{ijt} 的回归系数 $\hat{\beta}_4$ 较小，仅有 -0.001，但在 1% 的显著性水平下影响显著，表明中国与东道国的距离决定了两国贸易的运输成本，并显著影响出口规模。FTA_{ijt} 和 BOR_{ijt} 的回归系数均通过了显著性检验，分别为 0.735 和 1.416，表明中国与东道国签署自贸区协定以及相互接壤对于我国对东道国的出口具有显著的促进作用。LAN_{ijt} 的回归参数 $\hat{\beta}_7 = -0.440$，但该回归系数并未通过 t 检验，因而不显著。总之，模型参数估计量的取值范围与实际情况相符合，模型总体通过经济意义检验。

表 4　　实证回归结果

变量	被解释变量：出口规模（$LnEXVOL_{ijt}$）		
	随机效应模型	固定效应模型	混合横截面模型
常数项	10.252*** (32.035)	9.160*** (163.763)	8.925*** (89.603)
$LnOFDI_{ijt}$	0.279*** (39.914)	0.268*** (37.935)	0.435*** (56.450)
$PGDP_{ijt}$	−0.093*** (−8.537)	−0.122*** (−10.695)	−0.154*** (−7.337)
IAV_{ijt}	2.08e−05*** (4.000)	3.34e−05*** (6.105)	4.25e−05*** (4.296)

续表

变量	被解释变量:出口规模($LnEXVOL_{ijt}$)		
	随机效应模型	固定效应模型	混合横截面模型
DIS_{ijt}	-0.001*** (-4.055)	—	-0.001*** (-26.273)
FTA_{ijt}	0.342*** (2.714)	—	0.735*** (2.867)
BOR_{ijt}	-0.601 (-1.406)	—	1.416*** (5.242)
LAN_{ijt}	1.117 (1.622)	—	-0.440 (-0.938)
国家效应	是	是	否
时间效应	是	是	否
Adjusted R^2	0.9507	0.9393	0.9782
F 值	301.3276	184.1844	101.3823
Hausman 检验	166.8782(0.0000)	—	—
LR 检验	—	24.256(0.2806)	—
观测样本国家数	143	143	143

注:***、**和*分别表示统计量在1%、5%和10%显著性水平上显著,回归系数下方括号内为t统计量。Hausman检验和LR检验均以χ^2值为统计量,括号内为相应的伴随概率p值。由于变量DIS、FTA、BOR、LAN可能存在多重共线性,故将其从固定效应模型中略去。

总而言之,“走出去”战略正式实施以及加入WTO以来,中国OFDI与出口在总体规模上呈现出明显的互补效应,具体表现为OFDI每增加1%,出口规模增长0.435%。2003年以来,我国在宏观经济层面上积极实施“走出去”发展战略;微观层面上,国际化战略促使一批具有国际竞争力的本土企业纷纷走出国门进行海外投资和战略布局。在全球范围内积极开展各类直接投资、对外工程承包与劳务合作等使得我国OFDI总体规模迅速扩张,这一方面有助于我国企业统筹两个市场、利用两种资源的综合能力显著提升,另一方面也有助于改善和提高东道国或地区的经济与就业水平,在满足当地物质商品需求的同时,最大限度地拉动国内商品出口规模的增加。不过,受到我国国内面临经济结构调整以及当前国际经济复苏仍旧乏力的内外环境因素的综合影响,2015年中国出口规模增速逐渐放缓,出口增长的压力愈发凸显。因此,根据本文OFDI与出口互补关系的研究结论,通过引导企业“走出去”、大力推动对外投资规模扩张等发展开放型经济方式,可能在一定程度上会为出口的稳定增长注入一针强心剂。未来一段时期,随着“走出去”和“一带一路”等战略的深入实施,中国企业将会在经济全球化进程中扮演更加重要的角色,促进全球经济复苏与繁荣的同时,也将逐渐成为促进国内商品出口规模增加的一条重要路径。

六、结论与政策建议

通过以上对我国 OFDI 出口规模影响效应的实证分析,本文得出的主要研究结论是:“走出去”战略提出以来,中国对外直接投资与出口在总体规模上呈现出明显的互补效应。根据实证研究的估计结果发现,2003—2014 年中国 OFDI对出口总额的回归参数估计值为 0.435,说明 OFDI 每增加 1%,出口规模增长 0.435 个百分点,即 OFDI 对出口规模的影响整体表现为显著的互补效应。根据上述研究结论,本文提出以下两点政策建议:一是结合当前我国“稳增长、调结构、促改革、惠民生、防风险”的主要经济工作任务,积极推动“走出去”和“一带一路”战略的顺利实施,促进对外直接投资规模保持较高的增长速度,通过这一途径可以更好地利用国内与国外两类资源和两种市场,在培育我国自身的国际竞争新优势的同时拉动出口规模的增长。二是积极发挥政府在法律保障、行政审批、税收优惠、金融支持、信息公开、外交公关等方面的服务职能,推动对外投资便利化水平的提高,从而带动海外投资规模的上升并促进出口规模增加以及出口结构实现优化升级。

从适应到引领,从参与国际合作到主动建构,中国正在不断深化全方位的对外开放,推动自身发展的同时,重新定义着中国的国际地位。面对深刻调整的世界格局,我国应当以对外开放的主动赢得经济发展的主动、赢得国际竞争的主动。未来一段时期,从跟随者、参与者再到引领者,从商品输出过渡到资本输出,中国应当引导对外直接投资的合理、优质、可持续发展,深入挖掘和利用好外部的各类资源,真正实现由“中国制造”向“中国创造”的转变,在加快培育国际竞争新优势的同时,推动出口在逆势中回稳向好。

参考文献

[1]Mundell R. International trade and factor mobility [J]. American Economic Review, 1957, 47(3): 321 -335.

[2]Johnson H. Nominal tariff rate and United States valuation practices: Two case studies [J]. The Review of Economics and Statistics, 1967, 49(2): 138 -142.

[3]Buckley P., Casson M. The optimal timing of a foreign direct investment

[J]. The Economic Journal, 1981, 91(361): 75 - 78.

[4]Helpman E. A simple theory of international trade with multinational corporations [J]. Journal of Political Economy, 1984(3): 92.

[5]Head K., Ries J. Overseas investment and firm exports [J]. Review of International Economics, 2001, 9(1): 108 - 122.

[6]Helpman E., Marc J. Melitz, Stephen R. Yeaple. Export versus FDI with Heterogeneous Firms [J]. American Economic Review, 2004, 94(1).

[7]Blomström M., Konan D., Lipsey R. FDI in the restructuring of the Japanese economy [C]. NBER Working Paper, 1988, pp. 76 - 93.

[8]Pain N., Wakelin K. Export performance and the role of foreign direct investment [J]. The Manchester School, 1998, 66 (2): 62 - 88.

[9]Camarero M., Tamarit C. Estimating the knowledge - capital model of the multinational enterprise [J]. American Economic Review, 2004, 91 (3): 693 - 708.

[10]Mariam C., Cecilio T. Estimating the export and import demand for manufactured goods: The role of FDI [J]. Review of World Economics, 2004, 140 (3).

[11]Chiappini R. Off - shoring and export performance in the European automotive industry [J]. Competition and Change, 2012, 16(4): 322 - 341.

[12]Swenson D. Foreign investment and the mediation of trade flows [J]. Review of International Economics, 2004, 12(4): 609 - 629.

[13]Türkcan K. Outward foreign direct investment and intermediate goods exports [J]. Economie Internationale, 2008(4):51 - 71.

[14]项本武.中国对外直接投资的贸易效应研究——基于PanelData的地区差异检验[J].统计观察,2007(24).

[15]杜修立,王国维.中国出口贸易的技术结构及其变迁[J].经济研究,2007(7).

[16]柒江艺,许和连.行业异质性、适度知识产权保护与出口技术进步[J].中国工业经济,2012(2).

[17]柴庆春,胡添雨.中国对外直接投资的贸易效应研究——基于对东盟和欧盟投资的差异性的考察[J].世界经济研究,2012(6).

[18]唐心智.中国对外直接投资的贸易效应分析[J].统计与决策,2009(12).

[19]隋月红,赵振华.我国OFDI对贸易结构影响的机理与实证——兼论

我国 OFDI 动机的拓展[J].财贸经济,2012(4).

[20]陈愉瑜.中国对外直接投资的贸易结构效应[J].统计研究,2012(9).

[21]陈俊聪,黄繁华.中国对外直接投资的贸易效应研究[J].上海财经大学学报,2013(6).

[22]陈俊聪,黄繁华.对外直接投资与出口技术复杂度[J].世界经济研究,2013(11).

[23]刘海云,喻蕾.中国对外直接投资的产业空心化效应研究——基于东部地区工业数据的实证分析[J].经济与管理研究,2014(9).

[24]王胜,田涛,谢润德.中国对外直接投资的贸易效应研究[J].世界经济研究,2014(10).

[25]李夏玲,王志华.对外直接投资的母国贸易结构效应——基于我国省际面板数据分析[J].经济问题探索,2015(4).

[26]Tinbergen J. Shaping the world economy: Suggestions for an international economic policy [J]. New York: The Twentieth Century Fund, 1962.

(首都经济贸易大学经济学院)

基于ESDA的京津冀地区空间经济差异分析①

周明生　诸子博

引言

京津冀地区作为中国经济的增长极之一,一直受到高度关注。京津冀地区2014年国内生产总值达到66478.91亿元,占全国国内生产总值的10.45%左右。京津冀地区不仅是北方地区的经济支柱,更是全国的经济发动机。2011年,打造首都经济圈发展,统筹区域经济协调共进的战略方针正式写入国家"十二五"规划,上升为国家层面的发展战略。2015年4月30日,中共中央政治局召开会议,审议通过《京津冀协同发展规划纲要》。京津冀三省市会同中央有关部委共同编制统一的"十三五"规划,重点疏解北京非首都功能,实现生态环境保护、产业升级转移等内容。石家庄作为河北省的省会城市,在京津冀区域发展过程中经济地位发生明显变化,经济实力相对下降,对周边的带动力效应减弱。研究京津冀区域的空间差异是区域经济合理布局的关键。目前对于京津冀地区经济差异的研究,大多数学者都是从产业布局、基础设施、交通条件、政府角色等视角进行探索,且是一种静态的、角度单一的研究。

本文基于ESDA(Exploratory Spatial Data Analysis)从空间经济角度对京津冀地区经济空间差异进行分析。

ESDA即探索性空间数据分析,是把空间数据与空间位置相结合,以空间关联测度为核心,通过对事物或现象的某一观测值进行空间分布格局的可视化[1]。在区域经济的领域中,它不论是在统计量构建还是在模型构建中,从始至终都引入了空间权重矩阵,从空间视角反映区域空间差异的现象。因此,通过ESDA对京津冀地区经济空间差异进行剖析,对分析京津冀地区发展现状,促进京津冀地区协同发展具有重大意义。

① 本文系国家社科基金项目(14BJL113)"特大城市产业再集聚及其空间效应研究"的阶段性成果。

一、文献综述

空间经济差异是研究区域经济空间结构的基础性研究[2]，只有在深入分析经济的空间差异之后才能为区域经济合理布局，提高区域经济效率献计献策。而对于区域经济空间差异的研究主要分为理论研究和基于具体地域的实际分析两个部分。

（一）国外研究

许多国外学者将空间差异理论与实际相结合，对地区空间经济差异进行了研究。兰基（Long Gen Ying，2000）等通过运用 ESDA 分析方法，对中国空间经济进行了分析，对 1978 年至 1994 年间，我国国内各省产出增长率交互作用进行了详细分析，从“核心—边缘”角度论证了在我国空间经济结构中存在着明显的扩散效应[3]。葛姆和朱丽尔（Gem Ertur & Julie Le Gall，2003）通过选取欧洲 138 个国家或地区从 1980 年至 1995 年间人均 GDP 数据，对欧洲各国人均 GDP 的动态时空演变机制作了研究，其主要运用空间统计分析技术，研究空间分布上的全局自相关和局部自相关，揭示出欧洲不同国家人均 GDP 的空间差异变化特征，对欧洲各个国家或地区经济空间发展水平的动态演变规律作出了模拟预测，为后来许多对欧洲各国发展空间经济的研究提供了基础依据。卡佩罗·罗伯特，兰智和卡姆拉（Capello Roberta；Lenzi & Camilla，2014）从理论研究和实证分析两个方面，对知识、创新和经济增长的空间差异性关系进行了研究，研究结果显示，知识和创新都是经济增长的重要动力，但空间差异性作用显著，在经济增长中知识和创新作用更大的地方会产生更多的知识和创新，而在缺乏强大的本地知识基础的地方，转型成为知识密集型地区，利用当地非正式知识或知识的溢出效应将会为其带来更高的经济增长率。同时，通过理论性研究为欧洲 2020 年知识和创新政策制定了框架[4]。叶旭月和雷·赛吉尔（Ye Xinyue & Rey Sergio，2013）提出一种新的时空数据集构建方法，并以区域经济数据为例，分析中国和美国空间收入数据的差异，其结果与 ESDA 分析方法相同，证明了探索性分析框架的广泛适用性[5]。

（二）国内研究

随着空间经济学和经济地理学的兴起，我国也有许多经济学家对空间经济结构问题进行了研究。陈永国（2006）对京津冀经济圈中生产要素流动现状和特征进行了实证分析，对优化生产要素流动提出了科学选择生产要素流动与组合方式和以产业转移带动要素流动的建议[6]。陈鹏（2006）在新构建的引力模型的基础上，深入地研究了城市职能对城市引力的影响，对辽宁省的 14 个城市进行了实证分析,得出了以沈阳市为城市圈中心,大连市为次中心,沈阳为主大连为辅的城市规划[7]。陈韶英、秦向东等(2007)开创性地将断裂点法运用于河北省内各城市与北京、天津两地的空间吸引范围的测算中,得出结论:河北省城市空间结构呈多核心状,城市空间差异明显,整体分布不均衡[8]。陈晓永、高欣(2013)运用空间计量模型对首都经济圈中北京的增长极溢出效应进行了实证分析,通过构建模型及大量处理数据得出,北京作为区域经济的中心增长极,空间溢出效应具有显著的区位差异性,因此,跨区域的统筹兼顾,实现资源优化配置才能使空间溢出效应最大化[9]。近年来,我国学者也逐步开始运用ESDA进行实证分析,对具体的地域进行经济空间差异的测度。钟业喜、陆玉麒(2010)在传统统计分析方法的基础上,结合了ESDA分析方法,研究了红三角经济圈县域经济差异的空间格局及演化,通过分析得出,红三角经济圈区域差异持续不断扩大,东西两极分化现象表现明显[10]。李丁、冶小梅、汪胜兰、陈强(2013)以兰州—西宁城镇密集区为研究对象,基于ESDA-GIS研究其经济空间差异的演化,得出结论为:该区域空间极化成为主要趋势,南北差异明显,增长极中心的局部空间扩散作用明显[11]。国内相关研究呈现以下特点:首先,对于空间经济差异的研究刚刚起步,并不完善。大部分研究都是运用基本模型对一个区域内各个主体进行测度,主体之间缺乏联系,说服力较差。其次,对于空间经济差异现象的原因及对策分析较为单一,大多集中在产业布局、交通条件等层面,所提出的对策效果并不明显。最后,对于ESDA的分析方法,国内学者运用相对较少,研究区域有限,方法运用与政策结论之间的结合性不强。

二、研究区域、数据来源与分析方法

(一)研究区域

京津冀经济圈位于华北平原北部地区,以首都北京为地理中心向四周发散,涵盖了北京、天津两大直辖市以及周边的河北省。根据研究目的的需要,本文将京津冀地区按市级划分,共包含13个研究单位。

(二)数据来源

京津冀地区经济空间差异是由经济水平、增长速度、产业结构等共同作用的综合效应,因此本文根据数据的典型性、可比较性和可获得性,借鉴以往的研究成果,选取4项经济指标来进行多指标数据研究:面积、常住人口、国民生产总值、人均国民生产总值。所有数据取自对应年份的《河北统计年鉴》、《天津统计年鉴》、《北京统计年鉴》。地图边界数据来源于国家基础信息中心,以市为单位。

(三)分析方法

本文运用ESDA分析方法,对京津冀地区所选数据不施加任何理论或假设的前提下,将统计学与数据可视化技术相结合,对不同地区数据的空间差异或者空间集聚性质进行分析。通过空间自相关的测度可以考究某一空间位置的观测值与周边相邻的空间点上的观测值是否具有显著的相关性,并且通过图形、地图等形式将其可视化,发现空间上的分散和集聚。

1. 全局空间自相关分析

全局空间自相关分析主要反映在整个研究区域内属性值的总体特征描述,可用于研究区域整体的空间差异和空间集聚,但是不能反映区域内部的空间差异性,通常所用的是Global Moran's I指数,其计算公式如下:

$$\text{Global Moran's I} = \frac{\sum_{i=1}^{n}\sum_{j=1}^{n}W_{ij}(X_i - \bar{X})(X_j - \bar{X})}{S^2\sum_{i=1}^{n}\sum_{j=1}^{n}W_{ij}}$$

其中,n为所研究范围内的研究单位总数;X_i和X_j为研究单位i和j的观测值;$\bar{X}$是观测值的平均值;$S^2 = \frac{\sum_{j=1}^{n}(X_j - \bar{X})^2}{n-1}$;$W_{ij}$为空间权重矩阵W中的元素,空间权重矩阵的具体表现形式为:

$$W = \begin{bmatrix} W_{11} & W_{12} & \cdots & W_{1n} \\ W_{21} & W_{22} & \cdots & W_{2n} \\ \cdots & \cdots & \cdots & \cdots \\ W_{n1} & W_{n2} & \cdots & W_{nn} \end{bmatrix}$$

其中,n表示所研究区域内研究单位个数,如果i与j相邻,则取值为1,否则取值为0。

2. 局部空间自相关分析

相对于全局空间自相关而言,局部空间自相关主要反映每一个研究单位与周边邻近单位之间的局部空间关联性和空间差异程度。弥补了全局空间自相关无法反映区域内部空间差异的不足。其计算公式如下:

$$\text{Local Moran's I} = \frac{(X_i - \bar{X})}{S^2}\sum_{j=1}^{n}W_{ij}(X_j - \bar{X})$$

其中X_i和X_j分别表示中心研究单位i和与其相邻研究单位j的观测值的标准化值,W_{ij}是空间权重矩阵W的元素。

三、实证分析

(一)总体空间差异

首先通过2014年京津冀地区人均GDP的四分位图(见图1)可以看出,整个京津冀地区人均GDP高值以北京、天津和河北唐山为主,构成第一梯队,平均人均GDP值高达94805元。居于第二梯队的是环渤海地区的秦皇岛、廊坊、沧州以及河北省省会石家庄,其中前三者都与第一梯队的三个城市紧紧相邻,地理位置上呈现一种集聚的态势。人均GDP第三梯队的城市包括了处于河北省北部的承德、张家口以及处于河北省最南端的邯郸三座城市。最后居于第四梯队的城市则包括保定、衡水和邢台,三座城市地处河北省内部,与省会石家庄相邻,三座城市的平均人均GDP值仅为25303元,大约是第一梯队的27%。从图中可以看出,第四梯队的三座城市将第二梯队中的石家庄与其他第二梯队的城市相隔,形成了一个两边高中间低的经济凹陷。根据四分位图可以发现,京津冀地区并不是一个简单的单中心区域经济,并且具有明显的集聚和极化现象。

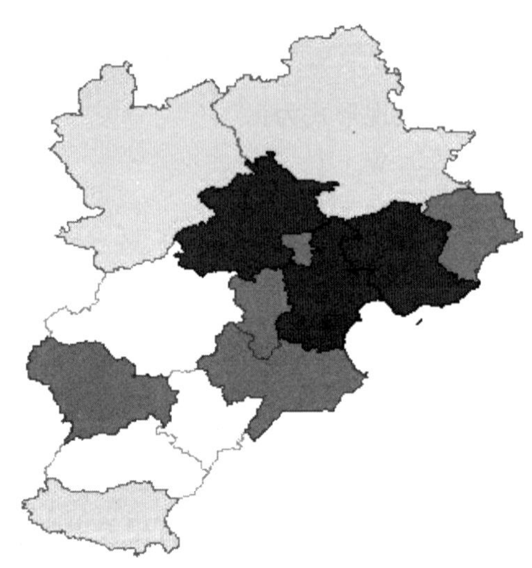

图1 2014年京津冀地区人均GDP的四分位图

利用Geoda进行全局空间自相关分析并测算Global Moran's I指数。因为Global Moran's I指数是建立在正态分布的基础上,所以首先对人均GDP数据进行标准化处理,选取欧氏距离为权重,用处理后的数据测算出2005—2013年京津冀地区人均GDP的Global Moran's I指数,结果如表1所示:

表1 不同年份京津冀地区 Global Moran's I 指数表

年份	2005	2006	2007	2008	2009	2010	2011	2012	2013
Moran's I	-0.13052	-0.197827	-0.022393	0.075801	0.0552891	0.111885	0.139882	0.123713	0.119708

注:Global Moran's I 指数在所有年份期望值均为:E(I) = -0.0833。

根据京津冀地区不同年份 Global Moran's I 指数值和趋势线(见图2),我们可以看出,在2005—2007年 Global Moran's I 指数为负,从2008年开始直到2013年 Global Moran's I 指数为正,并且整体呈现出一个上升的态势。根据全局空间自相关的相关理论可知,若 Global Moran's I 值显著为正,表示经济在整个区域中,总体上呈现正的相关性,即经济发展水平较高区域或者经济发展水平较低的区域在空间上集聚。若 Global Moran's I 值显著为负,表示经济在整个区域中,总体上呈现负的相关性,即经济发展在整个区域中存在显著的空间差异。

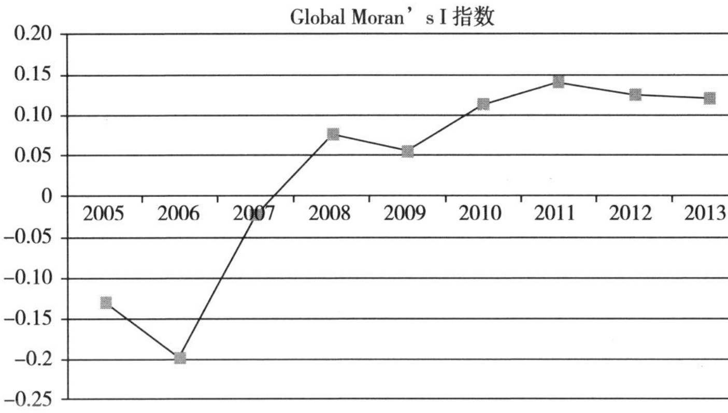

图2 京津冀地区 Global Moran's I 指数趋势线

所以,从2005年至2013年,京津冀地区从空间差异逐步转向空间集聚,经济水平较高值以北京和天津为中心逐渐集中。经济水平较低值在河北省的中南部地区集中。整个京津冀地区呈现了一个由空间差异向空间集聚的质的变化,并且随着时间的不断推移,空间集聚越来越明显。

(二)局部空间差异

在京津冀地区内部,通过局部空间自相关进行分析,揭示局部城市与周边相邻城市的空间经济关联类型。主要通过 Local Moran's I 散点地图进行分析,将2005年至2013年人均 GDP 的标准化值代入局部空间自相关计算公式,为了更明显地显示结果,采用 Local Moran's I 散点地图的形式表示,图3为2005年、2009年和2013年三年的 Local Moran's I 散点地图。

根据图3所示结果我们可以看到,在2005年时,京津冀地区表现如下:

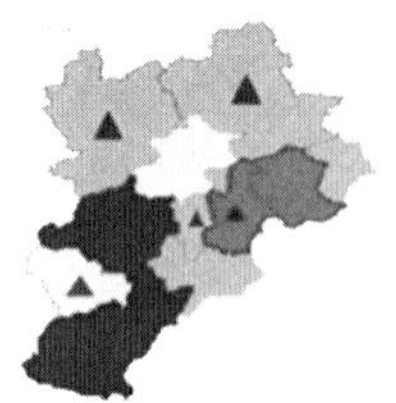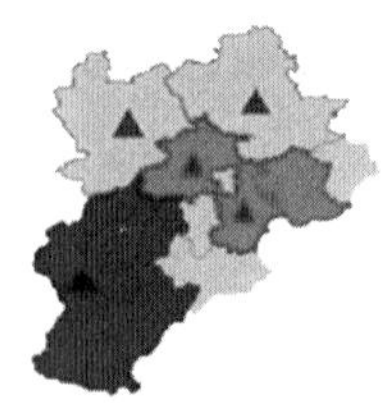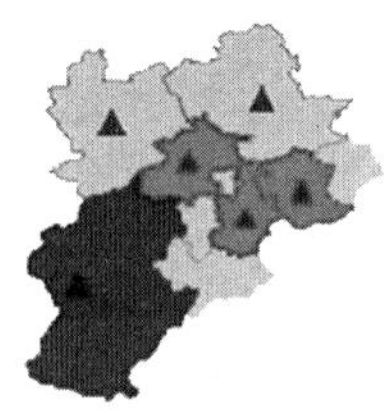

图3　2005 年、2009 年和 2013 年 Local Moran's I 散点地图

①空间差异较小,经济发展水平较高的集中地带(HH 型)处于环渤海地区,包括了天津市和河北唐山,其中显著的仅为天津市。在整个京津冀地区,经济增长集聚在天津市显著呈现。②空间差异较小,但自身及周边地区经济发展水平较低的聚集地带(LL 型)主要分布在河北省的中南部,包括了保定市、衡水市、邢台市和邯郸市。从图中可知,这四座城市并不是显著的 LL 型分布,地处首都北京和河北省省会石家庄的中间地带,表现为河北省内部的一个经济凹陷。③空间差异较大,自身发展水平较高而周边地区发展水平较低的地带(HL 型)为北京和石家庄两个城市,很大程度上行政界线的划分造就了这种经济的空间分布。北京作为全国的政治中心、文化中心、科技中心和国际化大都市,经济是决定性基础,所以,大力发展北京市的经济是必然的。北京市的发展必将吸引周边地区的生产要素,强大的极化效应造成了 HL 型经济分布。石家庄作为河北省的省会,虽然经济发展水平不如唐山市,但作为省会城市,石家庄获得了比其周边城市更多的资源和机会,单独的经济发展造成了石家庄成为一个显著的自身经济发展高,周边经济发展低的经济空间分布。④空间差异较大,自身发展水平较低,周边地区发展水平高的地带(LH 型)主要集中在河北省的北部和西北部,包括承德市、张家口市、秦皇岛市、廊坊市、沧州市,是整个京津冀地区所含地区最多的一个类型。在这五个城市中,张家口市、承德市、廊坊市为显著的 LH 型空间分布,而相对于以上三者,秦皇岛市和沧州市虽然为 LH 型空间分布,但并不显著。

至 2009 年,根据全局空间自相关的分析,我们已经知道,整个京津冀地区由整体空间差异转变为整体的空间集聚,这个质的改变呈现在 Local Moran's I 散点地图上,其特点具体表现为:①北京的空间经济类型发生改变。北京不再是原来 HL 型空间分布地带,转变为显著的 HH 型空间分布。北京市不断发展自身的经济,同时带动周边部分地区的经济发展,形成了一个显著的经济高速发展的集中地带,形成了北京—天津—唐山经济增长极,成为整个京津冀地区的经济高速发展集聚带。②河北省省会石家庄的空间经济类型发生改变。石家庄由原来的显著HL型空间分布转变为显著的LL型空间分布，即由原来自身发展水平较高，周边发展水平较低，空间差异较大的地区变为自身和周边发展水平都比较低的经济发展落后集聚地。分析可知，经过几年的发展，石家庄并没有坚守住省会城市所应有的经济水平，相对于京津冀地区的其他城市而言，其经济发展较慢，加之周边地区经济基础落后，石家庄只能沦为显著的低速落后区域。③廊坊市由显著的LH型空间分布转变为不显著LH型空间分布，虽然廊坊市的变化只是由显著变为不显著，但其背后却代表着北京市和天津市对其的经济辐射作用。廊坊市地处北京市和天津市之间，两边都是经济发展水平较高的集聚带，增长极对周边地区的扩散效应逐渐超越极化效应，促使廊坊在此期间取得了较快的经济增长。从2005年人均GDP仅为15687.63元增长到2009年的27838.62元。在整个京津冀地区其人均GDP排名由第七位跃居第五位。北京市和天津市对其的带动力作用得到了很好的体现。④经济发展水平落后地区的空间分布没有显著变化。截至2009年，LH型空间分布和LL型空间分布的地区没有变化，张家口市和承德市一直处于显著的LH型空间分布，虽然紧邻北京，自身经济也在不断地发展，但是在整个京津冀地区其经济发展水平依然较低，北京对其的带动力作用没有显著展现。保定市、衡水市、邢台市、邯郸市四个城市，LL型空间分布没有改变，依旧是经济发展落后的集聚地。2009年至2013年局部空间自相关地图的变化并不大，只有河北唐山由不显著的HH型空间分布转变为显著的HH型空间分布。从2009年的局部空间自相关散点图我们已经看出，北京—天津—唐山经济高速发展集聚带已经形成，发展至2013年，北京、天津的发展强劲，对唐山的带动力作用显著，三地的经济空间集聚现状更为明显。总结而言，整个京津冀地区四年中经济的空间分布没有发生变化，但空间集聚度不断增强。

四、京津冀地区产业演化过程

京津冀地区呈现出由空间差异向空间集聚转变，北京—天津—唐山成为整个区域经济集聚带，河北省省会城市石家庄经济优势不复存在，张家口、承德等地经济长期处于落后局面等现状同样可以通过京津冀地区产业演化过程进行佐证。

（一）北京、天津、石家庄产业对比

对京津冀地区典型城市第二、第三产业增长率进行数据分析，如图4北京市、天津市、石家庄市第二、第三产业增长率所示，在京津冀经济圈形成之初，三个城市均为地区内经济高点，但是伴随经济发展，北京作为首都吸引了大量的资金、人才以及技术，大力发展包括金融业、电子商务、互联网产业、物流运输业

等高技术含量的第三产业,到2013年时,北京市第三产业增加值已经占到北京市2013年生产总值的76.85%,占据了绝对优势。天津作为港口城市,重点打造装备制造业基地、现代物流、海洋经济、交通运输以及生物医药基地,第二产业和第三产业两翼齐飞,到2013年时,天津市第二产业和第三产业分别占天津市生产总值的50.64%和48.05%,2001年至2013年,第二、第三产业年均增长率为18.24%,比北京市高出3%。河北省省会石家庄市从2001年以来增长率相对较低且没有较大波动,整体上远小于北京市和天津市。十三年内,第二、第三产业平均增长率为12%,是天津市平均增长率的2/3。在整个京津冀地区经济高速发展情形下,相对较低的增长率必然导致石家庄市在整个京津冀地区的经济地位下降,使之前所建立起的经济优势逐渐消失。

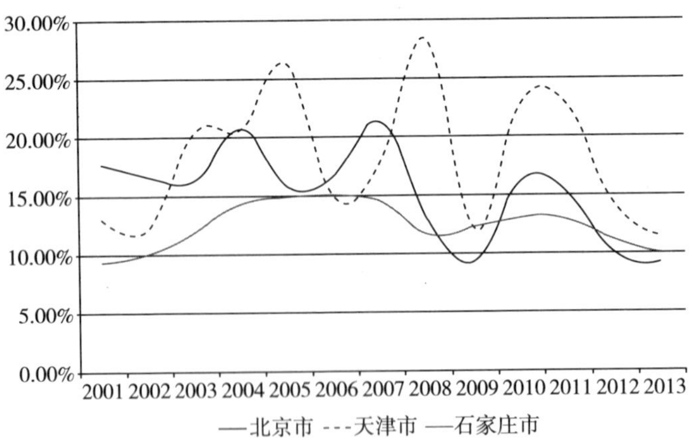

图4 北京市、天津市、石家庄市第二、第三产业增长率

(二)石家庄、唐山、张家口产业对比

在河北省内部,经济增长点逐步向北京、天津两核心靠近,石家庄市经济地位下降,张家口市、承德市等经济边缘城市经济落后状态没有改变。如图5石家庄市、唐山市、张家口市第二、第三产业增长率所示,石家庄市第二、第三产业增长率虽然波动较小,但是一直处于相对低位运行,平均增长率为12.43%,低于唐山市和张家口市,经济相对下滑。唐山市随着经济发展成为河北省内一个经济高增长点,传统产业升级改造,发展高新技术和新型产业、节能环保产业,承接大型炼油厂、钢铁厂,与北京、天津形成了北京—天津—唐山经济集聚带。张家口市虽然与北京相邻,但由于自身经济基础薄弱,交通设施落后,没有能够摆脱在整个京津冀地区经济地位落后的现状。2013年张家口市三次产业占比为18.32∶42.13∶39.56,虽然在2001—2013年,第二、第三产业平均增长率达到13.52%,超越省会石家庄,但是第一产业占比较大,产业结构不合理,造成了张

家口市经济一直处于落后的现状，与张家口市经济发展状况相同的还有承德市、衡水市等。

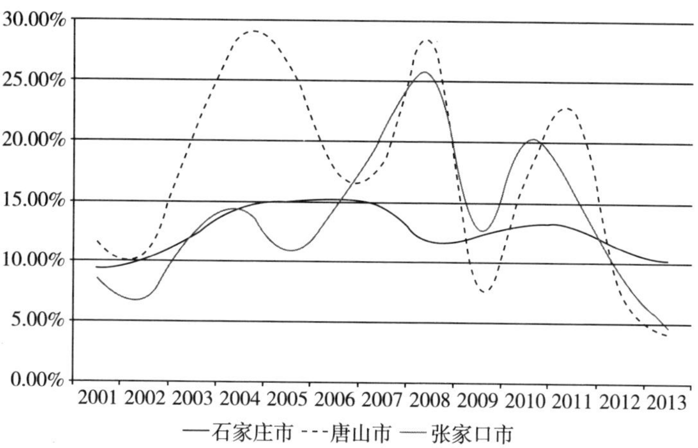

图5　石家庄市、唐山市、张家口市第二、第三产业增长率

（三）小结

从京津冀地区产业整体看，北京、天津、唐山第二、第三产业增速较快，形成京津冀经济集聚带，对周边地区的带动作用较为明显。石家庄市经济发展相对缓慢，经济优势不复存在。张家口市、承德市等一直处于京津冀整体区域内的经济边缘地带，经济增长极对其的经济带动力作用不明显，同时，由于自身产业结构不合理、受资源条件限制、政策敏感度较高等因素，没有摆脱经济地位落后的状态。

表2　京津冀地区典型城市2001—2013年第二、第三产业平均增长率

	北京	天津	石家庄	唐山	张家口
平均增长率	15.24%	18.24%	12.43%	17.02%	13.52%

在整个京津冀地区空间经济由空间差异到空间集聚的转变中，产业结构出现了产业趋同、竞争倾向较高的问题，只有京津冀三地统一协调产业布局问题，才能使空间集聚效应产生更大的带动力作用。产业结构升级和产业转移成为京津冀地区发展的必然趋势，北京重点缓解非首都职能，以维持生态环境为主，将污染相对较大的工业向经济空间资源相对丰富的河北省转移。天津处在工业化中期，建设北方经济中心需要更多的特色产业和经济支柱，大力发展港口运输、现代物流业以及特色装备制造基地，与此同时还要与北京进行差异化发展，避免二者之间的冲突。河北省处于工业化初期，整体经济实力落后，第一产业在整体经济发展中占比较大，对大型工业企业的承接能力较弱，因此加强自

身建设,做好重点工程承接工作是整个河北省的首要任务。

为了更好地发挥空间集聚对周边的带动力,产业结构升级和产业结构调整已经开始实施,目前已经进行的产业转移显示出以下特点:第一,转移产业以传统制造业为主,能源消耗相对较大。从北京、天津向河北转移的产业大多集中在钢铁业、化工业、装备制造业、有色金属冶炼业等。大多属于劳动密集型产业,对资源、劳动力依赖较强,能源消耗、污染程度较高。第二,产业转移在缓解北京、天津产业压力的基础上,着重带动周边落后地区。从北京和天津向外转移的目的地主要集中在唐山、保定、沧州、张家口、承德等地,对经济落后地区的经济发展具有巨大意义。第三,产业转移与产业创新同行。北京、天津在向外转移产业的同时,积极升级自身产业结构,注重产业创新,以高新技术产业为主,建立新型产业增长点。

表 3　京津冀三地重点产业转移汇总

转移项目	转出地	承接地
首都钢铁	北京	河北迁安
北京内燃机总厂铸造间	北京	河北泊头
北京第一机床厂铸造间	北京	河北高碑店
奔驰配套企业	北京	河北廊坊
动物园服装批发市场	北京	河北白沟
凌云医药化工有限公司	北京	河北邯郸
新发地京西北农产品仓储物流中心	北京	河北张家口
阿里巴巴、当当网、凡客、亚马逊	北京	天津武清
书生科技、央视未来电视	北京	天津保税区
搜狐视频、58 同城、华图教育等	北京	天津开发区
天津丰田汽车零部件配套	天津	河北唐山
国际(保税)物流仓储产业园项目	天津	河北保定
天津老美华鞋业服装有限责任公司生产线	天津	河北顺平

五、京津冀地区空间经济结构问题与改进

(一) 存在问题

第一,北京、天津雄踞京津冀地区腹地,阻隔了整个河北省的空间连续性。河北省占据了整个京津冀地区的绝大部分,拥有着广阔的经济腹地,但却没有形成自己的经济中心。而北京、天津两市作为京津冀地区的绝对增长极,经济实力雄厚,发展速度较快,但却缺乏经济发展所必需的土地资源,限制其发展。

目前，北京、天津两市的房价、地价居高不下，而相比之下，河北省呈现了一种“地广人稀”的景象。不仅如此，北京和天津将河北省在空间上拦腰截断，阻碍了整个河北省经济发展空间上的连续性。

第二，北京、天津定位模糊，经济带动力不强。北京和天津作为两大直辖市，都拥有着较强的经济实力和政策优势，两者没有在谁作为整个京津冀地区的经济领头羊角色方面进行明确定位。两者都向着绝对经济中心发展，形成了强烈的竞争，造成了产业结构趋同、资源利用效率低下等问题，两者自身在激烈竞争的同时，产业扩散主要集中在本行政区内进行，只带动了邻近的个别县域地区发展。作为经济中心的北京和天津，不但没有发挥出所应当发挥的辐射带动作用，甚至对河北省的经济发展起到明显的抑制作用。

第三，整个京津冀边缘地区经济基础差，发展速度慢。河北省处于工业发展初期，而北京、天津服务业占重要地位，经济发展阶段的差异导致了整个京津冀地区经济不平衡。此外，河北省北部的张家口市和承德市，由于地理环境的因素，第一产业占比较大，整体产业结构落后。地处河北省南部地区的衡水市、邢台市、邯郸市距离中心增长极较远，没有经济发展水平较高地区对其的带动作用，没有资源优势，没有更多的经济政策倾斜，要想摆脱原来经济落后的状态实属不易。除此之外，根据 Local Moran’s I 散点地图我们可以看出，石家庄在先前利用其省会城市的行政地位优势维持着它的经济优势，但随着整个京津冀地区的快速发展，各地对资源的竞争更为激烈，石家庄也失去了原有的经济优势，成为经济显著落后地区的一员。整个河北省南部地区成为京津冀地区经济落后区，并且其情况很难得到扭转。

第四，京津冀地区产业结构趋同，产业相似度较高。产业结构趋同必然造成北京、天津、河北三地对资源的抢夺，环境的污染，形成三者竞争的恶况，这与京津冀一体化的初衷背道而驰。与此同时，空间集聚效应在产业相似度较高的情况下形成的带动力效应不能更好地发挥作用，甚至消失，对整个区域经济发展带来不利影响。

（二）解决策略

第一，减少行政壁垒，增强资源的流动性。区域经济的整体协调发展，离不开资源的充分流动性，而京津冀地区的行政壁垒对资源的流动造成巨大的消极作用。不论是资本资源、技术资源，还是人才资源，在向着中心增长极流动之后就很难再向外流动，由此，产业在此集聚，更多的资源被吸引而来，各种户籍限制、地域限制和政策限制都阻碍了资源的充分流动。所以，要想使中心增长极城市发挥更强的辐射带动作用，就必须减少行政壁垒，使各种经济资源在向中心增长极集聚之后能够顺利地流动出去，去带动周边地区的发展，只有这样才能够从极化效应转变为扩散效应,形成整个京津冀地区的整体发展。

第二,明确北京、天津在整个京津冀地区经济发展中的定位,各司其职。根据相关研究,北京与天津、北京与河北从 1992 年开始就存在着经济发展的联系,而天津与河北两者在经济发展上是相对独立的,并没有很大的联系。只有在北京、天津明确其在京津冀地区的定位,才能合理进行产业布局,降低产业重复率,提高资源利用效率,使京津冀地区协调发展。

第三,扩大北京市辖范围,统筹规划中心增长极发展。借鉴国外大都市圈的成功经验我们可以知道,大都市作为一级行政单位,以大区来进行管理。伦敦大区和巴黎大区是世界上著名的中心增长极大区:伦敦大区占地 1580 平方公里,拥有 1000 万人口,包含了 32 个自治市。法国巴黎大区占地 12000 多平方公里,其创造的产值约占全法国的 30%,包括巴黎市 20 个区和周边 7 个省[19]。北京相比于国际化都市大区还有很大的差距。目前,北京所辖区域范围较小,经济总量小,没有与周边地区形成一个良好的互利共赢模式。建立北京大区,整合北京、天津及河北省的行政划分,使资源在三地充分流动,不仅可以使河北省作为北京、天津的发展腹地,为其提供有力的支撑作用。而且,北京、天津也可以将自身的主导产业更好地向河北省转移,带动河北省经济发展,促使中心城市与外围地区产生经济扩散效应。此外,北京大区建立之后,京津冀地区归属于同一个领导,更有利于统筹规划,明确各个地区的功能定位和分工协作。地区内部不断融合,逐渐发展至更高级的经济空间体系,提高京津冀的核心竞争力,广泛地参与全球分工与国际竞争,成为全球区域经济发展的典范。

第四,建立石家庄为次级增长极,带动整个京津冀地区平衡发展。区域经济的发展模式并不是唯一的,除了区域经济单中心增长极模式外,还有多中心增长模式。石家庄不仅是河北省的省会城市,而且处于河北省南部落后地区的中心位置,与其他落后城市均相连。建立石家庄为除北京中心增长极以外的次级增长极,通过其自身的省会地位和政策倾斜,使其经济得到大力发展,复制一个在区域经济内部的中心城市优先发展,带动周边城市发展的模式。以此对处于北京和石家庄两个增长极之间的落后地区形成辐射带动作用,使其走出落后困境。

第五,京津冀三地统一协调进行产业结构升级和产业调整。认真落实《京津冀协同发展规划纲要》,三地统一制定产业转移政策,消除行政壁垒,缓解北京非首都职能,建立天津特色工业,形成以特色制造为主的北方经济中心,提升河北省自身基础设施水平,强化产业承接能力,建立产业转移机制,促进京津冀三地统一协调,产业差异化发展。

参考文献

[1] Anselin L. Interactive techniques and exporatory spatial data analysis [C]//Longley P. A. ,Goodchild M. F. ,Maguire D. J. (eds.) Geographical information systems, principles, technical issues, management issues and applications. John Wiley&Sons, Inc, 1999.

[2]魏后凯. 现代区域经济学[Z]. 北京:经济管理出版社,2006.

[3]Hsiang - te Kung, Long Gen Ying, You - Ci Liu. Environmental monitoring and assessment[J]. Springer,1993(1).

[4] Roberta C, Lenzi, Camilla. Spatial heterogentity in knowledge, innovation and economic growth nexus: Conceptual reflections and empirical evidence[J]. Journal of Reginal Science,2014(3).

[5]Ye Xinyue, Sergio R. A framework for exploratory space - time analysis of economic data[J]. Annals of Regional Science,2013(2).

[6]陈永国. 京津冀经济圈生产要素流动的实证分析[J]. 价值工程,2006(5):26 -49.

[7]陈鹏. 新城市引力模型下辽宁省城市圈的划分[J]. 辽宁工程技术大学学报(社会科学版), 2006(3):35 -49.

[8]陈韶英,秦向东. 河北省城市空间吸引范围与城市空间结构特征[J]. 河北大学学报,2007(2):16 -33.

[9]陈晓永,高欣. 增长极溢出效应的空间计量分析——以环首都经济圈为例[J]. 经济与管理, 2013(8):8 -15.

[10]钟业喜,陆玉麒. 红三角经济圈县域经济差异研究[J]. 经济地理,2010(4):56 -64.

[11]李丁,冶小梅,汪胜兰,陈强. 基于 ESDA - GIS 的县域经济空间差异演化及驱动力分析——以兰州—西宁城镇密集区为例[J]. 经济地理,2013(5):12 -20.

[12]武剑. 基于 ESDA 和 CSDA 的京津冀区域经济空间结构优化分析[D]. 湖南大学,2009.

(首都经济贸易大学经济学院)

第五部分

国际比较与启示

中国经济增长与经济周期（2016）

金砖国家制造业在全球价值链中的收益与动态变化

——基于国际投入产出模型的测度与分析

郭龙飞 赵家章[①]

一、问题提出和文献综述

20世纪以来,随着科学技术的进步与国际贸易的发展,越来越多的国家和企业参与到商品的分工过程中,最终产品的生产需要多个生产环节,不同环节分布在不同的国家和地区,于是,一国产品的生产过程,既需要本国生产要素的投入,也需要大量外国中间产品,因而其产品也就内在地包含国内增加值和国外增加值。在这种生产模式下,传统的贸易统计方法无法准确反映各国参与国际分工的真实贸易利得。因此,越来越多的学者在不断尝试使用新的理论和方法来衡量国际分工下各国的价值链地位和利益所得。对于作为我国核心产业部门的制造业,选取合适的指标衡量其真实贸易利得,对于正确认识我国制造业的贸易地位和国际分工具有积极的意义。

欧美学者中,Hummels 等(2001)首次提出采用 HIY 方法测算国家直接和间接增加值的出口,用“垂直专业化比率”(VSS)来测度一国参与全球价值链的程度,VSS 即计算出口总额中包含进口的中间投入品的价值。之后在2005年,Hummels 提出全球价值链分工的想法,认为全球价值链中各个价值环节在形式上可以看成连续的,但在空间上是离散地分布在全球各地,一些国家在生产过程中使用进口中间品,产品被出口。Koopman(2010)等提出 GVC 地位指数和参与度指数,来测度一国的增加值贸易,Timmer 等(2013)提出衡量某国家全球价值链收益的指标 GVC_income,该方法将最终产品的价值分解为每个国家每个生产环节的增加值,计算特定商品在每个国家的增加值分布。

在中国,针对对中国制造业的价值链地位,也有许多学者对我国制造业的价值链地位作了深入分析。黄永明(2006)、朱允卫(2006)以制造业中的服装产业和鞋业为例,分析行业的分工地位和发展战略。段文娟、聂明、张雄(2006)则研究了我国汽车制造业的全球价值链地位及趋势,认为汽车产业应

① 北京市哲学社会科学基金项目“产业结构调整视角下的北京对外直接投资研究”(15JGB135)。

注意培育和保持核心竞争力。吴解生(2007)认为我国不同制造业在不同阶段有优先顺序,前期主要是加工贸易带动劳动密集型制造业迅速发展,后期才是技术密集型制造业。陈爱贞、刘志彪(2012)等对我国装备制造业细分行业进行分析,认为装备制造业垂直分工程度整体呈上升趋势,但存在技术瓶颈。邱斌(2012)在出口复杂度(ESI)下分析我国24个制造业的价值链地位,认为融入全球生产网络对我国制造业影响存在显著的行业差异性,其中技术密集型行业受益最大。聂聆、李三妹(2014)对制造业细分行业增加值收入进行比较,实证得出具有分工优势和分工劣势的行业。戴翔(2015)等认为,在国际上,相比劳动密集型制造业,我国知识技术密集型制造业存在比较劣势。林桂军(2015)以装备制造业中不同类型的企业和不同贸易方式为基础研究中国装备制造业增长特征,认为本土价值链地位偏低是其在全球价值链地位偏低的重要原因,与进口保护政策有关。林秀梅、唐乐(2015)对金砖国家出口增加值进行分解,证明中国和印度出口增加值集中在低技术制造业,巴西和俄罗斯出口主要集中在初级产业与资源密集型产业,都具有高端产业增加值低的共同特点。

这些研究对认识我国制造业的国际竞争力具有参考价值,但也存有较大的不足。总体来讲,一方面,自价值链理论兴起后,不少学者对我国包括众多制造业在内的各行业的价值链地位进行了大量研究,但较少从技术密集度视角出发,分析制造业价值链收益结构的动态变化。另一方面,将中国与其他金砖国家作比较的文献并不多,因此,笔者在系统性地将全球价值链理论的研究现状进行概括总结的同时,以金砖国家的制造业为研究对象,寻找金砖国家能够在短期内迅速发展的共性,并分析提升我国制造业的价值链收益的途径。

二、测算方法与数据来源

(一)测算方法

根据Timmer等(2013)提出的全球价值链收益分析方法,借鉴通用的投入产出分析模型,可以将一国总产出分为本国和外国的最终消费品和中间投入品,用公式表示为:

$$X_s = A_{ss}X_s + Y_{ss} + A_{rs}X_s + Y_{sr} \quad s,r = 1,2$$

其中,X_s表示s国的总产出,A_{ss}是s国的国内投入产出矩阵,A_{rs}是出口到r国的由s国生产中间投入产出矩阵,Y_{ss}是s国生产并消费的最终需求,Y_{sr}是s国生产出口到r国的最终需求。将上式进行合并同类项,可以得到如下公式:

$$(I - A_{ss} - A_{rs})X_s = Y_{ss} + Y_{sr} \quad s,r = 1,2$$

$$即:X_s = (I - A_{ss} - A_{rs})^{-1}(Y_{ss} + Y_{sr}) \quad s,r = 1,2$$

假设全球共有 m 个国家，每个国家有 n 个生产部门，每个部门生产唯一的产品，则全球产品数量为 $m \times n$，设 $p_i(h)$ 表示 i 国 h 部门单位产出直接增加值，mn 维的向量 p 为直接增加值系数（即不包括使用的进口中间品的增加值），mn 维的向量 v_n 表示增加值水平，那么，每单位的最终需求 Z_n 引起的增加值变化为：

$$v = \hat{p}(I - A_{ss} - A_{rs})^{-1} Z_n$$

其中，$\hat{p}$ 为对角矩阵，对角线元素为 p，$Y = Y_{ss} + Y_{sr}$ 表示本国和外国的最终需求。此即意味着任意最终需求向量乘以 $\hat{p}(I - A_{ss} - A_{rs})^{-1}$ 就可以表示此需求导致的增加值水平。因此，可以得出，增加值向量 v_n 实际值为：

$$v = \hat{p}(I - A_{ss} - A_{rs})^{-1} Y$$

将 v 按国家加总，可以得到一个国家不同行业的 GVC_income，再按照投入产出表中行业分类的 c3 - c14 加总，便可统计出某国家制造业总的 GVC_income。

以三个国家为例，其生产和贸易情况的国际投入产出模型如下所示：

$$\begin{bmatrix} I - A_{11} & A_{12} & A_{13} \\ A_{21} & I - A_{22} & A_{23} \\ A_{31} & A_{32} & I - A_{33} \end{bmatrix} \begin{bmatrix} X_1 \\ X_2 \\ X_3 \end{bmatrix} = \begin{bmatrix} Y_1 \\ Y_2 \\ Y_3 \end{bmatrix}$$

$$\begin{bmatrix} X_1 \\ X_2 \\ X_3 \end{bmatrix} = \begin{bmatrix} I - A_{11} & A_{12} & A_{13} \\ A_{21} & I - A_{22} & A_{23} \\ A_{31} & A_{32} & I - A_{33} \end{bmatrix}^{-1} \begin{bmatrix} Y_1 \\ Y_2 \\ Y_3 \end{bmatrix} = \begin{bmatrix} B_{11} & B_{12} & B_{13} \\ B_{21} & B_{22} & B_{23} \\ B_{31} & B_{32} & B_{33} \end{bmatrix} \begin{bmatrix} Y_1 \\ Y_2 \\ Y_3 \end{bmatrix}$$

根据吸收目的和消费国的不同，将三国的总产出和消费进行分解，得到如下式子：

$$\begin{bmatrix} X_{11} + X_{12} + X_{13} \\ X_{21} + X_{22} + X_{23} \\ X_{31} + X_{32} + X_{33} \end{bmatrix} = \begin{bmatrix} B_{11} & B_{12} & B_{13} \\ B_{21} & B_{22} & B_{23} \\ B_{31} & B_{32} & B_{33} \end{bmatrix} \begin{bmatrix} Y_{11} + Y_{12} + Y_{13} \\ Y_{21} + Y_{22} + Y_{23} \\ Y_{31} + Y_{32} + Y_{33} \end{bmatrix}$$

假设三个国家的直接增加值系数矩阵分别为 p_1, p_2, p_3 则三国的直接增加值系数矩阵为：

$$\hat{p} = \begin{bmatrix} p_1 & 0 & 0 \\ 0 & p_2 & 0 \\ 0 & 0 & p_3 \end{bmatrix}$$

$$\hat{p}X = \begin{bmatrix} p_1 & 0 & 0 \\ 0 & p_2 & 0 \\ 0 & 0 & p_3 \end{bmatrix} \begin{bmatrix} X_{11} & X_{12} & X_{13} \\ X_{21} & X_{22} & X_{23} \\ X_{31} & X_{32} & X_{33} \end{bmatrix} =$$

$$\begin{bmatrix} p_1 & 0 & 0 \\ 0 & p_2 & 0 \\ 0 & 0 & p_3 \end{bmatrix} \begin{bmatrix} B_{11} & B_{12} & B_{13} \\ B_{21} & B_{22} & B_{23} \\ B_{31} & B_{32} & B_{33} \end{bmatrix} \begin{bmatrix} Y_{11} + Y_{12} + Y_{13} \\ Y_{21} + Y_{22} + Y_{23} \\ Y_{31} + Y_{32} + Y_{33} \end{bmatrix}$$

$$= \begin{bmatrix} p_1B_{11}Y_{11} + p_1B_{12}Y_{21} + p_1B_{13}Y_{31} & p_1B_{11}Y_{12} + p_1B_{12}Y_{22} + p_1B_{13}Y_{32} & p_1B_{11}Y_{13} + p_1B_{12}Y_{23} + p_1B_{13}Y_{33} \\ p_2B_{21}Y_{11} + p_2B_{22}Y_{21} + p_2B_{23}Y_{31} & p_2B_{21}Y_{12} + p_2B_{22}Y_{22} + p_2B_{23}Y_{32} & p_2B_{21}Y_{13} + p_2B_{22}Y_{23} + p_2B_{23}Y_{33} \\ p_3B_{31}Y_{11} + p_3B_{32}Y_{21} + p_3B_{33}Y_{31} & p_3B_{31}Y_{12} + p_3B_{32}Y_{22} + p_3B_{33}Y_{32} & p_3B_{31}Y_{13} + p_3B_{32}Y_{23} + p_3B_{33}Y_{33} \end{bmatrix}$$

该矩阵对角线上元素即本国吸收的增加值,非对角线元素表示国家间转移吸收的增加值,因此,矩阵每行之和减去对角线元素,即为国家的出口增加值,即国家某行业用于在出口的产品中,来自国内增加值的大小,表示为 VAX_s ,同理,矩阵每列之和减去对角线元素,即为国家的进口增加值,即国家某行业用于在进口的产品中,吸收的外来增加值的大小,表示为 VAI_s ,那么,两者可以分别表示为:

$$\begin{cases} VAX_s = \sum_{r \neq s}^{n} p_s X_{sr} = p_s \sum_{r \neq s}^{n} \sum_{r=1}^{n} B_{sn} Y_{nr} \\ VAI_s = \sum_{r \neq s}^{n} p_n X_{rs} = p_n \sum_{r \neq s}^{n} \sum_{r=1}^{n} B_{sn} Y_{rs} \end{cases}$$

比较这两个指标, VAX_s 更能衡量国家某产业的竞争力,因此,我们分别对金砖国家的制造业共计 15 个产业的 VAX_s 进行计算,分析金砖国家相同产业之间的差异性。

另外,价值链收益与出口增加值显然并不等同,因为价值链收益不仅包括来自国外需求引致的收益,也包括国内需求部分引致的收益,当一件最终产品生产过程中包含多次进口和出口中间产品环节过程时,一个国家从此产品中获得的 *GVC_income* 一方面内在包含多次出口价格减去进口价格之差,也即国外最终需求及其中间产品在国内环节的直接增加值收入之和,另一方面也包括全球价值链后国内最终需求导致国内吸收的直接增加值部分,因此,GVC 收益表示为:

$$GVC\_income_s = VAX_s + p_s X_{ss}$$

并根据对产品的总需求中,国内需求和国外需求各自所占比重,来分别衡量其对全球价值链收益的影响。

对于制造业分类,我们参照 OECD 的分类法,按制造业的技术密集度,将投

入产出表中所涉及的14个制造业进行分类,分类结果如表1所示:

表1 制造业分类

低技术产业	中低技术产业	中高技术产业	高技术产业
食品、饮料和烟草制造业	焦炭、炼油和核燃料	机械制造业	电子通信和光学设备制造业
纺织业	橡胶和塑料	交通运输设备制造业	不能归为其他类别的高技术制造业
皮革、皮革制品和鞋类制造业	其他非金属矿产品	电器机械及器材制造业	
木材、木材和软木制品制造业	基本金属和金属制品	化学工业	
纸浆、纸、印刷品制造业			

(二)数据来源

本文贸易增加值的测度数据来源于世界投入产出数据库(WIOD),该数据库包含了1995—2011年全球41个国家35个部门的生产、贸易、就业等数据。其中的世界投入产出表详细刻画了41个国家国内与国家之间的中间投入品和最终消费品的行业数据、各国各部门的增加值等。本文采用WIOD的世界投入产出表,计算金砖国家制造业的贸易增加值等相关数据,对金砖国家的制造业进行比较分析。

三、测算结果与分析

(一)基于技术密集度区分的BRIC国家制造业贸易的出口增加值比

由图1可以看出,四个国家低技术制造业贸易增加值占制造业总贸易增加值的比重都在下降,整体上下降了5~10个百分点,这说明新兴发展中国家随着经济的发展,制造业重心开始逐步由低技术密集度的制造业向更高层级技术的制造业转移。在转移过程中,俄罗斯的低技术制造业领先于其他金砖国家,考虑到俄罗斯有较为完善的重工业体系,而低技术制造业多为初等加工业或轻工业,我们可以认为俄罗斯低技术制造业的比重低是由其遗留的来自苏联的偏向重工业的生产体系造成的。排在后边的依次是中国、印度和巴西,且印度有赶超中国的趋势。

由图2可以看出,在中低技术制造业的发展上,中国、印度、巴西所占份额较为稳定,在8%左右,中国呈现稍微下降的趋势,巴西、印度中低技术制造业

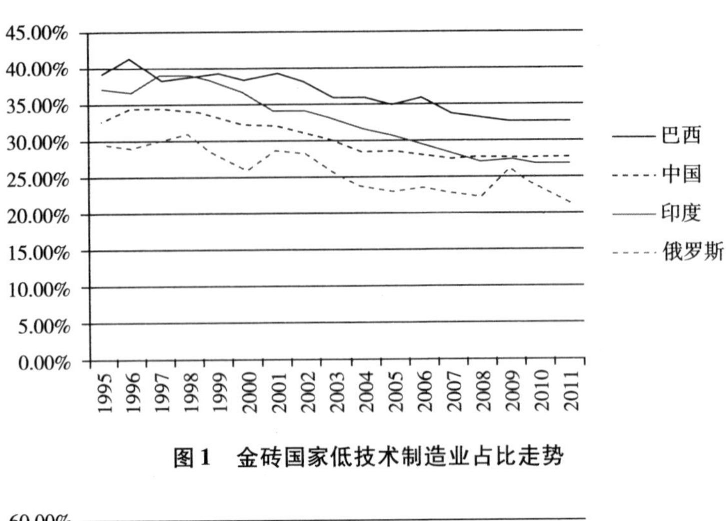

图1 金砖国家低技术制造业占比走势

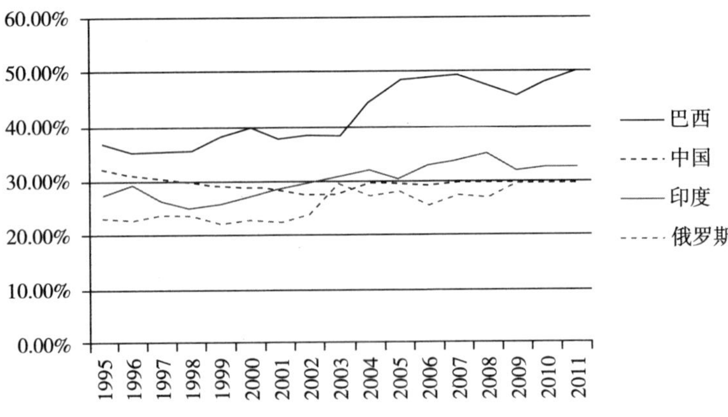

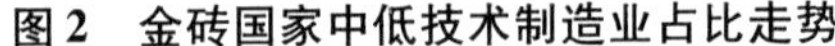
图2 金砖国家中低技术制造业占比走势

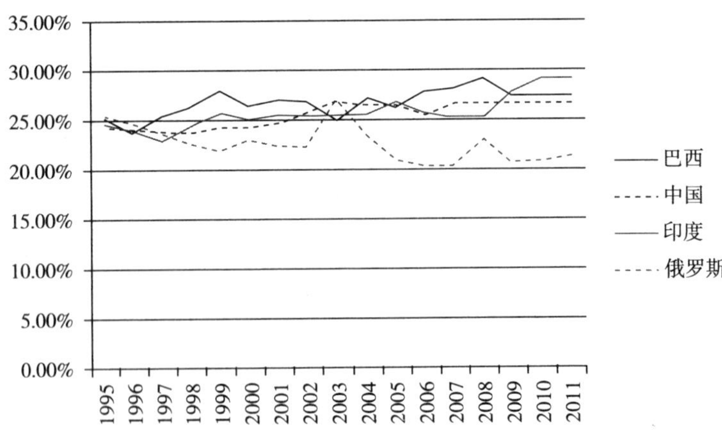

图3 金砖国家中高技术制造业占比走势

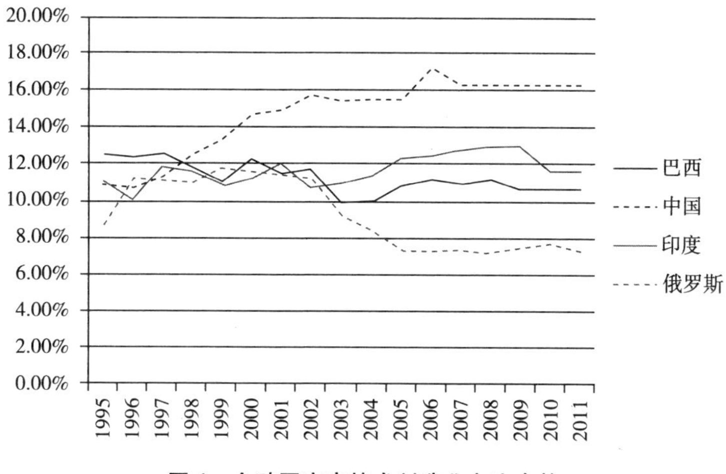

图4　金砖国家高技术制造业占比走势

占比在增加，而俄罗斯的中低技术制造业所占份额在迅速扩大，由1995年的9.81%上升到2011年的12.44%，在2003年后有显著的发展。中国、印度和巴西都是典型的发展中大国，其中低技术制造业长期内较为稳定，符合发展中国家的趋势，而俄罗斯的中低制造业持续上升是因为其本身的工业体系还不够完善，需要大力发展中低技术制造业。

由图3来看，中国、印度、巴西的中高技术制造业均呈现平稳上升趋势，俄罗斯则波动比较明显，结合图2，可以认为俄罗斯制造业的重心在于完善中低层次制造业，这与俄罗斯之前的轻工业基础薄弱，需要大力发展有关，另外，中国、巴西和印度的中高等制造业占比逐年上升，三者的制造业结构都出现了向中高等技术上升的趋势。

由图4来看，在高技术制造业上，四个国家则产生了明显的区分度，中国高技术制造业所占比例迅速上升，巴西和印度则比较平稳，俄罗斯还有下降的趋势。分开来看，我国高技术制造业由1995年的11%，上升到2011年的超过16%，上升了5个百分点，说明我国在嵌入全球价值链之后，已经出现了向高增加值链节移动的趋势。2002年左右，是俄罗斯高技术制造业变化的分水岭，俄罗斯经历了自普京2000年上台以后的一系列经济改革措施，改革措施对中低技术制造业的刺激强于对高技术制造业的刺激，宏观表现为高技术制造业的比重相对下降。

(二)金砖国家制造业出口增加值内部结构变化分析

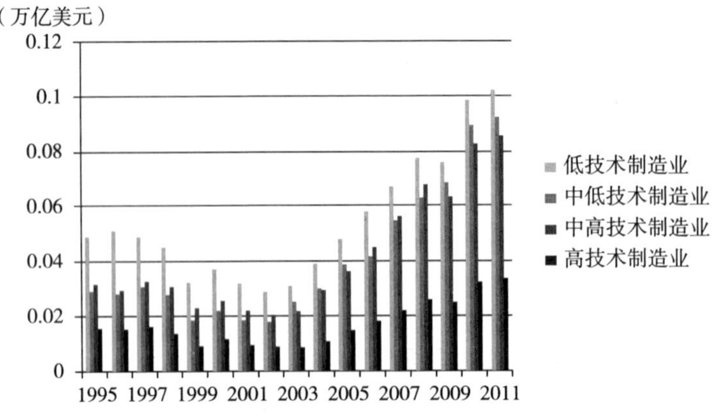

图5 巴西制造业的结构变化图

图5显示了巴西制造业内部结构的变化,呈现两个特点:其一是制造业贸易增加值总量呈V形发展,在2002年左右达到最低值;其次,制造业内部相互比较,高技术制造业增长不明显,其制造业的产业结构较为倾向于中低端制造业,原因在于巴西地广人稀,具有丰富的自然资源,故其制造业多为自然资源的初级加工,高端制造业比较落后。自20世纪70年代起,巴西外债问题一直制约着巴西经济的发展,90年代以后,经过一系列的"新结构主义改革",巴西的赤字逐渐较少,币值稳定,国企开始私有化,对外贸易水平再次提高,制造业的总增加值也迅速增加。

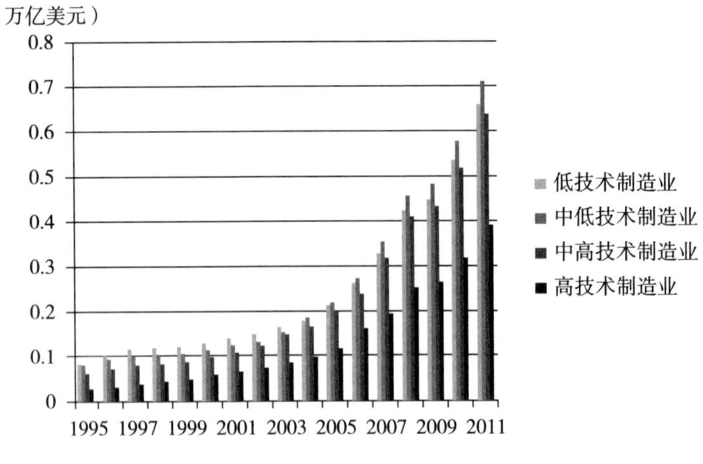

图6 中国制造业的结构变化图

图 6 显示了我国制造业内部结构的变化，呈现两个特点：其一是制造业贸易增加值总量不断上升，上升幅度较为明显，呈指数型增长；其二是制造业内部相互比较，2003 年及以前低技术制造业占比最大，2004 年以后，中低技术制造业占比超过低技术制造业，占到最大的比重，中高技术和中低技术制造业处于持平的地位。20 世纪 80 年代中国开始实行对外开放，并注重实用主义，发展市场经济，得益于这些经济改革，中国的制造业也表现出指数型增长。

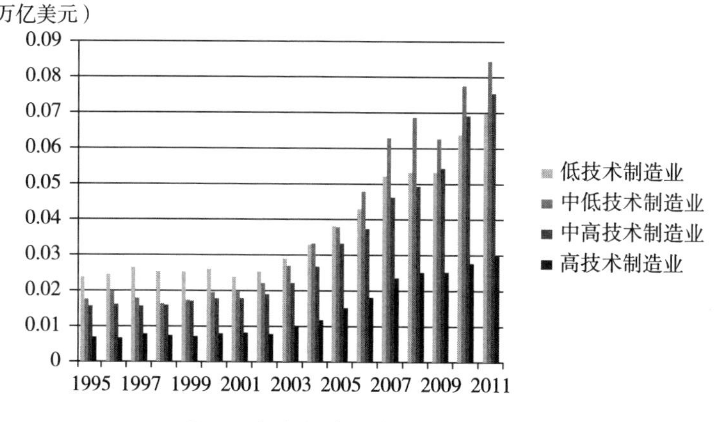

图 7　印度制造业的结构变化图

图 7 显示了印度制造业内部结构的变化，印度的制造业内部结构变化有两个特点：一是制造业贸易增加值总量在 2002 年之前较为平稳，2002 年以后开始进入快车道，总量迅速增加；制造业内部相互比较，高技术制造业增长不明显，其制造业的产业结构较为倾向于中低端制造业，原因在于巴西地广人稀，具有丰富的自然资源，故其制造业多为自然资源的初级加工，高技术制造业比较落后。印度从 20 世纪 90 年代初的要靠 IMF 紧急援助，到 90 年代后期年均 9% 的 GDP 增速，是因为印度改革后坚持了出口导向的战略，将印度从管制约束的内向型经济改革为适应现代社会的外向型经济，这些改革使得印度由“世界加工厂”发展成为“世界办公室”。

图 8 则显示了俄罗斯制造业的结构变化，从图中可以看出，俄罗斯发展最快的是其中低技术制造业，发展最缓慢的是高技术制造业。俄罗斯的制造业表现出这样的特点的原因，在于俄罗斯继承自苏联的计划经济体制的顽固存在，以及之后进行的休克疗法，短期内虽然对国家经济制度进行根本变革，推行私有化，然而由于改革过于激进，俄罗斯的经济形势依然没有好转，直到 2003 年前后，普京大力发展市场经济，俄罗斯的制造业形势才开始真正地好转。

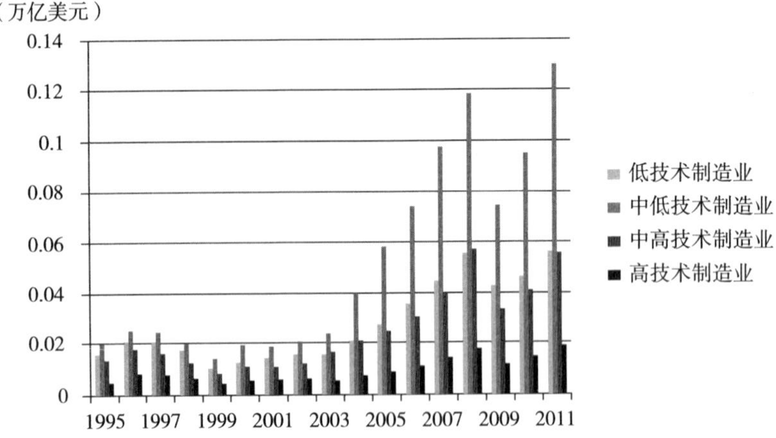

图8 俄罗斯制造业的结构变化图

(三)金砖国家制造业价值链收益的比较

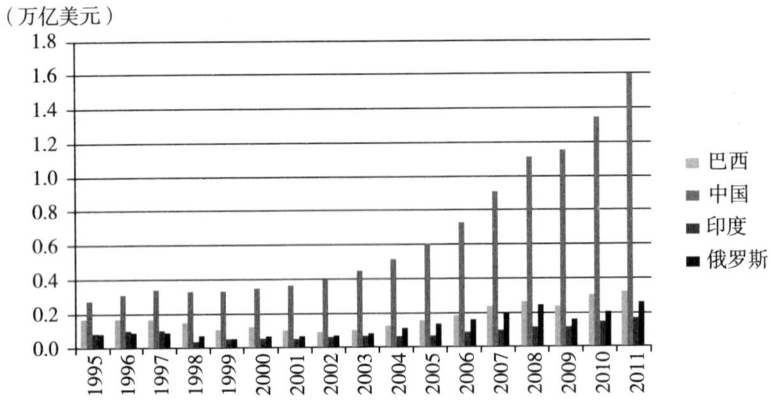

图9 历年金砖国家制造业全球价值链收益变化

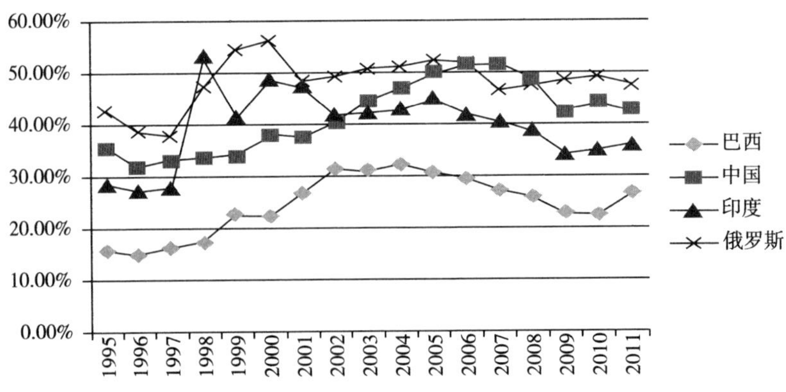

图10 外国需求对金砖国家制造业收益的贡献率

图9和图10比较了金砖国家1995—2011年制造业全球价值链收益的绝对值变化和其中外国需求的贡献率，从图9可以看出，在嵌入全球价值链中的绝对收益上，我国制造业走在金砖国家前列，且收益远远高于其他国家，并且差距也在逐渐扩大。另外，从1995年至2002年，我国的全球价值链收益比较平稳，2002年以后，我国对外贸易迅速发展，最重要的是加入WTO对我国贸易的推动作用，使得我国制造业的全球价值链收益迅速增加，使得我国在全球价值链中的贸易利得也迅速增加。

从图10可以发现，对金砖国家而言，外国需求对价值链贸易利得的贡献率有两个特点，一是整体上是上升的，表示金砖国家的价值链收益对国外的依赖越来越大，相比较而言，俄罗斯制造业的价值链收益对国外依赖最大，之后是中国、印度和巴西，这反映了金砖四国作为新兴发展中国家的代表，随着经济全球化的发展和全球合作的深化，都在融入全球价值链的过程中获得了巨大的贸易利益。二是呈现相同的波动趋势，出现一个波动周期，国外需求在2000年左右达到峰值，之后在2008年金融危机时，达到最低值，2009年以后又逐渐上升。这说明全球经济形势对贸易出口对外部环境具有依赖性，外部经济形势较好通常可以带动金砖国家价值链收益的增加，金砖国家今后的发展需要有稳定的国际环境。

四、结论与启示

20世纪90年代以来，新兴经济体及金砖国家的崛起，是全球发展不平衡规律作用的结果之一。金砖国家在经济结构、经济规模等方面具有相似性，制造业又是国民经济的核心产业，因此，本文采用WIOD数据，立足制造业，从贸易增加值角度测算和比较了金砖四国的贸易和双边贸易情况，并针对不同技术密集度的制造业分析了金砖国家增加值贸易的结构特点，主要结论有以下三点：

第一，出口增加值和价值链收益指数都能衡量一个国家的产业在国际贸易中的收益，不过与出口增加值相比，价值链收益既考虑了多次进出口过程中来自国内的增加值，也考虑了最终用于本国使用的本国增加值部分，因此，价值链收益指数反映了产业的真实收益。

第二，从制造业的技术构成上看，金砖国家的低技术制造业比重普遍出现下降趋势。由此可以认为，在全球价值链分工的背景下，金砖国家均不同程度受益，这种下降是一种稳定的趋势，并没有随着经济大环境的发展而发生转折，因此，发展中国家至少是像金砖国家这样具有一定经济、人口规模的发展中经济体，在融入世界经济的过程中，更应当注重自身制造业技术水平的提高，适当发挥各自的竞争优势,以促进制造业整体技术水平的提高,使增加值向中高技术制造业方向迁移。

第三,在金砖国家中,我国制造业技术升级较为显著。作为最大的发展中国家,我国制造业的发展状况一直吸引着世界的关注,从我国的制造业技术构成上来看,我国低技术制造业的增加值比重下降,中低、中高技术制造业增加值比重基本稳定,而在高技术制造业方面,金砖国家出现差异,我国的高技术制造业增加值比重显著上升,这说明较之其他三国,我国在全球价值链中,获得了更多的技术溢出,我国的高新技术制造业发展也走在了发展中国家前列,这也反映出了我国制造业技术水平的普遍提高。因此,我国应该以更积极的态度参与全球价值链分工,进一步提高我国参与价值链分工的广度和深度,在获得产业技术升级的同时,也获取更多的贸易利益。

第四,从金砖国家经济背景看,大都经历了由内向型经济向外向型经济转变,经济体制向市场经济转变的过程,这也恰好说明了政治制度对经济技术发展有强大的作用力,政治权力能够在短时间内改变经济的走向,金砖国家应当继续在国内着力于建立完善的法治环境和相对独立理性的经济社会,在国际上,创造稳定的外在环境,使得政权统治经济转变为政治为经济服务,才能保持国家经济持续发展。为了经济稳定发展,也需要创造稳定的国际环境,尽量减少与其他主要经济体或经济组织的摩擦。

第五,来自国外需求的贡献在不断增加,中国和俄罗斯表现最为显著,说明外国需求的贡献已经成为促进金砖国家价值链收入增加的重要因素,金砖国家正融入全球经济进程,积极开发国外市场已经成为增加收益的重要途径。

针对以上结论,本文对我国制造业今后的发展提出以下建议:①在今后的经济建设中,我国应积极参与国际市场,积极建设开放型经济,加快推动我国商品融入世界市场中去,提高我国参与全球价值链的广度和深度,通过嵌入全球价值链来增加我国的价值链收益;②要注重经济政策的持续性和稳定性,使经济政策具有前瞻性,创造稳定的国内外环境,同时减少政治对经济的反向作用;③抓住"走出去"的战略和"一带一路"政策的机遇,要在制造业的国际竞争中争取主动权,通过技术获取型 FDI 来吸取国际制造业的技术溢出,带动制造业产业升级,以提高我国制造业的收益和竞争力。

参考文献

[1] Koopman, R., Wang Z. and Wei S. J. (2008) How Much of Chinese Exports is Really Made in China[R]. NBER Working Paper No. 14109. 2010.

[2]Gary Gereffi, Olga M. The Global Apparel Value China: What Prospects of Upgrading by Developing Countries[R]. United Nations Industrial Development Organization, Printed in Austria, 2003:500.

[3]Hummels David, Ishii Jun and Yi, Kei – Mu. The Nature and Growth of Vertical Specialization in World Trade[J]. Journal of International Economics, 2001,54,75 –96.

[4]Hummels David, IRapoPort Dana and Yi, Kei – Mu. Vertical Specialization and Changing of World trade[J]. Federal Reserve Bank of New York Economic Policy Review, 1998:79 –9.

[5]Timmer, M. P. Los, B. Stehrer, R. et al. Fragmentation, Income and Job: An Analysis of European Competitiveness[J]. Economic Policy, 2013,28(76): 613 –661.

[6]Rashmi Banga. Linking into Global Value Chains Is Not Sufficient: Do You Export Domestic Value Added Contents? [J]. Journal of Economic Integration. 2014(29):267 –297.

[7]Yi, Kei – Mu. Can Vertical Specialization Explain the Growth of World Trade? [J]. Journal of Political Economy, 2003.

[8]Jones, R. and H. Kierzkowshi. The Role of Services in Production and International Trade: A Theoretical Framework[Z]. chapter 3 in Jones and Anne Krueger(eds.): The Political Economy of International Trade (Blackwells), 1990.

[9]Kaplinsky, Raphael and Jeffery Readman, 2005 Globalization and Upgrading: What Can (and cannot) be Learnt from International Trade Statistics in the Wood Furniture Sector[J]. Industrial and Corporate Change 14, Issue 4, 679 –703.

[10]黄永明,何伟,聂鸣. 全球价值链视角下中国纺织服装企业的升级路径选择[J]. 中国工业经济,2006(5):56 –63.

[11]段文娟,聂鸣,张雄. 全球价值链视角下的中国汽车产业升级研究[J]. 科技管理研究,2006(2):35 –38.

[12]朱允卫,董美双. 基于全球价值链的温州鞋业集群升级研究[J]. 国际贸易问题,2006(10):55 –61.

[13]陈爱贞,刘志彪. 决定我国装备制造业在全球价值链中地位的因素——基于各细分行业投入产出实证分析[J]. 国际贸易问题,2011(4):115 –125.

[14]邱斌,叶龙凤,孙少勤. 参与全球生产网络对我国制造业价值链提升影响的实证研究——基于出口复杂度的分析[J]. 中国工业经济,2012

(1):57-67.

[15]聂聆,李三妹.制造业全球价值链利益分配与中国的竞争力研究[J].国际贸易问题,2014(12):102-113.

[16]戴翔.中国制造业国际竞争力——基于贸易附加值的测算[J].中国工业经济,2015(1):78-88.

[17]林桂军,何武.全球价值链下我国装备制造业的增长特征[J].国际贸易问题,2015(6):3-24.

[18]林秀梅,唐乐.全球生产网络下出口贸易价值含量的国际比较——基于金砖国家国际投入产出模型[J].国际经贸探索,2015(10):39-51.

[19]闫云凤.中日韩在全球价值链中的地位和作用——基于贸易增加值的测度与比较[J].世界经济研究,2015(1):74-80+128.

[20]岑丽君.中国在全球生产网络中的分工与贸易地位——基于TiVA数据与GVC指数的研究[J].国际贸易问题,2015(1):3-13+131.

[21]尚涛.全球价值链与我国制造业国际分工地位研究——基于增加值贸易与Koopman分工地位指数的比较分析[J].经济学家,2015(4):91-100.

[22]刘维林.中国式出口的价值创造之谜:基于全球价值链的解析[J].世界经济,2015(3):3-28.

[23]刘琳.中国参与全球价值链的测度与分析——基于附加值贸易的考察[J].世界经济研究,2015(6):71-83+128.

(首都经济贸易大学经济学院)

社会保障制度是政府债务风险凸显的原因吗?

——美国例证[①]

郝宇彪

一、引言

2008 年国际金融危机之后,世界主要经济体的政府债务风险成为影响世界经济发展的重要因素。随着欧元区债务危机的爆发、美国"财政悬崖"的出现,政府债务风险产生的原因成为学术界以及社会各界普遍关注的重要问题。目前来看,相当一部分学者将矛头指向社会保障支出,认为庞大的社会保障支出是欧美主要经济体出现政府债务风险的重要原因。[②] 这部分学者的代表性观点为,欧洲的养老金体系存在替代率过高、待遇严重失衡,从而导致养老金财富总值超出支付能力,加剧政府财政风险。[③] 此外,许多实体界的代表也纷纷指责欧美国家的高福利制度,例如,PIMCO(太平洋投资管理公司)创立人及联席投资总监格罗斯认为:"如果不处理福利支出——医疗保险(medicare)、医疗补助(medicaid)以及社会保障(social security)等棘手问题,我们就会闻到 1 万亿美元赤字的味道。"[④]对于上述观点,有部分学者从社会保障制度历史演变与理论分析的角度给予了回应,例如,鲁全(2012)通过对全球社会保障制度发展与经济发展关系的历史演变,以及欧洲不同类型社会保障体制典型国家都未遭遇主权债务危机的事实分析表明,社会保障制度不是导致欧债危机的主要原因,而是经济结构失衡和经济增长模式存在的问题导致社会福利的非正常增长。[⑤]

---

① 本文是国家社会科学基金项目"公共债务风险的国际比较研究与约束机制框架构建研究"(15CJL046)和北京市教委科研计划项目"地方债务的宏观经济效应及其风险约束机制构建"的阶段性研究成果。

② 本文中的社会福利指广义社会保障的概念,类似于中国的社会保障范畴;政府债务仅仅指联邦政府债务或者中央政府债务。

③ 郑秉文:"欧债危机下的养老金制度改革——从福利国家到高债国家的教训",《中国人口科学》2011 年第 5 期。

④ 格罗斯:"美国不砍福利支出摆脱债务困境只能赖账",http://msn. finance. sina. com. cn/sdpl/20110426/105058373. html。

⑤ 鲁全:"欧债危机是社会保障制度导致的吗?——基于福利模式与福利增长动因的分析",《中国人民大学学报》2012 年第 3 期。

总的来讲,尽管存在上述争论,但通过观察媒体舆论以及相关学术研究,将社会保障支出不断增长归因为政府债务风险凸显的重要原因成为社会各界的主流观点。对此有必要在现有研究成果的基础上,进一步展开分析,辨析清楚社会保障发展与政府债务风险之间的关系。否则,在全球主要经济体政府债务风险日益加剧的背景下,可能会对社会保障事业的发展造成不必要的负面影响,而且也不利于从根本上化解政府债务风险。本文拟以美国为考察对象,通过分析美国的财政赤字与社会保障支出的关系,来说明社会保障支出与政府债务风险之间的关系。具体分析思路如下:第一,剖析美国财政支出结构的历史演变,通过财政支出结构的变化,考察社会保障支出对美国财政支出变化的影响;第二,进一步对美国社会保障支出的结构进行分解,通过考察社会福利各个子项目的财政资金收支情况,分析清楚是哪些子项目对美国财政形成赤字压力;第三,分析这些子项目支出快速增加的原因;第四,总结全文并归纳可供中国防范中央政府债务风险借鉴的经验教训。

二、美国财政支出结构分析

根据财政各项支出的功能,美国财政支出主要可以分为七类:国防(Defense)、教育培训(Education, Training, Employment and Social Services)、科研(General Science, Space and Technology)、物质资本(Physical Resources)、社会保障(Social Insurance)、利息(Interest)、其他功能(Other Functions)。通过图1可以看出社会保障支出和国防支出财政支出的主要内容,“二战”后至今,两项支出之和占财政支出的比例一直保持在70%以上,1946—1978年总体呈缓慢下降趋势,从1946年的87%降至1978年的70%;1979—2012年呈总体缓慢上升趋势,从1979年的70.2%上升至2012年的85.6%,最高时为2010年的89.1%。另外,利息支出也是财政支出的重要组成,特别是在1980—2000年,利息支出占财政支出的比例一直在10%以上,最高时达到1996年的15.4%。

就各类支出占GDP的比例来说,1946—2012年,社会保障支出占GDP的比例为不断上升的趋势,由1946年的2.46%上升为1980年的10.33%,1992年为11.71%,2010年达到15.71%,2012年为14.52%;国防支出总体为下降的态势,但有阶段性的特点,1946—1980年为下降趋势,由19.2%下降为4.9%,1980年后,由1981年的5.2%上升为1986的6.2%,随后有所下降,1992年为4.8%,克林顿执政期间继续下降至3.0%,2000年后再次上升,2008年为4.3%,2010年达到4.8%;教育支出、物质资本支出和科研支出总体呈现倒V形趋势,其中,教育培训支出由1946年的0.04%上升为1980年的

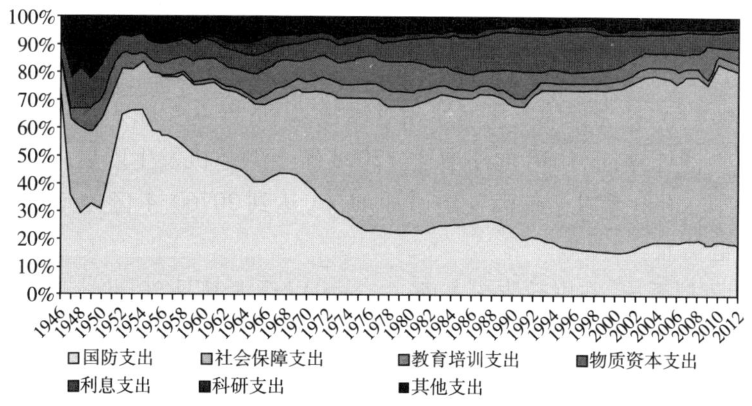

图1　1946—2012 年美国联邦政府各项财政支出占总支出的比例

资料来源：美国国会预算办公室，http://www.whitehouse.gov/omb/budget/Historicals。

1.17%，之后由 1981 年的 1.08% 下降为 2012 年的 0.58%；物质资本支出由 1946 年的 0.4% 上升为 1980 年的 2.4%，之后由 1981 年的 2.3% 下降为 2008 年的 1.1%，2009 年为应对危机有所上升，2012 年为 1.4%；科研支出由 1946 年的 0.02% 上升为 1966 年的 0.87%，20 世纪 70 年代有所下降，1980 年时为 0.21%，之后处于稳定状态。利息支出呈现波动的态势，由 1946 年的 1.8% 下降至 1966 年的 1.2%，之后有所上升，由 1980 年的 1.7% 上升为 1992 年的 3.2%，经过克林顿执政期间财政整顿后，利息支出占比逐渐下降，2012 年为 1.4%；其他支出为不断下降的状态，由 1947 的 3.4% 下降为 1980 年的1.48%，再下降为 2012 年的 0.92%。

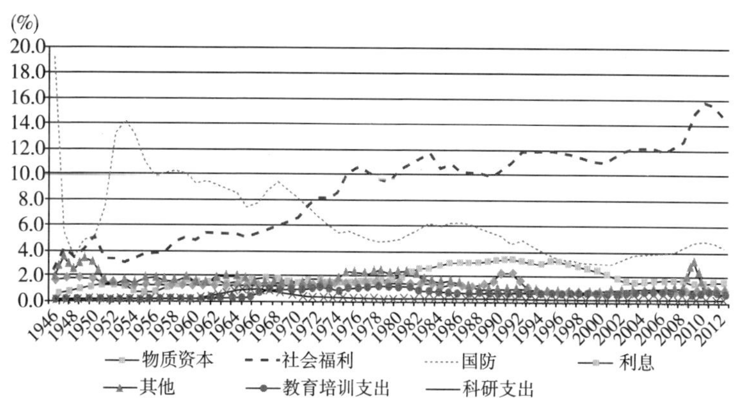

图2　美国各项功能财政支出占 GDP 的比例

资料来源：美国国会预算办公室，http://www.whitehouse.gov/omb/budget/Historicals。

公共债务与财政支出结构的历史变化显示，伴随着公共债务规模的不断扩张，社会保障支出不断上升，并在 20 世纪 70 年代以后取代国防支出成为美国财政支出的最大负担。战后至1976年为社保支出增长最快的阶段,支出总额从1946年的54.1亿美元增加至1976年的1846.8亿美元,年均增长12.5%。此后至2008年,社会保障支出增速相对缓慢,2008年为18403.5亿美元,年均增长7.4%,但仍高于GDP同期增速。2008年金融危机发生以后,社会保障支出增速加快,2009年社会保障支出增加15%,达到20760.4亿美元,2012年为22577.6亿美元。

由此可以看出,在财政支出方面,"二战"以后尤其是20世纪70年代后期以来,社会保障支出是财政支出增加最重要的因素。然而,如果仅仅据此认为社会保障制度导致政府财政支出不断上升,从而导致政府债务风险加剧,那只能是事物的表象。要论证社会保障制度是否导致政府债务风险上升,还需要进一步分解社会保障各个子项目构成,从而分析究竟是哪些子项目费用的上升导致社会保障支出不断上升,这些子项目支出增加的原因是什么,是社会保障制度本身的原因还是其他原因。

三、美国社会保障制度演变及支出结构分析

根据社会保障理论,社会保障体系的不断完善有利于改善政府与公民的关系,增加公民权利,形成公平合理的社会体系,最终促进一国经济社会的稳定发展,是现代国家建设的战略性选择和重要内容。

(一)美国社会保障制度演变

美国现代社会保障体系的确立始于罗斯福执政时期。面对20世纪大萧条的巨大冲击,罗斯福推出"罗斯福新政",其中一项重要的改革内容即是建立美国的社会保障体系。1935年,《社会保障法》签署通过,奠定了美国社会保障体系的基本制度框架。美国《社会保障法》共有十章,保障体系覆盖了老年人、失业者、妇女、儿童、残疾人等弱势群体。"二战"后至20世纪70年代,社会保障体系进一步发展。1950年、1954年、1962年,美国政府都对社会保障法案进行了修正,社会保障体系覆盖的群体进一步扩大,并将最初的养老保险发展为OASDI;1964年,约翰逊执政后,推出"伟大社会计划"和"向贫困宣战"计划,再次对社会保障体系进行了全面完善,《食品券法案》通过,《社会保障法》再次得以修正,建立了医疗保险和医疗援助;尼克松上台后,继续对《社会保障法》进行了修正,并建立老年人补充保障收入计划。[1] 至此,美国社会保障体系建设基本得以完善。此后,里根、布什等共和党执政期间一直努力缩减联邦政府在

① 徐晓新、高世楫、张秀兰:"从美国社会保障体系演进历程看现代国家建设",《经济社会体制比较》2013年第4期。

社会保障福利方面的支出,但大多数社会保障项目已经成为法定支出,因此,尽管减少了一些转移性福利支出,但社会保障的主体并未动摇。克林顿执政以后,曾试图推行医疗体系改革,但最终在强大的阻力下,仅仅在儿童医疗保险方面有所进展,由联邦政府拨款,为低收入家庭没有医疗保险的儿童提供保险。奥巴马执政以后,继续推动医疗体系改革,旨在使更大范围的人群能够纳入医保范围。

总的来说,当前美国的社会保障体系架构如下:

第一,社会保障项目种类。总体上看,美国的社会保障项目分为社会保险、社会救助和社会福利三大类。具体由老年、遗属和残疾保险、医疗保险、失业保险、工伤保险、住房保障、公共援助、社会福利和社会优抚等项目构成。

第二,主要保障项目保障对象及筹资。

一是老年、遗属和残疾保险(social security),该保险是法定的保障项目,凡缴纳社会保障税满 10 年、年满 65 岁的公民都可享受退休养老金(简称退休金),62 ~65 岁退休者享受部分退休金。参保者退休、残疾时,其本人及其未成年子女及其配偶都会得到相应的保险金。如果参保者死亡,其未成年子女及其配偶可以得到相应的遗属保险金。资金来源为政府通过征收社会保障税(Social Insurance Taxes)建立的社会保障基金。

二是医疗保险健康体系,具体分为老年和残障健康保险(即医疗保险,Medicare)、医疗援助(Medicaid)、儿童健康保险(CHIP)以及包括军人医疗保险和印第安人健康保险等在内的其他保险。医疗保险的覆盖群体为美国 65 岁以上老年人、65 岁以下身患残疾 2 年以上的公民以及部分晚期肾病等重症患者提供。医疗保险分为住院保险(Part A)、补充医疗保险(Part B)、医保提升计划(Medicare Advantage,简称 MA 计划,Part C)以及 2006 年起实施的处方药计划(Part D)。其中,Part A 的资金来源为社会保障税的一部分组成的医疗保险基金,专款专用。Part B 的资金来源中,75% 来自联邦政府的一般性财政收入,25% 属于参保人员缴纳的保险费。Part C 的资金来自参保人员自己缴费以及 Part B 的保险费。Part D 的部分费用由政府一般性收入支付,剩余主要由私营健康保险机构运营和管理。[①] 一般雇员在职期间不能享受住院保险待遇,只能参加民营医疗保险化解工作期间的医疗风险。医疗补助是政府向从未缴纳职业税金的穷人和收入低于贫困线的人提供医疗服务,是美国健康项目(Health Program)的主要组成部分,其资金来源为联邦政府和州政府共同拨款,联邦政

---

① 财政部国际司:“美国医疗保险制度介绍”, http://www.mof.gov.cn/mofhome/guojisi/pindaoliebiao/cjgj/201310/t20131025_1003317.html。

府拨款从一般性财政收入中支取。儿童健康保险项目(CHIP)是以联邦政府提供项目配套资金的形式,向美国的中低收入家庭的儿童提供健康保险。这类家庭的收入没有达到享受医疗援助的条件,但是也买不起商业保险。所需资金的70%由联邦政府支付,资金来源为一般性税收,各州政府出资约30%。

三是贫困保障项目(Income Security),包括失业保险、住房保障、公共援助等多项内容。其中,失业保险由政府通过工资税的形式向雇主征收保险费,雇员个人不需要缴纳。符合条件的失业者,可以享受一定期限的失业保险待遇(Unemployment Compensation)。其他保障项目资金主要由政府财政拨付。

根据上述美国社会保障体系,社会保障支出主要包括:养老保险(Social security)、医疗保险(Medicare)、贫困保障(Income Security)、健康支出(Health)、退伍军人津贴与服务(Veterans Benefits and Services)。其中养老保险和医疗保险的支出对象为老年人,贫困保障和健康支出的对象为贫困及失业人员。

(二)美国社会保障支出结构分析

图3显示了"二战"后美国社会保障支出的构成变化,通过支出项目可以看出,1966年以前,退伍军人津贴与服务支出不断减少,养老保险支出比例不断增加,贫困保障和健康支出比例相对稳定;1966年以后,医疗保险和健康支出比例有所增加,养老保险支出比例相对稳定,贫困保障支出比例有所减少。1980年以后,养老保险和贫困保障的支出比例相对稳定,医疗保险和健康支出的比例不断扩大。然而,在上述项目中,养老保险、医疗保险A部分的支出增加并不会导致公共债务增加,其原因在于这两部分资金分别来自由社会保障税设立的社会保障基金和老年保障医疗基金,这两项基金以及军人退休基金目前均是美国公共债务的持有者,目前仍处于盈余状态。

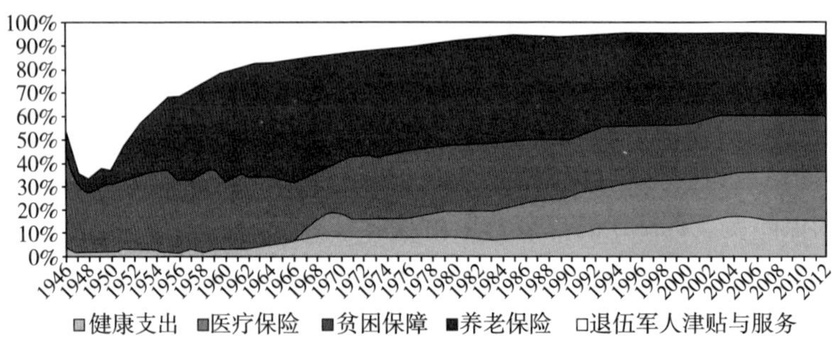

图3 1946—2012年美国社会保障支出各子项目构成情况

资料来源:美国国会预算办公室,http://www.whitehouse.gov/omb/budget/Historicals。

因此,在美国社会保障体系中,真正对财政造成负担的是美国的健康计划、贫困保障以及医疗保险除A部分以外的支出。随着奥巴马医改的不断推进,美国健康计划支出(医疗救助)将成为财政更大的负担。奥巴马的目标在于实现全民医保,美国当前有15%的人仍然没有纳入美国的医保体系,而且大多数为收入低下的穷人,这部分人没有资格进入医疗保险,只能纳入医疗救助的范围。因此,未来美国医疗救助支出会继续呈现快速增加的态势,从而可能导致公共债务继续增加。

四、社会保障支出加剧政府债务压力的根本原因分析

社会保障制度主要是政府在养老、卫生、贫困治理等存在市场失灵的领域,为应对国民的老年、医疗、贫困等社会风险,实施的一项社会政策。社会保障支出对政府债务的影响,一方面从支出本身考量,另一方面从社会保障与经济增长的关系间接影响财政收支的角度分析。从社会保障制度与经济增长的关系来讲,如果社会保障制度有利于经济增长,经济增长带来税收收入的增加,那么社会保障支出增加不一定会导致政府债务的增加。例如,社会保障支出的适度增加,可以提高社会弱势群体的消费水平,从而通过刺激需求,来促进经济发展,有利于夯实物质基础。如果社会保障制度不利于经济增长,那么一方面社会保障支出增加对政府债务增加造成直接负面影响,另一方面还会通过不利于税收的积累对政府债务造成间接负面影响。关于二者之间的关系,目前经济学界并没有形成一致的看法。

早期研究主要是在新古典增长理论框架内,重点关注社会保障通过影响居民储蓄进而影响物质资本积累和经济增长的作用机制。其中,Feldstein(1980,1996)等的研究表明,社会保障对居民储蓄和物质资本积累具有显著的抑制作用,不利于经济增长。而Barro(1974)、Laitner(1988)的研究则发现社会保障对物质资本积累和经济增长具有促进作用。近年来,学术界逐渐转向以内生经济增长理论为基础,着重考察社会保障通过影响人力资本积累进而对经济增长特别是长期经济增长的作用机制的影响。Zhang(1995)、Kemnitz和Wigger(2000)、Glomm和Kaganovich(2003)等研究考虑得出,社会保障对人力资本积累进而对长期经济增长具有促进作用。而基于不同的假设,Ehrlich和Zhong(1998)的研究在引入父母的利己主义动机后发现,社会保障会削弱父母对子女赡养的依赖,因而利己主义动机较强的父母将会减少对子女的教育投入从而抑制人力资本积累和长期经济增长。总而言之,社会保障与经济增长的关系并不明确。因此本文主要集中于究竟是何种因素导致美国社会保障支出增加,从而加剧政府债务风险。

有一种观点认为,美欧国家社会保障支出之所以较大,是因为社会福利水平过高,即社会保障制度设计不合理,导致财政负担过大。根据上述美国社会

保障制度的演变,大致可以得出,1946—1980年,社会保障体系不断完善和丰富,保障覆盖的人群结构不断扩大,这一期间社会保障支出的增加或许可以归结为社会保障制度的原因。但需要指出的是,这一阶段,衡量政府债务风险的指标——债务负担率一直呈现下降的趋势。然而,20世纪80年代以后,除克林顿时期,时任美国政府都主张削减社会保障项目,降低社会保障支出水平。但这一阶段社会保障支出水平不降反升,就债务负担率而言,1981年美国政府的债务负担率为31.91%。此后,除克林顿执政期间,美国政府的债务负担率出现过一段时期(1995—2001年)的下降,美国政府的债务负担率总体持续上升,2012年美国政府的公共债务余额再次超过美国GDP,债务负担率达到102.43%,债务风险不断加剧。因此,20世纪80年代以后(除克林顿执政时期)社会保障支出增加,并非因为社会保障制度的变化造成的而是由于符合社会保障对象的人口增加。另外,前述社会保障支出结构的相关分析也指出,加剧财政收支失衡的主要为医疗保险除Part A之外的项目、医疗救助以及贫困保障等三项,其中,医疗保险的覆盖目标为老年人,而后两者都是针对失业与贫困人口的。因此,老龄化水平、失业人口以及贫困人口的增加才是促进社会保障支出增加,从而导致政府债务风险加剧的关键。

(一)失业人口持续增加

图4显示了美国1960年以来的失业率情况,由此可以看出,1980年以前,尤其是1964—1973年的10年间,实际失业率低于自然失业率,失业人口相对较少;20世纪80年代以来,美国的失业率居高不下,失业人口数量不断上升。1981年美国失业人口数量为827.6万人,1983年急剧上升至1069.4万人,此后处于震荡状态;2008年国际金融危机发生时,失业人口为894.8万人,失业率为5.8%;受危机的负面影响,2009—2012年美国失业人口数量迅速增加,2009年为1429.5万人,2012年为1249.7万人。

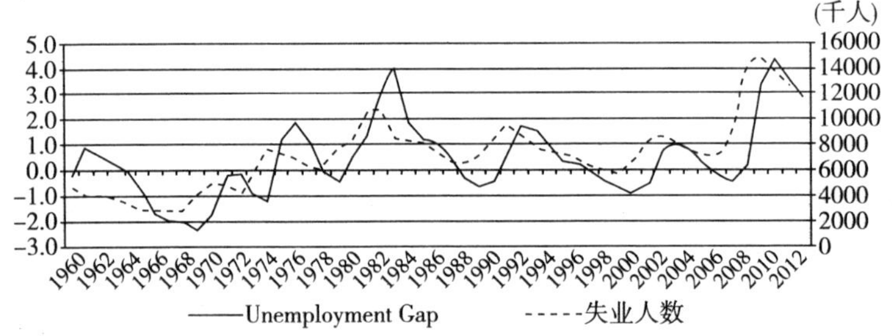

图4 美国失业缺口及失业人数

资料来源:笔者根据美国人口普查局统计数据整理。

郝宇彪(2014)对美国失业情况不断加剧的原因进行了分析,[①]认为可以归纳为以下几点:首先,经济增长低迷,产出缺口不断扩大。根据奥肯定律,产出缺口的持续存在决定了美国无法实现充分就业,即实际失业率大于自然失业率。其次,产业结构虚拟化加剧失业上升。最后,根据部分马克思主义经济学者的观点,新自由主义对劳动与资本之间关系的改变助推了失业率的居高不下。

(二)贫困人口不断增多

图5显示了1966年以来美国贫困人口的变化情况,可以看出,1980年以前,美国的贫困人口数量和贫困率均处于不断下降的趋势;而1980年以后,美国的贫困人口数量不断上升,特别是20世纪80年代初期和2000年以后。2013年9月,美国人口普查局发布报告指出,2012年美国贫困率为15%,贫困人口总数达到4650万人。[②]

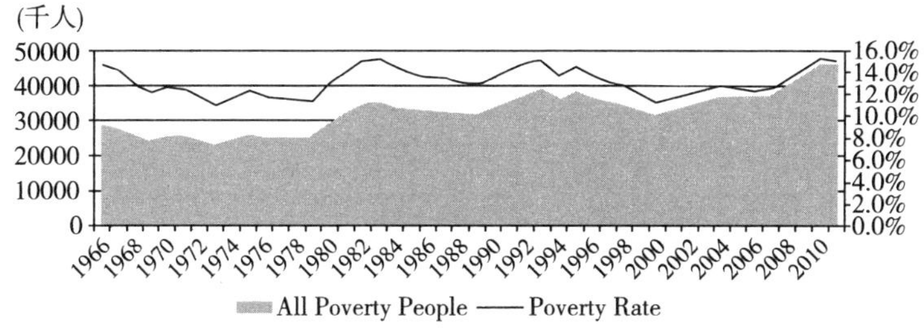

图5　美国贫困人口及贫困率

资料来源:笔者根据美国人口普查局(Census)统计数据整理。

贫困人口增加一方面是因为美国失业率长期居高不下,相当一部分人由失业转贫;另一方面主要是因为贫富差距不断扩大。[③] 20世纪80年代以来,美国的贫富差距在不断扩大。将美国家庭收入从高到低划分为五组,收入最高的20%家庭在国民收入中的占比不断上升(从1981年的41.2%上升至2012年的48.9%),剩余的80%的家庭在总收入中的占比不断下降。尤其是收入最高的前5%的家庭,其占总收入的比例从1981年的14.4%逐渐上升至2012年的

① 郝宇彪:"美国公共债务负担率逆转的原因及对中国的启示",《学术月刊》2014年第9期。

② 21世纪网:"美国去年贫困人口总数创纪录至4650万", http://www.21cbh.com/2013/9-18/3MODUyXzc3MTc3MA.html。

③ 有部分学者认为,美国贫困人数增加的一个重要原因在于美国贫困线不断提升,但笔者认为,贫困线的高低不能只看名义货币量,因为一国的贫穷人口是个相对的概念,需要将贫困线与国民人均收入相比较,如果贫困标准线提升的速度小于国民人均收入的速度,那么就认为美国贫困标准没有提升,实际数据分析能够支撑美国贫困线没有提升的结论,具体可参见:胡爱文:"美国贫困线及其反贫困政策研究:1959—2010",华东师范大学硕士学位论文,2011年。

21.3%。而收入最低的20%的家庭在总收入中占比从1981年的5.3%降到2012年的3.8%,即使收入次高的20%的家庭在总收入中的比例在2012年时也只有23%。而从实际收入来看,收入最低的20%家庭的平均收入在不断下降,中间三个阶层的各自平均收入增长缓慢,甚至处于停滞状态,而最富裕的20%家庭的平均收入从1981年的12.9万美元上升至2012年的20.3万美元,最富裕的5%的家庭的平均收入更是从1981年的18万美元上升至2012年的35.2万美元。① 因此,总的来讲,在过去的三十年间,美国越是富裕的家庭,其收入增长越快。全社会所有家庭的平均收入增长了51%,最富的20%的家庭收入增长了89%,最富的10%的家庭收入增长了116%,最富的5%的家庭增长了146%,而最富的1%的家庭增长了241%。②

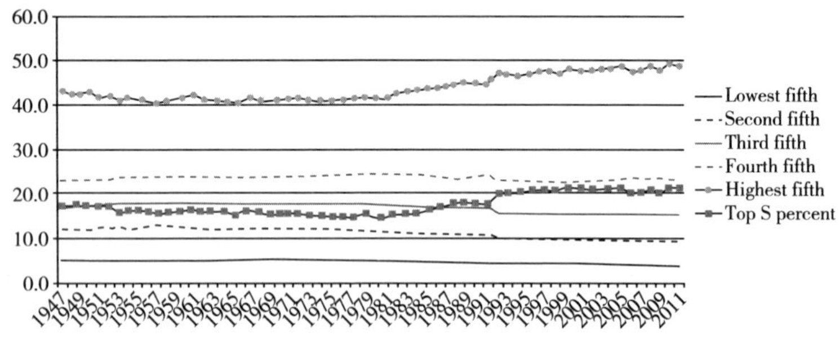

图6 美国各阶层家庭收入占总收入比例

资料来源:笔者根据美国人口普查局统计数据整理。

另外,在失业人口与贫困人口增加的同时,美国的老龄化程度也在加剧。1950年,美国65岁以上人口为1304.3万人,老龄化程度为8.3%;1980年,美国65岁以上人口为2598.3万人,老龄化程度为11.3%;2010年,美国65岁以上人口增加至4079.4万人,占总人口的比例为13.1%;2015年,美国65岁以上人口增至4769.2万人,老龄化程度提高至14.7%。③

五、结论与启示

综上所述,尽管从财政支出结构的角度可以得出社会保障支出是美国政府债务风险加剧的重要原因,但对美国社会保障制度演变、社会保障支出结构分解以及相关子项目支出上升的原因分析表明,20世纪80年代以来美国政府债

① 数据来源于美国人口普查局统计数据。

② 朱安东、蔡万焕:"新自由主义泛滥的后果",http://news.xinhuanet.com/theory/2012-06/13/c_123276283.htm。

③ 数据来源于联合国经济及社会事务部统计数据。

务风险的加剧并不能归咎于社会保障制度本身,而是由于美国失业率居高不下、贫困率不断上升、老龄化程度不断加剧,导致美国社会保障支出不断扩大,从而导致债务风险加剧。

目前中国的政府债务潜在风险也在不断引起社会各界的重视,面临不断扩大的政府债务风险,中国必须充分吸取美国经济发展中的教训,防范类似公债风险的发生。

第一,推动产业结构调整,实现经济稳定发展。美国政府债务风险逐渐显露的教训表明,经济稳定发展以及推动充分就业是规避公共债务风险的关键要素。当前我国经济增速下滑,经济发展正面临一系列挑战,步入"新常态"。对于中国如何成功跨越"中等收入陷阱",实现经济持续稳定发展,学术界已有诸多研究,此处不再赘述。但总的来说,如何在短期从需求侧提升宏观经济调控能力,在中长期从供给侧推动经济产业结构调整,或许是应对中国当前经济发展困境的关键。

第二,改进收入分配政策,缩小贫富差距。美国的经验证据显示,改善收入分配及缩小贫富差距是财政收支改善的关键要素。1990 年以来,中国经济总量在快速增长的同时,收入差距在不断扩大已经成为不争的事实。关于收入分配差距扩大的原因,许多学者从不同角度给出了解释:其一,从收入来源的角度看,西南财经大学课题组(2012)的研究指出,中国收入差距扩大主要来源于工资性收入、经营收入以及投资性收入,而转移性收入和农业性收入缩小了收入差距。[①] 其二,劳动要素报酬的份额不断下降。[②] 其三,城乡发展不平衡是我国收入差距扩大的原因之一。其四,资源配置方式不健全导致居民收入差距过大。[③]

针对上述收入差距扩大的成因,中国政府目前采取的措施包括:一是提高最低工资水平,推动集体协商制度建立。二是扩大社会保障覆盖面,提高医疗保险和养老保险水平。三是针对"三农"问题,出台了一系列的改革措施。例如,取消农业税费并实行良种补贴,对农产品实行保护价收购,加大对农村基础建设以及扶贫资金的支持力度,逐步减少户籍限制,促进农民工向城市转移并将其纳入城市社会保障体系,等等。四是加快土地制度改革以及促进农地流转制度。一方面能够使农村居民分享土地增值收益;另一方面可以提高农业规模

① 财新网:《西南财大发表中国家庭收入不平等报告》, http://economy.caixin.com/2012-12-10/100470454.html。

② 吕冰洋、郭庆旺:《中国要素收入分配的测算》,《经济研究》2012 年第 10 期。

③ 刘俊霞:《论资源分配与收入分配的关系》,《中南财经政法大学学报》2004 年第 5 期。

化经营水平,促进农民增收。五是考虑放开部分垄断性行业,鼓励民营资本进入这些领域,进一步推动市场化改革。六是减少行政审批,转变资源配置方式,一方面可以促进资源配置更加有效,另一方面可以减少寻租空间。

但需要指出的是,上述措施的着力点总体处于初次分配环节,核心思想为减少行政干预,充分发挥市场机制在初次分配中的作用,保护弱势群体的基本权益。但国际经验表明,收入差距的缩小还需要更多从二次分配入手。完善所得税制度、推动遗产税建立、调整财政支出结构更多地向民生工程转变以及进一步完善社会保障体系是我国缩小收入差距的重点方向。其根本目的在于,大幅提高低收入群体在二次分配中的分配份额,扭转二次分配制度对初次分配不合理的放大效应,真正发挥缩小收入差距的正向作用。

参考文献

[1] Barro, R. J., Are Government Bonds Net Wealth? *Journal of Political Economy*, vol. 82, 1974, pp. 1095 - 1117.

[2] Ehrlich, I. and Zhong, Jian - Guo, Social Security and the Real Economy: An Inquiry into Some Neglected Issues, *American Economic Review*, vol. 88, 1998, pp. 151 - 157.

[3] Feldstein, M., Social Security, Induced Retirement and Aggregate Capital Accumulation, *Journal of Political Economy*, vol. 82, 1974, pp. 905 - 926.

[4] International Differences in Social Security and Saving, *Journal of Public Economics*, vol. 14, 1980, pp. 22 - 244.

[5] Glomm, G., Kaganovich, M., Distributional Effects of Public Education in an Economy with Public Pensions, *International Economic Review*, vol. 44, 2003, pp. 917 - 937.

[6] Kemnitz, A., Wigger, B. U., Growth and Social Security: The Role of Human Capital, *European Journal of Political Economy*, vol. 16, 2000, pp. 673 - 683.

[7] Laitner, J., Bequests, Gifts, and Social Security, *The Review of Economic Studies*, vol. 55, 1988, pp. 275 - 299.

[8] 郝宇彪. 美国公共债务负担率逆转的原因及对中国的启示[J]. 学术月刊, 2014(9).

[9] 刘俊霞. 论资源分配与收入分配的关系[J]. 中南财经政法大学学报, 2004(5).

[10]鲁全.欧债危机是社会保障制度导致的吗?——基于福利模式与福利增长动因的分析[J].中国人民大学学报,2012(3).

[11]吕冰洋,郭庆旺.中国要素收入分配的测算[J].经济研究,2012(10).

[12]徐晓新,高世楫,张秀兰.从美国社会保障体系演进历程看现代国家建设[J].经济社会体制比较,2013(4).

[13]郑秉文.欧债危机下的养老金制度改革——从福利国家到高债国家的教训[J].中国人口科学,2011(5).

(首都经济贸易大学经济学院)